村上政博
Murakami Masahiro

国際標準の競争法へ

独占禁止法の最前線

弘文堂

はしがき

　本書は、判例タイムズに「独占禁止法の新展開」と題して連載した第20回（平成23年1月）から第30回（平成24年11月）までの論文を中心に、平成23年および同24年に公表した主要な論文を収録したものである。ちなみに、より基本的な事項を取り上げた同連載の第1回から第19回までの論文は『独占禁止法の新展開』（判例タイムズ社・平成23年）に収録されている。
　また、本書を取りまとめるにあたり、「第1章　平成25（2013）年時点での主要課題」を書き下ろすとともに、「第2章　国際標準の競争法へ」、「第7章　多摩地区入札談合事件最高裁判決とその意味するもの」を大幅に整理、修正している。
　独占禁止法は国際標準の競争法に向けて順調に発展しているうえ、最近ではその動きが加速されてきた。私は現在63歳で本年に一橋大学での定年退官を迎えるが、10年前には、たとえ70歳に至っても、ここまできているとは想定できなかった状況にまで到達している。
　独占禁止法は、先進国における共通事業活動ルールの一翼を占めていくこととともに、最近ではアジアにおいて競争ルールを確立していくことに貢献することが、その使命となっている。この点からも、独占禁止法は一刻も早く国際標準の競争法になることが望ましい。
　実体法では、私的独占の禁止、不当な取引制限の禁止、企業結合規制が三大規制と位置づけたうえ、いよいよ判例法上も自由競争減殺型の不公正な取引方法の公正競争阻害性は「一定の取引分野における競争を実質的に制限すること」と同一のものであることが確立するまでもう一歩のところまできている。判例法が形成されるにつれて、3条と19条を一体として欧米並みの行為類型ごとの単一ルールを形成していかざるをえないことを、平成8（1996）年に主張してから20年間近くの年数がかかっている。
　米国反トラスト法とEU競争法の個別判例を多量に読み込んだ成果であるが、独占禁止法も判例が集積されていくと、行為類型ごとの単一ルールに到達すると見通した先見性については評価してもらえるのであろう。

手続法では、行政手続、刑事手続、民事手続を峻別することがほぼ終了して、中核手続である行政手続における行政審判の廃止と裁量型課徴金の創設とがこれまたもう一歩のところまできている。平成17（2005）年改正により、課徴金を行政上の制裁と位置づけて事前行政審判を廃止し事後行政審判に移行してからの動きであって、ここまでくるのに約10年間かかっている。行政審判制や不当利得の剥奪を基本理念とする確定金額算定方式の義務的課徴金は、本質的に奇妙な制度であると感じざるをえないものである。

　また、『独占禁止法の新展開』（判例タイムズ社・平成23年）の最後に研究生活を掲載したのに引き続き、本書の最後に私個人の社会的活動を掲載した。

　本書の刊行も弘文堂の北川陽子さんのお世話になった。私が学者になってから実にさまざまな著書の刊行を担当していただいた。あらためてお礼を申し上げたい。

　　平成24年10月

　　　　　　　　　　　　　　　　　　　　　　　村　上　政　博

目　次

第1章　平成25（2013）年時点での主要課題 ……………………… *1*

Ⅰ　残る三大課題 …………………………………………………… *2*
1　国際標準の競争法へ　*2*
2　法律改正その1―行政審判の廃止　*2*
3　法律改正その2―裁量型課徴金への移行　*2*
4　解釈論による判例法の確立　*3*

Ⅱ　立法論の残された課題―非裁量型課徴金から裁量型課徴金へ …… *3*
1　はじめに　*3*
2　現行課徴金の法的性格　*5*
3　3年間の施行実績・その評価・問題点とそれへの対応　*8*
4　裁量型課徴金の制度設計　*13*

Ⅲ　解釈論における残された課題――一段階の二重規制に ………… *15*
1　はじめに　*15*
2　昭和28年の判例法とその問題点　*16*
3　国際標準の競争法の基本体系および競争ルールへ　*21*
4　判例法による行為類型ごとの単一ルール　*32*

第2章　国際標準の競争法へ ……………………………………… *35*

Ⅰ　はじめに ………………………………………………………… *36*
Ⅱ　国際的な競争法体系、競争ルールの確立 …………………… *36*
1　基本体系の確立　*36*
2　米国反トラスト法　*37*
3　EU競争法　*38*
4　アジアの競争法　*39*

Ⅲ　独占禁止法のあるべき解釈論と競争ルール ………………… *40*
1　事後規制についての3条のあるべき解釈論　*40*
2　3条についての解釈の確立　*42*
3　自由競争減殺型の不公正な取引方法　*46*

Ⅳ　不公正な取引方法の理論上の脆弱性 ………………………… *49*
1　不公正な取引方法の脆弱性の意味　*49*

        2　昭和28年改正による原始一般指定　*50*
        3　昭和57年改定による旧一般指定　*51*
        4　現在の問題状況　*54*
    Ⅴ　行政上の制裁としての課徴金の活用を…………………………… *58*
        1　行政上の制裁の優位　*58*
        2　課徴金減免制度の威力　*59*
        3　刑事罰の役割　*59*
        4　刑事罰の日米比較　*60*
        5　裁量型課徴金導入の実体法への影響　*61*

第3章　東日本電信電話株式会社事件最高裁判決と今後の課題… *63*
    Ⅰ　はじめに……………………………………………………………… *64*
    Ⅱ　本件最高裁判決……………………………………………………… *65*
        1　一定の取引分野　*65*
        2　排除行為　*65*
        3　競争の実質的制限　*66*
        4　排除型私的独占における排除行為と競争の実質的制限との
           関係　*67*
        5　公共の利益に反して等　*68*
        6　黙示の適用除外　*69*
    Ⅲ　基本体系・分析方法と基本用語…………………………………… *70*
        1　分析手順　*70*
        2　基本用語　*71*
        3　単独行為規制　*74*
        4　共同行為規制　*77*
        5　企業結合規制　*79*
        6　まとめ―排除行為概念の見直し　*81*
    Ⅳ　今後の関連事件への影響…………………………………………… *82*
        1　日本音楽著作権協会事件審判審決への影響　*82*
        2　多摩地区入札談合事件最高裁判決　*84*

第4章　日本音楽著作権協会事件審判審決……………………………… *87*
    Ⅰ　はじめに……………………………………………………………… *88*
    Ⅱ　本件審判審決に至る経過…………………………………………… *89*
        1　本件排除措置命令の概要　*89*
        2　本件審判審決の概要　*91*

Ⅲ　一定の取引分野における競争の実質的制限―正当化事由 …… 92
　　　　1　総合判断方式　92
　　　　2　包括許諾、包括徴収方式の役割　93
　　Ⅳ　行政上の措置―排除措置と課徴金 …………………………… 94
　　　　1　排除措置命令の内容　94
　　　　2　課徴金制度との関連　96
　　Ⅴ　競争政策の観点 ………………………………………………… 97
　　　　1　単一の集中管理団体と管理事業法による規制　97
　　　　2　国際的動向―単一の音楽著作権集中管理団体　99
　　　　3　競争政策的判断の誤り　101
　　Ⅵ　本件審決の問題点と留意事項 ………………………………… 101
　　　　1　本件審決に関する留意点　101
　　　　2　本件の教訓　103

第5章　元詰種子価格協定事件および着うた事件東京高裁判決
　　　　―意思の連絡に係る判例法の展開 ……………………… 105

　　Ⅰ　はじめに ………………………………………………………… 106
　　Ⅱ　元詰種子価格協定事件東京高裁判決 ………………………… 106
　　　　1　意思の連絡の基本先例　106
　　　　2　カルテル規制の本質　110
　　　　3　カルテルについての合意と意思の連絡の区別　112
　　Ⅲ　着うた事件東京高裁判決 ……………………………………… 113
　　　　1　共同の取引拒絶　113
　　　　2　意思の連絡　114
　　　　3　排除措置のあり方　117
　　　　4　基準市場占有率　118
　　　　5　共同の取引拒絶と相互拘束による不当な取引制限　120
　　Ⅳ　事後規制の一般理論 …………………………………………… 121
　　　　1　意思の連絡の判決様式　121
　　　　2　共同行為規制としての不当な取引制限の一般理論の
　　　　　　確立を　121
　　　　3　解釈論による統一ルールの形成を　123

第6章　多摩地区入札談合（東京都新都市建設公社）事件
　　　　13判決の意味するもの ………………………………… 127

　　Ⅰ　多摩地区入札談合事件関連訴訟の経緯 ……………………… 128

Ⅱ　審決取消請求訴訟 …………………………………………………… *131*
　　　1　事実認定—本件事件処理の問題点　*131*
　　　2　法律概念—相互拘束と意思の連絡　*135*
　　　3　排除措置命令の要件　*139*
　　　4　課徴金納付命令の要件　*144*
　　　5　あるべき最高裁判決　*147*
　Ⅲ　損害賠償請求訴訟 …………………………………………………… *149*
　　　1　行政事件と損害賠償請求事件の関係　*149*
　　　2　損害賠償請求事件　*151*
　　　3　裁判所の対応　*158*

第7章　多摩地区入札談合事件最高裁判決とその意味するもの … *159*
　Ⅰ　本件判決の先例価値 ………………………………………………… *160*
　Ⅱ　公取委による上告受理申立て理由書の欠点 ……………………… *160*
　Ⅲ　事実認定に係る事項 ………………………………………………… *161*
　　　1　違反行為者　*161*
　　　2　原審である東京高裁関連部分　*162*
　　　3　多摩地区入札談合事件全体について　*163*
　　　4　入札談合における意思の連絡と競争の実質的制限　*164*
　Ⅳ　法律解釈に係る事項 ………………………………………………… *165*
　　　1　一定の取引分野における競争の実質的な制限　*165*
　　　2　行為要件としての相互拘束・排除行為　*167*
　　　3　不公正な取引方法の公正競争阻害性との関係　*170*
　　　4　現行課徴金の法的性格　*171*

第8章　事業者団体の活動への規制—8条のあり方 ……………… *173*
　Ⅰ　本章の要旨 …………………………………………………………… *174*
　Ⅱ　事業者団体の活動に対する禁止規定 ……………………………… *175*
　　　1　8条の構造　*175*
　　　2　8条1号　*176*
　　　3　8条2号　*177*
　　　4　8条3号　*177*
　　　5　8条4号　*179*
　　　6　8条5号　*184*
　Ⅲ　事業者団体の活動に関する行為類型 ……………………………… *186*
　Ⅳ　共同の取引拒絶 ……………………………………………………… *187*

Ⅴ　カルテル ……………………………………………………………… 188
　　　1　8条1号該当性　188
　　　2　8条と3条後段との関係　189

第9章　再販売価格維持規制のあり方 …………………………… 199

　Ⅰ　再販売価格維持行為と最近の動き ……………………………… 200
　　　1　再販売価格維持とは　200
　　　2　対象となる再販売価格維持行為　200
　　　3　再販売価格維持のルール見直しをめぐる動向　206
　Ⅱ　育児用粉ミルク事件最高裁判決 ………………………………… 208
　　　1　事件の経緯と事実関係　208
　　　2　判決要旨とその意味　209
　　　3　その後の動向──当然違法の維持　212
　　　4　経済環境の相違　212
　Ⅲ　欧米における再販売価格維持に係るルール …………………… 213
　　　1　リージン事件米国最高裁判決　213
　　　2　欧州委員会のガイドライン　216
　Ⅳ　あるべき違法性判断基準 ………………………………………… 218
　　　1　ルールの見直しの必要性　218
　　　2　あるべき違法性判断基準を求めて　219
　　　3　当面の課題　220

第10章　企業結合審査手続の見直し ……………………………… 221

　Ⅰ　事前相談制の廃止と最初の事例 ………………………………… 222
　Ⅱ　EUの現行企業結合規制 ………………………………………… 222
　Ⅲ　EUの現行企業結合審査手続 …………………………………… 223
　　　1　届出前相談　223
　　　2　第1次審査　224
　　　3　第2次審査　225
　　　4　禁止期間　227
　　　5　執行状況　227
　Ⅳ　日本の企業結合審査手続 ………………………………………… 228
　　　1　事前相談の見直し　228
　　　2　日本型実効性確保手段　228
　　　3　事前通知から排除措置命令に至る手続　230
　　　4　第1次審査　231

　　　　5　第2次審査　*232*
　　　　6　執行状況　*234*
　Ⅴ　見直し後の企業結合審査手続の今後の課題……………………*235*
　　　　1　EU型企業結合審査手続と日本の企業結合審査手続の
　　　　　　異同　*235*
　　　　2　見直し後の日本の企業結合審査手続の課題　*237*
　Ⅵ　今回の見直しの意義……………………………………………*240*

第11章　企業結合規制の実体ルールと企業結合ガイドライン…*241*

　Ⅰ　総合的考察………………………………………………………*242*
　　　　1　企業結合ガイドラインの比較検討　*242*
　　　　2　EUの企業結合規制と企業結合ガイドライン　*243*
　　　　3　日本の企業結合規制と本章の分析手順　*244*
　Ⅱ　EUの水平型企業結合ガイドライン──水平型企業結合に係る
　　　違法性判断基準……………………………………………………*245*
　　　　1　市場占有率および集中度　*245*
　　　　2　水平型企業結合の起こりうる反競争的効果　*246*
　　　　3　個別判断要素　*249*
　　　　4　EUの2004年水平型企業結合ガイドラインの特質　*251*
　Ⅲ　日本の水平型企業結合ガイドライン……………………………*252*
　　　　1　市場占有率および市場集中の状況　*252*
　　　　2　起こりうる競争制限効果　*252*
　　　　3　日本の企業結合ガイドラインの特質と問題点　*257*
　Ⅳ　最近の動向と米国の2010年水平型企業結合ガイドライン
　　　の影響………………………………………………………………*260*
　　　　1　米国の2010年水平型企業結合ガイドライン　*260*
　　　　2　単独効果の重視　*261*
　　　　3　手続法と実体ルール　*262*
　Ⅴ　EUの非水平型企業結合ガイドライン…………………………*264*
　　　　1　EUの非水平型企業結合ガイドラインの特質と構成　*264*
　　　　2　垂直型企業結合　*266*
　　　　3　混合型企業結合　*271*
　Ⅵ　日本の垂直型および混合型企業結合ガイドライン……………*274*
　　　　1　構成と特色　*274*
　　　　2　市場占有率および集中度　*274*
　　　　3　単独行動による競争の実質的制限　*274*
　　　　4　協調的行動による競争の実質的制限　*275*
　　　　5　問題点と課題　*276*

Ⅶ　まとめ―日本の現行ガイドラインの問題点 ………………… *278*
　　　　　1　日本のガイドラインの問題点　*278*
　　　　　2　企業結合規制の専門性とあるべき企業結合事件処理
　　　　　　手続　*280*

第12章　優越的地位の濫用の禁止 ……………………………… *283*
　　　Ⅰ　体系上の位置づけ ……………………………………………… *284*
　　　　　1　日本独自の規制　*284*
　　　　　2　広義の不正競争行為　*285*
　　　　　3　日本固有の規制　*286*
　　　Ⅱ　日本独自の独占禁止行政 ……………………………………… *289*
　　　　　1　優越的地位の濫用の禁止と下請法の共通点　*289*
　　　　　2　行政指導で終了する優越的地位の濫用の禁止　*290*
　　　Ⅲ　排除措置を命じる優越的地位の濫用の禁止 ………………… *291*
　　　　　1　優越的地位の濫用の禁止と下請法の相違点―基本構造の
　　　　　　差異　*291*
　　　　　2　下請法による規制　*292*
　　　　　3　排除措置を命じる優越的地位の濫用の禁止　*296*
　　　Ⅳ　平成21年改正とその後の展開 ………………………………… *299*
　　　　　1　平成21年改正　*299*
　　　　　2　優越的地位濫用ガイドライン　*300*
　　　　　3　課徴金事件の発生と司法審査　*306*
　　　Ⅴ　今後の展開 ……………………………………………………… *310*

第13章　課徴金額の算定実務と裁量型課徴金の創設 ………… *313*
　　　Ⅰ　本章の目的と射程範囲 ………………………………………… *314*
　　　Ⅱ　現行課徴金制度 ………………………………………………… *315*
　　　　　1　平成21年改正法による課徴金対象違反行為の拡大　*315*
　　　　　2　カルテルに対する課徴金制度の概要　*316*
　　　　　3　優越的地位の濫用と排除型私的独占　*319*
　　　Ⅲ　課徴金額の算定実務 …………………………………………… *320*
　　　　　1　カルテルに関する課徴金算定方式に係る判例法　*320*
　　　　　2　実行期間―違反行為の始期と終期　*321*
　　　　　3　当該商品または役務　*323*
　　　　　4　売上額の認定　*325*
　　　　　5　算定率および業種の認定　*327*

Ⅳ　EU競争法の行政制裁金との比較 …………………………………… 328
　　　　1　EU型行政制裁金制度の概要　328
　　　　2　制裁金算定ガイドライン　329
　　　　3　制裁金額減免制度と制裁金減免申請告示　330
　　　　4　インテル事件での制裁金　331
　　　　5　EU型行政制裁金の特質　332
　　　Ⅴ　裁量型課徴金の創設 …………………………………………………… 333
　　　　1　現行課徴金制度の問題点　333
　　　　2　裁量性導入のメリット　336
　　　　3　裁量型課徴金導入をめぐる環境　337
　　　　4　具体的な制度設計　338

第14章　協同組合の活動に対する規制 …………………………………… 341
　　　Ⅰ　現行規定とあるべき解釈 ……………………………………………… 342
　　　　1　現行法　342
　　　　2　22条柱書の適用除外の意味　342
　　　　3　22条但し書の趣旨　347
　　　Ⅱ　米国反トラスト法の継受ミス ………………………………………… 348
　　　　1　適用除外の意味—米国反トラスト法の展開とその意味するもの　348
　　　　2　米国反トラスト法　349
　　　　3　立法ミスとしての但し書と日米における協同組合規制の異同　351
　　　Ⅲ　法制の変遷と事業者団体としての行為 ……………………………… 353
　　　　1　協同組合の行為の適用除外に係る法制の変遷　353
　　　　2　並存時期のきわめて難解な解釈論　355
　　　　3　事業者としての協同組合の行為　356
　　　Ⅳ　判例法の展開および事例分析 ………………………………………… 357
　　　　1　生コンクリート協同組合と農業協同組合　357
　　　　2　最近の主要判例の分析　358
　　　　3　これまでの違反行為と今後の法適用　367

第15章　不要な規制・規定の廃止 ………………………………………… 369
　　　Ⅰ　実体法上の課題と独占禁止法上の不要な規制、規定の撤廃 …… 370
　　　　1　最新の立法政策論　370
　　　　2　昭和52年当時における独占禁止法制の特殊性　370

Ⅱ　基本規定の見直し……………………………………………371
　　　　1　19条（不公正な取引方法の禁止）の見直し　371
　　　　2　8条の見直し　372
　　　　3　課徴金制度の見直しが必要　374
　　Ⅲ　国際標準の競争法体系上の不要な規定……………………374
　　　　1　本質的に不要な規制、規定　374
　　　　2　国際的契約等に関する規定の廃止　374
　　　　3　知的財産権の行使行為への適用除外　377
　　　　4　再販売価格維持制度　379
　　　　5　一般集中規制　380
　　　　6　独占的状態に対する措置の廃止　381
　　Ⅳ　不公正な取引方法の禁止に付随する不要な規定…………384
　　　　1　不公正な取引方法の創設に伴い挿入された規定　384
　　　　2　第4章の企業結合規制に関する規定における、「不公正な取引方法を用いる場合」の廃止　385
　　　　3　8条5号の廃止　385
　　　　4　適用除外の但し書の不公正な取引方法の禁止　386
　　Ⅴ　タイミングが重要……………………………………………390

終　章　社会的活動―もう1つのあとがき………………………391
　　Ⅰ　学者生活の一区切り…………………………………………392
　　Ⅱ　社会的ポスト…………………………………………………392
　　　　1　現在占めている社会的ポスト　392
　　　　2　その他のポスト　393
　　　　3　一般論として　393
　　　　4　本務である教育研究活動との関係　394
　　Ⅲ　40歳代…………………………………………………………394
　　　　1　40歳代中頃から　394
　　　　2　国際経済法の専門家、国際的な競争法の専門家として　396
　　Ⅳ　50歳代…………………………………………………………396
　　　　1　一橋大学教授　396
　　　　2　独占禁止法の専門家　398
　　Ⅴ　50歳代中頃から60歳代に入って……………………………400
　　　　1　時間的に追われて　400
　　　　2　その他の仕事　400
　　Ⅵ　『独占禁止法の新展開』終章の研究活動に係る補足………401
　　　　1　不公正な取引方法への取組み―立法論と解釈論　401
　　　　2　行為類型概念の位置づけ　402

3　この10年間の成果　*403*

事項索引……………………………………………………………… *404*
判審決索引…………………………………………………………… *410*

【初出一覧】

第1章　平成25（2013）年時点での主要課題
　　　　書き下ろし
第2章　国際標準の競争法へ
　　　　国際商事法務40巻4号（2012年）
第3章　東日本電信電話会社事件最高裁判決と今後の課題
　　　　判例タイムズ1348号（2011年）
第4章　日本音楽著作権協会事件審判審決（平成24年6月12日）について
　　　　公正取引743号（2012年）
第5章　元詰種子事件および着うた事件東京高裁判決
　　　　──意思の連絡に係わる判例法の展開
　　　　判例タイムズ1334号（2011年）
第6章　多摩地区入札談合（東京都新都市建設公社）事件13判決の意味するもの(上)(下)
　　　　判例タイムズ1344号・1345号（2011年）
第7章　多摩地区入札談合事件最高裁判決とその意味するもの
　　　　国際商事法務40巻6号（2012年）をベースに書き下ろし
第8章　事業者団体の活動への規制──8条のあり方
　　　　判例タイムズ1337号（2011年）
第9章　再販売価格維持規制のあり方
　　　　判例タイムズ1360号（2012年）
第10章　平成23年の企業結合審査手続の見直し
　　　　判例タイムズ1357号（2011年）
第11章　企業結合規制の実体ルールと企業結合ガイドライン(上)(下)
　　　　国際商事法務40巻8号・9号（2012年）
第12章　優越的地位の濫用の禁止
　　　　判例タイムズ1379号（2012年）
第13章　課徴金の算定実務と裁量型課徴金の創設
　　　　判例タイムズ1350号（2011年）
第14章　協同組合の活動に対する規制
　　　　判例タイムズ1368号（2012年）
第15章　不要な規制・規定の廃止
　　　　判例タイムズ1377号（2012年）
終　章　社会的活動──もう1つのあとがき
　　　　書き下ろし

第1章

平成25（2013）年時点での主要課題

　独占禁止法は、平成17年、平成21年改正等を経て、急速に国際標準の競争法へと移行してきた。平成25年時点で残る主要課題は次の3点である。
　法律改正においては、行政審判を廃止し裁判所に直接提訴する方式を採用することと、非裁量型課徴金から裁量型課徴金に変更することである。
　前者は、平成22年に国会に提出された改正法案を成立させることで問題は解消する。後者は多様な選択肢があるが、「相当する額の課徴金を国庫に納付することを命じなければならない」から、「相当する額までの課徴金を国庫に納付することを命じることができる」に改正する形で、現行課徴金額を上限額とする裁量型課徴金の創設することが、もっとも実現可能性が高いと考えられる。
　解釈論については、自由競争減殺型の不公正な取引方法の公正競争阻害性は、「当該取引に係る市場が有する競争機能を損なうこと」をいうと解釈することである。これによって、独占禁止法の基本体系は国際標準の競争法体系と合致し、判例法として欧米並みの行為類型ごとの単一ルールを形成することができる。解釈論としてはすでに成立しているので、適切な事件で判例法として確立することがもう1点の今後の課題である。

I　残る三大課題

1　国際標準の競争法へ

　独占禁止法に課せられた使命は、米国反トラスト法、EU競争法などとともに先進国間の共通事業活動ルールとしての競争ルール確立の一翼を担っていくとともに、アジアでもすでに国際標準の競争法制が制定されているのであって、そこでの共通事業活動ルールとしての確固たる競争ルール（sound competition rule）を普及、確立していくことにある[1]。また、このことは今後の日本経済の発展のためにも望ましいものである。そのためにも、日本の独占禁止法ができる限り速やかに、国際標準の競争法にふさわしいものとなることが必要である。

　独占禁止法は、平成17年、平成21年改正等を経て、急速に国際標準の競争法へと移行してきた。平成25年時点で残る主要課題は次の3点である。

2　法律改正その1―行政審判の廃止

　裁判所に直接提訴する方式を採用している現行改正法案を速やかに成立させることである。

　行政審判維持派は、専門性の高い事案である企業結合事件こそ行政審判にふさわしい手続であると主張した。しかし、平成23年の企業結合審査の見直しにより、事前規制である企業結合審査では基本的に行政調査段階で終了するのであって、裁判所での取消訴訟や公正取引委員会（以下、公取委と呼ぶ）の審判手続で延々と争われるのではないことが明らかになっている。このことは、行政審判は企業結合事件の処理のための相当な手続であることから残すべきである、という論拠をなくするものである。

3　法律改正その2―裁量型課徴金への移行

　非裁量型課徴金から裁量型課徴金に変更することである。いくつかある

---

[1]　世界の競争法自体も、その将来の存在意義は国際的な共通事業活動ルールになれるか否かに係っている。

選択肢のなかでは、現時点で、7条の2第1項、同第4項、20条の2、20条の3、20条の4、20条の5、20条の6の「相当する額の課徴金を国庫に納付することを命じなければならない」から「相当する額までの課徴金を国庫に納付することを命じることができる」に改正することが、一番実現可能性が高い。

事業者団体の行為に対する課徴金制度である8条の3は、事業者団体の行為について構成事業者に課徴金納付を命じるという制裁の本質に反しており、かつ現実には適用しがたいものであるため廃止すべきである。

4　解釈論による判例法の確立

自由競争減殺型の不公正な取引方法の公正競争阻害性は、「当該取引に係る市場が有する競争機能を損なうこと」をいい、「一定の取引分野における競争を実質的に制限すること」と同じである。このことは、すでに解釈論として成立しており、判例法として確立することが今後の課題となる。

以上、前記三大課題のうち、審判制度の廃止については理論上の問題は解決済みであるため、第1章では、裁量型課徴金への移行と解釈論による判例法の確立について解説する。

Ⅱ　立法論の残された課題―非裁量型課徴金から裁量型課徴金へ

1　はじめに

排除型私的独占、優越的地位の濫用などを課徴金の対象行為とした、平成21年改正から3年が経過した。この3年間の施行期間を経て、その問題点も明らかになってきている。その解決策は、規制類型・行為類型ごとの課徴金額水準の見直し、個別事例に応じた妥当な課徴金額算定のための対応など考えられるが、いずれにせよ裁量型課徴金の導入から始まることは明白である。

2　現行課徴金の法的性格

（1）行政上の措置から行政上の制裁へ　　最高裁は、多摩地区入札談

合事件で、課徴金の法的性格について、「法の定める課徴金の制度は、不当な取引制限等の摘発に伴う不利益を増大させてその経済的誘因を小さくし、不当な取引制限等の予防効果を強化することを目的として、刑事罰の定め（法89条）や損害賠償制度（法25条）に加えて設けられたものである（最高裁平成14年（行ヒ）第72号同17年9月13日第三小法廷判決・民集59巻7号1950頁参照）。」としている。

引用されている日本機械保険連盟事件最高裁判決は、平成17年改正前の課徴金制度を対象とするものである。多摩地区入札談合事件の入札談合が行われた期間は、平成9年10月1日から平成12年9月27日までなので、平成17年改正前の課徴金制度が適用になっている。したがって、その当時の課徴金の性格については本件判決のとおりである。

しかし、本件判決における課徴金の法的性格は、現行の課徴金制度にはあてはまらない。すなわち、平成17年改正において、カルテルについては明確に不当利得を上回る金員の納付を命じることとし、累犯加算、早期離脱減算を設けて、課徴金減免制度を伴っているため、不当な取引制限（カルテル）等に対して行政上の制裁を課して、違反抑止を図る目的で設けられたものである。この時点で、独占禁止法上の課徴金の法的性格は、不当利得の剥奪から行政上の制裁へ変更されたのである。

さらに、平成21年改正において、刑事罰による違反抑止が事実上想定されない排除型私的独占の禁止と、刑事罰が存在しない優越的地位の濫用の禁止を、その意味で行政制裁の本命であったこの2つを、行政上の制裁である課徴金の対象行為に追加した。

現行課徴金については、明確に不当利得を上回る金員の納付を命じることとし、累犯加算、主導的役割加算、早期離脱減算を設けて、課徴金減免制度を伴っているため、不当な取引制限等に対して行政上の制裁を課して、違反抑止を図る目的で設けられたものである。そして、判例法上その法的性格が行政上の制裁であることを明らかにすべきである。

今日では、25条に基づく損害賠償請求は、民法709条に基づく損害賠償

---

2)　最判平成24年2月20日判例集等未登載。本書第7章参照。
3)　最判平成17年9月13日民集59巻7号1950頁。

請求と本質的に同一のものと解されて、あえて、排除措置命令、課徴金納付命令という行政上の措置と関連づける必要はない。すなわち、行政上の措置と25条に基づく損害賠償請求を含めて損害賠償請求とは別物であることが明らかになっていることから、「損害賠償制度（独禁法25条）に加えて」の文言は不要である。

「刑事罰の定め（独禁法89条）に加えて」も、今日では、優越的地位の濫用の禁止のように刑事罰の対象でない行為についても課徴金納付が命じられること、および同時に刑事罰まで科せられるカルテルの数は大幅に減少していることから、課徴金が独占禁止法違反についての主たる制裁措置となっており、この文言も不要であると考えられる。刑事罰は、行政制裁である課徴金納付命令に加えて、カルテルのうちでも悪質なものに対して科せられるので、課徴金納付命令と関連づける必要はなくなっている。

（2）排除型私的独占と優越的地位の濫用を対象行為とする平成21年改正の意義　平成21年改正は、私のように、裁量型課徴金を創設することを主張する者にとって、戦略的に決して悪いものではない。

その時点では、排除型私的独占と優越的地位の濫用を非裁量型課徴金の対象行為とし、それから裁量型課徴金とするほうが、先に裁量型課徴金を創設して排除型私的独占と優越的地位の濫用をその対象行為とするよりも、はるかに容易であり、実現可能性が高いという情況であった。

その結果、平成21年改正法は、平成22年1月に施行され、施行後3、4年は執行実績をみざるをえないことになる。しかし、硬直的な非裁量型課徴金は、さまざまな不都合やバランスを欠く結果をもたらすことが当初から予想されていた。したがって、裁量型課徴金を創設することを主張する者にとっては、3年間程度の施行実績をみて、その不都合を改善するため裁量型課徴金に変更していくという方策が最善の戦略であった。

（3）現行課徴金制度の基本的な問題点　現行の非裁量型課徴金には、理論上も次のようにさまざまな問題点がある。

まず、事業者に対する課徴金、事業者団体に対する課徴金に共通に、当該違反行為に応じて、違反抑止のために適切な制裁金額の納付を命じるという制裁金の本質、すなわち行政上の制裁の性格・趣旨に反している。

現行算定方式のもとでは、違反行為の重大度、さらには違法度、違反の明確性を示す故意・過失度と課徴金額が対応するものになるという保障はない。つまり、カルテルの場合はそれほど弊害がなくとも、排除型私的独占や優越的地位の濫用においては、現行算定方式のもとで当該行為の重大度、違法度と課徴金額を常に対応させることは無理である。排除型私的独占では、それまで違法でないとして容認されていた行為について初めて違法にするときなど、明確に制裁金を課すべきでない行為も存在する。

その結果、当該行為の重大度、違法度と課徴金額が対応しないことがあることから、公取委の執行、すなわち法適用、法運用を歪めることになる。結局、相当でない課徴金額を課すことを避けるために、正式事件として取り上げるのを控え、警告にとどめることなどが生じる。そのため、判例法の形成が阻害されることになる。

さらに、対象行為がカルテルだけに限定されていた時期でも、課徴金納付命令を避けるために、処分を警告に1ランク下げたり、違反行為を証拠上認定できるものに慎重に事実認定したと公取委は説明するものの、カルテルの対象となる製品の範囲や地理的範囲を縮減して事実上課徴金額を減額しているとみられる事例が存在した。

ましてや、排除型私的独占では、本来課徴金を課すべきでない行為も想定されるため、そのような配慮をする必要性がはるかに強まる。

次いで、事業者団体に対する課徴金については、事業者団体による違反行為に対して、違反行為主体でなく、団体の構成事業者に課徴金納付を命じるという法律構成が、違反主体に対して責任を問うという原則に反するもので、制裁金制度の本質に反するものである。

仮に事業者団体の行為について課徴金納付を命じるとするなら、事業者団体自体にその責任を問い、その資産を担保として課徴金納付を命じるようにするべきである。

8条については、8条1号によってすべて規制できるように解釈すべきであると考えられるが、どうしても課徴金を課さないようにするために、8条3号、4号を適用せざるをえないなど、8条の解釈にも現実に悪影響を及ぼしている。

(4) 裁量型課徴金導入に向けての環境整備　課徴金が行政上の制裁であると位置づけられた平成17年改正以降、裁量型課徴金の創設の障害が取り除かれて、その創設に向けての環境整備が急速に進んでいる。

本質的に不公正な行政手続であって、制裁金を課すための手続としてふさわしくない審判制度が廃止されるまでは、裁量型課徴金は現実的な課題としてとらえられなかったが、裁量性導入への最大の障害となっていた審判制度は廃止される見込みとなっている。

内閣官房長官の私的懇談会である独占禁止法基本問題懇談会報告書（平成19年）は、「行政上の金銭的不利益処分は、被処分者に対して制裁的な効果をもたらすとしても、刑事罰のように道義的な非難を目的とするものではなく、刑事罰と併科しても、憲法の禁止する二重処罰には当たらない」とし、課徴金と刑事罰の併科が憲法の禁止する二重処罰にあたらないと結論づけている。

なぜ裁量型課徴金と刑事罰の併科が憲法の禁止する二重処罰にあたらないとしているのかは、厳密には定かでない。しかし、同報告書が、平成17年改正後の行政上の制裁である課徴金と刑事罰との併科が憲法の禁止する二重処罰にあたらないとしたのであるから、今後導入される裁量型課徴金についても憲法上の二重処罰の問題はクリアしたものと解される。

また、憲法上の二重処罰の禁止は、同一行為に２つの制裁措置が現実に課せられるときに問題となるのであって、刑事罰金と課徴金という２つの制裁措置を課しうることだけでは、憲法上の二重処罰の禁止の問題は生じない。この点から、二重処罰の禁止の問題は、将来的には法人事業者への課徴金額と刑事罰金と調整できる全額控除制を採用すると実質的に解決するものと考えられる。[5]

基本問題懇談会においては、当初裁量型課徴金の導入について賛成派の

---

4) 東京高判平成13年２月16日審決集47巻545頁〔観音寺市三豊郡医師会事件〕、公取委審判審決平成12年４月19日審決集47巻３頁〔日本冷蔵倉庫協会事件〕。いずれも、現行課徴金制度のもとで課徴金を課さないためには、８条４号違反とせざるをえない。

5) 平成17年改正時に公取委は全額控除制を導入しようとしたが、内閣法制局の反対でその実現を断念した。今日では、金融商品取引法の課徴金制度で全額控除制が導入されていることから、独占禁止法の課徴金についても全額控除制を採用することの障害はなくなっている。

ほうが多かったが、公取委が裁量型課徴金に反対であったために、その制度を執行する当局が使いこなせるかどうか自信がないという制度を新規に導入するわけにもいかないという理由で採決までに至らず、裁量型課徴金制度の導入は見送られた。

現在における公取委の対処方針は、必ずしも裁量性の導入に消極的、否定的なものではない。ジュリスト1441号のインタビューにおいて、竹島一彦公取委委員長が「日本も裁量型にすべきかどうかの議論があり、これがよいとは軽々にいえませんが、将来的には検討する必要があるかと思います」という発言をされたように、近い将来における重要検討課題としてとらえていることがうかがえる。

3　3年間の施行実績・その評価・問題点とそれへの対応

（1）　3年間の課徴金制度の実績　　過去3年間（平成10年1月から平成12年12月まで）の販売カルテルへの課徴金制度運用における問題点にはそれほど大きなものはないと評価される。そのため、ここでは、販売カルテルについての解説は省略する。ただし、中小企業についての軽減率、業種別の算定率は、個別事例において事業者間の実質的な公平さを損なう結果をもたらすことがある。たとえば、企業グループがカルテル参加会社を分社化して、中小企業の適格を備えかつ卸売業の業態をとっているとき、そのような対応をしていない他の参加会社と比べて、（公平さを損なうほど）課徴金額は低い金額になる。[6]

（2）　優越的地位の濫用の禁止　　これまでに、優越的地位の濫用に該当するとして課徴金納付が命じられた事例として次の3件（詳細は、本書第12章Ⅳ3参照）がある。

（ア）　山陽マルナカ事件[7]　　公取委は、株式会社山陽マルナカに対して、その行為が、購入強制、協賛金等の負担の要請、従業員等の派遣の要請、返品、減額にあたるとして、平成23年6月22日に、5ヶ月強の違反行為期

---

[6]　入札談合における個別工事ごとの具体的な競争制限効果の必要性についても、課徴金の性格が行政上の制裁となった今日、必ずしも必要な要件であるのかについては疑問がある。

[7]　公取委排除措置命令および課徴金納付命令平成23年6月22日審決集等未登載。

間について、2億2,216万円の課徴金納付を命じた。この件で認定された違反行為期間は、平成19年1月から平成22年5月まで（3年5ヶ月間）であって、仮に違反行為全体が課徴金の対象行為となる場合、3年間での課徴金額は、総額13億円強になる。

（イ）日本トイザらス事件[8]　公取委は、日本トイザらス株式会社に対して、その行為が、返品、減額にあたるとして、平成23年12月13日に、約1年1ヶ月の違反行為期間について、3億6,908万円の課徴金納付を命じた。この件で認定された違反行為期間は、平成21年1月6日から平成23年1月31日（約2年間）であって、仮に違反行為全体が課徴金の対象行為となる場合の課徴金額は、総額約6億円になる。

（ウ）エディオン事件[9]　公取委は、株式会社エディオンに対して、その行為が従業員等の派遣の要請にあたるとして、平成24年2月16日に、11ヶ月間の違反行為期間について、40億4,796万円の課徴金の納付を命じた。この件で認定された違反行為期間は、平成20年9月6日から平成22年11月30日（2年2ヶ月強）であって、仮に違反行為全体が課徴金の対象行為となる場合、3年間での課徴金額は100億円程度になる。

（3）排除型私的独占　排除型私的独占に該当するとして課徴金納付が命じられた事例はこれまで存在しない。

ただし、平成24年6月に排除措置命令を取り消す旨の審判審決が下されたために、課徴金納付が命じられることは事実上なくなったが、日本音楽著作権協会事件[10]の行為が、排除型私的独占に該当するとされると、課徴金の対象となるものであった。

この事件で、日本音楽著作権協会（以下、JASRACという）に対する排除措置命令はいまだ排除型私的独占が課徴金の対象行為となっていない時期に出された。平成22年1月からは排除型私的独占が課徴金の対象行為になったが、JASRACが（実行期間の終期となる）違反行為をなくするための措置を考案することもできず、そのため最高裁まで公取委と争うことが

8）　公取委排除措置命令および課徴金納付命令平成23年12月13日審決集等未登載。
9）　公取委排除措置命令および課徴金納付命令平成24年2月16日審決集等未登載。
10）　公取委審判審決平成24年6月12日審決集等未登載。本書第4章参照。

予想され、JASRACが敗訴するときには丸々3年間分の課徴金納付が命じられることになる。その場合、課徴金額は3年間分で総額45億円程度になるものと見込まれていた。

　ちなみに、平成22年度における放送事業者からの使用料総収入は約253億円であった。放送事業者から得た収入の大部分は権利者等に分配されるために、JASRACが管理事業として得る手数料の比率は、使用料収入のうちかなり低い数値にとどまる。しかし、先例である日本機械保険連盟事件最高裁判決に照らすと、課徴金算定のための売上額は、あくまでも放送事業者から得る総収入であると考えられる。

　EU競争法の行政制裁金の実務では、欧州委員会が当該業界でそれまで容認してきた行為について初めて競争法違反であると認定するときには、通常行政制裁金を課さない。したがって、EU競争法の実務慣行に照らすと、たとえ放送事業者に対する包括許諾、包括徴収方式がこの件で初めて独占禁止法違反であることが確定したとしても、本件行為は本質的に課徴金納付を命じるべきでない行為であると考えられる。

　この件の教訓は、たとえ排除型私的独占に該当する行為であったとしても、特別な事情がある事例では例外として課徴金を課さないという処理を可能とすべき必要があることである。[11]

　（4）事業者団体の行為に対する課徴金制度　　公取委は、紀州田辺梅干協同組合および紀州みなべ梅干協同組合に対する件で、平成24年6月14日に、事業者団体による一定の取引分野における競争の実質的制限の禁止を規定する8条1号に違反するおそれがある行為をしないように両組合のそれぞれに対して警告した。

　この件で、紀州田辺梅干協同組合および紀州みなべ梅干協同組合の両組合は、遅くとも平成20年以降、新梅の特定白梅干取引が開始される毎年7月頃に合同役員会議を開き、加工業者である両組合員が農家から購入する

---

[11] 排除型単独行為規制については、EU競争法などの確約（commitment）手続のように、競争法違反を認定せず（損害賠償責任の事実上の推定効果をなくし）、相手方事業者が提案してきた是正措置を排除措置の内容とする和解手続が活用されることも多い。この場合には、行政制裁金は課されない。

その年の（特定白梅干の等級およびサイズに応じた）見通し価格を決定し、組合員に見通し価格表を配布してきた。

本件で、両組合は（共同購入事業は一切行っていないため）事業者団体に該当し、警告の概要に記載されていることから判断すると、両組合の行為が8条4号に該当するとして課徴金の問題を回避することも難しかった事案であったと推測される。

したがって、本件で公取委は、現行義務的課徴金制度がない場合であれば、当該行為が8条1号に違反するとして、排除措置を命じることができた事件であると考えられる。公取委が、本件について特別な事情を勘案して警告にしたことは実質的正義に合致するが、同時に事業者団体に対する現行課徴金制度が法適用を歪めていることがよくわかる典型的な事例となる。ただし、このほかにも、最近の事業者団体による一定の取引分野のおける競争の実質的制限に関連した事例は、すべて警告で終了している（本件警告に平成18年以降の関連事例の一覧表が掲載されている）。

さらに、本件では、両組合員である加工業者が、その見通し価格で生産農家等から購入している疑いもあった。元詰種子価格協定事件東京高裁判決[12]に基づき、組合員がその見通し価格に従って生産農家等から決定価格で購入するという行為は、意思の連絡が認められるとして3条後段に該当すると認定することも考えられる。

組合員の購買カルテルについては、本件の事実関係を正確に把握しないと評価はできないが、かねてから、農産物等の第1次産業分野における購買カルテルすべてについて、課徴金を命じるべきかについて疑問がもたれていた[13]。購買カルテルについて、課徴金納付を命じることまではないとし、競争状態を回復させるために排除措置を命じることにとどめることができない現行課徴金制度に欠陥があるといわざるをえない。

（5）　その評価・問題点とそれへの対応　　硬直的な現行非裁量型課徴金制度については、現在までに、次のような事実が判明し、かつ次のような不都合をもたらしている。

---

12)　東京高判平成20年4月4日審決集55巻791頁。本書第5章、第8章参照。
13)　公取委勧告審決平成4年6月9日審決集39巻97頁（四国食肉流通協議会事件）参照。

排除型私的独占、優越的地位の濫用については、現行算定方式のもとでも、課徴金額はそれぞれ違反抑止の観点から十分に高額なものとなっていると評価される。

参考例として、市場支配事業者による条件付（忠誠）リベート等の提供であってEU競争法86条違反にあたることが比較的明白な行為であるとされたインテルの行為に対する制裁金算定実務をみてみると、2007（平成19）年12月29日までの1年間に域内の顧客から注文を受けた本件製品の売上額を年間の基準売上額として使用したうえ、違反行為の性質、インテルの市場占有率、違反の地理的範囲など本件違反の重大性に関するさまざまな要素を総合判断して、基礎金額を算出するための算定率については5％が相当であるとしている。この件の処理に照らしても、排除型私的独占についての算定率6％は低過ぎるとはいえない。

現行課徴金制度についての問題点は、次の2点である。

第1に　当事者間の相対的な優越性に基づく優越的地位の濫用行為について、その独占禁止法体系上の位置づけからも、排除措置を命じ、現実に課されるだけの高額な課徴金額を義務的に課すことが相当であるかについて疑問がある。しかも、優越的地位の濫用の禁止で実際に課された課徴金額は、あくまで平成22年1月施行後の違反行為に対するものであるため、本来なら課徴金額はもっと高額なものとなる。優越的地位の濫用に該当する行為すべてに課徴金納付を命じなければならない法制には根本的な疑問がある。

また、比較法的にみると、2当事者間の相対的地位の優劣を問題として優越的地位の濫用と同じ規制理念に基づく、ドイツ、フランスにおける経済的従属関係の濫用事案については、行政制裁金の対象行為となっているが原則として行政制裁金は課せられていない。

したがって、国際的な調和の観点から、優越的地位の濫用については、排除措置を命じるにとどめる取扱いを可能としたり、課徴金額水準の引下げ、算定方式の変更を検討する必要がある。

また、排除型私的独占についても、それまで競争法違反とされずに容認されてきた行為について初めて競争法違反と認定する場合など、特別な事

情のある場合における免責事由、減額事由の設定を検討する必要がある。[14]

単独行為事件については、相手方事業者が申し出てきた和解に相当する措置をとらせることで終了する制度を認めている国も多い。

第2に、課徴金が課せられた事件数はこの3年間で、排除型私的独占が0件、優越的地位の濫用が3件である。優越的地位の濫用が突出して、両者間におけるバランスを欠いている。

さらに、優越的地位の濫用事例と、排除型私的独占、不公正な取引方法を併せた単独行為事例とを比較すると、このバランスの悪さはさらに顕著になる。すなわち、優越的地位の濫用との比較で、単独行為で不公正な取引方法に該当するとされたマイクロソフト（非係争条項）事件[15]、クアルコム事件[16]（この件は平成22年1月以降も審判で係争中である）の違反行為に対して、課徴金が課されないことについては、事件の重大性という観点から相当であるのか疑問がある。

4　裁量型課徴金の制度設計

（1）　具体的な制度設計　　裁量型課徴金の選択肢として、立法政策論であるために選択肢はきわめて多いが、かねてから次の3つの選択肢があげられてきた。[17]

第1案は、7条の2第1項、同第4項、20条の2、20条の3、20条の4、20条の5、20条の6について、「相当する額の課徴金を国庫に納付することを命じなければならない」から「相当する額までの課徴金を国庫に納付することを命じることができる」に改正することである。同時に、事業者団体の行為に対する課徴金制度である8条の3は廃止することである。[18]

---

14) 現行課徴金制度のもとでは、日本音楽著作権協会事件、セブン-イレブン事件（公取委排除措置命令平成21年6月22日審決集56巻第2分冊6頁。後掲注49）参照）のような行為については、公取委は取り上げなくなる可能性が大きい。
15) 公取委審判審決平成20年9月16日審決集55巻380頁。
16) 公取委排除措置命令平成21年9月28日審決集56巻第2分冊65頁。
17) このほか、現行課徴金制度を当面このまま維持して、さらなる施行実績をみていくという選択肢もあるが、非裁量型課徴金制度の弊害はすでに明白になっているものと評価される。
18) 事業者団体に対する課徴金（8条の3）については、事業者団体が違反行為をした場合に事業者団体の責任を問い、事業者団体に対して課徴金を命じる制度にすることが考えられる。

この案は、現行算定方式のもとでの課徴金額は十分に高額な制裁金額になっていると判断したうえ、日本型課徴金制度の枠組みを残して、公取委に課徴金額を引き下げる方向での裁量権を与えて、行政上の制裁としての課徴金制度のあり方、課徴金賦課水準等の全面的見直しをさせようとするものである。

　第2案は、3条違反について、違反対象商品または役務の販売価格、購入価格の20％を上限金額とするところの裁量型課徴金を導入することである。この場合、優越的地位の濫用については、それと同一上限額の課徴金とするか、現行上限額を維持することとする。

　この案は、日本型課徴金制度の枠組みを残し、上限金額について、平成21年改正後の上限である、違反事業者の関連商品に関する売上高の20％（累犯および主導的役割により加重されたもの）にするものである。また、課徴金の賦課水準は現行水準を維持し、ガイドラインまたは規則で、カルテルについては平成21年改正後の算定方法（原則として関連商品売上高の10％で上限が同20％）と同一の方法を採用し、排除型私的独占は算定率原則6％とし、優越的地位の濫用行為は算定率原則1％とすることが想定されている。

　この案は、課徴金額の水準が必ずしも明らかになっていなかった、平成21年改正直後には一番有力なものであった。すなわち、平成21年改正直後には、さらに同22年改正法案提出当時には、その時点で一気に裁量型課徴金を創設するためには、現行課徴金制度の基本的枠組みを残したまま、上限金額については違反対象商品の売上額の20％とする日本型裁量型課徴金の創設が一番実現しやすいと考えられた。

　第3案は、上限金額について当該事業者の前年度全世界売上額（または国内売上額）の10％とする国際標準のEU型行政制裁金を創設することである。この案は、短期間のうちに実現できるとは期待できない。

　（2）　当面の対応策　　当面の法改正案として、現時点では、以下の理由で、第1案の速やかな実現を目指すことが望ましい。[19]

---

19)　裁量性の導入による取消訴訟の多発を防ぐために、EU競争法の和解制度（訴訟で争わないことの見返りに課徴金額の10％減額を認める制度）を導入することも考えられる。

なぜなら課徴金制度のあり方、行為類型ごとの賦課水準の妥当性、個別事例ごとの現実の課徴金額の妥当性を見直すことは緊急の課題であるところ、もっとも速やかに裁量性を導入することができると見込まれる方策である。[20]

同様な観点であるが、実現可能性の点から、経済界等利害関係者からの賛同を得られやすいということも大きな要因である。逆にいうと、現行法を前提とした、もっとも簡潔な法改正であって、裁量性の導入についての利害関係者からの抵抗がもっとも少ない方策である。

現在でも、法曹界、産業界を中心に、たとえ公取委のような専門行政機関が判断を下し司法審査を受けるものであっても、行政庁が制裁金額についての裁量権をもつことについての抵抗感が強い。また、長期的には裁量型課徴金の創設が避けられないとしても、公取委はいまだ準司法機関としての体勢が整備されておらず、時期尚早であるという声も強い。さらには、高額な上限金額を設定する場合に、公取委が恣意的に課徴金額の賦課水準を引き上げていくのでないかという懸念も根強い。これらの反対論を考えると第１案がもっとも実現可能性のある選択肢となる。

もう１つの大きな要因は、第２案と比べても現行課徴金制度の改善という点で実質的に相違がないものと評価されることである。

III 解釈論における残された課題——一段階の二重規制に

1 はじめに

多摩地区入札談合事件最高裁判決[21]によって、解釈論による基本体系および二重規制構造の見直しが最終段階にある。

多摩地区入札談合事件最高裁判決は、これまでもっとも実現が困難であると予想されていた、一定の取引分野における競争を実質的に制限するこ

---

20) この場合、基本的に上限金額を課徴金として課すことにする、課徴金を課さないこととする特別な事情のある場合を設ける、基準金額を引き下げるなど、後は公取委の運用にゆだねられる。その意味で、法改正後も、公取委が原則として上限金額の課徴金の納付を命じるというのであればそれも可能である。
21) 前掲注２）最判平成24年２月20日。

とについて、東宝・新東宝事件東京高裁判決の定義を否定して、違法性レベルを大幅に引き下げることを実現した。

現在、自由競争減殺型の不公正な取引方法の公正競争阻害性は当該取引に係る市場が有する競争機能を損なうことをいい、すなわち一定の取引分野における競争を実質的に制限することと同一のものであることは、すでに解釈論として成立している。

2 昭和28年の判例法とその問題点

（1）独自の体系と二重規制構造　原始独占禁止法は、米国反トラスト法を受け継ぎ、さらにはその50年間の施行経験を踏まえたものであって、私的独占の禁止と不当な取引制限の禁止を事後規制の中核規定とする体系は優れたものであった。ところが、昭和22年に反トラスト法の継受におけるミスによって、原始独占禁止法に本来不要な不公正な競争方法の禁止を規定したことと、昭和28年に理論上の詰めも十分に行わずにそれを不公正な取引方法の禁止に変更したことに起因して、さらには日本経済の実態に照らして競争法の制定が早過ぎたために本来の体系を大きく歪めていくこととなった。

その結果、独占禁止法は、昭和60年頃までに、国際的にも独自な基本体系を構築するとともに、二段階の二重規制構造という奇妙なルールを形成した。

この日本独自の体系は、企業集中の規制（私的独占の禁止、企業結合規制、独占的状態に対する規制を含む）、不当な取引制限の禁止（カルテル規制）、不公正な取引方法の禁止を3本柱とする

さらに、競争ルールを構成する事後規制の主要な行為類型について、きわめて高い違法性水準を意味する「一定の取引分野における競争の実質的制限」を実質要件とする私的独占の禁止等と、きわめて低い違法性水準で足りるとする「公正な競争を阻害するおそれ（公正競争阻害性）」を実質要件とする不公正な取引方法の禁止によって、二重に規制されるという二重規制構造を成立させた。

その体系・構造は、昭和28年頃に下された4判審決、すなわち、東宝・

スバル事件東京高裁判決[22]（昭和26年）、新聞販路協定事件東京高裁判決[23]（昭和28年）、東宝・新東宝事件東京高裁判決[24]（昭和28年）、第1次大正製薬事件審判審決[25]（昭和28年）に基づいて形成された[26]。

そのため、単独行為規制、共同行為規制および企業結合規制を三大規制とする国際標準の競争法体系や判例法として行為類型ごとの単一ルールからなる競争ルールを確立していくためには、それらの問題のある判例の先例価値を1つ1つ失わせていく必要があった。

（2）不当な取引制限の対象行為をカルテルに限定　私的独占の禁止（3条前段）が単独行為を規制する基本規定であり、不当な取引制限の禁止（3条後段）が共同行為を禁止する基本規定である。独占禁止法の沿革上も文理上も不当な取引制限の禁止が共同行為を規制し、私的独占の禁止が単独行為を規制することになっている。

ところが、新聞販路協定事件東京高裁判決は、不当な取引制限の「事業者とは法律の規定の文言の上ではなんらの限定はないけれども、相互に競争関係にある独立の事業者と解するのを相当とする。共同行為はかかる事業者が共同して相互に一定の制限を課し、その自由な事業活動を拘束するところに成立するものであって、その各当事者に一定の事業活動の制限を共通に設定することを本質とするものである」、さらに「また一群の事業者が相集って契約協定等の方法によって事業活動に一定の制限を設定する

---

22) 東京高判昭和26年9月19日行集2巻9号1562頁。
23) 東京高判昭和28年3月9日行集4巻3号609頁。
24) 東京高判昭和28年12月7日高民集6巻13号868頁。
25) 公取委審判審決昭和28年3月28日審決集4巻119頁。
26) このほか、野田醤油事件東京高裁判決（昭和32年）は、4社寡占市場において、プライスリーダーの小売価格引上げ（それに伴う再販売価格維持）に、他の3社が追随したことを、（間接）支配に該当し、私的独占の禁止に違反するとした。この野田醤油事件東京高裁判決は、①プライスリーダーの価格決定に他の競争者が追随するという状態自体を「支配行為」に該当するとし、支配行為概念を不必要に拡大して、私的独占の禁止は「行為」を規制するという考え方を後退させ、②本来不当な取引制限の禁止により規制すべきプライスリーダーシップによる寡占的価格協調行動を私的独占の禁止により規制したため、私的独占の禁止（支配型私的独占）と不当な取引制限の禁止（の相互拘束）についての差異を不明確なものとすることになった。しかし、この判決は、支配型私的独占という今日でも不明確な規制に関するものであって、早々に先例価値を失ったと評価される。東京高判昭和32年12月25日行集8巻12号2300頁。

場合であって、その中に異種又は取引段階を異にする事業者を含む場合においても、これらの者のうち自己の事業活動の制限を共通に受ける者の間にのみ共同行為が成立するものといわなければならない」と判示した。

この判決は、①不当な取引制限は相互に課される制限が各事業者にとって共通であることを本質とすることから、不当な取引制限における事業者は同質的取引関係または取引段階を同一にする者に限定される、②（少なくとも）不当な取引制限の事業者は競争関係にある事業者に限定される、と判示したことになる。

東宝・新東宝事件東京高裁判決も、前記新聞販路協定事件東京高裁判決を引用したうえで、東宝が新東宝に資金を提供し、新東宝の製作する映画の配給をすべて東宝に委託させるという協定（垂直的協定）について、東宝が新東宝の映画の販路および顧客を制限するという新東宝のみに制限を課す一方的制限であり、相互拘束を伴わないために不当な取引制限に該当しないと判示した。

この新聞販路協定事件東京高裁判決と東宝・新東宝事件東京高裁判決が、不当な取引制限の射程範囲をカルテルに大幅に狭めて、事後規制について共同行為と単独行為で区分けする競争法の基本体系を歪めることになった。

（3）　高いレベルの違法性水準としての競争の実質的制限　水平型企業結合事件に関する東宝・スバル事件東京高裁判決は、競争の実質的制限について、「競争自体が減少して、特定の事業者又は事業者集団がその意思で、ある程度自由に、価格、品質、数量、その他各般の条件を左右することによって、市場を支配することができる形態が現れているか、又は少なくとも現れようとする程度に至っている状態をいう」と判示している。「現れているか、又は少なくとも現れようとする程度に至っている状態」という文言に水平型企業結合規制の性格が反映されている。

次いで、東宝・新東宝事件東京高裁判決は、「競争自体が減少して、特定の事業者又は事業者集団がその意思で、ある程度自由に、価格、品質、数量、その他各般の条件を左右することによって、市場を支配することができる状態をもたらすことをいうのであって、いいかえれば、かかる状態においては、当該事業者又は事業者集団に対する他の競争者は、それらの

者の意思に拘りなく、自らの自由な選択によって価格、品質、数量等を決定して事業活動を行い、これによって十分な利潤を収めその存在を維持するということは、もはや望み得ないということになる」としている。この定義は、東宝・スバル事件判決の定義について、市場支配の状態をもたらす行為というように3条違反の行為にも適用できるようにしたものである。[27]

「競争を実質的に制限する」ことが、私的独占の禁止、不当な取引制限の禁止、企業結合規制において共通の実質要件であり、「競争を実質的に制限する」の定義が私的独占の禁止、不当な取引制限の禁止、企業結合規制に等しく適用される。

東宝・新東宝事件判決は、競争の実質的制限について、市場を支配することができる状態（市場支配の状態）を要件とし、その文理以上に高い違法性水準を必要とした。そのため、私的独占の禁止については、市場占有率80％程度という、きわめて大きな力を有する事業者に対してのみ適用されると解釈された。不当な取引制限の禁止については、同一業界における大多数の同業者が参加したカルテルに限定されることになった。企業結合規制は、私的独占に該当するような市場支配力の形成を未然に防止すること（私的独占の禁止の未遂行為を禁止すること）に限定されると解釈されて、私的独占の禁止の予防的規制と位置づけられた。

（4）不公正な競争方法・不公正な取引方法の位置づけと二段階の二重規制構造　米国の連邦取引委員会法5条の不公正な競争方法の禁止は、本来連邦取引委員会に司法省と同等の権限を付与するための規定であって、その点から19条の不公正な競争方法の禁止は本来私的独占の禁止や不当な取引制限の禁止と同一レベルのものである。ところが、第1次大正製薬事件審判審決は、不公正な競争方法の競争制限について「独占禁止法2条6項5号の条件が不当なものかどうかを判断する基準として、競争制限的作用の有無をもってする場合に、その競争の制限が、一定の取引分野における競争を実質的に制限するものと認められる程度のものである必要はなく、ある程度において公正な自由競争を妨げるものと認められる場合で足りる

---

27)　公正取引委員会編『独立禁止法30年史』488頁、489頁、浅沼判事の発言参照。

ものと解すべきで、かく解することは、私的独占等の予防措置として不公正競争方法を禁止している法意からみて妥当なものといわなければならない。」とした。同審判審決中の「その競争の制限が、一定の取引分野における競争を実質的に制限すると認められる程度のものである必要はなく、ある程度において公正な自由競争を妨げられるものと認められる場合で足りるものと解すべきで」あるという部分がそのまま不公正の取引方法の公正競争阻害性の基本先例として引用されてきた。

　この結果、前述のとおり共通要件である競争の実質的制限を高レベルの違法性水準のものと解釈することによって、私的独占の禁止は市場支配の状態をもたらす巨大な経済力の濫用行為を規制し、不当な取引制限の禁止は競争業者間のカルテルを規制し、さらに企業結合規制は私的独占の発生を未然に防止することにしたこととあいまって、単独行為および垂直的制限については、①公正競争阻害性について、「ある程度において公正な自由競争を妨げるものと認められる場合で足りる」という低レベルの違法性水準のものと解釈したこと、②主要な行為類型（に近いもの）を一般指定で定めていること、からもっぱら不公正な取引方法の禁止により規制することになった。これによって、独占禁止法における二段階の二重規制構造が成立し、昭和57年の旧一般指定の制定によって、さらにこの構造が完成することになった。

---

28)　そもそも、同審判審決のこの解釈は、不公正な競争方法の禁止に係る米国反トラスト法の受け継ぎにおける失敗を物語るものである。
　　本来の連邦取引委員会法5条の不公正な競争方法の禁止は、連邦取引委員会に、シャーマン法1条、2条の規制権限を有する司法省と同等な権限を付与するための禁止規定であって、それならば独占禁止法の「不当に（な）」を要件とする不公正な競争方法の禁止も、「一定の取引分野における競争を実質的に制限すること」を要件とする私的独占の禁止、不当な取引制限の禁止と同一のものであって、その「不当に（な）」は「一定の取引分野における競争を実質的に制限すること」と同一のものと解釈するべきである。独占禁止法上公取委が単一の執行機関であるにもかかわらず、不要である不公正な競争方法の禁止も規定したために、このような誤った解釈が生まれたのである。昭和28年改正で不公正な競争方法の禁止が不公正な取引方法の禁止に変更された後も、第1次大正製薬事件審判審決が公正競争阻害性にそのままあてはまると解された。それならば、その誤りを是正するために、昭和28年改正で追加された、不当な地位の利用と取引妨害を除くところの、自由競争減殺型の公正競争阻害性について、「一定の取引分野における競争の実質的制限」と同一のものと解釈することが正しいことになる。

このように、①不公正な競争方法の禁止には不正競争法違反行為も含まれる、②不公正な競争方法の禁止は萌芽理論（悪い芽は早めに摘み取るという考え方）により全面的にシャーマン法1条、2条より低い違法性水準のものを規制対象とする、という米国反トラスト法の明白に誤った解釈によって、第1次大正製薬事件審判審決で不公正な競争方法の禁止は私的独占の禁止等よりも低いレベルの違法性水準のものを規制するとしてしまった。その考え方は、不公正な競争方法の禁止を変更した日本独自の不公正な取引方法の禁止に受け継がれた。

不公正の競争方法の禁止は米国反トラスト法の受け継ぎの失敗の結果であって、公取委が唯一の施行機関である独占禁止法では、不公正の競争方法の禁止は本来不要であった。また、不公正な競争方法は米国の連邦取引委員会法5条を受け継いだものであるが、同5条は連邦取引委員会に司法省と同等の規制権限を付与するものであり、基本的にシャーマン法1条、2条と同等の規制対象（私的独占の禁止および不当な取引制限の禁止と同一レベルの違法性水準を要するもの）であって、不正競争法違反行為を規制対象とするものでもなく、また萌芽理論によって全面的に1ランク低いレベルの行為を規制対象とするものでもない。

3 国際標準の競争法の基本体系および競争ルールへ

（1） 競争法の基本体系とは　　今日、競争法の3本柱が単独行為規制、共同行為規制、企業結合規制であるように、独占禁止法の競争法の3本柱は、単独行為規制である私的独占の禁止、共同行為規制である不当な取引制限の禁止、企業結合規制である。そのほかに各国固有の規制が加わる。そのうえで、判例法として、各規制の行為類型ごとに単一ルールを形成し

---

29) 「連邦取引委員会法においては、不正競争をも含む新たな観念として、不公正な競争方法（unfair methods of competition）の語を用い、その一般的な禁止（5条）を定めるに至ったのである」という誤解に基づき、独占禁止法における不公正な競争方法の禁止は、「その趣旨においては、主として、私的独占の形成を未然に防ぐ目的の下に、その手段となる行為を禁止したものであ」ると解釈した。今村成和『独占禁止法〔新版〕』（有斐閣・1978）90頁参照。

30) 米国反トラスト法上、不公正な競争方法の禁止は、基本的にシャーマン法1条、2条と同一の規制範囲のものと解されている。1950、60年代の萌芽理論の最盛期でも、特定の領域の規制にあてはまっただけで、全面的に萌芽理論が適用されたことはなかった。

ていく。

　日本の独占禁止法では、一定の取引分野における競争の実質的制限を要件とする、単独行為規制である私的独占の禁止、共同行為規制である不当な取引制限の禁止、企業結合規制が3本柱となる。不公正な取引方法の禁止については、自由競争減殺型の公正競争阻害性は一定の取引分野における競争の実質的制限と同一のものと解して、私的独占の禁止、不当な取引制限の禁止と一体としてルールを形成するものとし、不公正な競争手段型、自由競争基盤侵害型の不公正な取引方法の禁止が日本固有の規制と位置づけられる。

　前述の新聞販路協定事件東京高裁判決および東宝・新東宝事件東京高裁判決の先例価値は、目隠しシール入札談合事件東京高裁判決[31]（平成5年）および多摩地区入札談合事件最高裁判決（平成24年）により否定された。さらに、東宝・スバル事件東京高裁判決を受けた東宝・新東宝事件東京高裁判決の先例価値も、多摩地区入札談合事件最高裁判決により否定された。

　残る課題は、自由競争減殺型の不公正な取引方法の公正競争阻害性は「当該取引に係る市場が有する競争機能を損なうこと」というと判示することにより、第1次大正製薬事件審判審決の先例価値を判例法上も否定することにある。

　（2）　企業結合規制　　企業結合規制については平成23年までに、事前規制として3本柱の1つとして確立された。

　平成18年に、欧米並みの審査基準を採用した企業結合ガイドラインが作成された。平成21年には株式取得に事前届出制が導入されて、事前届出制が全面的に整備された。さらに、平成23年に事前相談制が廃止されて、届出後審査が導入された。そのうえで、新企業結合審査手続が適用された最初の事案である、同年12月の新日本製鉄・住友金属合併容認事例により、事前規制としての企業結合規制が完成した。

　（3）　不当な取引制限　　（ア）相互拘束　　不当な取引制限の相互拘束は共同行為のすべての行為類型を対象にするように解釈して、不当な取

31）東京高判平成5年12月14日高刑集46巻3号322頁。

引制限の禁止を共同行為規制の基本禁止規定と位置づけていくことが課題であった。

目隠しシール入札談合事件東京高裁判決は、3条後段について、「独禁法2条1項は、『事業者』の定義として『商業、工業、金融業その他の事業を行う者をいう。』と規定するのみであるが、事業者の行う共同行為は『一定の取引分野における競争を実質的に制限する』内容のものであることが必要であるから、共同行為の主体となる者がそのような行為をなし得る立場にある者に限られることは理の当然であり、その限りでここにいう『事業者』は無限定ではないことになる。」しかし、「実質的には競争関係にあった」者は、「立場の相違があったとしてもここにいう『事業者』というに差し支えがない。この『事業者』を同質的競争関係にある者に限るとか、取引段階を同じくする者であることが必要不可欠であるとする考え方には賛成できない」と判示し、新聞販路協定事件判決の前述の判旨①（本書18頁）を完全に否定した。

次いで、「昭和28年の改正により……3条が『事業者は、私的独占又は不当な取引制限をしてはならない。』とし、2条6項が『不当な取引制限とは……により、公共の利益に反して、一定の取引分野における競争を実質的に制限することをいう。』と規定するに至り……当該共同行為によって『競争を実質的に制限する』ことが積極的要件として必要となった現行法のもとで、はたして右判例のように『事業者』を競争関係にある事業者に限定して解釈すべきか疑問があ」ると判示し、同事件判決の前述の判旨②（本書18頁）を実質的に否定した。

理論上は、①2条6項の「事業者」について何ら限定もないことから、2条1項の事業者の定義より狭く解釈する理由はないこと、②「相互拘束」についても事業者間でそれぞれの事業活動を制約するものであるととらえるべきで、複数事業者間における合意、契約より狭く解釈する必要はないこと、③公取委も、新聞販路協定事件東京高裁判決まで不当な取引制限は垂直的制限を含む共同行為に適用されると法解釈してきたこと、④不当な取引制限の禁止はシャーマン法1条を継受したものであり、同法1条が共同行為を規制対象とすることと同様に解することが自然であることか

ら、不当な取引制限は明確に垂直的制限を含む共同行為を規制対象とする。

多摩地区入札談合事件最高裁判決は、「このような取決めがされたときは、これに制約されて意思決定を行うことになるという意味において、各社の事業活動が事実上拘束される結果となることは明らかであるから、本件基本合意は、法2条6項にいう『その事業活動を拘束し』の要件を充足するものということができる」とした。本件判決によると、相互拘束とは、複数の独立した事業者間の取決めをいい、複数の独立した事業者間の取決めには水平的取決めのほか、垂直的取決めも含まれる。このように、今日不当な取引制限の禁止は、理論上明確に垂直的制限を含む共同行為を規制対象とする。もっとも、この点は「共通の目的の達成（実現）に向けてそれぞれの事業活動を制約すること」というこれまでの定義でも同じである。

（イ）　一定の取引分野における競争の実質的制限　不当な取引制限の禁止を共同行為規制の基本禁止規定であると解釈しても、従来の競争の実質的制限の定義のまま、とりわけ「市場を支配することができる状態」という文言が残っているままでは、共同行為の行為類型すべてについて、とくに垂直的制限については（不当な取引制限の相互拘束に該当し3条後段も適用できると解釈しても）、妥当な違法性判断基準、違法性基準が形成できない可能性が強かった。[32]

そのために、競争の実質的制限について文理どおりに解釈するなど、「市場を支配することができる状態」を用いている従来の定義を変更して、その違法性水準を引き下げていくことが課題となっていた。

多摩地区入札談合事件最高裁判決は、「法2条6項にいう『一定の取引分野における競争を実質的に制限する』とは、当該取引に係る市場が有する競争機能を損なうことをい」うとし、東宝・新東宝事件東京高裁判決の競争の実質的制限の定義を廃止して、上記課題を解決した。[33]

この点は、多摩地区入札談合事件最高裁判決が入札談合についても、「当該取決めによって、その当事者である事業者らがその意思で当該入札

---

32)　この点は、共同研究開発、標準化等の合理の原則型の共同行為のルールについてもあてはまる。

33)　同時に、東宝・スバル事件東京高裁判決も覆した。

市場における落札者及び落札価格をある程度自由に左右することができる状態をもたらすことをいうものと解される」とし従来の定義から「市場を支配することができる状態」を削除していることからも明らかである。

したがって、相互拘束により一定の取引分野における競争を実質的に制限することとは、複数の独立した事業者間の取決めにより当該取引に係る市場が有する競争機能を損なうことをいう。

これによって、不当な取引制限の禁止が共同行為に属するすべての行為類型を規制対象にするとともに、不当な取引制限の禁止によって行為類型ごとに妥当なルールを形成することが可能になる。

（4）私的独占の禁止　（ア）排除型私的独占の禁止　私的独占の禁止は、排除型私的独占の禁止と支配型私的独占の禁止に分けられるが、中核的な禁止規定は排除型私的独占の禁止である。

支配型私的独占については、将来的に、EU競争法上の搾取型濫用行為と同様、高度な市場支配力を有する事業者が、競争価格を上回る高価格設定、差別的価格設定等によって、関連市場全体から超過利潤を獲得することが支配型私的独占に該当するとして、価格引下げ命令、適正な取引条件での取引命令などの措置をとらせるために活用することが考えられる。

（イ）排除行為　私的独占の排除行為は単独行為すべての行為類型を対象とするように解釈して、私的独占の禁止を単独行為規制の基本禁止規定と位置づけていくことが課題であった。

排除行為とは、他の事業者の事業活動を困難にさせる行為をいう。または競争者の事業活動の継続、新規参入を事実上困難にさせるなど、他の事業者の事業活動を困難にさせる行為をいうと言い換えても同じである。なお、競争者の事業活動の継続、新規参入を困難にさせる行為だけでは、ニプロ事件[34]、東洋製罐事件[35]における違反行為を含まないおそれがある。

排除型私的独占に係る独占禁止法上の指針（排除型私的独占ガイドライン）は「排除行為とは、他の事業者の事業活動の継続を困難にさせたり、新規参入者の事業開始を困難にさせたりする行為であって、一定の取引分

---

34) 公取委審判審決平成18年6月5日審決集53巻195頁。
35) 公取委勧告審決昭和47年9月18日審決集19巻87頁。

野における競争を実質的に制限することにつながる様々な行為をいう」と定義している。このうち、「一定の取引分野における競争を実質的に制限することにつながる様々な行為」は当然過ぎて記述するまでもない。この定義については、「他の事業者」に現実的競争者、新規参入者、潜在的競争者（新規参入しようとする者）が含まれることは自明であって、「新規参入者の事業開始を困難させたりする行為」は不要である。

これらの定義は、単独行為すべての行為類型を含むように考案されたものであって妥当なものである。[36]

（ウ）　一定の取引分野における競争の実質的制限　　2条5項、2条6項は「一定の取引分野における競争を実質的に制限する」と同一文言を規定しているため、これまで同一解釈が採用されてきた。したがって、多摩地区入札談合事件最高裁判決の定義は、2条5項の排除型私的独占にもそのまま適用される。

排除行為が単独行為に該当するすべての行為類型を対象にするとしても、従来の競争の実質的制限の定義のままでは、とりわけ「市場を支配することができる状態」が残っているままでは、すべての単独行為の行為類型について、妥当な違法性判断基準、違法性基準が形成できない可能性が強かった。多摩地区入札談合事件最高裁判決は、2条6項にいう一定の取引分野における競争を実質的に制限するとは、当該取引に係る市場が有する競争機能を損なうことをいうとして、この問題を解決している。

不当な取引制限についての昭和28年の「競争自体が減少して、特定の事業者又は事業者集団がその意思で、ある程度自由に、価格、品質、数量、

---

[36]　排除行為についての東日本電信電話株式会社事件最高裁判決の「自らの市場支配力の形成、維持ないし強化という観点からみて正常な競争手段の範囲を逸脱するような人為性を有し、競業者の市場への参入を著しく困難にするなどの効果をもつ行為」、とりわけ「正常な競争手段の範囲を逸脱するような人為性を有」する行為は、単独行為すべてを含めることができず、妥当な解釈とはいえない。最判平成22年12月17日判例時報2101号17頁・判例タイムズ1339号55頁。

　この点は、多摩地区入札談合事件最高裁判決における、相互拘束と一定の取引分野における競争の実質的制限との関係のバランスから、「正常な競争手段の範囲を逸脱するような人為性を有」する行為は東日本電信電話株式会社の当該行為に即して記載したものであると限定的に解して、他の事業者の事業活動を排除する行為については、他の事業者の事業活動を困難にさせる行為と解釈することが相当である。

その他各般の条件を左右することによって、市場を支配することができる状態をもたらす」こと（東宝・新東宝事件東京高裁判決）、排除型私的独占についての平成21年の「競争自体が減少して、特定の事業者又は事業者集団がその意思で、ある程度自由に、価格、品質、数量、その他各般の条件を左右することによって、市場を支配することができる状態を形成、維持、強化すること」(東日本電信電話株式会社事件東京高裁判決)[37]、さらには平成22年の「市場支配力の形成、維持ないし強化という結果が生じること」(東日本電信電話株式会社事件最高裁判決)[38]は、先例価値を失っている。

したがって、排除型私的独占とは、他の事業者の事業活動を困難にさせる行為により、当該取引に係る市場が有する競争機能を損なうことをいう。

これによって、排除型私的独占の禁止が単独行為に属するすべての行為類型を規制対象にするとともに、排除型私的独占の禁止によって行為類型ごとに妥当なルールを形成することが可能になる。

（5）自由競争減殺型の不公正な取引方法　（ア）不公正な取引方法の公正競争阻害性の二分化　不公正な取引方法は、前述のとおり、競争ルールを構成する自由競争減殺型とそれ以外の不公正な競争手段型、自由競争基盤侵害型に二分される。自由競争減殺型は、私的独占、不当な取引制限と一体として事後規制を構成し、それ以外のものは日本固有の規制と分類される。

（イ）自由競争減殺型の不公正な取引方法の公正競争阻害性の引上げ
（ⅰ）自由競争減殺型の切り分け　第１次大正製薬事件審判審決の解釈は、過去の判例法にあてはまっても、昭和50年代以降の判例法の展開によって今日では完全に否定されている。すなわち、昭和50年代以来の判例法の展開によって、自由競争減殺型の不公正な取引方法の公正競争阻害性について、「当該取引に係る市場における競争機能を損なうこと」まで引き上げられている。

多摩地区入札談合事件最高裁判決の一定の取引分野における競争を実質的に制限することについての「当該取引に係る市場における競争機能を損

---

37) 東京高判平成21年５月29日審決集56巻第２分冊262頁。
38) 前掲注36）最判平成22年12月17日参照。本書第３章参照。

なうこと」という言い回しは、むしろ自由競争減殺型の不公正な取引方法の公正競争阻害性にふさわしいものである。この判決を踏まえると、自由競争減殺型の不公正な取引方法の公正競争阻害性とは、法定または指定された形式要件に該当する行為により、当該取引に係る市場が有する競争機能を損なうこと、すなわち、一定の取引分野における競争を実質的に制限することをいう。

また、マイクロソフト（非係争条項）事件審判審決は、自由競争減殺型の不公正な取引方法の「公正な競争を阻害するおそれ」の「この『おそれ』の程度は、競争減殺効果が発生するという程度の漠然とした可能性の程度で足りると解すべきでなく、当該行為の競争に及ぼす量的又は質的な影響を個別に判断して、公正な競争を阻害するおそれの有無が判断されることが必要である」としている。この言い回しは、判断基準として機能していない。ただし、マイクロソフト（非係争条項）事件審判審決は、競争ルールを構成する自由競争減殺型とそれ以外の不公正な競争手段型、自由競争基盤侵害型に二分して、自由競争減殺型の不公正な取引方法の公正競争阻害性について異なる違法性基準を設定しようとしている点が評価される。

（ⅱ）自由競争減殺型の公正競争阻害性に関する判例法の展開　不公正な取引方法のうち、競争ルールを構成する行為類型（自由競争減殺型）についての昭和59年以降の主要判例は、時系列でみると次のとおりである。今日、自由競争減殺型の公正競争阻害性の違法性基準は、これらの判例で示される。

---

39) 不公正な取引方法として指定されたまたは法定された行為から、実質要件である公正競争阻害性を意味する「不当に」、「正当な理由なく」を除くものが形式要件に該当する。

40) これまで、自由競争減殺型の不公正な取引方法の公正競争阻害性については、欧米並みの違法性基準、またはあるべき「一定の取引分野における競争の実質的制限」と同一なものになっていると解説してきたが、その必要もなくなる。

41) 不公正な取引方法に該当するとした事例には、競争制限的な目的、効果を有する多様な行為のそれぞれを一般指定各項のいずれかに該当するとしたもの（複合行為）がある。この場合、適用される一般指定の数が増えたから違法性が強まるわけでもなく、違法性のレベルは公正競争阻害性である。

神奈川県生コンクリート協同組合事件（公取委勧告審決平成2年2月15日審決集36巻44頁）

① 東洋精米機事件　　東京高判昭和59年2月17日判例時報1106号47頁
② 東京都芝浦屠場事件　　東京高判昭和61年2月14日判例時報1182号34頁、最判平成元年12月14日民集43巻12号2078頁
③ 東芝エレベータテクノス事件　　大阪高判平成5年7月30日判例時報1479号21頁
④ 日本遊戯銃協同組合（デジコン電子）事件　　東京地判平成9年4月9日判例時報1629号70頁
⑤ マイクロソフト（抱き合わせ）事件　　公取委勧告審決平成10年12月14日審決集45巻153頁
⑥ 資生堂東京販売（富士喜本店）事件、花王化粧品販売（江川企画）事件　最判平成10年12月18日民集52巻9号1866頁、判例時報1664号14頁
⑦ 三光丸本店事件　　東京地判平成16年4月15日判例時報1872号69頁
⑧ ザ・トーカイ事件、ニチガス事件　　東京地判平成16年3月31日判例時報1855号78頁、同88頁、東京高判平成17年4月27日審決集52巻789頁、東京高判平成17年5月31日審決集52巻818頁
⑨ 下関市福祉バス事件　　山口地判平成18年1月16日審決集52巻918頁
⑩ 日本郵政公社（ヤマト運輸）事件　　東京地判平成18年1月19日判例時報1921号9頁、東京高判平成19年11月28日審決集54巻699頁
⑪ マイクロソフト（非係争条項）事件　　公取委審判審決平成20年9月16日審決集55巻380頁
⑫ 第一興商事件　　公取委審判審決平成21年2月16日審決集55巻500頁

　（ⅲ）　違法性水準の引上げと一定の取引分野の画定　　東洋精米機事件東京高裁判決と東京都芝浦屠場事件最高裁判決では、不公正な取引方法の自由競争減殺型の公正競争阻害性について、法文にない一定の取引分野の画定が必要であり、かつ公正競争阻害性の有無を判断するためにはそれ

では、神奈川県生コンクリート協同組合が一般指定の11項、15項に該当する行為を行なって員外者（アウトサイダー）の事業活動を不当に困難にした。全国農業協同組合事件（公取委勧告審決平成2年2月20日審決集36集53頁）では、全国農業組合が一般指定の2項、13項、14項2号に該当する行為を行なって、系統外の競争販売業者の農業用資材の販売活動を不当の困難にした。いずれの行為も競争の実質的制限程度まで競争業者の事業活動の継続を不当に困難にさせている。

まで考えられていた以上の多様な判断要素を考慮して決定しなければならない旨判示した。この前後で、自由競争減殺型の公正競争阻害性のとらえ方には質的な差異が生じている。

　　（ⅳ）違法性水準の引上げと公正競争阻害性を充足しないとした先例
　違法性水準の引上げは、まず、公正競争阻害性を満たさずに、それゆえに不公正な取引方法に該当せず、したがって19条に違反しないとした主要先例によって平成19年頃には明白になっていた。

　具体的には、①東洋精米機事件東京高裁判決（昭和59年）から始まり、②東京都芝浦屠場事件最高裁判決（平成元年）、⑥資生堂東京販売、花王化粧品販売事件最高裁判決（平成10年）を経て、⑦三光丸本店事件東京地裁判決（平成16年）、⑧ザ・トーカイ、ニチガス事件東京高裁判決（平成17年）、⑨下関市福祉バス事件山口地裁判決（平成18年）、⑩日本郵政公社（ヤマト運輸）事件東京高裁判決（平成19年）に至る先例で明らかになっている。

　②の東京都芝浦屠場事件最高裁判決は、「不当廉売規制に違反するかどうかは、専ら公正な競争秩序維持の見地に立ち、具体的な場合における行為の意図・目的・態様、競争関係の実態および市場の状況等を総合考慮して判断すべきものである」とし、資生堂東京販売、花王化粧品販売事件最高裁判決は、「メーカーや卸売業者が販売政策や販売方法について有する選択の自由は原則として尊重されるべきである」と判示して垂直的非価格制限を拘束条件付取引に該当することに慎重な立場をとっている。

　⑨の下関市福祉バス事件山口地裁判決では、当該廉売行為が競争者の事業活動を困難にするおそれがあるとしながら、過疎地における生活上の利便向上、社会的必要性が公正競争阻害性を充足するかの判断要素となるとしたうえで、その判断要素を重視して、公正競争阻害性を充足しないとしている。⑧のザ・トーカイ、ニチガス事件でも、実質的な販売価格差の存在を認定しながらも、当該事業者の市場占有率、意図、設定低価格と総販売原価や市場価格との関係、競争関係の実態および市場の状況等から差別対価に該当しないとしている。

　そのほか、日本テクノ（取引妨害）事件東京地裁判決、関西航空空港島[42]

（新聞販売拒絶）事件大阪地裁判決[43)]、同事件大阪高裁判決[44)]、三菱東京UFJ銀行（東京スター銀行）事件東京地裁判決[45)]などの著名事件（ただし先例価値は高くない）でも、自由競争減殺型の公正競争阻害性を充足しないとして差止請求が棄却されている。

　（ⅴ）　違法性水準の引上げと公正競争阻害性を充足するとした先例
　次いで、自由競争減殺型の公正競争阻害性を充足するとして、19条違反を認めた行為については、いずれも、（一定の取引分野における競争の実質的制限と同等な）関連市場のおける競争制限効果の存在が認定されている。

　③の東芝エレベータテクノス事件では、自社製機器の保守サービス市場で80％以上の市場占有率をもつメーカー系保守業者が完全に管理している交換部品の提供と修理サービスとを抱き合わせたことにより、現実に独立系保守業者を駆逐するなど独立系保守業者の事業活動（の継続）を不当に困難にした。④の日本遊戯銃協同組合（デジコン電子）事件では、ほぼ市場占有率100％に近いメーカーらによる販売業者を介しての間接ボイコットにより、唯一の有力競争者の事業活動を不当に困難にした。⑤のマイクロソフト（抱き合わせ）事件では、エクセルの表計算ソフト市場での市場支配力をてことして、それをワープロソフトであるワードと抱き合わせたことにより、ワープロソフト市場での有力競争者の市場占有率を大幅に低下させるなどその事業活動を不当に困難にした。

　⑪のマイクロソフト（非係争条項）事件では、マイクロソフト社は、ソニー、松下電機、三菱電機など有力OEM業者の特許権を使用している蓋然性がきわめて高いと認定されており、パソコンAV技術取引市場におけるそれら有力競争業者の事業活動の継続を不当に困難にさせている。第一興商事件では、違反行為によって卸売業者がターゲットとなった競争者との取引を取りやめたことがうかがわれる複数の事例があったと認定されている。

---

42)　東京地判平成16年3月18日判例時報1855号145頁・判例タイムズ1155号161頁。
43)　大阪地判平成16年6月9日審決集51巻935頁。
44)　大阪高判平成17年7月5日審決集52巻856頁。
45)　東京地判平成23年7月28日判例時報2143号128頁。

結局、自由競争減殺型の不公正な取引方法の公正競争阻害性は、平成19年頃までに判例法上明確に「当該取引に係る市場が有する競争機能を損なうこと」まで引き上げられている。

4 判例法による行為類型ごとの単一ルール

今日では、自由競争減殺型の不公正な取引方法の公正競争阻害性については、「当該取引に係る市場における競争機能を損なうこと」すなわち「一定の取引分野における競争を実質的に制限すること」をいうと解される。このように解して、事後規制の単独行為規制と共同行為規制について、私的独占の禁止・不当な取引制限の禁止と自由競争減殺型の不公正な取引方法の禁止を一体として判例法を形成することができる。[46]

このことは、現実には昭和50年代以降展開してきた現行判例法を追認するものであって、何ら現行実務や現行判例法には影響を及ぼさない。解説書との関係でも、拙著『独占禁止法〔第5版〕』(弘文堂・2012) の示すとおり、独占禁止法の実体ルールとしてのそれまでの判例法の解説を何ら変更するものではない。[47]

あとは、判例法としてもその点を確認することが課題であって、判例法上の変更は適切な事件がないと実現できないことから、現時点では現在審判で係争中のクアルコム事件審判審決が、第1次大正製薬事件審判審決の先例価値を失わせる最大の候補となる。[48][49][50]

---

46) この結果、不公正な取引方法を解体して、法改正で、自由競争減殺型の行為類型を不当な取引制限・私的独占と一体化し、不公正な競争手段型、自由競争基盤侵害型を別々に法定化することの必要性はきわめて乏しくなる。しかしながら、法改正による解決は長期的な課題として否定されるべきものではない。ただし、競争法の歴史は、どの国でも、長期間存続した競争法を抜本的に改正することは不可能に近いことを示している。
47) 法改正によって、裁量型課徴金制度を導入することによって、自由競争減殺型の不公正な取引方法の最後の存在意義もなくなる。
48) 差止請求訴訟であるソフトバンク・東日本電信電話株式会社等事件などが次の候補となる。
49) 現在審判で係争中の事件のうち、先例価値の高い審決等が下されると注目されている事件が、ブラウン管国際カルテル事件 (公取委排除措置命令および課徴金納付命令平成21年10月7日審決集56巻第2分冊71頁) とクアルコム事件 (前掲注16) 公取委排除措置命令平成21年9月28日) である。
 独占禁止法の基本禁止規定、すなわち3条の私的独占の禁止、不公正な取引方法の禁止、第

Ⅲ 解釈論における残された課題――一段階の二重規制に　　33

　4章の企業結合規制に係る禁止規定は、国外における行為についてもそれが日本国内に直接的、実質的かつ予測可能な効果をもたらすときには域外適用される。現在でも、そのように解釈されるが、ブラウン管カルテル事件審判審決はそれを判例法上確立する意義がある。また、自由競争減殺型の不公正な取引方法の公正競争阻害性は、当該取引に係る市場における競争機能を損なうこと、すなわち、一定の取引分野における競争を実質的に制限することをいう。現在でも、そのように解釈されるが、クアルコム事件審判審決はそれを判例法上確立する意義がある。
50)　前掲注14) 公取委排除措置命令平成21年6月22日。セブン-イレブンによる見切り販売の阻止行為を優越的地位の濫用に該当するとしたセブン-イレブン事件排除措置命令を受けて、フランチャイジーからセブン-イレブンに対して25条に基づく多数の損害賠償請求訴訟が提起された旨報じられている。多摩地区入札談合に係る八王子市損害賠償請求事件東京高裁判決によって行政手続と民事手続の区分けは決着がついているが、フランチャイザーであるセブン-イレブンとフランチャイジー間の個々の見切り販売阻止行為の事実関係は大きく異なっているものと想定され、それら損害賠償請求訴訟のうち1件でも当該行為が優越的地位の濫用またはその実施行為に該当するとしたうえで、民法709条の故意過失による利益侵害を充足しないとして損害賠償請求を棄却する判決が出現すると、行政手続と民事手続の理論上の区分けは明確になる。なお、25条訴訟における損害額についての求意見制度（84条）については、平成21年改正で、義務的な求意見制度を廃止して、裁判所は必要に応じて公取委の意見を求めることができるとした。裁判所が損害額について公取委に意見を求めることはなくなっているため、事実上当該求意見制度を廃止したのと同様である。

第2章

国際標準の競争法へ

　2000年代には、アジアの競争法を含めて国際標準の競争法体系が完全に確立した。そのなかで、2012（平成24）年多摩地区入札談合事件最高裁判決によって、独占禁止法の事後規制についても、私的独占の禁止を単独行為規制の基本禁止規定とし、不当な取引制限を共同行為規制の基本禁止規定とするという今日の国際標準の競争法体系（それが原始独占禁止法が予定していた体系でもあるが）へ移行した。
　この結果、事後規制の判例法については3条と19条を一体として行為類型ごとのルールを構築し、ガイドラインについては3条に基づき欧米と同一内容のものを作成することができるようになった。
　今後、制裁についても行政上の制裁である課徴金を活用するとともに、制裁である以上上限方式の裁量型課徴金に移行することが相当である。

I　はじめに

　本章では、現在解釈論としてもっとも重要な論点である、3条の私的独占の禁止と不当な取引制限の禁止について、国際的な競争法体系の確立に向けての動きに合致させるという趣旨から、まず国際的な動向を解説し、次いで、あるべき3条の解釈について解説する。

　現在2005（平成17）年改正と2009（平成21）年改正の成果が次々と明らかになってきている[1]。そのなかでも、法改正による裁量型課徴金の導入を加速させる、カルテル規制における、刑事罰との比較での、行政制裁の優位の動きを解説する。最後に、裁量型課徴金を導入すると実体法上の解釈問題をかなり解決できることを解説する。

II　国際的な競争法体系、競争ルールの確立

1　基本体系の確立

　国際的に、競争法の基本体系として、事後規制である単独行為規制、共同行為規制、事前規制である企業結合規制を3本柱・三大規制としたうえで、その国独自の規制を追加する競争法体系が採用されている。この基本体系のもとで、判例法として行為類型ごとのルール（これが競争ルールといわれる）が定められる。

　各国独自（固有）の規制として、消費者保護（英米法系）[2]、買い手段階の価格差別（米国）、行政独占の禁止（旧社会主義国）、不正競争行為（不正取引行為）の禁止（発展途上国）、優越的地位の濫用の禁止・下請法（日本）、財閥規制（韓国）、などがあげられる。

---

1) 最大の成果は、2009年改正による株式取得についての事前届出制の導入に伴う事前届出制の全面的整備、2011（平成23）年7月の事前相談制の廃止、2011年12月の新日鉄・住友金属合併容認によって、企業結合規制について、私的独占の禁止・不当な取引制限の禁止とは異なる、事前規制として確立したことである。
2) 消費者法については、今日では、米国、カナダ、オーストラリアなどの英米法系の国では、競争法のなかで規定しているが、一般に競争法とは別の法体系と位置づけられている。

2　米国反トラスト法

　まず、1970年代までに、当時の世界最大市場である米国で、反トラスト法が、カルテルの禁止、独占化行為の禁止を中核とする競争法体系、競争ルールを、実効性のある事業活動ルールとして確立させた。

　共同行為規制、単独行為規制、企業結合規制からなる競争法体系、競争ルールの誕生である。しかし、その当時、競争ルールが実効性をもつルールとして機能していたのは、米国（米国市場）のみであった。

　米国反トラスト法の実体規定は、1914年以降、シャーマン法1条（取引制限の禁止）、同法2条（独占化・独占化の企画の禁止）、クレイトン法2条（価格差別の禁止）、同法3条（排他的取引等の禁止）、同法7条（株式・資産取得規制）、同法8条（役員兼任規制）、連邦取引委員会法5条（不公正な競争方法の禁止）である。米国反トラスト法は、競争法を誕生させるという歴史的な貢献をしたが、競争法制として決して高い評価を受けるようなものではなかった。

　米国反トラスト法は、整合性が取れているとは評価されない実体規定にもかかわらず、1970年代には、共同行為規制（水平的制限規制と垂直的制限規制）、単独行為規制、企業結合規制を中核として、買い手段階の価格差別規制を米国独自の規制として追加する基本体系を成立させた。さらに、米国反トラスト法は、十分な量の判例を蓄積して、競争法の基本体系とともに、判例法として行為類型概念や行為類型ごとのルール（競争ルール）を成立させた。この結果、1970年代における基本書、ケースブックは、独占化、水平的制限、垂直的制限、企業結合、知的財産権との調整[4]、買い手段階の価格差別に1章をあてて、判例法としての行為類型ごとのルールを解説したものであった[5]。

3）　クレイトン法2条（ロビンソン・パットマン法と呼ばれる）に基づくルールを解説する。
4）　知的財産権との調整として1章を設けるのは、説明の便宜のためで、基本体系を変更するものではない。
5）　たとえば、私が利用したその当時もっとも一般的な基本書・ケースブックであった Phillip Areeda, Antitrust Analysis-Problems, Text, Cases（3rd Edition）,（Little, Brown and Company 1981）でも、その実体法の章立ては、Monopoly, Horizontal Restraints, Problems with Patents, Vertical Restraints, Mergers, Discrimination under the Robinson-Patman Act となっている。また当時の Ernest Gellhorn, Antitrust Law and Economics（2nd Edition）,

米国反トラスト法の教訓は、2つの競争当局、（整合性のとれていない）3つの実体法のもとでも、1980年頃までに判例法として今日国際標準となっている競争法体系、競争ルールを形成できたことである。原始独占禁止法はもともと競争法制としてはおかしくないのであって、独占禁止法を競争法として執行できなかった時代の歴史的産物であり、かつ理論上脆弱である不公正な取引方法の禁止を存続させたままでも国際標準となっている競争法体系、競争ルールを形成できる。

3　EU競争法

　EU競争法は、1980年代以降の欧州委員会による強力な執行によって、2000年までに、当時の世界最大市場である欧州市場において、米国反トラスト法に匹敵する実効性のある競争ルールを確立した。さらに、2003年理事会規則の改正によって、加盟国競争法との関係でも、EU競争法の優位を確立し、文字どおり欧州連合（EU）における共通事業活動ルールとしてのEU競争法を誕生させた。

　1980年代以降、国際的に、米国反トラスト法、EU競争法が二大競争法という地位を占めた。さらに、1990年代以降、日本、カナダ、オーストラリア等を含む先進国で競争法が強化されていった。

　EU競争法の競争法の世界における最大の貢献は、簡潔かつ単純な、単独行為規制の禁止規定である市場支配的地位の濫用の禁止、共同行為規制の禁止規定である競争制限的目的または効果を有する協定等の禁止、企業結合の禁止規定である関連市場における有効な競争を著しく阻害することとなる企業結合の禁止からなる、国際標準と評価される競争法の基本法制、基本規定を確立したことである。

　EU競争法上、共同行為規制の基本禁止規定は、競争を制限する目的または効果をもつ協定等を禁止する1項のほか、1項に該当する協定を無効とする2項、1項の適用を免除することができるという3項からなる。と

（West Publishing Company 1980）でも、その実体法の章立ては、The Monopoly Problem, Horizontal Restraints, The Oligopoly Problem, Vertical Restraints, Mergers, Patent Licenses, Price Discrimination and the Robinson-Patman Act となっている。

くに、1990年代まで、適用免除を規定する3項が実務上大きな存在意義を示した。しかし、欧州委員会は個別適用免除を廃止し、一括適用免除の適用対象行為を（市場占有率30％以下の場合などに）限定することによって、競争を制限する目的または効果をもつ協定等を禁止する1項に一元化しようとしている。また、単独行為規制の基本禁止規定である市場支配的地位の濫用の禁止については、2008年12月の排除型濫用行為に係るガイドラインの公表によって、完全に単独行為規制の基本禁止規定として確立した。[6] かくして、事後規制について、競争を制限する目的または効果をもつ協定等の禁止と市場支配的地位の濫用の禁止からなる法制が競争法制のモデル法として確立した。現時点で EU 機能条約（TFEC）101条および102条である。

2000年代以降、この競争法制が、新規に（包括）競争法を制定する発展途上国で採用されていった。

4　アジアの競争法

2010年に、日本を抜いて中国が世界第2位の経済大国となった。今後、中国、インドを中心とするアジアが最大の経済発展を遂げるものと予想されている。そのため、アジアにおいて、国際標準の競争法体系、競争ルールを確立していくことが競争法の世界での最大の課題となっている。

アジアでの競争法の歴史をみると、日本（1947年）、韓国（1980年）、台湾（1991年）、タイ（1999年）、インドネシア（1999年）、ベトナム（2004年）、シンガポール（2004年）、ラオス（2004年）、モンゴル（2005年本格施行）、中国（2007年）、インド（2009年本格施行）、マレーシア（2010年）の順に競争法が制定・施行されている。

タイ競争法以降、アジアでも基本的に国際標準の競争法制に合致する競争法が制定されている。たとえば、中国競争法（2007年制定）は、独占的

6）1989年に開始された企業結合規制についても、実質要件を、2004年理事会規則の有効な競争を著しく阻害することとなる結果をもたらす結合の禁止に変更し、2004年水平型企業結合ガイドラインおよび2008年非水平型企業結合ガイドラインの公表によって、国際標準的なルールに移行した。

協定の禁止、市場支配的地位の濫用の禁止、企業結合規制（競争を排除しまたは制限し、そのおそれのある企業結合の禁止）を3本柱とし、行政独占の禁止を独自の規制として規定する。インド競争法（2002年制定）は、反競争的協定の禁止、市場支配的地位の濫用の禁止、企業結合規制からなる。

2000年頃まで、日本の独占禁止法が不公正な取引方法の禁止を中心に運用していたために、アジアでは独特の競争法を有していると評価されてきた。今日では、日本の独占禁止法においても国際標準の競争法体系、競争ルールへの動きが進んでいる。このように、すでにアジアでも、市場支配的地位の濫用の禁止、競争制限的協定の禁止、企業結合規制および固有の規制からなる競争法体系、競争ルールが成立したことが明らかになっている。

アジアの多くの国では、競争法の執行が開始された段階にあるが、経済統合を進めてアジア共同経済圏が構築されるに伴い、アジアでも競争法が共通事業活動ルールとして機能していくものと予想される。

ただし、単独行為規制の基本禁止規定としての市場支配的地位の濫用の禁止と共同行為規制の基本禁止規定である競争制限的目的または効果をもつ協定等の禁止とでは、文理からはルールが理解できないおそれがある。今日、国際的に競争法体系、競争ルールのイメージが確立しているからこそ、このような競争法制が機能することになる。

Ⅲ 独占禁止法のあるべき解釈論と競争ルール

1 事後規制についての3条のあるべき解釈論

従来の不当な取引制限の禁止（カルテル規制）、企業集中規制（私的独占の禁止と企業結合規制を含む）、不公正な取引方法の禁止を三大規制とする体系のもとでは、事後規制については、カルテル（入札談合を含む）を不当な取引制限に該当するとして規制し、共同の取引拒絶、単独行為、垂直的制限を不公正な取引方法に該当するとして規制し、私的独占の禁止はほ

---

7) 原始独占禁止法は、一定の取引分野における競争の実質的制限を共通の実質要件とし、私的独占の禁止、不当な競争制限の禁止、第4章の企業結合規制からなる。

とんど適用されてこなかった。

　この旧体系が1982（昭和57）年の一般指定の改定時まで公式に採用されていたし、実質的に2005（平成17）年頃まで維持されていた。

　現在の不当な取引制限の禁止（共同行為規制）、私的独占の禁止（単独行為規制）、事前規制である企業結合規制を三大規制とする体系のもとでは、水平的制限（カルテルを含む）、垂直的制限を不当な取引制限に該当するとして規制し、単独行為全般を私的独占に該当するとして規制する。不公正な取引方法の禁止については、自由競争基盤侵害型・不公正な競争手段型の不公正な取引方法の禁止は日本固有の規制と位置づけ、自由競争減殺型の不公正な取引方法は、不当な取引制限の禁止・私的独占の禁止と一体としてルールを形成する（図表1参照）。

　この新体系を確立するためには、私的独占の禁止と不当の取引制限の禁止における排除行為、相互拘束、一定の取引分野における競争の実質的制

図表1　競争法の体系

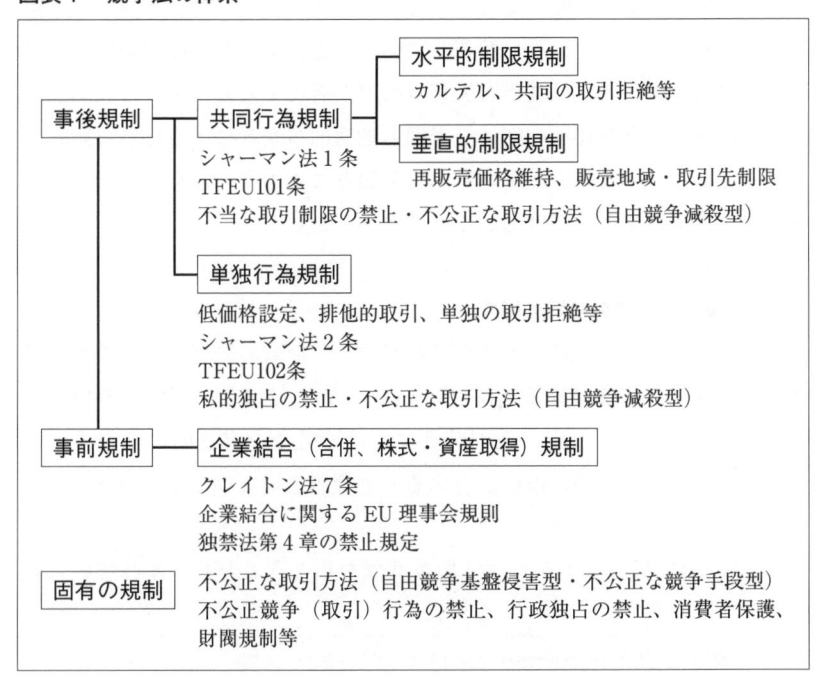

事後規制	共同行為規制	水平的制限規制
		カルテル、共同の取引拒絶等
		垂直的制限規制
		再販売価格維持、販売地域・取引先制限
	シャーマン法1条　TFEU101条　不当な取引制限の禁止・不公正な取引方法（自由競争減殺型）	
	単独行為規制	
	低価格設定、排他的取引、単独の取引拒絶等　シャーマン法2条　TFEU102条　私的独占の禁止・不公正な取引方法（自由競争減殺型）	
事前規制	企業結合（合併、株式・資産取得）規制	
	クレイトン法7条　企業結合に関するEU理事会規則　独禁法第4章の禁止規定	
固有の規制	不公正な取引方法（自由競争基盤侵害型・不公正な競争手段型）　不公正競争（取引）行為の禁止、行政独占の禁止、消費者保護、財閥規制等	

限などの要件の解釈を大幅に変更する必要がある。

したがって、解釈論としての最大の課題は、もともとの原始独占禁止法の体系に従って、さらには現在の競争法体系に合致するように、不当な取引制限の禁止を共同行為規制の基本禁止規定、私的独占の禁止を単独行為規制の基本禁止規定と位置づけることである。すなわち、不当な取引制限の禁止はありとあらゆる共同行為を規制対象として適用できるように、私的独占の禁止はありとあらゆる単独行為を規制対象として適用できるように解釈することである。

また、「一定の取引分野における競争を実質的に制限する」という要件は、私的独占（3条前段、2条5項）、不当な取引制限（3条後段、2条6項）において共通の要件とされている基礎的な概念であって、この要件についての解釈はこれらの規制に共通している。

そこで「競争自体が減少して、特定の事業者又は事業者集団が、その意思で、ある程度自由に、価格、品質、数量その他各般の条件を左右することによって、市場を支配することができる状態をもたらすこと」という定義を廃止して、文理どおりに解釈していくことにあった。従来の定義では、不当な取引制限の禁止は業界の大多数の同業者によるカルテル、私的独占の禁止は市場占有率70％～80％を上回る独占的事業者による行為に限定されがちであった。これを欧米並みの行為類型ごとのルールを形成できるように違法性水準を引き下げていく必要があった。[8]

2　3条についての解釈の確立

（1）　多摩地区入札談合事件最高裁判決　　最新の最高裁判決である多摩地区入札談合事件最高裁判決（平成24年）が、ほぼこの課題を解決した。

最高裁は、この「一定の取引分野における競争を実質的に制限すること」は、当該取引に係る市場が有する競争機能を損なうことをいうと判示した。

「当該取引に係る市場が有する競争機能を損なうこと」が優れている理

---

8)　村上政博『独占禁止法の新展開』（判例タイムズ社・2011）参照。

由は、第1に、「市場を支配することができる状態」を用いていたこれまでの定義をあらためて、共同行為、単独行為の各行為類型ごとに妥当な違法性判断基準、違法性基準を形成することを可能とし、第2に、自由競争減殺型の不公正な取引方法の公正競争阻害性と、一定の取引分野における競争を実質的に制限することとの優れた共通概念、中間概念として機能するところにある。

　また、行為要件である相互拘束、排除行為についてはできる限り簡明な解釈が望ましいが、同最高裁判決は相互拘束、排除行為についてもあるべき解釈を明らかにした。

　（2）　不当な取引制限　　不当な取引制限の「一定の取引分野における競争を実質的に制限すること」については、当該取引に係る市場が有する競争機能を損なうことをいう。これにより、共同行為に該当する行為類型すべてについて、妥当な違法性判断基準、違法性基準を形成することが可能となった。

　相互拘束について、最高裁は、「このような取決めがされたときは、これに制約されて意思決定を行うことになるという意味において、各社の事業活動が事実上拘束される結果となることは明らかであるから、本件基本合意は、法2条6項にいう『その事業活動を拘束し』の要件を充足するものということができる」としている。

　「これに制約されて意思決定を行うことになる」という意味において、各社の事業活動が事実上拘束される結果となることはいわば当然のことであって、共同して相互にその事業活動を拘束することは、複数の独立事業者間の取決めを意味する。上記記述から相互拘束について、複数事業者間の水平的取決めに限定すると解する必要はなく、複数事業者間の垂直的取決めもその対象とする。

　これまで、相互拘束については、「共通の目的の達成（実現）に向けてそれぞれの事業活動を制約すること」と解してきたが、法的効果は同じでも複数事業者間の取決めのほうが簡明である。

　この点で、取決めは、2条5項に例示されている「契約」、「協定」よりも広い範囲の共同行為を含む概念であるため、一般的用語として妥当であ

る。米国反トラスト法との比較においても、相互拘束には、契約（contract）、共謀（conspiracy）やその双方を含む協定（agreement）のほか、反トラスト法上の結合（combination）を含む概念である取決め（arrangement）に対応するものと解釈するほうが相当である。

さらに、最高裁は、「本件基本合意の成立により、各社の間に、上記の取決めに基づいた行動をとることを互いに認識し認容して歩調を合わせるという意思の連絡が形成されたものといえるから、本件基本合意は、同項にいう『共同して……相互に』の要件も充足するものということができる」としている。「共同して……相互に」の文言に基づき、取決めの態様としての合意および意思の連絡が含まれるとしている。

意思の連絡では、間接事実として実施行為、実施状況を勘案するのであって、意思の連絡が推認されるカルテルには実施時説があてはまる。ただし、実施行為、実施状況などの間接事実から意思の連絡が推認されるカルテルについても、その反競争的性格から、実施時において一定の取引分野における競争の実質的制限を充足するものと推定される。この結果、昭和59年石油製品価格協定事件最高裁判決が適用になる合意時説、すなわち原則として一定の取引分野における競争の実質的制限を充足して直ちに不当な取引制限が成立する、または参加事業者の合計市場占有率が40％超であると直ちに一定の取引分野における競争の実質的制限を充足して不当な取引制限が成立するという合意時説があてはまるのは、合意によるカルテルに限られる。

また、カルテル以外の共同行為に該当する他の行為類型では、具体的な競争制限効果が一定の取引分野における競争の実質的制限を充足するか否かを判断する判断要素となるように、たとえ合意が認定されたとしても、意思の連絡と同様に（または合意、意思の連絡を問わずに）、原則として、実施時説があてはまる。要するに、一般原則どおり一定の取引分野における競争の実質的制限については、当該事業者の市場占有率、市場支配力、具体的な競争制限効果、正当化事由、当該事業者の意図などを総合判断して充足されるかが決定される。

米国反トラスト法における共同行為規制について、判例法上形成してき

た当然違法の原則（Per Se Illegal）と合理の原則（Rule of Reason）の現在の使い分けとほぼ同じ結果になる。

以上のように、この最高裁判決によって、不当な取引制限の禁止による共同行為規制については完全に国際標準のルールが成立した。

（3）排除型私的独占　排除型私的独占における「一定の取引分野における競争を実質的に制限すること」は不当な取引制限と共通の要件であるために同一のものである。さらに、事後規制として排除型私的独占に該当する行為と不当な取引制限に該当する行為については、同時に双方に該当する行為もあるため、共通要件である「一定の取引分野における競争を実質的に制限すること」については同一に解釈する必要がある。したがって、「一定の取引分野における競争を実質的に制限すること」は、当該取引に係る市場が有する競争機能を損なうことをいう。これによって、違法性レベルを引き下げて、単独行為の行為類型すべてに妥当な違法性判断基準、違法性基準を形成することができる。

また、東宝・新東宝事件東京高裁判決（昭和28年）の定義はもちろん、その一部をほかの用語でおき換えたに過ぎない、東日本電信電話株式会社事件東京高裁判決（平成21年）の「競争自体が減少して、特定の事業者又は事業者集団がその意思で、ある程度自由に、価格、品質、数量その他各般の条件を左右することによって、市場を支配することができる状態を形成、維持、強化すること」や、東日本電信電話株式会社事件最高裁判決（平成22年）の「市場支配力の形成、維持ないし強化という結果が生じること」という定義もすべて先例としての価値を失っている。

排除行為については、他の事業者の事業活動を困難にさせる行為（人為的制約）が、簡明かつ単独行為にあたる行為すべてを確実にカバーすることができるために妥当である。この定義は、排除型私的独占に関する独占禁止法上の指針の定義を一部変更するものであるが、他の事業者に競争者や新規参入をしようとする者が含まれるのであって、他の事業者の事業活動を困難にさせる行為で十分である。

競争者の事業活動の継続または新規参入を困難にさせる行為（人為的制約）については、内容的に明確であるが、必ずしもすべての排除型私的独

占に該当するとされた行為を含まないおそれがある。むしろ、例示として競争者の事業活動の継続または新規参入を困難にさせる行為など他の事業者の事業活動を困難にさせる行為（人為的制約）というほうが適切な言い回しとなる。

（4）　3条中心の解釈論（ガイドラインのあり方）　3条の解釈論が確立したことによって、今後事後規制に係るガイドラインについては、3条に基づき、米国反トラスト法、EU競争法などと同一の法的枠組み、法律構成のもとで、同一の議論を行い、同一内容のものを作成していくことができる。

たとえば、垂直的制限ガイドラインについては、不当な取引制限の禁止に基づき、米国反トラスト法、EU競争法と同一法律構成の下で、同一内容のものを作成・公表することで足りる。垂直的制限ガイドラインについて、一方的拘束など不公正な取引方法に基づく日本独自の法律構成に関する議論をする必要はなくなる。

同様に、知的財産ガイドラインについては、不当な取引制限の禁止と私的独占の禁止に基づき、米国反トラスト法、EU競争法と同一法律構成のもとで、同一の議論をして、同一内容のものを作成・公表することができる。すなわち、知的財産ガイドラインについても、一方的拘束など不公正な取引方法の要件に係る特有な議論をする必要はなくなる。

3　自由競争減殺型の不公正な取引方法

（1）　自由競争減殺型の不公正な取引方法の公正競争阻害性　判例法上、自由競争減殺型の不公正な取引方法の公正競争阻害性が、一定の取引分野の画定を必要とし、一定の取引分野における競争の実質的制限と同一であることは、公正競争阻害性を満たさずに、それゆえに不公正な取引方法に該当せず、したがって19条に違反しないとした先例によって平成19年頃には明白になっていた。

このことは、具体的には、東洋精米機事件東京高裁判決（昭和59（1984）年）から始まり、東京都芝浦屠場事件最高裁判決（平成元（1989）年）、資生堂東京販売、花王化粧品販売事件最高裁判決（平成10（1998）年）を経

て、三光丸本店事件東京地裁判決（平成16（2004）年）、ザ・トーカイ事件、ニチガス事件東京高裁判決（平成17（2005）年）、下関市福祉バス事件山口地裁判決（平成18（2006）年）、日本郵政公社事件東京高裁判決（平成19（2007）年）に至る先例で明らかになった。

このように、自由競争減殺型の不公正な取引方法の公正競争阻害性については、自由競争減殺型の不公正な取引方法の公正競争阻害性については、形式要件[9]に該当する行為により、「当該取引に係る市場が有する競争機能を損なうこと」、すなわち「一定の取引分野における競争を実質的に制限すること」をいうと解される。

（2） 米国反トラスト法との対比　米国反トラスト法上シャーマン法2条は単独行為規制の基本禁止規定であり、同法1条は共同行為規制の基本禁止規定である。連邦取引委員会法5条の不公正な競争方法の禁止については、新設の施行機関である連邦取引委員会に司法省と同一の規制権限を与えるという役割がある。

クレイトン法7条、同法8条は企業結合規制の基本禁止規定としての存在意義がある。また、同法2条の買い手段階の価格差別規制には米国独自の規制という役割がある。しかし、「競争を実質的に減殺することとなるまたは独占を形成するおそれがある」ことを実質要件とするクレイトン法2条（売手段階の価格差別）、同法3条（排他的取引、抱き合わせ）には今日では実質的に存在意義はない。したがって、排他的取引、抱き合わせ、売手段階の価格差別という行為類型については、シャーマン法1条・2条と、クレイトン法2条・3条を一体としてルールを形成していくことになる。[10]

独占禁止法では、私的独占の禁止が単独行為規制の、不当な取引制限の禁止が共同行為規制の基本禁止規定である。不公正な取引方法の禁止のうち、不公正な競争手段型、自由競争基盤侵害型については日本固有の規制としての役割がある。

9） 不公正な取引方法として指定されたまたは法定された行為から、実質要件である公正競争阻害性を意味する「不当に」、「正当な理由なく」を除くものが形式要件に該当する。
10） 滝澤紗矢子『競争機会の確保をめぐる法構造』（有斐閣・2009）参照。むしろ、独占禁止法にとって教訓となるのが、制定法（クレイトン法3条等）の立法経緯・趣旨・文言にこだわらずに、統一的ルール、判例法を形成してきた米国反トラスト法の歴史である。

しかし、自由競争減殺型の不公正な取引方法についての公正競争阻害性は競争の実質的制限と同一のものであるとして、私的独占の禁止・不当な取引制限の禁止と一体としてルールを形成していくことになる。独占禁止法でも、ようやく1960年代、1970年代の米国反トラスト法と同様に、判例法として行為類型ごとの競争ルールを形成できる状況になってきた。かくして、独占禁止法も、反トラスト法と同様に、重なり合う（重複する）禁止規定のもとで、判例法として単一の行為類型ごとのルールを構築していくことができる。

　もともと原始独占禁止法の不公正な競争方法は、連邦取引員会法5条とクレイトン法2条・3条を組み合わせた規定であって、それが姿を変えた自由競争減殺型の不公正な取引方法について米国反トラスト法と同一の運命をたどることもごく自然である。

　（3）　判決審決分析の役割　　不公正な取引方法の禁止には、課徴金納付を命じずに排除措置を命ずるというメリットもあるため、判例法として、3条と19条を一体として行為類型ごとに単一ルールを形成していく。

　判例法は、事実関係が詳細に認定されて、当事者の主張や反論に対しても回答を記載している最高裁判決、高裁判決、地裁判決と審判審決によって形成される[11]。先例としては、当該判例での認定事実についてその法的評価があてはまる。そのため、事実によって場合分けを行ってルールを形成する。現行の排除措置命令は、現在は勧告審決と同様なものであって、先例価値は限定される[12]。ただし、直接裁判所に取消訴訟を提起するという大陸法系の手続が採用されて充実した事前聴聞手続が実施されるようになると、欧州委員会決定のように、事件によっては事前聴聞における反論やそれに対する回答も含んだ先例価値をもつ詳細なものになると考えられる。

　独占禁止法は、平成20年以降、薄いとはいわれながら一応判例法を形成したと評価される。今後さらに判例が増えるにつれて、確実に充実した判

---

11)　反面、ガイドライン・違法性判断基準や、それと同等の効率的な競争者理論や平均回避費用などの抽象的な概念の役割は減少していく。

12)　勧告審決における認定事実は、生の事実を記載するというよりも、すでに法的評価を加味したものであって、法の適用に記載された結論に結びつくように記載されたような事実が認定されてもルール形成には役立たない。

例法を形成していくことができる。拙著『独占禁止法における判審決分析の役割』（商事法務・2009）で解説したように、今後は、判審決分析が学者・実務家の役割となり、行為類型ごとの最新の違法性基準を明らかにしていくことがその使命となる。

　現存する多数の判決から主要な判決を選択（選別）し、行為類型ごとに分類して、どの判決が先例としての価値を有しているのか、どの判決のどの部分が先例価値を有し、どの部分が先例価値を失っているのかを分析して、現行ルールを探りそれを明らかにする仕事である。さらには重要判決が下されるたびに、同様な作業によってルールを見直すことになる。

　この判例法は、経済環境の変化や経済理論の発展に合わせて、さらにはその国の経済実態の変化に応じても、移り変わっていくことになる。

Ⅳ　不公正な取引方法の理論上の脆弱性

1　不公正な取引方法の脆弱性の意味

　競争法制としての不公正な取引方法の禁止の理論上の脆弱性については、かねてから指摘されてきた。

　具体的には次の3点が指摘される。

　第1に、告示による指定方式は、恒久的、永続的な競争法制を目標としたものではなく、恒久的、永続的な競争法の禁止規定として相当でないことである[13]。

　第2に、公正な競争を阻害するおそれの「おそれ」という文言は競争法の実質要件として相当でないことである。

　第3に、形式要件が行為類型ごとに正確に対象行為を定めるものとなっていないことである。

　もともと、禁止規定として行為類型ごとにその形式要件を過不足なく正確に規定することが困難であることは広く認識されている。不公正な取引方法がたとえ行為類型ごとに違反行為を規定することを指向したものであ

---

13)　公取委の多数決による議決によって、簡単に変更できるものである。

るとしても、現行の形式要件には重大な欠陥がある。

現在における対応は次のようになっている。

第1については、依然として基本的な問題点として残っている。ただし、一般指定を全面的に改定しようとする動きはいまだみられない。

第2の公正競争阻害性については、一定の取引分野における競争の実質的制限と同一のものであると解釈するという、解釈論で解決されている。

第3が、最近では最大の問題点としてとらえられ、不公正な取引方法の適用規定、適用項が判例法形成のための分類方法として利用できないことが明らかになっている。そのため、3条の共同行為規制、単独行為規制の行為類型に合わせて、不公正な取引方法に該当する違反行為を分類していく必要がある。

2 昭和28年改正による原始一般指定

（1） 告示による指定方式　昭和28年の2条7項の制定および12項からなる原始一般指定の指定は、理論上十分に詰められずに、きわめて短期間のうちになされた。そのため、規定内容および指定内容も体系的な統一性がとれておらず、多くの問題点が存在していた。

しかし、原始一般指定の指定内容について体系的な整合性は取れていないことを強く批判することはできない。

一般指定については告示による指定方式を採用した。その理由は、経済環境の変化に応じてその指定内容を迅速に変更していくところにあった。

告示による一般指定は経済環境の変化に応じて迅速に改定させていく必要があることが予想されていたのであって、原始一般指定の作成者にとって、（制定後に一度も適用されていない）競争会社に対する内部干渉、取引の相手方の役員選任への不当干渉など指定内容が、その後60年余を経た現在でもそのまま残っていることは想定外であったと考えられる。問題は、それ以降の公取委、研究者等の関係者の怠慢にあるといわざるをえない。

（2） 不正競争法的性格・運用　不公正な取引方法の禁止は、もともと独占禁止法が競争法として施行・執行できなかった時代において不正競争的運用をせざるをえなかったことから生じた歴史的産物というべきもの

である。

　理念的には、制定当初は、明確に不正競争法的発想に基づくものであって、市場における競争制限効果を問題とする競争法の理念に基づくものではない。体系的にも、事後規制について単独行為規制と共同行為規制に大別する競争法の基本体系と整合するものではない。

　昭和57年以前は不公正な取引方法については明白に次のような不正競争的運用が行われた。まず、不正競争法的運用では、違反行為を細分化した。単一の違反行為についても2つ、3つなど多数の行為に分けて一般指定各項を適用していくという運用が行われた。たとえば、複合行為としての法適用が代表的なものである。次いで、不正競争法的運用では、排除措置として、特定した当該違反行為の禁止、排除が命じられる。競争状態を回復させるために、違反行為とは異なる行為を含めて、多様な措置を命じるという発想はとられない。

　不公正な取引方法はもともと不正競争法的性格が強かったのであって、不公正な競争手段型に該当するとされる行為類型以外においても、不公正な競争手段型的な運用がなされた。今日でも、抱き合わせ、不当廉売、競争者に対する取引妨害については自由競争減殺型と不公正な競争手段型のいずれのも該当するとされる。

3　昭和57年改定による旧一般指定

（1）　法的性格に関する3分類　　公取委主導で昭和57年に一般指定の改定に合わせて、不公正な取引方法の公正競争阻害性について、自由競争減殺型、不公正な競争手段型、自由競争基盤侵害型という3分類法を採用した。[14]

　今日では、不公正な取引方法のうち、自由競争減殺型を除く、不公正な競争手段型、自由競争基盤侵害型のものは、文理どおり「公正な競争を阻害するおそれ」を実質要件とする日本固有な規制であると位置づけられる。

14）　今日では、自由競争基盤侵害型という用語は大げさなものであって、優越的地位の濫用の禁止で十分である。

昭和57年改定によって自由競争減殺型の行為類型については、比較法的な視点から主要国の判例法上の行為類型のルールも参考されたために、典型行為類型ごとにルールを定めるという考え方も一部取り入れられた。

このため、自由競争減殺型の不公正な取引方法について存在価値があるとすれば、各項の形式要件が共同の取引拒絶、単独の取引拒絶、不当廉売、差別対価、排他条件付取引、抱き合わせ、再販売価格の拘束等の主要行為類型ごとに定められているところにあり、いずれの項に該当するとしたかによって、そのまま行為類型ごとの分類を行えるところにあると解説された。

現実にも、単独行為、垂直的制限について不公正な取引方法の禁止を適用した判審決しかなかった時期には、不公正な取引方法の各項目の分類によって体系化を図るしかなかった。

また、不当廉売については、本来「不当に」で規定することが相当であって、「不当に」、「正当な理由なくして」の双方を規定したことは、低価格設定という行為類型を２つに分けることになり、明白に誤った規定内容である。

（２）特定の市場効果要件　昭和57年の一般指定の改定により、はじめて「他の事業者の事業活動を困難にさせるおそれがあること」などの特別の市場効果要件を規定した。このため、「不当に」、「正当な理由なくして」を意味する公正競争阻害性と特別の市場効果要件の関係が説明不能になってしまった。実質要件については、多様な要素を総合判断して関連市場での競争制限効果の有無を決定する公正競争阻害性がすべてとなるために、特別の市場効果要件は不要なものまたはきわめて軽い要件と解さざるをえない。

また、市場効果要件の規定は（仮にそれを活用しようとする場合には）、バランス上、共同・単独の取引拒絶等についても設定すべきであったと考えられるのに、設定されていないように、旧一般指定では恣意的に設定されている。

（３）競争ルールと競争法制　独占禁止法の基本体系について、単独行為規制、共同行為規制、企業結合規制という規制類型ごとに法文化する

のでなく、より細かい行為類型ごとに違法行為・ルールを法文化するという発想、考え方は競争法の世界では昔から存在する。競争ルールについて、行為類型ごとに違反行為を過不足なく規定することによって競争法制を構築するという考え方である。具体的には、カルテル、共同の取引拒絶、排他的取引、抱き合わせ、低価格設定、差別的価格設定、単独の取引拒絶、再販売価格維持、販売地域制限、取引先制限などの典型行為類型ごとにその要件を規定する手法である。[15]

　実務的に、典型行為類型が的確に法律上の形式要件（構成要件）として規定できるのであれば、そのような競争法制が制定可能である。

　行為類型が判例法整理のための概念であることが示すように、行為類型ごとに判例法として事実関係に基づき違法性基準を形成することはできる。しかし、行為類型ごとに違反行為を過不足なく規定することは至難の業であって、不可能に近いと評価されている。今日では、過去の競争法の歴史によりこの手法が無理であることが判明しているからこそ、国際標準の簡明な競争法体系が採用されている。

　さらには、そのような競争法制のもとで、単独の取引拒絶などを考えると、前述の重複適用の問題が生じることは避けがたい。また、そのような競争法制では、単独行為規制における一連の行為、非定型行為のように典型行為類型に該当しない行為をカバーするための一般条項を規定せざるをえない。

　ともあれ、理念系として、行為類型ごとにルールを規定する競争法制を指向する場合には、①複数の行為類型を同時にカバーする外形要件を規定することは避けるべきであり、②単一の行為類型について複数の違反要件を規定することも避けるべきである。

　現行の自由競争減殺型の不公正な取引方法は、たとえ行為類型ごとのルール設定を指向するものであると考えたとしても、①事業者団体における差別取扱い等、不当高価購入など典型行為類型といえないものも行為類型としていること、②拘束条件付取引、競争者に対する取引妨害という複数

---

15)　行為類型ごとに、何々の行為により、一定の取引分野における競争を実質的に制限することと規定することになる。

の典型行為類型に該当する行為を規定していること、③不当廉売、差別対価という単一行為類型について複数の違反行為を定めていること、など重大な欠陥がある。

（4） 平成21年改正による法定行為と指定行為の並存　平成21年改正は、確定金額算定方式の義務的課徴金制度のもとで、課徴金の対象行為とするために、不公正な取引方法について法定の禁止行為を規定したうえ、現一般指定により指定行為を定めている。

行為類型ごとに判例法として同一ルールが形成されることを考えると、2条9項2号の法定差別対価と現一般指定3項の指定差別対価、2条9項3号の法定不当廉売と現一般指定3項の指定不当廉売は本質的に区別できないものである。

手続法上も、公取委が、2条9項2号の法定差別対価と2条9項3号の法定不当廉売に該当するとして法適用するとしても、差止請求訴訟、損害賠償請求訴訟において私人は現一般指定3項の指定差別対価と現一般指定3項の指定不当廉売に該当すると主張するものと想定され、裁判所はその主張どおりに法適用する。

行為類型としては、共同の取引拒絶について、供給の共同の取引拒絶と供給を受けることの共同の取引拒絶を分けることにも意味はない。

裁量型課徴金の導入とともにそのような区別の必要性がなくなり、そのような区別も解消されるものと予想されるため、裁量型課徴金制度が創設されるまでの過渡期的な現象かもしれないが、行為類型ごとのルールを定める法制としては理論的に劣化していることになる。

4　現在の問題状況

（1）　一段階の二重規制と裁量型課徴金の実現　自由競争減殺型の不公正な取引方法の公正競争阻害性は、当該取引に係る市場が有する競争機能を損なうことをいうと解釈される。競争法の実質要件として、公正競争を阻害するおそれの「おそれ」なる文言は不適当なものであるといわざるをえないが、今日では解釈論によって克服されたことになる。その結果、行為類型について3条のもとでの判審決整理のための概念としてとらえて、

3条と19条を一体として（19条違反事例についても19条の適用規定、一般指定該当項にかかわらずに、その事例に即して）、行為類型ごとのルールを形成することになる。

　法改正で上限方式の裁量型課徴金制度を創設することという課題を実現すると、自由競争減殺型の不公正な取引方法は、（確定金額算定方式の義務的課徴金制度のもとで課徴金納付を命じずに排除措置のみを命じるという）最後の存在意義を失う。その結果、理論上自由競争減殺型の不公正な取引方法の禁止を適用する必要はなくなる。平成21年改正後の不公正な取引方法のうち、法定事項として優越的地位の濫用を課徴金の対象行為とする2条9項5号のみが必要であって、その他の2条9項1号～4号の法定事項は意味のないものになる。

（2）　現時点での問題点である重複適用（問題は純粋の外形要件）

　「不当に」、「正当な理由がないのに」で示される公正競争阻害性（実質要件）は、一定の取引分野における競争の実質的制限と同一であると解される。現在では、自由競争減殺型の不公正な取引方法については競争的な運用が行われているため、3条と19条を一体として行為類型ごとのルールを形成することになる。

　現時点で残っている不公正な取引方法の問題点は、同一違反行為がいくつもの禁止規定（項）に違反し、しかも法制上どの禁止規定を適用しても誤りとはいえないという、重複適用の問題である。

　なかでも、拘束条件付取引は当初から排他的条件付取引・再販売価格の拘束との関係で一般条項的性格をもっている。競争者に対する取引妨害は、文理上ほぼすべての項についての違反行為もカバーできるように要件が抽象的に規定されている。この場合、法理論上は、いずれの項に該当するとしたとしても誤りとはいえないことになる。さらには、単独の取引拒絶等においてもこの重複適用の問題が生じる。

　不公正な取引方法の禁止の存在価値を考えると、特定の行為がいくつもの禁止規定に重複して該当する場合には、より具体的な行為類型を定める禁止規定、より狭い範囲をカバーする禁止規定に該当するとして処理すべきである。

しかし、拘束条件付取引、競争者に対する取引妨害については、これまでの公取委による適用状況をみても、適用方針が確定していると評価されない。さらには、私人による差止請求、損害賠償請求では、私人の側で該当すると主張する禁止規定を選択することになるために、特定の違反行為とそれに対するもっとも適切な禁止規定との対応を確保することは保障されない。

この結果、特定の違反行為がいくつもの禁止規定に同時に該当することは広範に生じるため、不公正な取引方法の項別の分類方法・法適用は行為類型ごとの分類方法としてそれほど役に立たない。

結局、行為類型とは、きわめて抽象的に規定された単独行為、共同行為の形式要件に該当するとされた（該当しないとされた）違反行為を分類するための概念であるとして、学者、実務家が分類し直し、3条違反、19条違反を一体として妥当な判例法を形成していかざるをえない。

この典型例が、競争者に対する取引妨害に該当するとされた株式会社ディー・エヌ・エーに対する排除措置命令である[16]。

本件違反行為は「平成22年7月下旬以降、特定ソーシャルゲーム提供事業者に対し、今後、GREEを通じて新たにソーシャルゲームを提供しないこととした場合にはソーシャルゲームの開発又は提供について支援を行うことに加えて、同年8月10日頃以降にGREEを通じて新たにソーシャルゲームを提供した場合には、当該特定ソーシャルゲーム提供事業者がモバゲータウンを通じて提供するソーシャルゲームのリンクをモバゲータウンのウェブサイトに掲載しないこととする旨を伝えるなどした。」、「ディー・エヌ・エーは、平成22年8月10日頃以降、要請に反してGREEを通じて新たにソーシャルゲームを提供している特定ソーシャルゲーム提供事業者を発見した場合には、当該特定ソーシャルゲーム提供事業者がモバゲータウンを通じて提供しているソーシャルゲームのリンクを、モバゲータウンのウェブサイトにおける『イチオシゲーム』、『新着ゲーム』、『カテゴリ検索』等に掲載しない措置を採っており、当該措置を受けてGREEを通じ

---

16) 公取委排除措置命令平成23年6月9日審決集等未登載。

て当該ソーシャルゲームを提供することを中止した者については、当該措置を取りやめていた」である。

この行為は排他的販売・購入契約等によって系列化を図る行為、有力取引相手を囲い込む行為であって、行為類型として排他的取引と分類される。

したがって、不公正な取引方法のうち排他条件付取引、拘束条件付取引、競争者に対する取引妨害という一般指定のいずれの項に該当するのかが問題となるにせよ、自由競争減殺型の公正競争阻害性を満たすかが問題となる。

実質要件である、自由競争減殺型の不公正な取引方法の公正競争阻害性を満たすことを仮に前提とすると、本件行為は、形式要件該当性（構成要件該当性）については、排他条件付取引、拘束条件付取引、競争者に対する取引妨害のいずれにも該当する。[17]

本件行為は、当然に、「不当に、相手方が競争者と取引しないことを条件として当該相手方取引すること」とされている排他的条件付取引に該当する。この「不当に、相手方が競争者と取引しないことを条件として当該相手方取引すること」の「競争者」については、「特定の競争者であると競争者一般であるとを問わない」というのが当初からの確定解釈である。[18] 競争者一般と取引しないことが要件となり、競争者のうち特定の者との取引を禁止することは排他条件付取引に該当しないというような解釈はなされていない。たとえば、北海道新聞社（北海タイムス）事件東京高裁決定（昭和29年）では、二大事業者が激烈の競争している状況下、特定の競争者との取引を禁止することが排他条件付取引に該当するとしている。

本件行為は、相手方と相手方の取引先との取引、その他相手方の事業活動を不当に拘束する条件を付けて、当該相手方と取引することと規定されている、拘束条件付取引についても当然に該当する。もともと拘束条件付取引は、排他条件付取引および再販売価格の拘束に対する関係で、一般条項的性格を有する。排他条件付取引、拘束条件付取引の「条件付」について、要請を受けた事業者のうち、従ったものが過半数では足りず、すべて

---

[17] さらに、他の事業者に取引を拒絶させる行為であるとして一般指定2項にも該当すると指摘されている。

[18] 田中寿編著『不公正な取引方法―新一般指定の解説』（商事法務研究会・1982）70頁参照。

または大部分が従っていなければその要件を満たさないというような解釈がなされていない。

さらに、本件行為は、「競争関係にある他の事業者とその取引の相手方との取引について、その取引を不当に妨害すること」と規定されている、競争者に対する取引妨害にも該当する。競争者に対する取引妨害は、他のほぼすべての行為類型、一般指定各項に対する関係で、広範に一般条項的性格を有する。そのことが問題であると評価されている条項である。

本件行為について、排他的取引として、行為類型としてより明確な排他条件付取引に該当すると認定することが政策的に望ましい。しかし、拘束条件付取引、競争者に対する取引妨害に該当すると認定することが法的に誤りとまではいえない。

結局、不公正な取引方法の各項（行為類型）の形式要件が、すでに行為類型の分類方法として機能しなくなっていることを物語っている。

本件行為は、判例法としての行為類型としては、明白に自己とのみ取引すること（競争者と取引しないこと）を求めるという排他的取引に分類される。結局、不公正な取引方法の何項に該当するとされているかは、判例法形成のためには意味のないことになる。今日でも、不公正な取引方法が理論的に脆弱であると評価される理由である。[19]

V 行政上の制裁としての課徴金の活用を

1 行政上の制裁の優位

独占禁止法は基本的に行政法規であって、独占禁止法上の基本手続は、排除措置命令および課徴金納付命令という行政上の措置を命じるための行政手続である。

刑事手続は、悪質なカルテルに対して、行政上の措置に追加して（重畳的に）刑事罰を科すためのものである。したがって、たとえ裁量型課徴金

---

[19] 立入検査における被疑事実等の告知書では、関係法条として、3条（私的独占）、19条2項（その他の取引拒絶）、11項（排他条件付取引）、12項（拘束条件付取引）、14項（競争者に対する取引妨害）が列挙されていた。

を導入した後も、カルテルに対して刑事罰を科すことで終了することはなく、刑事罰を科すカルテルに対しても必ず課徴金を課すことになる。

　平成17年改正は、課徴金について行政上の制裁と位置づけて、同時に課徴金減免制度および犯則調査権を導入した。

　最近では、課徴金が高額となって違反抑止力が高まってきている。また、課徴金減免制度によって証拠収集が可能になっている。その結果、犯則調査権は刑事罰を活用するために設けた制度であるが、犯則調査を行う事件は少なくなり、さらに最近刑事告発する事件も少なくなってきている。

　このため、今後カルテルに対する違反抑止力を高めるためには、一層行政上の制裁である課徴金（裁量型課徴金の導入を含む）を活用して、違反抑止を図ることが相当であることが明らかになっている。

2　課徴金減免制度の威力

　平成18年1月の課徴金減免制度の施行後、減免制度の導入によって、刑事告発を行い、逮捕・身柄拘束をするまでもなく、証拠が収集できるようになっている。今日では、公取委が立入検査を行うと、（カルテルを行っている場合に）違反被疑会社のうち数社は減免申請を行い、その審査に全面的に協力している。[20]

　課徴金減免制度導入までは、確定金額算定方式の義務的課徴金のもとで、公取委は相手方会社が審査に協力しても、同一算定方式による課徴金額の納付を命じざるをえなかった。そのため、事業者側には審査に協力するメリットはまったくなかった。現実にも、担当者は徹底抗戦して供述（自白）しないことが通例であった。たとえば、橋梁談合事件のように、関係者は刑事告発されて身柄拘束されることが確実となって初めて真実を供述している。[21]

3　刑事罰の役割

　日本の刑事手続は、自然人に対して刑事罰を科して、その倫理的、道義

---

20)　現実に、減免申請しなかったことについての株主代表訴訟も提起されている。
21)　公取委審判審決平成21年9月16日審決集56巻第1分冊240頁等。

的責任を問うものである。すでに、同一カルテルについて、法人である事業者に対する制裁としては、行政制裁である課徴金額のほうが刑事罰金額よりも高額になっており、制裁として法人に対する刑事罰金はほぼ存在意義がなくなっている。

カルテルに対する行政上の制裁である課徴金と刑事罰を並存させて、悪質なカルテル行為に対して、担当した自然人に刑事罰(懲役刑と刑事罰金)を科してより違反抑止を高めるという制度は合理的である。

担当した自然人に刑事罰(懲役刑と刑事罰金)を科すことはより違反抑止力を高めるうえ、さらに自然人に対して実刑を科す(収監する)と格段に重い制裁として強力な違反抑止力を発揮する。

すでに、カルテルについての、自然人に対する刑事罰は、懲役3年、執行猶予5年という実刑ギリギリの水準まできている[23]。法人への課徴金額が高額となり違反抑止力が高まっていることを勘案すると、今後、刑事告発事件は、自然人である担当者や発注機関の担当者に対して実刑を科すことが相当である(本気で実刑を科すことを狙う)カルテルに絞ってもよいと考えられる[24]。

4 刑事罰の日米比較

米国反トラスト法では、シャーマン法が基本的に刑事法規であって、カルテルに対しては法人、自然人に刑事罰を科して事件が終了する[25]。

日本では、刑事罰を科すためには事実審理を行い、証拠によって合理的な疑いを入れない程度までにカルテル(犯罪行為)を立証しなければならない。実際にも、カルテル捜査については、特別捜査部が担当してきたが、事情聴取のために各地の検察庁から検事を大量動員して捜査を行ってきた。

---

22) 両罰規定は、行政制裁が存在しない場合に存在価値がある。
23) 名古屋市営地下鉄工事談合事件(平成19年)での大林組顧問に対する懲役3年、執行猶予5年がこれまでの最高刑である。
24) しかし、日本では担当者に実刑を科すことにはためらいを感じるカルテル事件が多いといわれる。
25) しかも、制裁として懲罰的損害賠償である三倍額損害賠償制度が活用されるなど、米国カルテル規制は、国際的にもっとも重い制裁を科すが、制度自体はユニークなものと評価される。

他方、米国では、有罪の答弁を受けて刑事罰を科す司法取引制度、刑事免責制度などの特有な刑事手続が存在する。

その結果、実務的に日本の刑事罰を科すためのコストは、米国における刑事罰を科すためのコストと比べて格段に大きいと評価される。

米国では刑事罰一本で処理するため、カルテルを立証して、法人への刑事罰金刑、自然人への禁錮刑および刑事罰金刑を科すことで事件処理が完了する。ところが、日本では、刑事罰を科すことのみで事件処理は完了せずに、公取委が行政調査を行い、課徴金納付を命じなければならない。そのため、日本で刑事罰を科す場合の事件処理全体に要するコストはさらに大きくなる。しかも、法人への課徴金額のほうが法人への刑事罰金額よりもはるかに高額になっていることを考えると、執行コストの面からも、カルテルについて原則として課徴金納付で終了することとし、刑事罰まで科す事件は例外的なものと位置づけることが相当である[26]。

5 裁量型課徴金導入の実体法への影響

現在、課徴金を本格的に行政上の制裁として活用するために、上限方式の裁量型課徴金を導入することが最大の課題となっている（詳しくは第1章参照）。

上限方式の裁量型課徴金制度を導入すると、違反行為に相当な課徴金額の納付を命じることができるだけでなく、実体法上の解釈問題を以下のとおり解決することができる。この場合、課徴金を明確に制裁と位置づけることとなり、事業者団体の行為について構成事業者に課徴金納付を命じるという法律構成は採用できなくなる。現行8条の3を廃止するかまたは事業者団体に対する課徴金制度を創設することになる。

実体法への影響は、以下の3点となる。

第1に、排除措置のみを命じて課徴金納付を命じずに事件を終了させる

---

26) 平成24年6月14日、公取委は軸受け（ベアリング）メーカーの日本精工、NTN、不二越の3社と、当時の担当幹部7人を価格カルテルで刑事告発した。東京地検は同日、それら3社と7人を（在宅）起訴した。刑事告発は、平成20年の建材向け亜鉛めっき鋼板価格カルテル以来であって、刑事告発が活発に活用されているとはいえない。

という自由競争減殺型の不公正な取引方法の役割は不要となる。結局、事後規制については3条で対応できるため、自由競争減殺型の不公正な取引方法の禁止自体が不要となる。

　第2に、いずれの形にせよ裁量型課徴金の導入後は、課徴金の対象行為とするための法定の不公正な取引方法としては優越的地位の濫用の禁止のみが意味をもつことになる[27]。不当廉売、差別対価、共同の取引拒絶、再販売価格の拘束などについては平成21年改正前の指定方式の不公正な取引方法と同一の指定内容に戻すことが簡明である。ただし、不当廉売については、「正当な理由なくして」「不当に」の並存を解消する機会であるので、「不当に」を要件とする現行指定不当廉売のみを残すことが望ましい。

　いずれにせよ、不当廉売および差別対価における法定のものと指定のものとの区別に係る議論も不要となる[28]。すなわち、不公正な取引方法の法定行為の指定行為の公正競争阻害性は異なるというような議論をする必要もなく、法定行為における新規に設けた各追加要件（2条9項2号の「継続して」「他の事業者の事業活動を困難にさせるおそれのあるもの」、同3号の「その供給に要する費用を著しく下回る対価で」「継続して」）についての解釈論も無意味または不要になる。

　第3に、8条について、構成事業者に課徴金納付を命じないようにするために、同3号と同4号を適用する必要もなくなり、8条は同1号に一本化できる。

　ここまでくると、もはや不公正な取引方法の解体などで全面的に実体法を改正する必要は乏しく、（いかなる形にせよ）裁量型課徴金制度の導入によって、独占禁止法は国際標準の競争法まで到達することができる。

---

27) これが、3条違反でカバーできない優越的地位の濫用の禁止と景表法違反行為を課徴金の対象行為とすることを提言した内閣官房長官の私的懇談会である独占禁止法基本問題懇談会報告書（平成19年）、および平成21年改正案の骨子と合致する。
28) もっとも、現在でも、優越的地位の濫用の禁止を除き、法定の供給の取引拒絶、差別対価、不当廉売、再販売価格の拘束については10年間に繰り返し同一違反行為を行った者に対してのみ課徴金が課せられる。過去の運用実績に照らしても現実に課徴金納付が命じられる事例が生じることは想定できない。

第3章

東日本電信電話株式会社事件最高裁判決と今後の課題

　東日本電信電話株式会社事件最高裁判決は、排除型私的独占について、「正常な競争手段の範囲を逸脱する人為性を有」する行為により、「市場支配力の形成、維持ないし強化という結果が生じること」をいうとした。
　本件違反行為について、東日本電信電話株式会社が「正常な競争手段の範囲を逸脱する人為性を有」する行為によりその市場支配力を維持、強化したものであると認定することはできる。
　しかし、一般論としては、排除行為について「正常な競争手段の範囲を逸脱する人為性を有」する行為では単独行為に該当する行為をすべて包含することはできず、また「市場支配力の形成、維持ないし強化という結果が生じること」は（本来一判断要素に過ぎない）市場支配力を過度に重視するものであって、いずれも妥当な解釈であるとはいえない。「競争者の事業活動の継続または新規参入を困難にさせる行為（現在では他の事業者の事業活動を困難にさせる行為と定義される。第7章、第2章参照）により一定の取引分野における競争を実質的に制限する」程度の解釈が相当である。

I　はじめに

　最高裁は、東日本電信電話株式会社（以下、「NTT東日本」という）による、平成14年6月1日から同16年3月31日までの間、光ファイバ設備を用いた通信サービス（以下、「FTTHサービス」という）を自ら提供するに際し、その利用者から徴収する料金（ユーザー料金）を、NTT東日本と同等のFTTHサービスを利用者に提供するために上記設備に接続する他の電気通信事業者からNTT東日本が取得すべき料金（接続料金）より低額に設定した行為が、排除型私的独占に該当して3条に違反するとした[1]。NTT東日本の本件行為が排除型私的独占に該当するとした東京高裁判決[2]に説得力があったため、結論よりも、排除型私的独占の各要件の定義・解釈と黙示の適用除外の取扱いに関心がもたれていた。

　本章では、まず本件最高裁判決について排除型私的独占の要件ごとに解説していく。結論として、本件最高裁判決は、排除型私的独占において競争の実質的制限よりも排除行為を重視するという「排除型私的独占に係る独占禁止法上の指針」（平成21年10月28日。以下、「排除型私的独占に係る指針」という）の考え方を踏襲している。

　次いで、最近の主要判例における成果を踏まえて、3条違反を中心に独占禁止法の基本概念と基本用語について解説する。本件最高裁判決は、はじめて市場占有率、市場支配力という用語を用いている。このことは独占禁止法の体系化や用語法の整理に貢献するものと評価される。

　最後に、排除型私的独占の各要件の解釈が再度問われる日本音楽著作権協会事件審判審決（後述Ⅳ1）への影響、さらに不当な取引制限の競争の実質的制限の解釈が問われる多摩地区入札談合事件最高裁判決（後述Ⅳ2）への影響について、基本要件の解釈という観点から検討していく。

1）　最判平成22年12月17日判例時報2101号17頁・判例タイムズ1339号55頁。
2）　東京高判平成21年5月29日審決集56巻第2分冊262頁。

II 本件最高裁判決

1 一定の取引分野

　最高裁は、一定の取引分野について、戸建て住宅向けのFTTHサービス市場でなく、「FTTHサービス（ビジネス向けのものを含む）」市場と画定している。

　同判決は、「本件行為期間において、ブロードバンドサービスの中でADSLサービス等との価格差とは無関係に通信速度等の観点からFTTHサービスを選好する需要者が現に存在していたことが明らかであり、それらの者については他のブロードバンドサービスとの間における需要の代替性はほとんど生じていなかったものと解されるから、FTTHサービス市場は、当該市場自体が独立して独禁法2条5項にいう『一定の取引分野』であったと評価することができる」としている。

　一定の取引分野は、違反被疑行為との関係で、競争の実質的制限の有無が判断されるに相当な場という観点から画定される必要がある。本件違反行為では、一般家庭向けFTTHサービスでなく、ビジネス向けFTTHサービスをターゲットとし、ビジネス向けFTTHサービスにおける顧客争奪競争、価格引下げ競争が問題となっているため、最高裁判決の立場が妥当である。

　いずれにせよ、戸建て住宅向けのFTTHサービス市場、FTTHサービス（ビジネス向けのものを含む）市場を問わず、NTT東日本の市場占有率は、「平成15年9月末の時点における上告人のFTTHサービス（ビジネス向けのものを含む。）の市場占有率は、東日本地区の各都道県で開通件数の82ないし100％を占めていた」ように、違反行為の開始時から終了時まで80％超であって、市場画定の異同は結論を左右しない。ただし、本来は、一定の取引分野の定義を明らかにすることが望ましかった。

2 排除行為

　最高裁は、「『他の事業者の事業活動を排除』する行為（以下『排除行為』

という。）に該当するか否かは、本件行為の単独かつ一方的な取引拒絶ないし廉売としての側面が、自らの市場支配力の形成、維持ないし強化という観点からみて正常な競争手段の範囲を逸脱するような人為性を有するものであり、競業者のFTTHサービス市場への参入を著しく困難にするなどの効果を持つものといえるか否かによって決すべきものである。この点は、具体的には、競業者（FTTHサービス市場における競業者をいい、潜在的なものを含む。以下同じ。）が加入者光ファイバ設備接続市場において上告人に代わり得る接続先を確保することの難易、FTTHサービスの特性、本件行為の態様、上告人及び競業者のFTTHサービス市場における地位及び競争条件の差異、本件行為の継続期間等の諸要素を総合的に考慮して判断すべきものと解される」としている。そのうえで、「本件行為は、上告人が、その設置する加入者光ファイバ設備を、自ら加入者に直接提供しつつ、競業者である他の電気通信事業者に接続のための設備として提供するに当たり、加入者光ファイバ設備接続市場における事実上唯一の供給者としての地位を利用して、当該競業者が経済的合理性の見地から受け入れることのできない接続条件を設定し提示したもので、その単独かつ一方的な取引拒絶ないし廉売としての側面が、自らの市場支配力の形成、維持ないし強化という観点からみて正常な競争手段の範囲を逸説するような人為性を有するものであり、当該競業者のFTTHサービス市場への参入を著しく困難にする効果を持つものといえるから、同市場における排除行為に該当するというべきである」としている。

3 競争の実質的制限

最高裁は、「この市場においては、既に競業者である東京電力及び有線ブロードが存在していたが、これらの競業者のFTTHサービス提供地域が限定されていたことやFTTHサービスの特性等に照らすと、本件行為期間において、先行する事業者である上告人に対するFTTHサービス市場における既存の競業者による牽制力が十分に生じていたものとはいえない状況にあるので、本件行為により、同項にいう『競争を実質的に制限すること』、すなわち市場支配力の形成、維持ないし強化という結果が生じ

ていたものというべきである」としている。

　FTTHサービス市場におけるNTT東日本の市場占有率は、違反行為の開始時から終了時まで80％超であるため、競争者との競争関係の実態について認定するまでもなく、本件最高裁判決の競争の実質的制限の定義である「市場支配力の形成、維持ないし強化という結果が生じていたもの」という要件は簡単に満たされる。

　一定の取引分野における当該事業者の市場占有率は、違反行為の開始時から終了時まで40％超であるときにも、この判決の競争の実質的制限の定義である「市場支配力の形成、維持ないし強化という結果が生じていたもの」を推定させる。このように、市場支配力の形成、維持ないし強化することという定義は、市場支配力を有することとほぼ同一である。このような解釈は、本来一判断要素に過ぎない市場支配力を過度に重視するものといわざるをえない。

4　排除型私的独占における排除行為と競争の実質的制限との関係

　最高裁は、基本的に、排除型私的独占に係る指針の考え方を踏襲し、排除型私的独占について、排除行為と競争の実質的制限を一体化して「正常な競争手段の範囲を逸脱するような人為性を有する行為により市場支配力を形成、維持または強化すること」と解釈し、すなわち、排除行為を競争の実質的制限よりも重要な要件としてとらえて、排除行為に競争法上のマイナスの価値判断をもたせるものと評価される。このことは、「上告人及び競業者のFTTHサービス市場における地位及び競争条件の差異」を排除行為該当性の要素として列挙してあることからもうかがえる。

　この点については、排除行為と競争の実質的制限という両要件のとらえ方に問題があるうえ、排除行為について「正常な競争手段の範囲を逸脱するような人為性を有する行為」と定義することは、単独行為にあたる行為すべてを対象とすることができず、対象行為の範囲を狭くし過ぎるものである。

5 公共の利益に反して等

　先行した東京高裁判決[3]は、NTT 東日本が「『公共の利益に反して』との要件を満たしておらず、あるいは正当化事由ないし違法性阻却事由が認められるべきであるとして、以下のとおり主張する」としたうえ、「公共の利益に反してとの要件に関する本件審決の解釈適用に誤りはなく、また、正当化事由又は違法性阻却事由を認めることはできない」としたため、公共の利益に反して、正当化事由、違法性阻却事由について相互の関係が整理されていなかった。また、排除型私的独占に係る指針は、「消費者利益の確保に関する特段の事情」として「問題となる行為が、安全、健康、その他の正当な理由に基づき、一般消費者の利益を確保するとともに、国民経済の民主的で健全な発達を促進するものである場合には、例外的に、競争の実質的制限の判断に際してこのような事情が考慮されることがある」としているが、この内容は先行した本件東京高裁判決の影響を受けたものと考えられる。

　この点について、最高裁は、電気通信事業法の接続規制を解説したうえで「第一種電気通信事業者が提供するFTTHサービスのユーザー料金と接続料金との関係について具体的に規制する法令は存在しないが、総務省においては、第一種指定電気通信設備を設置する電気通信事業者の設定するユーザー料金が接続料金を下回るという逆ざやが生ずることのないよう行政指導が行われていた。」としているのみである。独占禁止法上の正当化事由として主張された、第一種電気通信事業者に対して公平な条件のもとでの接続義務を課すことによる、または本件行為を違法とすることによる投資意欲の減退については、競争の実質的制限の有無を判断する一考慮要素には該当しうるものであるが、電気通信事業法の接続規制が存在するため、本件では真剣に検討する価値もないものと判断されたと考えられる。

　本来は、「公共の利益に反して」、違法性阻却事由、正当化事由についてさらに明確に位置づけることが望ましかったが、本件事実関係のもとではこの取扱いでやむをえないと考えられる。

3）　前掲注2）東京高判平成21年5月29日。

Ⅱ 本件最高裁判決　69

6　黙示の適用除外

　最高裁は、黙示の適用除外に関する事実について、①総務省は、平成15年9月に、NTT東日本に対して、ニューファミリータイプの実際の設備構成等について報告を求めた、②これに対して、NTT東日本は、同年8月末当時、ニューファミリータイプの大部分を本来の分岐方式ではなく芯線直結方式により提供していたこと、その理由は、まだ需要が少なく加入者が点在している過渡期においては芯線直結方式の方が設備費用が安価であったためであること、需要が堅調に出始めたことから早急に分岐方式に移行するよう検討を行っていること等を回答した、③これを受けて、総務省は、平成15年11月に、NTT東日本に、ニューファミリータイプについて、そのサービスの内容が事実上ベーシックタイプと同じであり、現在の設備構成が将来にわたって継続する場合には電気通信事業法31条2項2号の「不当な差別的取扱い」または同3号の「社会的経済的事情に照らして著しく不適当であるため、利用者の利益を阻害するもの」に該当すると考えられるため、既存加入者の分岐方式への移行についてはできる限り前倒しでその工事を行うとともに、より柔軟な接続料金の設定について検討し報告すること等を求める行政指導を行った、と比較的詳細に認定している。

　この件で、公取委は、NTT東日本に対して、平成15年7月18日に立入検査を行った。したがって、総務省は、公取委の立入検査時まで、NTT東日本が、ニューファミリータイプの大部分を本来の分岐方式ではなく芯線直結方式により提供していたことを把握していなかった。

　行政当局が規制権限・監督権限を積極的に（十分に）行使していたことが黙示の適用除外を認める重大な判断要素であり、総務省は、規制権限・監督権限を積極的に（十分に）行使していたとはいえない。

　黙示の適用除外は、そもそも所管する行政当局が当該事業法上の規制に合致した、または当該事業法上の規制の趣旨に適合していると認める行為について問題となる。総務省がNTT東日本の行為が電気通信事業法上の接続規制の趣旨に合致していたと判断したとはいえず、むしろ、変更認可申請命令や料金変更命令が発出されることはなかったが、NTT東日本の行為が電気通信事業法上の接続規制の趣旨に反していると判断していたと

評価される。この点で、NTT東日本の行為には黙示の適用除外が認められる余地がないと判断したものと考えられる。

さらに、最高裁は、「なお、前記事実関係等に照らすと、総務大臣が上告人に対し本件行為期間において電気通信事業法に基づく変更認可申請命令や料金変更命令を発出していなかったことは、独禁法上本件行為を適法なものと判断していたことを示すものでないことは明らかであり、このことにより、本件行為の独禁法上の評価が左右される余地もないものというべきである」としている。しかし、総務大臣には、NTT東日本の行為について独占禁止法上の評価を判断する権限はなく、総務大臣が独禁法上本件行為を適法なものと判断していたことを示すものでないということは誤りであって、NTT東日本の行為について電気通信事業法上適法なものと判断していたことを示すものでない旨判示することで十分であった。

III 基本体系・分析方法と基本用語

1 分析手順

競争法一般における分析手法は次のような過程で行われる。
　①問題行為（違反被疑行為）を特定・認定する。
　②関連市場を画定する。
　③当該事業者または参加事業者合計の市場占有率を算出する。
　④市場支配力を評価する。
　⑤競争制限の有無、競争法違反の有無を決定する。

同様に、独占禁止法における分析手法は次のような過程で行われる。
　①問題行為を特定・認定する。
　②一定の取引分野を画定する。
　③当該事業者または参加事業者合計の市場占有率を算出する。
　④市場支配力を評価する。
　⑤競争の実質的制限の有無を決定する。

基本用語は、一定の取引分野、市場占有率、市場支配力、競争制限で統一することが相当である。

2 基本用語

（1） 一定の取引分野　　一定の取引分野とは、同種または類似の商品または役務について、需要者あるいは供給者として、複数の事業を行う者が生産、販売、技術等に係る事業活動を行っている場をいう。

この定義は、多摩地区入札談合事件第5東京高裁判決による「競争の実質的制限の有無が判断される『一定の取引分野』とは、同種又は類似の商品又は役務について、需要者あるいは供給者として二以上の商業等の事業を行う者が存在し、その者が生産、販売、価格、技術等について事業活動を行うことができる場ということができる」を簡略化したものである。同判決はこの定義を、「生産、販売、価格、技術等の不当な制限その他一切の事業活動の不当な拘束を排除することにより、」という目的の規定（1条）、「商業、工業、金融業その他の事業を行う者」という事業者の定義（2条1項）、「二以上の事業者がその通常の事業活動の範囲内において、かつ、当該事業活動の施設又は態様に重要な変更を加えることなく次に掲げる行為をし、又はすることができる状態をいう。一　同一の需要者に同種又は類似の商品又は役務を供給すること　二　同一の供給者から同種又は類似の商品又は役務の供給を受けること」という競争の定義（2条4項）から導いている。

一定の取引分野は、事後規制について、違反被疑行為との関係で、競争の実質的制限の有無が判断されるに相当な場という観点から画定される必要がある。

合意によるカルテルについては、例外的に、協定において合意された商品・役務および地理的範囲がそのまま一定の取引分野として画定されて、その反競争的性格から原則として直ちに競争の実質的制限を充足する。

排除型私的独占に係る指針は、「一定の取引分野とは、排除行為によって競争に実質的制限がもたらされる範囲をいい、その成立する範囲は、具

4）　東京高判平成22年3月19日審決集56巻第2分冊567頁。
5）　類似の商品は、競合品（競争品）、代替品と同じである。
6）　一定の取引分野の画定の「画定」についても、それは法律判断であるため、画定で十分であって、確定という用語を使う必要もない。

体的な行為や取引の対象・地域・態様等に応じて相対的に決定されるべきものである。」、「一定の取引分野は、不当な取引制限と同様、具体的な行為や取引の対象・地域・態様等に応じて、当該行為に係る取引及びそれにより影響を受ける範囲を検討し、その競争が実質的に制限される範囲を画定して決定されるのが原則である。」としている。しかし、この定義はカルテルという行為類型についての定義であって、3条違反全体についての一定の取引分野の定義になっていない。

　事後規制では、基本的に単一の一定の取引分野が画定されるが、問題となる行為に応じて、主たる商品（タイイング商品）市場、従たる商品（タイト商品）市場、川上市場、川下市場など複数の市場が画定されることがある。

　（2）　市場占有率　　市場占有率については、日本語としてこの用語がふさわしいことは自明であって、市場占拠率、シェア、マーケット・シェアを使用する必要はない。[7]本件最高裁判決において市場占有率を使用したように、今後は市場占有率で統一することが相当である。

　（3）　市場支配力　　市場支配力（market power）は、米国反トラスト法上、EU競争法上の market power、と同等なものと位置づけられる[8]。これまで市場支配力の代わりに「競争自体が減少して、特定の事業者又は事業者団体がその意思で、ある程度自由に、価格、品質、数量、その他各般の条件を左右することによって、市場を支配することができる状態」が使用されてきたが、これはきわめてあいまいな概念である。

　市場支配力は、「競争価格を相当程度上回る販売価格を設定できる力」と定義される、価値中立的な用語、経済学的な用語である。なお、市場支配力について「競争価格を超えて販売価格を引き上げることができる力」、「競争水準における価格を上回る販売価格を設定できる力」などと定義しても実質的な差異はない。独占禁止法上、市場支配力については、どうし

---

7)　排除型私的独占指針（平成21年10月28日）、東京高裁判決（前掲注2））ともに、「シェア」を使用している。

8)　EU競争法上の市場支配的地位（dominance）との関係では、同一の場合もあるが、それに該当するに至らない場合もある。すなわち、EU競争法上、市場支配力は市場支配的地位の濫用の要件である市場支配的地位とは異なる概念であるとされている。

ても支配型私的独占等の影響でマイナスのイメージをもたれがちであるが、悪い語感をもつものとしてではなく、経済学的な用語として、価値中立的なものとして使っていくべきである[9]。

　市場支配力を有する目安となる（市場支配力の存在を推定させる）市場占有率は40％前後である。市場支配力の有無、程度は、市場占有率のみでなく、競合品・代替品の強弱、新規参入の難易などを勘案して決められる。市場支配力の有無を決定するだけでなく、独占力（monopoly power）・高度（重大）な市場支配力（significant market power）などを含めて、市場支配力の程度、度合という観点からも分析していくべきである。

　その点から、市場占有率が80％前後または70％ないし80％である場合には、高度な市場支配力、独占力と評価される。

　なお、market power については直訳的な市場力のほうが価値中立的な語感が強いが、独占禁止法に市場支配力と市場力とを並存させることは今日では議論を複雑にするだけなのでやめるべきである。

　（4）　競争制限　　競争法では、競争制限がマイナスの価値評価を示す基本用語であって、さまざまな判断要素を勘案して総合判断方式のもとで競争制限の有無が判断される。

　競争の実質的制限とは、一定の取引分野における競争を実質的に制限すること、または一定の取引分野において競争制限効果を有することをいう。「制限」、「競争を制限する」、でマイナスの価値判断が示されている。EU競争法上の市場支配的地位の濫用の「濫用すること」（abuse）と同様である。シャーマン法2条の独占化においても、製品の優秀さ、経営の卓抜さ、歴史的な偶然による自然成長とは区別される行為によって、その独占力を意図的に獲得したまたは意図的に維持していることが要件である。独占力を有する場合でも、製品の優秀さ、経営の卓抜さ、歴史的な偶然による自然成長という例外的場合（または正当化事由）にあたるときには独占化に該当しない。

　その意味で、競争の実質的制限については、競争制限で十分であって、

---

9)　購買力は、市場支配力を購買サイドからみたものであって、市場支配力の一種である。

排除型私的独占における競争排除、競争排除行動、不当な取引制限における競争回避、競争回避行動というように用語を使い分ける必要もない。

競争の実質的制限は、一定の取引分野における競争制限効果を意味し、市場支配力の程度、具体的な競争制限効果、正当化事由などを勘案したうえでの、独占禁止法違反についての最終判断となる。[10]

排除型私的独占に係る指針は、当該行為が、安全、健康、その他の正当な理由に基づく正当化事由により、競争の実質的制限に該当しないこともあるとしている。

競争の実質的制限については、昭和20年代以来「競争自体が減少して、特定の事業者又は事業者団体がその意思で、ある程度自由に、価格、品質、数量、その他各般の条件を左右することによって、市場を支配することができる状態をもたらすこと」が使用されてきた。市場を支配することができる状態が曖昧な概念であるだけでなく、二段階の二重構造規制という過去の独占禁止法体系を前提に、沿革的にみて、業界のほとんどすべての事業者の参加したカルテル、市場占有率80％超の独占的事業者による単独行為、大型水平型企業結合にまで、不当な取引制限の対象となる共同行為、私的独占の対象となる単独行為、第4章関係の禁止規定による企業結合を狭めるという役割、機能を果たしてきた概念・用語である。すなわち、その定義は、競争の実質的制限を厳格な内容の要件とし、競争の実質的制限を要件とする三大中核規制の適用範囲を不当に狭めてきたものであって、今日では、使わないことが望ましい。

3 単独行為規制

（1）**規制の基本体系、体系上の位置づけ**　単独行為規制の基本規定である、排除型私的独占の禁止は、単一事業者が排除行為により一定の取引分野における競争を実質的に制限することを禁止する。

（2）**排除行為**　排除行為は、「排除する」という用語から、競争者の事業活動の継続を困難にさせるまたは新規参入を困難にさせる行為を

10）正当な理由は、「正当な理由なく」、「正当な理由がないのに」というように、「不当に」と並ぶ、広い価値判断、価値評価のための概念と位置づけることが相当である。

いう[11]。他の事業者に、競争者および潜在的競争者（新規参入希望者、新規参入をしようとする者）が含まれる[12]。

　排除行為、すなわち、「競争者の事業活動の継続を困難にさせるまたは新規参入を困難にさせる行為」は、正当な行為によっても実現できるのであって、（正当な行為、不当な行為を問わない）価値中立的な用語である。

　排除行為は行為類型に分類されるが、行為類型については、判例法の整理のためにわかりやすいものであればよく、各人によって異なってもかまわず、確定的な分類方法はない。

　排他的取引、抱き合わせ、略奪的価格設定、差別的価格設定、単独の取引拒絶等、最新の国際標準的な分類方法に従うことが相当である[13]。独占禁止法上、不公正な取引方法と一体として行為類型ごとのルールを形成するために、不公正な取引方法の一般指定と合致した行為類型に分類するほうがわかりやすい。その点からも、前述のような行為類型の分類が相当である。

　排除型私的独占に係る指針は、「排除行為とは、他の事業者の事業活動の継続を困難にさせたり、新規参入者の事業開始を困難にさせたりする行為であって、一定の取引分野における競争を実質的に制限することにつながる様々な行為をいう」、「他の事業者の事業活動の継続を困難にさせたり、新規参入者の事業開始を困難にさせたりする蓋然性の高い行為」としている。しかし、「他の事業者」に新規参入者や新規参入しようとする者も含まれるため、「新規参入者の事業開始を困難にさせる行為」は不要である。

　この点からも、「他の事業者」には、競争者、潜在的競争者、取引相手

---

11) 排除行為について、現在では「他の事業者の事業活動を困難にさせる行為」と定義している（本書第7章、第2章参照）。ここでは、この当時の「競争者の事業活動の継続を困難にさせるまたは新規参入を困難にさせる行為」をこのまま使用する。
12) 競争者について、「競業者」、「競争事業者」という用語を使用する必要もないと考えられる。競争者には、現実の競争者、潜在的競争者（新規参入希望者）に分けられるが、通常現実の競争者を意味する。さもないと、競争者の市場占有率は算出できない。
13) 排除型私的独占に係る指針が、ルールを示す行為類型について典型行為という名称を使用したため、論理上非典型行為はそれ以外の行為を意味することになる。そのため、これまで非典型行為と呼んできた、主要な行為類型（差別的価格設定を含む）にあたらないものについては「非定型行為」ということにする。

などが含まれ、排除行為については、排除という用語から競争者の事業活動の継続を困難にさせるまたは新規参入を困難にさせる行為と解釈される。

本件最高裁判決は、「自らの市場支配力の形成、維持ないし強化という観点からみて正常な競争手段の範囲を逸脱するような人為性を有する行為」としている。

これらのうち、「一定の取引分野における競争を実質的に制限することにつながる」、「自らの市場支配力の形成、維持ないし強化という観点からみて」は、誤りではないが、あまりにも当然過ぎるので不要である。

排除行為についての本件最高裁判決の「正常な競争手段の範囲を逸脱するような人為性を有する行為」は、単独行為に該当する行為類型をすべて含めることができず、明白に対象行為の範囲を狭くし過ぎる解釈である。たとえば、排除行為にあたる典型行為類型である排他的取引、抱き合わせ、単独の取引拒絶は、市場占有率30％以下の事業者が行うと許容される行為であり、正常な競争手段の範囲を逸脱するような人為的行為といえるようなものではない。

（3）　競争の実質的制限　　競争の実質的制限については、一定の取引分野における競争を実質的に制限すること、または一定の取引分野において競争制限効果を有することをいう。「制限」、「競争を制限する」、で競争法上のマイナスの価値判断が示されている。

本件最高裁判決は、競争の実質的制限について「市場支配力の形成、維持ないし強化という結果が生じていたもの」、すなわち、市場支配力を形成、維持ないし強化することとしている。市場支配力を形成、維持ないし強化することは正当な行為によっても実現できるのであって、本質的に価値中立的な概念である。[14]マイナスの価値判断をもたせるためには、「正当な理由なく」または「不当に」市場支配力を形成、維持、強化することと表現する必要がある。米国反トラスト法の独占化において、市場支配力よりも強い市場における力である独占力（市場占有率66％以上でその存在が推定される）であっても正当な行為によって獲得、維持することは許容され

---

14)　結局、当該事業者が市場支配力を有することと同じ意味となっていると考えられる。

ている。ましてや、それよりも弱い市場における力である市場支配力を形成、維持、強化することについては、マイナスの価値判断を示すためには、市場支配力を正当な理由なく形成、維持、強化することという必要がある。

また、市場支配力を中核とする定義は、市場支配力の有無、程度に係る事由に判断要素を絞り込むために、取引相手方の対抗力などを含めて、市場支配力に係る要素を判断要素とするが、正当化事由として健康、安全等その他の事項を競争の実質的制限の有無の判断要素とすることを困難にする。[15]

本件最高裁判決は、排除行為により一定の取引分野における競争を実質的に制限することについて、「正常な競争手段の範囲を逸脱する人為的行為により市場支配力を形成、維持または強化すること」、すなわち、排除行為を重要な要件としてとらえて、排除行為にマイナスの価値判断をもたせるものと評価される。しかし、競争の実質的制限を実質要件ととらえて、「新規参入を困難にさせる行為等により一定の取引分野における競争を実質的に制限すること」と解釈することが相当であった。[16]

4 共同行為規制

（1） 規制の基本体系、体系上の位置づけ　共同行為規制の基本規定である、不当な取引制限の禁止は、複数の事業者が相互拘束により一定の取引分野における競争を実質的に制限することを禁止する。

（2） 相互拘束　相互拘束は、共通の目的の達成に向けてそれぞれの事業活動を制約することをいう。この制約は、制限、拘束でもかまわないが、本件最高裁判決も「人為的制約」という用語を使用しており、制限、

---

15) もっとも、大陸法では、競争当局が事件選別における裁量権を行使して、正当化事由のある行為を取り上げないために、重大な判断要素とならないことが通例である。日本でも、公取委はこれまで安全性、健康など正当化事由が本格的に争われるような行為について事件として取り上げてこなかった。さらに最近まで私人間の訴訟が活発に提訴されるようなこともなかった。このように、公取委が積極的に事件を取り上げたり、私人間の訴訟が活発に提訴されるまで、現実には正当化事由は問題とならなかった。

16) 独占禁止法は「排除行為により一定の取引分野における競争を実質的に制限すること」を禁止し、「一定の取引分野における競争を実質的に制限する排除行為」を禁止しているのではない。

拘束と区別する意味でも、制約が相当な用語である。

「流通・取引慣行に関する独占禁止法上の指針」（平成3年7月11日）は、2条6項の事業活動の拘束について、「その内容が行為者（例えば、製造業者と販売業者）すべてに同一である必要はなく、行為者のそれぞれの事業活動を制約するものであって、特定の事業者を排除する等共通の目的の達成に向けられたものであれば足りる」としている。

相互拘束は、行為態様の観点から、合意、意思の連絡に分けられる。相互拘束の行為態様には、合意、意思の連絡が含まれる。談合事件における基本合意も、通常の合意、意思の連絡に分けられる。要するに、相互拘束は、特定の目的の達成に向けて、それぞれの事業活動を制約するという事業者間の合意、意思の連絡をいう。

意思の連絡は、複数事業者間で共同歩調をとることを認識し、認容していることを意味し、当事者間でその内容を認識し認容している旨間接事実から推認されるものである。[17]意思の連絡のほうが、黙示の合意、暗黙の合意、一定の事実行為よりも明確な法概念である。したがって、今後は意思の連絡で統一することが相当である。

相互拘束は、行為類型として分類、整理される行為であって、主要な行為類型については、カルテル、共同の取引拒絶、再販売価格維持、販売地域制限、取引先制限などに分類される。さらに、相互拘束には、行為類型として垂直的制限のほか、共同生産、共同研究開発、規格設定等が含まれることから、相互拘束にマイナスの価値判断をもたせることはできない。

（3） 競争の実質的制限　不当な取引制限における競争の実質的制限は、文理のまま、「一定の取引分野における競争を実質的に制限すること」と定義される。共通の目的の達成に向けてそれぞれの事業活動を制約することにより一定の取引分野における競争を実質的に制限することと解釈して、競争制限という用語から競争の実質的制限にマイナスの価値判断をもたせることが相当である。

共同行為規制については、EU競争法上の「競争制限的目的又は競争制

---

17) 意思の連絡は、実体法上の概念であって、情況証拠による合意の立証とは別問題である。

限効果を有する」がもっとも汎用性のある規定内容であって、国際的には、関連市場において競争制限効果を有することが一般的に使用される。独占禁止法も「競争制限」を含む「一定の取引分野における競争を実質的に制限すること」をそのまま使用することが相当である。

競争の実質的制限については、単独行為である排除行為、共同行為である相互拘束についての共通の実質要件であり、私的独占と不当な取引制限で同一内容のものとなる。

5 企業結合規制

（1） 体系上の位置づけ　　企業結合規制では「対象となる企業結合により一定の取引分野における競争を実質的に制限することとなる」ことを禁止する。「こととなる」は、企業結合規制が事前規制であることを示す用語である。したがって、企業結合規制については、事前規制として、単独行為規制、共同行為規制とは異なる規制である。

（2） 対象となる企業結合および行為類型　　企業結合については、株式取得、合併、営業譲受け、会社分割という企業結合の形態別に禁止規定が設けられている。対象となる企業結合は、株式取得にみられるように、それまで独立した事業体が実質的に単一の事業体となるという競争者数、事業者数の減少をもたらすものである。企業結合規制の対象となる企業結合が、排除行為、相互拘束に対応するものになる。[18]

ルールと結びつく行為類型としては、すでに「企業結合審査に関する独占禁止法の運用指針」（平成16年5月31日制定。以下、「企業結合ガイドライン」という）で、国際標準である水平型企業結合、垂直型企業結合、混合型企業結合に分けられている。すなわち、企業結合規制では、理念上すべての企業結合が水平型企業結合、垂直型企業結合、混合型企業結合のいずれかに分類されるのであって、それぞれの違法性判断基準を示すことで足り、一般条項的な違法性判断基準を設ける必要はない。

（3） 一定の取引分野　　一定の取引分野は、当事会社の事業活動が重

---

18) 東京高判昭和28年12月7日行集4巻12号3215頁〔東宝・新東宝事件〕。なお、企業結合規制の対象となる企業結合は、事前届出の対象となる企業結合とは一致しない。

なり合う商品分野について、当該企業結合による影響を分析するために画定される。そのために、複数の一定の取引分野が画定されうる。市場画定のための分析方法として SNIPP テスト（仮想的独占者テスト）が使用されるが、一定の取引分野の定義を変える必要はない。企業結合規制においては、画定した一定の取引分野のいずれかにおいて競争を実質的に制限することとなる場合に当該企業結合を禁止できると解釈されている。そのため、実際には一定の取引分野についてはそれに見合うだけの重要な一定の取引分野が画定される。

（4）　競争の実質的制限　文理どおり「一定の取引分野における競争を実質的に制限することとなる」で十分であって、それを「企業結合により市場構造が非競争的に変化して、当事会社が単独で又は他の会社と協調的行動をとることによって、ある程度自由に価格、品質、数量、その他各般の条件を左右することができる状態が容易に現出し得るとみられる」に言い換える必要はない。

そもそも企業結合ガイドラインは、水平型企業結合、垂直型企業結合、混合型企業結合について違法性判断基準を示すことにしている。

企業結合ガイドラインは、いまだに競争の実質的制限について「競争自体が減少して、特定の事業者又は事業者団体がその意思で、ある程度自由に、価格、品質、数量、その他各般の条件を左右することによって、市場を支配することができる状態をもたらすこと」を引用しているが、昭和20年代に設定された企業結合のルール、規制水準が今日でも有効であるとは評価されない。たとえば、米国反トラスト法では、シカゴ学派の勝利によって企業結合規制のルール・規制水準は一変したのであって、1980年代以降の企業結合ガイドラインに1960年代までの判例やルールを（たとえ判例変更されたものでないとしても）引用することはありえない。

企業結合ガイドラインは、「水平型企業結合が一定の取引分野における競争を実質的に制限することとなるのは、当事会社グループの単独行動による場合と、当事会社グループとその一又は複数の競争者が協調的行動をとることによる場合とがあり、個々の事案においては、2つの観点から問題となるか否かが検討される。したがって、例えば、水平型企業結合につ

いて、単独行動による競争の実質的制限の観点からは問題とならなくとも、協調的行動による競争の実質的制限の観点からは問題となる場合がある」とし、「垂直型企業結合及び混合型企業結合は、一定の取引分野における競争単位の数を減少させないので、水平型企業結合に比べて競争に与える影響は大きくなく、市場の閉鎖性・排他性、協調的行動等による競争の実質的制限の問題を生じない限り、通常、一定の取引分野における競争を実質的に制限することとなるとは考えられない。垂直型企業結合及び混合型企業結合についても、単独行為による競争の実質的制限と協調的行動による競争の実質的の2つの観点から検討される」としている。

　企業結合ガイドラインにおいては、現行の競争の実質的制限に係る定義を削除して、水平型企業結合、垂直型企業結合、混合型企業結合という行為類型ごとに最新の経済学的知見を反映したより明快なルールを記述するべきである。行為類型ごとの現行ルール、とくに垂直型企業結合および混合型企業結合についての現行ルールがあいまいな内容にとどまることは従来の定義の悪影響を受けていたといわざるをえない。

6　まとめ―排除行為概念の見直し

　本件最高裁判決の意義は、従来の定義が最後まで残る可能性の高かった単独行為規制において、「競争自体が減少して、特定の事業者又は事業者団体がその意思で、ある程度自由に、価格、品質、数量、その他各般の条件を左右することによって、市場を支配することができる状態」を使用しなかったことにある。

　昭和20年代の判例で確立された、競争の実質的制限についての共通の定義とされてきた「競争自体が減少して、特定の事業者又は事業者団体がその意思で、ある程度自由に、価格、品質、数量、その他各般の条件を左右することによって、市場を支配することができる状態をもたらすこと」については、不当な取引制限の禁止、企業結合規制からも取り除くべきである。

　すでに今日不当な取引制限における相互拘束と競争の実質的制限、企業結合規制における企業結合の各形態（または企業結合自体）と競争の実質

的制限において、相互拘束、企業結合の各形態は価値中立的な概念と解されており、排除型私的独占における排除行為と競争の実質的制限の関係を見直して、本件最高裁判決の「正常な競争手段の範囲を逸脱するような人為」性を有する行為を廃止することが次の課題となる。すなわち、排除型私的独占について、競争者の事業活動の継続を困難にさせる、または新規参入を困難にさせる行為により一定の取引分野における競争を実質的に制限することに変更するべきである。

Ⅳ 今後の関連事件への影響

1 日本音楽著作権協会事件審判審決への影響

　この件で問題となる違反被疑行為は、音楽の著作物の著作権に係る著作権等管理事業を営む者（以下、「管理事業者」という）である日本音楽著作権協会（以下、「JASRAC」という）が、すべての放送事業者との間で放送等使用料の徴収方法を本件包括徴収とする内容の利用許諾に関する契約を締結しこれを実施すること、すなわち、平成13年10月1日の管理事業法の施行後も、すべての放送事業者から、当該放送等使用料の額を当該放送事業者の放送事業収入に一定率を乗ずる等の方法で算定するという包括徴収の方法により放送等使用料を徴収していることである。[19] 現時点で、JASRACは、各民間放送事業者との間で、協議を経たうえ、平成18年4月1日から平成25年3月31日までを契約期間とし、民間放送事業者から放送等使用料を徴収する方法については、上記包括徴収とする内容の契約を締結している。

　本件対象行為については、以下の2つの関連事実によって補強されている。

　第1に、JASRACは、平成17年9月下旬、民放連（日本民間放送連盟）から、民間放送事業者から本件包括徴収により徴収している放送等使用料の額を減額する意向の有無について確認されて、減額する意向はない旨回

19）公取委排除措置命令平成21年2月27日審決集55巻712頁。

IV　今後の関連事件への影響　83

答していること。

　第2に、イーライセンスは、人気楽曲であったエイベックス楽曲の管理の委託を受け、同年10月1日以降放送等利用に係る管理事業を開始したが、放送事業者がエイベックス楽曲をほとんど利用しなかったため、平成19年1月以降エイベックス楽曲の管理委託契約を解約されて事実上放送等利用に係る管理事業から撤退するに至ったこと。

　本件での一定の取引分野は、「我が国における放送事業者に対する放送等利用に係る管理楽曲の利用許諾分野」と画定されている。そのため、一定の取引分野におけるJASRACの市場占有率は、平成13年10月以降も100％であって、NTT東日本事件最高裁判決の競争の実質的制限の定義である「市場支配力の形成、維持ないし強化という結果が生じていたもの」という要件を簡単に満たすものとなる。

　しかし、排除行為について、JASRACの本件包括徴収方式はそれまで実質的に許容されてきた行為を継続しているものであり、諸外国のほとんどの音楽著作物集中管理団体が採用している方式であるために、NTT東日本事件最高裁判決の排除行為の定義である「自らの市場支配力の形成、維持ないし強化という観点からみて正常な競争手段の範囲を逸脱するような人為性を有するもの」に該当するかについては疑問がある。むしろ、外形的には正常な競争手段の範囲を逸脱するような人為的制約に該当するとはいえない。

　また、同最高裁判決は、排除型私的独占について、「正常な競争手段の範囲を逸脱する人為的行為により市場支配力を形成、維持または強化すること」、すなわち、排除行為を重要な要件としてとらえて、排除行為がマイナスの価値判断を示すものとしている。さらに、市場占有率で示される市場支配力を過度に重視している。そのために、最高裁判決の解釈では、JASRACの本件包括徴収方式（本件行為）は、JASRACがほぼ100％の市場占有率を有するために市場支配力を維持するものという要件を簡単に満たす一方で、排除行為の要件を満たさず、排除型私的独占に該当しないことになる可能性が高い。

　排除型私的独占について、「新規参入を困難にさせる行為により一定の

取引分野における競争を実質的に制限するもの」と解釈し、競争の実質的制限を最終実質要件ととらえて、そこで正当化事由も判断要素とすることによって、はじめて、JASRAC の本件包括徴収方式について妥当な総合判断が下せる。すなわち、JASRAC の本件包括徴収方式について、新規参入を困難にさせる行為として排除行為に該当するとしたうえで、一定の取引分野への新規参入を困難にさせるという具体的な競争制限効果とともに、社会的必要性を含む正当化事由を考慮したうえで「一定の取引分野における競争を実質的に制限すること」に該当するかを決定するというルールが望ましい理由である。[20]

要するに、JASRAC の包括徴収方式について、放送業者に対しての市場への新規参入を制限する効果があることを認めて、正当化事由、社会的な必要性を考慮したうえで「一定の取引分野における競争を実質的に制限すること」に該当するか否かを論点とすべきものと考えられる。

2　多摩地区入札談合事件最高裁判決

この件で、5 東京高裁判決のうち請求を棄却した 4 東京高裁判決は、2 条 6 項の「競争を実質的に制限する」とは、「競争自体が減少して、特定の事業者又は事業者団体がその意思で、ある程度自由に、価格、品質、数量、その他各般の条件を左右することによって、市場を支配することができる状態をもたらすこと」をいうとしている。[21]

そのうえで、それら 4 東京高裁判決の競争の実質的制限についての判示

---

20)　なお、同様なことが不可欠施設理論にもあてはまる。NTT 東日本事件最高裁判決の排除型私的独占について「正常な競争手段の範囲を逸脱する人為的行為により市場支配力を形成、維持または強化すること」というのでは、不可欠施設の利用希望者への一方的利用拒絶については、新規参入を困難にする行為にあたり「市場支配力を形成、維持または強化するもの」といえても、「正常な競争手段の範囲を逸脱する人為的行為」とまではいえず、排除型私的独占に該当しない可能性が高い。不可欠施設の利用希望者への一方的利用拒絶について、排除型私的独占に該当するとさせる余地を残すためには、「新規参入を困難にさせる行為により一定の取引分野における競争を実質的に制限すること」と解釈する必要がある。
21)　他方、審決を取り消した第 5 東京高裁判決は、競争の実質的制限について「当該合意に基づき一定の取引分野における競争が停止ないし排除されたという事実」、「自由で自主的な営業活動が停止あるいは排除された」ことをいうとしているが、有効な定義になっているとも考えられない。東京高判平成22年 3 月19日審決集56巻 2 分冊567頁（4 社に対し審決取消）。

部分を時系列でみていくと、第1東京高裁判決は[22]「価格競争力のあるゼネコン同士の競争が回避されてゼネコン1社と価格競争力の劣る地元業者1社ないし3社との競争と評価すべき状況を作出したことは、競争を実質的に制限したものというべきである。」とし、第2東京高裁判決は[23]、「競争制限効果が生じたと認められる件数及びその落札金額の割合は、いずれも相当程度高いのであるから、本件基本合意は、公社が発注する本件各工事の入札による競争を実質的に制限するものということができる。」とし、第3東京高裁判決は[24]、「完全な市場支配をしたとはいえないとしても、ある程度自由に、各社が受注することを希望する物件について、希望する価格で受注することができていた」とし、第4東京高裁判決では[25]、33社の落札受注量は相当程度大きく、本件基本合意は、競争を相当程度制限することが可能なものといえるとしている。

　このような一定の取引分野における競争に与える影響に関する議論は、一定の取引分野における競争を実質的に制限しているか否かをめぐるものというほうがその内容に合致している。市場を支配できる状態をもたらすかどうかが争われているわけではない。いずれにせよ、市場を支配できる状態の有無という何ら検証できない命題について水掛論争を行うことに意味はない。

　また、関連市場を画定することの意義は客観的な数値である市場占有率を算出することにある。参加者の合計市場占有率が競争の実質的制限の認定にあたってもメルクマール（指標）として一番信頼できる。合計市場占有率の目安としては、市場支配力の理論値であり、かつ、国際標準の市場占有率の目安である40％を用いることが相当である。その意味で、多摩地区入札談合事件の意思の連絡の結果、参加事業者が72物件のうち31物件を落札したこと、すなわち、参加事業者の合計市場占有率は優に40％を上回っているといえることから、競争の実質的制限に該当するといえる。

---

22)　東京高判平成21年5月29日審決集56巻第2分冊299頁（6社に対し請求棄却）。
23)　東京高判平成21年10月23日審決集56巻第2分冊399頁（4社に対し請求棄却）。
24)　東京高判平成21年12月18日判例タイムズ1321号218頁（4社に対し請求棄却）。
25)　東京高判平成22年1月29日審決集56巻第2分冊476頁（7社に対し請求棄却）。

結局、不当な取引制限については、カルテルについてすら、共通の目的の達成に向けてそれぞれの事業活動を制約することにより一定の取引分野における競争を実質的に制限することと解釈して、競争の実質的制限に独占禁止法上のマイナスの価値判断をもたせることが相当である。

　ましてや、共同行為規制として、相互拘束は、垂直的制限のみならず、情報交換活動、共同研究開発、共同生産、規格設定等を含むのであって、その実質基準として「競争自体が減少して、特定の事業者又は事業者団体がその意思で、ある程度自由に、価格、品質、数量、その他各般の条件を左右することによって、市場を支配することができることをもたらすこと」よりも、「一定の取引分野における競争を実質的に制限すること」がふさわしいことは自明である。

　このように、今後競争の実質的制限についても定義の見直しを進め、三大基本規制について妥当な解釈を確立していくべきである。

第4章

日本音楽著作権協会事件審判審決

　日本音楽著作権協会（JASRAC）による放送会社に対する包括徴収方式が排除型私的独占に該当しないという本件審判審決の結論は妥当なものである。しかし、本来は排除行為を充足するが、社会的必要性という正当化事由を勘案すると一定の取引分野における競争を実質的に制限することを充足しないとして処理することが妥当であったと考えられる。本件行為について他の事業者を排除する効果を有する蓋然性もないと評価することには疑問があり、さらには本件審判において本件行為の社会的必要性について実質的な審理をしていないことにも不満が残る。その意味で、音楽著作権の集中管理のあり方に関する研究を大いに進展させた一方、排除行為は他の事業者の事業活動を困難にする行為程度の緩やかな行為要件であり、一定の取引分野における競争を実質的に制限することを実質要件と位置づけるべきであったことを考えると、排除型私的独占に係る判例法形成の観点からは期待はずれで終了したことになる。

I はじめに

 日本音楽著作権協会（以下、JASRACという）の行為については、審判で係争中であったが、公取委は平成24年6月12日にもっぱら事実認定に基づき排除行為を充足しないとしてその命令を取り消す旨の審決を下した[1]。本件については、排除行為を充足するが、正当化事由を含めて総合的に判断すると一定の取引分野における競争の実質的制限を充足しないとして、その命令を取り消すことも可能であったと考えられる[2]。

 しかしながら、全体的にみて、正当化事由の比重の高さ、相当な排除措置の考案が不可能であること、課徴金納付を命じることは相当でなかったことを考えると、やや不満も残るが、本件の処理もやむをえないものであったといえる[3]。幸いなことに、この審判審決の直前に、3条について画期的な解釈を採用した多摩地区入札談合事件最高裁判決が下され[4]、この審決により今後排除行為要件が過度に厳格なものと評価されるという悪影響の発生をさほど心配することもなくなっている。

---

1) 公取委審判審決平成24年6月12日審決集等未登載。
2) 本件審判において、JASRACは音楽著作権の集中管理団体については国ごとの単一の集中管理団体の存在が望ましく、放送事業者に対する使用料徴収方式としては包括徴収方式が望ましいなどの正当化事由について強く主張しておらず、審判官も主要な争点として取り上げていない。

 また、本件では、本件審決と同一内容の審決案が平成24年2月1日付でJASRACに対して送付されている。公取委の手続では、審決案の決定段階でも公取委が関与することが慣行となっている。したがって、本件行為の正当化事由についての審理を尽くすように指示して審判を再開させることは、（仮に行うとしたら）本件審決案送付前に行われるべきものと考えられる。
3) より正確にいうと、学問的には、審判を再開させて正当化事由について審理を尽くして、排除行為と一定の取引分野における競争の実質的制限との関係について、排除行為を形式要件とし、一定の取引分野における競争の実質的制限を実質要件とするという明白な解釈を示すことが望ましい。しかし、この件では公取委が勝てないことが明らかである以上、本件事件処理にさらなる社会的コストをかけることには問題があり、審判を再開せずに排除行為を充足しないとして排除措置命令取消しで終了することもやむをえないと考えられる。
4) 本書第7章参照。

Ⅱ　本件審判審決に至る経過

1　本件排除措置命令の概要

　音楽著作権の管理事業とは、著作者（音楽著作権を有する作詞者および作曲者をいう）および（著作者より音楽著作権の譲渡を受けた）音楽出版社から音楽著作権の管理の委託を受け、音楽著作物の利用者に対し、著作権を管理する音楽著作物（以下、「管理楽曲」という）の利用を許諾し、その利用に伴い当該利用者から使用料を徴収し、管理手数料を控除して著作者および音楽出版社に分配する事業である。著作者および音楽出版社は、放送または放送のための複製その他放送に伴う音楽著作物の利用（以下、「放送等利用」という）、録音等に係る音楽著作物の利用、インタラクティブ配信（インターネット等を利用した配信をいう）に係る音楽著作物の利用等の音楽著作物の利用方法ごとに、管理事業者を選択して音楽著作権の管理を委託することができる。使用料を徴収する方法には、包括徴収方式（放送事業者に対し管理事業者の放送等利用に係る管理楽曲全体について包括的に利用を許諾し、放送等使用料を包括的に算定し徴収する方法をいう）と個別徴収方式（放送等使用料を管理楽曲1曲1回ごとの利用につき算定し徴収する方法をいう）がある。

　本件で問題とされた行為は、音楽の著作物の著作権に係る著作権等管理事業を営む者（以下、日本法に関して原則として「管理事業者」といい、より一般的には「集中管理団体」という）であるJASRACが、すべての放送事業者との間で放送等使用料の徴収方法を本件包括徴収とする内容の利用許諾に関する契約を締結しこれを実施すること、すなわち、JASRACが、各放送事業者との間で、当該放送等使用料の額を当該放送事業者の放送事業収入に一定率を乗ずる等の方法で算定するという包括徴収の方法により放送等使用料を徴収していることである。そのため、放送等利用割合（当該放送事業者が放送番組において利用した音楽著作物の総数に占めるJASRACの放送等利用に係る管理楽曲の割合をいう）は当該放送等使用料に反映されない。

この件で、公取委は、排除措置命令において、各放送事業者が一定期間内の放送番組において利用する音楽著作物の総数は、それぞれほぼ一定であるところ、当該放送等使用料の額を当該放送事業者の放送事業収入に一定率を乗ずる等の方法で算定することにより当該放送事業者の放送番組において利用された音楽著作物の総数に占める当該管理事業者の放送等利用に係る管理楽曲の割合が当該放送等使用料に反映されないような方法を採用するときは、当該放送事業者が他の管理事業者にも放送等使用料を支払うと、当該放送事業者が負担する放送等使用料の総額はその分だけ増加することとなる。そこで、JASRACがすべての放送事業者から本件包括徴収方式により放送等使用料を徴収していることから、JASRACの放送等利用に係る管理楽曲以外の音楽著作物は放送事業者の放送番組においてほとんど利用されず、著作者および音楽出版社がJASRAC以外の管理事業者に放送等利用に係る音楽著作権の管理を委託しても放送等使用料の分配を受けることはほとんどできないものになっているとしている。

　そのうえで、現実にも、イーライセンスは、エイベックスマネジメントサービスから人気楽曲となることが予想される、またはすでに人気楽曲であったことから放送等利用が見込まれる音楽著作物の音楽著作権（エイベックス楽曲）の管理の委託を受け、放送事業者との間で、放送事業者に対し自らの放送等利用に係る管理楽曲全体を包括的に利用許諾したうえで放送事業者から徴収する放送等使用料の徴収方法を個別徴収とする内容の契約を締結して、平成18年10月1日以降放送等利用に係る管理事業を開始したが、放送事業者は、JASRACが放送等使用料を本件包括徴収により徴収しているため、それらの楽曲を自らの放送番組で利用すれば、自らが放送等利用に係る管理事業者に対して支払うべき放送等使用料の追加負担が生じその総額が増加することから、自ら制作する放送番組においてエイベックス楽曲をほとんど利用しなかった。イーライセンスが放送事業者から放送等使用料を徴収しエイベックスマネジメントサービスに分配できるようになることはほとんど見込まれなかったことから、平成19年1月以降イーライセンスへの放送等利用に係る音楽著作権（エイベックス楽曲）の管理委託契約は解約されるに至ったと認定した。

また、JASRAC およびイーライセンス以外の管理事業者は、著作者および音楽出版社から放送等利用が見込まれる音楽著作物の放送等利用に係る著作権の管理の委託を受けることができず、放送等利用に係る管理事業を開始していないとしている。

したがって、公取委は、「JASRAC 以外の管理事業者は、自らの放送等利用に係る管理楽曲が放送事業者の放送番組においてほとんど利用されず、また、放送等利用に係る管理楽曲として放送等利用が見込まれる音楽著作物をほとんど確保することができないことから、放送等利用に係る管理事業を営むことが困難な状態となっている」ことが、他の管理事業者の事業活動を排除することにより、放送等利用に係る管理楽曲の利用許諾分野における競争を実質的に制限しているものであるとし、排除措置として放送等利用割合を反映した放送等使用料の徴収方法をとるように命じた[5]。

2 本件審判審決の概要

公取委は、審判審決で、まず、イーライセンスの現実の参入とその失敗について、放送事業者が一般的にイーライセンス管理楽曲の利用を回避したことを認めることはできず、放送事業者がイーライセンス管理楽曲の利用について慎重な態度をとったことが認められるにとどまり、さらに、放送事業者がイーライセンス管理楽曲の利用につき慎重な態度をとったことの主たる原因が、JASRAC と放送事業者との間の包括徴収を内容とする利用許諾契約による追加負担の発生にあったと認めることはできず、むしろ、イーライセンスが準備不足の状態のまま放送等利用に係る管理事業に参入したため、放送事業者の間にイーライセンス管理楽曲の利用に関し、相当程度の困惑や混乱があったことがその主たる原因であったと認めるのが相当であるとした[6]。

次いで、新規参入を困難にさせる効果一般について、本件行為は、放送事業者が他の管理事業者の管理楽曲を利用する際に別途の使用料の負担を考慮する必要を生じさせるという意味で、放送事業者が JASRAC 以外の

---

5) 公取委排除措置命令平成21年2月27日審決集55巻712頁。
6) この事実認定は、審判審決に詳細に記載されているため説得力がある。

管理事業者の管理楽曲を利用することを抑制する効果を有しており、JASRAC がわが国における放送事業者に対する放送等利用に係る管理楽曲の利用許諾分野への新規参入について消極的要因になるといえるが、イーライセンス以外の管理事業者が放送等利用に係る管理事業に新規に参入しない理由が本件行為にあると認めるに足りる証拠もなく、本件行為が放送等利用に係る管理楽曲の利用許諾分野における他の管理事業者の事業活動を排除する効果を有するとまで断ずることは困難であるとしている。

　本件行為には新規参入を困難にさせる蓋然性もなかった旨事実認定されている。そのため、その事実認定によって本件は排除行為を充足しないとして終了する。本件審判審決のその他の部分は先例としての価値を有しない。

III　一定の取引分野における競争の実質的制限—正当化事由

1　総合判断方式

　排除行為とは、競争者の事業活動の継続または新規参入を困難にさせるなど他の事業者の事業活動を困難にさせる行為をいい、ほぼ100％に近い市場占有率を有する JASRAC による管理楽曲の包括徴収方式は他の管理事業者の新規参入を困難にさせる（効果をもつ）行為であって、排除行為に該当すると解釈することはそれほど難しくない。

　しかし、仮に排除行為を充足するとしても、本件審判審決で認定された程度の競争制限効果では、正当化事由を勘案すると、一定の取引分野における競争の実質的制限を充足しないことも明白である。

　たとえ、公取委の排除措置命令での主張どおりの事実が認められたとしても、音楽著作権の特質や音楽著作権における集中管理の役割、包括許諾・包括徴収システムの社会的必要性などの正当化事由について勘案すると、JASRAC の本件行為は、一定の新規参入制限効果を有しているが、適正かつ効率的な音楽著作物の管理と利用を確保するもっとも合理的で、権利者と利用者双方にとって利益になる方法であるとして、「一定の取引分野における競争を実質的に制限すること」を充足しないものと考えら

れる。

なお、本件審判審決では、正当化事由である社会的必要性について、「競争の実質的制限の存否を検討するには、競争制限又は阻害効果ともに、競争促進効果及び社会的必要性などそれ以外の正当化事由を併せて斟酌すべきところ、仮に、本件行為に競争制限又は阻害効果があるとしても、包括徴収は、管理事業にとって歴史的にみて長期に、世界的にみて広範に実施されてきた効率的かつ合理的な使用料の徴収方法であって、競争制限又は阻害効果を凌駕する正当化事由がある」という被審人からの主張を記述しているにとどまる。しかし、本件行為が一定の取引分野における競争を実質的に制限するものであるか否かについては、当該事業者の市場支配力の程度、具体的な競争制限効果、正当化事由、当該事業者の意図などの多数の判断要素を総合的に評価して決定される。競争促進効果が競争制限効果を上回る、または下回るなどの比較衡量自体が不可能であって、正当化事由が競争制限効果を凌駕する（上回る）ことまでの認定は必要でない。

2 包括許諾、包括徴収方式の役割

利用行為の経済的利益を基準とした一定の率ないし額の使用料をあらかじめ定めておいて、現実に利用される楽曲数にかかわらず、一定の率ないし額の使用料を利用者から徴収するという包括許諾、包括徴収方式は、一定期間内に継続的に多量の管理楽曲を利用する利用者が、事前に一定期間内に利用する多量の管理楽曲をすべて予測することが不可能であるときや、一定期間内に現実に利用した多量の管理楽曲を短期間に特定することができないかそれが事実上困難であるときに、合理的ないし必要不可欠な使用料の徴収方式である。

仮に利用した多量の管理楽曲を特定することが技術的に可能であっても契約期間中に利用するであろう利用楽曲の量（利用楽曲数・利用回数）の多さや、管理楽曲を自由に利用することによって得られる経済的利益等を勘案して費用便益を計算した結果、集中管理団体と利用者の間で包括許諾、

---

7) 本件で、知的財産権制度の趣旨、その規定の解釈や比重は、正当化事由として考慮される。このことは、21条が適用除外規定として機能していないことを物語っている。

包括徴収方式によることに合意することは一般的には許容されるべきである。[8]

　さらに、主要先進国では、演奏権（録音権を除く）について、音楽著作権管理団体による利用許諾方式として、利用分野ごとに包括許諾、包括徴収方式が採用されている。とりわけ、放送事業者に対する使用料については、いずれの国の音楽著作権集中管理団体でも包括徴収方式を採用している。

　他方、集中管理団体の包括徴収方式による利用者に対する独占力の行使を是正するために、主要先進国では、使用料についての利用者側との間での集団交渉を認めて、さらに協議が整わない場合の裁定制度を設けている。

　デジタル時代に対応して、インタラクティブ配信が進むにつれて、たとえば YouTube への包括徴収方式のように、新たなビジネスモデルを効率的に運営していくために総収入、収益に応じた適正な使用料率を定めるという包括許諾、包括徴収方式が有効であることが広く認識されている。

IV　行政上の措置──排除措置と課徴金

1　排除措置命令の内容

　本件排除措置命令では、放送等利用割合を反映した放送等使用料の徴収方法をとるように命じている。

　この命令は、管理楽曲の利用比率に応じて、JASRAC の使用料総額から新規に参入した集中管理団体に支払う使用料分を差し引くことを求めたもの、すなわち放送会社が支払う使用料総額を同一のままにするために、現行の「放送事業収入×控除率×使用料率[9]」から「放送事業収入×控除率×使用料率×JASRAC 管理楽曲の利用比率」に変更することを JASRAC

---

[8]　この点で、公取委は排除措置命令において「放送等利用に係る管理事業者は、著作者及び音楽出版社に対し放送等使用料を分配するため、放送等利用に係る管理楽曲の利用許諾に関する契約を締結している放送事業者から、当該管理事業者の放送等利用に係る管理楽曲の放送番組における利用状況について報告を受け、当該利用状況を把握している」としている。

[9]　控除率が利用者代表ごとに定められている。たとえば、放送事業者のコマーシャル収入分から代理店手数料分を控除するなどの算定方式がとられる。また、現行使用料率は1.5％である。

に対して求めたものと考えられる。

　この点に関して、公取委は、排除措置命令で、JASRACが、民放連（日本民間放送連盟）と協議を開始したところ、平成17年9月下旬、民放連との協議の場において、民放連から、イーライセンスの放送等利用に係る管理事業への参入の動きがあったことを受け、民間放送事業者から本件包括徴収により徴収している放送等使用料の額を減額する意向の有無について確認されたが、減額する意向はない旨回答したことをとくに認定している。[10]

　このような徴収方式は、新規参入を実現するために新規の集中管理団体を支援しよう、複数の集中管理団体の存在を実現しようという政策的意図を反映したものといわざるをえない。

　ただし、管理技術の進歩に合わせて、そのような分配方式を実施することも可能になるとしても[11]、その場合、その徴収方法のもとで個々の音楽著作権は平等に同価値のものとして評価されて、利用回数によって配分額が決まることとなる。その点で、高い価値をもつ音楽著作権を保有する者が高額の使用料を得ることはできないことから、人気のある音楽著作権のみを管理して高額な使用料を獲得しようとする音楽著作権管理団体の新規参入にはつながらない。

　いずれの国でも、集中管理団体による集中管理の枠外で、著作権者等が利用者に直接使用許諾することを認めている。さらに、複数の音楽著作権管理団体の存在を容認する法制のもとでは、新規参入した音楽著作権管理団体が利用者に対して自己の定める徴収方式に従い利用者に使用許諾することを認めている。しかし、独占的な音楽著作権管理団体との関係であっても、包括許諾・包括徴収方式の放送事業者への使用料について、当該音楽著作権集中管理団体に対して、放送事業者が当該集中管理団体の管理する管理楽曲以外の楽曲を使用した分の使用料について包括使用料から差し引くような徴収方式を実施させている国は存在しない。

10）　この点は、審判審決では一切言及されていない。
11）　そのような徴収方法を実施するためには、放送事業者が利用状況についての詳細な報告を行うことなど放送事業者の協力が欠かせないことと、システムの構築のために多大な時間と経費を要することが反論として主張されている。

管理技術の進歩に合わせて、包括徴収方式と比べて不利にならないような、放送番組ごとの利用許諾方式を認めることが考えられる程度である。[12][13]

2 課徴金制度との関連

日本でも包括許諾、包括徴収方式はこの事件まで独占禁止法上も問題がないとして容認されてきている。また、諸外国でも包括許諾、包括徴収方式は競争法上問題がないとして容認されてきた。そのため、JASRACは放送事業者に対する包括徴収方式を継続して実施することが独占禁止法に違反すると考えていたとは想定されない。

本件排除措置命令は未だ排除型私的独占が算定率6％の課徴金の対象行為となっていない時期に下された。平成22年1月から排除型私的独占が課徴金の対象行為になったが、JASRACにとって（実行期間の終期となる）違反行為をなくすための措置を考案することもできず、さらにJASRACは最高裁まで公取委と争うことが予想されたため、JASRACが敗訴するときには丸々3年間分の課徴金納付が命じられ、その場合課徴金額は3年間で総額45億円程度になるものと見込まれていた。[14]

EU競争法の行政制裁金賦課の実務では、欧州委員会が当該業界でそれまで容認されてきた行為について初めて競争法違反であると認定するときには、行政制裁金を課さない。したがって、たとえ放送事業者に対する包括許諾、包括徴収方式がこの件で初めて独占禁止法違反であることが確定

---

12) 米国では、反トラスト法違反による同意判決において、集中管理団体による個別利用許諾および放送番組ごとの利用許諾の料金を、包括的利用許諾と比べて不利にならない利用料に設定することが求められている。

13) 権利者が、集中管理団体に加入したまま、直接利用者に利用許諾することができるという直接利用許諾方式、さらに放送事業者が包括許諾を受けた音楽著作集中管理団体の管理楽曲のうち権利者から直接許諾を受けて使用した分の金額を差し引く仕組みは、米国特有な制度であって、他の国では認められていない。直接利用許諾方式は、集中管理団体の独占力の行使を妨げるものであっても、音楽著作権の集中管理団体の新規参入にはつながらない。

14) 平成22年度における放送事業者から得た使用料実績は約253億円である。放送事業者から得た収入の大部分は権利者等に分配されるために、JASRACの管理事業から得る手数料の比率（通常は1割以下である）は使用料収入のうちかなり低い数値にとどまるものと想定されるが、先例である機械輸出保険組合事件最高裁判決（本書第1章Ⅱ2（1）参照）に照らすと課徴金算定のための売上額は放送事業者から得る総収入であると考えられる。

したとしても、本件行為は本質的に独占禁止法上課徴金納付を命じるべきでない行為であると考えられる。もっとも、この点は、確定金額算定方式の現行義務的課徴金制度から生じる問題であって、EU競争法上の行政制裁金賦課と同一実務を可能とするためにも速やかに上限方式の裁量型課徴金を創設することが望ましい。[15]

自由競争減殺型の不公正な取引方法の公正競争阻害性は、今日では私的独占や不当な取引制限の一定の取引分野における競争の実質的制限と同一であると評価されるため[16]、単独行為のうち典型行為について、公取委は算定率6％の課徴金納付を命じようとするときに排除型私的独占に該当することとし、課徴金納付を命じずに排除措置を命じるのみにとどめようとするときに不公正な取引方法に該当するとして法適用することができる。しかし、本件のような非定型行為ではそのような裁量権を行使できないため、算定率6％の課徴金納付を命じなければならない[17]。今後、公取委はこの種の事案を取り上げることに消極的になるのではないかと懸念される[18]。

V 競争政策の観点

1 単一の集中管理団体と管理事業法による規制

そもそも音楽著作権の集中管理団体の存立が許容される理由は、音楽著作権の特質に基づく。集中管理団体の存立を認めないと、一部著名な音楽

---

15) なお、仮に、JASRACの本件行為が独占禁止法に違反するとしても、課徴金は制裁として違反抑止の観点から課すか否かを決定するものであって、公平の原則に基づき被害者の被った損害を加害者に填補させる損害賠償責任とは別物である。
16) 多摩地区入札談合事件最高裁判決（本書第7章参照）が「一定の取引分野における競争を実質的に制限する」とは、「当該取引に係る市場が有する競争機能を損なうこと」をいうとし、今日では第1次大正製薬事件審判審決（公取委審判審決昭和28年3月28日審決集4巻119頁）を変更するべきであることが明らかになっている。
17) ただし、放送事業者とイーライセンスとの取引を妨害しているとして競争者に対する取引妨害に該当するとして法適用することが考えられる。ただし、それでは、競争者に対する取引妨害にあたる行為を過度に拡張することになりかねない。
18) 現に、支配型私的独占が平成18年に10％の課徴金対象行為となってから、支配型私的独占事件は1件も存在しない。排除型私的独占が平成22年に6％の課徴金対象行為となってから、排除型私的独占事件も1件も存在しない。

著作権に対して高額な利用料が請求、受領される一方で、音楽著作権者が個別に権利を行使することは事実上不可能であるため音楽著作権のほとんどが無断で利用される結果になってしまうと想定されるからである。それでは音楽著作権が権利として実効性をもたなくなり、音楽著作権制度が機能しなくなってしまう。このように、音楽著作権の集中管理団体、集中管理システムは、音楽著作権制度に必要不可欠なものと評価されている。

また、複数の音楽著作権の集中管理団体の存在を認める法制のもとでも、取引費用の軽減、自然独占の理論に基づき、JASRACのように、独占的な集中管理団体が存続することになる。

ちなみに、いくら音楽著作権の使用状況を完全に把握できたとしても、権利者による個別の権利行使は、交渉し、訴訟追行し、分配するという取引コストを勘案すると事実上不可能である。[19] この点は、遠隔地でのコンサート、飲食店等における使用のように、公共演奏権による収入獲得に典型的にみられる。そのため、複数の音楽著作権集中管理団体が存在することは、徴収のためのコスト、権利者への配分のためのコストを二重にかけることとなり、経済効率を害する制度となる。[20]

そのような現実を反映して、独占的な集中管理団体には、管理委託する権利者等をすべて同一の条件で受け入れることが義務づけられる。そのため、個々の音楽著作権は異なる価値をもつはずであるが、この制度のもとでは個々の音楽著作権は平等に同価値のものとして評価される。そのうえで、利用回数によって配分額が決まることとなる。その点で、高い価値をもつ音楽著作権については事実上不利益に取り扱われることとなる。[21]

独占力をもつ集中管理団体がきわめて高額な個別または包括的な使用料

---

19) この点で、音楽著作権の集中管理業務の意義を捉えるうえで、関連市場について放送業者への利用許諾と画定することは狭すぎる。公共演奏について管理するためには集中管理方式が不可欠である。

20) 人気のある（強い）音楽著作権をもつ著作権者を除いて、著作権者一般と集中管理団体の利害はおおむね一致する。競争当局は通常利用者の側に立って排除措置命令を考案し命じることになるが、利用者側にとっても単一の集中管理団体を相手として合理的な利用条件について交渉し合意するほうが簡便である。

21) 利用回数の多いものに多額の配分料が支払われるが、1回ごとの使用料はその音楽的価値等にかかわらず、同一である。

を徴収することがないように、日本では音楽著作権管理事業者による使用料徴収行為について管理事業法による規制がなされる。現行著作権等管理事業法のもとで、著作権管理事業者は、届け出た使用料規程に定める額を超える使用料を請求してはならない（同法13条4項）。また、著作権管理事業者は、文化庁長官へ登録を行い（同法3条）、管理委託契約約款・使用料規程を文化庁へ届出を行うことになっている。それを受けて、文化庁は、委託者または利用者の利益を害すると判断される事業者に対しては、業務改善命令を発し、届出された使用料規程について問題があればその変更を命じることができる（同法20条）。

さらに、著作権管理事業者の立場が利用者よりも優位になりやすいことを考慮して、利用者代表との協議による使用料の設定が義務づけられている（同法23条）。同法23条の指定著作権等管理事業者であるJASRACは、使用料規程変更について民放連等の利用者代表と協議することが必要とされている（同条4項）。協議が成立しないとき、その当事者は使用料規定について文化庁長官の裁定を申請することができる。その場合、使用料規定を変更する必要がある旨の文化庁長官の裁定があったときはその裁定に従い変更される（同法24条）。

2　国際的動向—単一の音楽著作権集中管理団体

国際的にも、音楽著作権集中管理団体については、自然独占の理論があてはまり、複数の集中管理団体の存在は二重に管理コストをかけるだけ不効率なものとなるため、国ごとに単一集中管理団体が存在することが望ましく、著作権者および利用者にとって有益であると評価されている。

イギリス、フランス、ドイツという3ヶ国をみても、音楽著作権集中管理団体の活動に関する規制の枠組みについては大きな差異がみられる。しかし、複数の音楽著作権集中管理団体が存立可能な法制のもと、各国ごと（分野別）単一の音楽著作権集中管理団体が存続している[22]。欧州主要国、

---

22) イギリスでは、集中管理団体の設立や業務についての特別の規制や特別法が存在しない。ドイツでは、集中管理団体の設立や業務の関する特別法である著作権管理法が存在する。同法により、設立について特許商標庁による許可制が採用されている。フランスでは、知的財産法

欧州連合とも、音楽著作権集中管理団体については、国ごとの単一団体のほうが経済合理性を有して望ましいとしているか、少なくとも自然独占の法理があてはまるとして容認しており、国内的に新規の著作権集中管理団体による新規参入を促進しようとする政策はとられていない[23]。むしろ、欧州連合では、加盟国ごとの独占を容認したうえで、域内での既存の集中管理団体間の競争を促進するという政策が志向されている[24]。

米国では、ほぼ同等の2つの音楽著作権集中管理団体が存立するが、複数の音楽著作権集中管理団体の存立を支持する意見は有力とはいえず、むしろ単一団体に統合するほうが効率的であるという意見が強い。米国でも、放送会社は、3つの集中管理団体からの包括徴収方法による包括利用許諾を受けており、複数の音楽著作権集中管理団体が存立することによる競争の結果として使用料総額が低額になるわけでもない。

そもそも、米国における複数の集中管理団体の存在は、競争政策上の理由でなく、歴史的な偶然によって発生したものであって、経済効率上は1つの管理団体に統合することが望ましいと評価されている。権利者に対する関係でも、利用者に対する関係でも、集中管理団体間の競争は有効に機能しているとはいえない。

典中に集中管理団体の組織的事項（監督体制）に係る規定が存在する。この規定により文化通信省に対する届出制が採用されている。しかしながら、いずれの国においても音楽著作権の実演権等について著名な独占的な集中管理団体が存続している。いずれも法的独占ではなく事実上の独占である。なお、米国では、集中管理団体の設立や業務についての特別の規制や特別法が存在しない。しかし、二大音楽著作権集中管理団体については、裁判所による同意判決によって詳細な規制がなされている。

23) とくに、デジタル時代に対応して、EU 域内では、アングロアメリカンの楽曲についてのインターネット、モバイル配信について汎欧州ライセンスの慣行が成立して、集中管理団体間競争が現実化している。その結果、大手音楽出版社と組んだイギリス、ドイツ、フランスなどの有力集中管理団体の優位とそれらの権利の管理による収入を失った他の加盟国における集中管理団体の衰退傾向がみられるとともに、それら集中管理団体による共同管理も実現している。オンライン分野におけるこのような傾向は、今後国際的な規模で生じてくるものと予想されて、日本でも政策的に効率的に運営される単一集中管理団体を有することが重要になっている。

24) 「合法なオンライン音楽サービスに関する著作権および著作隣接権の国境を越える集中管理に関する欧州委員会勧告」(2005年)、欧州委員会 CISAC 決定（2008年。オンラインの音楽著作権について、権利者は同一条件で、他の国の集中管理団体に委託でき、利用者は他の国の集中管理団体から許諾を受けることができる）参照。

もちろん、独占の弊害・非効率性を除去するために、収入や費用、配分方法についての情報の公開は当然のこととして、使用料についての集団的な交渉・決定、交渉不成立の場合における第三者機関による仲裁や裁定による合理的な使用料の決定が望ましいことはいうまでもない。また、欧州、米国においても著作権集中管理団体の行為については、当然に競争法が適用されて、差別的取扱いなどの競争制限行為について排除措置が命じられている。

3　競争政策的判断の誤り

　公取委のデジタルコンテンツと競争政策に関する研究会報告書（平成15年3月）は、（精緻な調査や分析を行わずに）「複数の著作権管理事業者が存在し、活発な競争が行われていくことが利用者にとってもメリットが大きいものであることを踏まえ、複数の著作権等管理事業者の存在を前提とした取引ルールが形成されることが望ましいとする」としている。すなわち、複数の音楽著作権管理団体の存立が望ましいという公取委の政策的判断を明らかにしていた。
　しかし、管理団体法が法的独占を認めるものから複数の集中管理団体の存在を認めるものに改正されたことから、直ちに立法趣旨が複数の集中管理団体の存在が望ましいとした即断するべきでなく、また集中管理業務の性格および実態から競争政策上JASRACのほかにもう1つある程度まで競争力を有する集中管理団体を創設するほうが望ましいとはいえない。公取委が本件を取り上げた原因として、この明白に誤った政策判断があったのでないかと想像される。

VI　本件審決の問題点と留意事項

1　本件審決に関する留意点

　本件審判審決が今後の単独行為規制に悪影響を及ぼさないように、もう一度留意点を強調しておこう。
　本件審判審決は、JASRACの放送事業者に対する包括許諾、包括徴収

方式について、排除行為にすら充足しないとしたことによって、競争制限効果がさほど大きいといえない行為を取り上げることを困難にして、排除行為の範囲を過度に狭くするおそれがある。

そもそも本件のような事例では、排除的効果、競争制限効果については、正当化事由と合わせて考えないと、排除型私的独占に該当するかの判断を下せない。すなわち、本件については、具体的な競争制限効果と正当化事由とは相関関係に立つために、正当化事由について十分に認定しないと、認定される排除的効果、競争制限効果の意味についても正しく評価できない。

市場占有率100%のJASRACの包括許諾、包括徴収方式が排除行為を充足しないといっても、すなわち「放送事業者がJASRAC以外の管理事業者の管理楽曲を利用することを抑制する効果を有しており、JASRACが我が国における放送事業者に対する放送等利用に係る管理楽曲の利用許諾分野への新規参入について消極的要因になるといえるが、他の管理事業者の事業活動排除する効果を有するとまで断ずることは困難である」といわれても、それだけでは納得できないという識者も多いであろう。本章で解説したように、独占的集中管理団体であるJASRACの包括許諾、包括徴収方式には正当化事由があることを明らかにして、多少の競争制限効果を有するとしても、一定の取引分野における競争を実質的に制限すること、すなわち、当該取引に係る市場が有する競争機能を害するものにあたらないと判断できる。

したがって、本件では、JASRACの包括許諾、包括徴収方式にはある程度の競争制限効果がある（排除的効果、競争制限効果がないとはいえない）以上は、本件審判のように正当化事由を実質的な争点とせずにその審理を行わずに終了するのではなく、正当化事由についても認定・判断したうえで、判断を下すことが望ましかった。すなわち、専門行政機関である公取委は本章で記述したような事項についても判断を下すことが望ましかった。

今後、この種の事件については、排除行為を充足する行為については他の事業者の事業活動を困難にさせることとして広くとらえること、一定の取引分野における競争を実質的に制限することについて多摩地区入札談合

VI　本件審決の問題点と留意事項　103

事件最高裁判決（本書第7章参照）のとおり、当該取引に係る市場が有する競争機能を害することとして総合判断方式のもとでの実質要件と位置づけることが肝要である。

2　本件の教訓

この事件を契機として、日本および諸外国における音楽著作権の集中管理についての研究が急速に進んだ。[25] 私自身、文化庁の「諸外国における著作権の集中管理と競争政策に関する調査研究」会の座長を3年間務めた結果、平成24年には、公取委の主張どおりの事実が認定されるとしても、本件行為は正当化事由の比重の高さから一定の取引分野における競争の実質的制限を充足しないという結論に到達した。

しかし、排除措置命令が下された平成21年当時は、難しい事件であって勝負は5分5分であると感じていた。今から振り返るに、最初に米国で反トラスト法を学んだため、どうしても集中管理団体に関する米国最高裁判決・控訴審判決や音楽著作権に係る3集中管理団体の並存という米国特有の状況に強い影響を受けていた。

その意味で、本件の教訓としては、本件のような事件処理のためには、当該業界をめぐる最新の国際的な動向や、米国とともに欧州主要国の法制の分析が欠かせないということにあると考えられる。[26]

---

25) 一般財団法人比較法研究センター「諸外国の著作権の集中管理と競争政策に関する調査研究報告書」（平成24年3月）、三菱UFJリサーチ＆コンサルティング「諸外国の著作権の集中管理と競争政策に関する調査研究報告書」（平成23年3月）参照。
26) 日本の著作権法、競争法に関する法的枠組みは、米国よりも欧州における枠組みにはるかに近い。楽曲の委託方式について、信託譲渡方式（ドイツ、日本）、または出資方式（フランス、イギリス）でなされる。この点、米国では非排他的な委託（許諾）方式で、委託権利者に直接許諾を認める方式である。著作隣接権について、欧州各国は導入しているが、米国には存在しない。制度論としても、ドイツでの著作権管理法、フランスでの知的財産法典中に集中管理団体の組織的事項に係る規定、イギリスでの審判所のように、集中管理団体の活動についての何らかの規制が存在する。何らの公的規制もなく、裁判所による二大集中管理団体に対する同意判決によって実質的に厳しい行為規制がなされる米国方式のほうが異常である。競争法上も、集中管理団体の行為について欧州各国の競争当局は単独行為として規制する。

〔追記〕

　日本音楽著作権協会（JASRAC）事件審判審決（平成24年）に対しては、申告人であるイーライセンスから取消訴訟が提起されて、現在東京高裁で係争中である。

　名宛人以外の第三者の原告適格がまず問題となるが、イーライセンスがこの審判審決に関して最大の利害関係を有する者であって、しかも今日行政審判は本質的に不公平な制度であるとして（そのことを公取委も認める形で）、行政審判を廃止する改正法案が国会に提出されていることを考えると、行政審判を理由にその原告適格を否定することは正義に反することになりかねない。EU競争法の行政手続と同様に、改正後の行政手続において申告人が公取委の行政処分に対する取消訴訟を提起することができるという原告適格を有することは明らかである。

　実体審理を経て、「排除行為」について、東日本電信電話株式会社事件最高裁判決（平成22年）の「正常な競争手段の範囲を逸脱するような人為性を有」する行為の部分を削除して、「他の事業者の事業活動の継続を困難にさせる行為」、「競争者の事業活動の継続または新規参入を困難にさせる行為」をいうと解釈すること、「一定の取引分野における競争を実質的に制限すること」については、多摩地区入札談合事件最高裁判決（平成24年）に従い「当該取引に係る市場が有する競争機能を損なうこと」をいうと解釈することが相当である。このことが今後の日本の独占禁止法、知的財産権法の発展のために大いなる貢献となる。

　そのうえで、JASRACの放送会社に対する本件包括徴収方式は、排除行為を充足するが、社会的相当性という正当化事由を勘案すると、競争の実質的制限を充足しないとしてその請求を棄却することが相当であると考えられる。

　さらに、21条の解釈についても、知的財産権関係の独占禁止法違反事件の処理に際して、当該知的財産権制度の趣旨、関係規定の内容を十分に考慮することを求める規定と解することが相当である。

第5章

元詰種子価格協定事件および着うた事件東京高裁判決
意思の連絡に係る判例法の展開

　元詰種子価格協定事件東京高裁判決と着うた事件東京高裁判決を取り上げて、意思の連絡に係る判例法の展開を解説する。
　不当な取引制限の相互拘束と不公正な取引方法の共同の取引拒絶の形式要件の「共同して」について意思の連絡の形成で足りるとしており、意思の連絡は、合意と並び共同行為規制における中核的概念として発展してきている。
　この結果、共同の取引拒絶、さらには再販売価格の拘束、拘束条件付取引にあたる（共同行為に該当する）主要行為類型については、不当な取引制限の禁止による規制と不公正な取引方法の禁止による規制が重なり合うものであることが明白になっている。

I　はじめに

　ここでは、水平的制限の代表的な行為類型であるカルテルと共同の取引拒絶に関する、元詰種子価格協定事件東京高裁判決、着うた事件東京高裁判決を取り上げて、意思の連絡という概念の確立とその意義について解説する。[1]

　ただし、意思の連絡の推認については、証拠の評価に係る問題であるため、判決書のみからは判断できない事項も多い。

　もっとも、裁判所が公取委の調査・事実認定の不十分な事項について意思の連絡の推認によって救済するというのはおかしく、公取委としても立証すべき事項は確実に供述録取等で立証するべきである。たとえば着うた事件において、レーベルモバイルの運営委員会等における検討の場に参加した役職員と、原盤権の利用許諾に関する決定権限を有する者との間の関係などは供述調書で立証しておくべきことであると評価される。

II　元詰種子価格協定事件東京高裁判決

1　意思の連絡の基本先例

　元詰種子価格協定事件東京高裁判決[2]の最大の価値は、カルテルについてたとえ事業者団体による8条1号に該当して8条に違反する行為であっても、事業者による不当な取引制限に該当すると認定される行為については、3条後段の不当な取引制限の禁止が優先適用されるという3条後段優先適用説を採用したことである。ただし、この点について、本書第8章「事業

1）　意思の連絡の認定・推認という事実認定の問題は、情況証拠による違反行為の存在の認定の問題と同様に、調査権限の強弱、制裁措置の軽重とも関係する。一般論として、強い調査権限、重い制裁措置のもとでは違反行為の存在の厳密な認定が求められ、弱い調査権限、軽い制裁措置のもとでは違反行為の存在の緩やかな認定が許容されがちである。EU競争法上、協調行為概念が欧州委員会の弱い行政調査権限を補うという役割を果たすことが指摘されるとおりである。

2）　東京高判平成20年4月4日審決集55巻791頁。

者団体の活動への規制」で詳しく解説するためここでは省略する。

そのほかこの東京高裁判決は、カルテル規制を一段と強化、拡充するものである。

同判決の要点は、第1に、本件事実関係のもとで、カルテルの相互拘束について、明示かつ単一の意思の合致を認定する必要はなく、間接事実の積み重ねによって同内容の販売価格を設定すると相互に認識していたという、意思の連絡を推認することで足りるとしたこと、要点第2は、カルテル規制の本質について広めにとらえたことにある。

本件で、公取委は違反行為について次のように認定している。

野菜の交配種は優れた親品種の特性を一代目に発現させるように育種された品種であって、野菜の交配種の種子の需要者（野菜栽培農家等）は毎年新たに種子を購入する必要がある。そのため、元詰種子販売業者（以下、「元詰業者」という）は、野菜の交配種の種子を袋・缶等の容器に詰めて販売している。

社団法人日本種子協会の専門部会である元詰部会に所属する元詰業者32社は、少なくとも平成10年から平成13年までの間、毎年3月に開催される元詰部会討議研究会（以下、「討議研究会」という）においてその構成員になるなかで、はくさい、キャベツ、だいこんおよびかぶの4種類の元詰種子につき、はくさい、キャベツおよびだいこんはそれぞれA、B、Cの各等級区分について、かぶについては等級区分を設けずに、前年度の基準価格から、これを引き上げるか、引き下げるかまたは据え置くかについて、アンケート調査を行うほか、作柄状況、市況等につき意見交換を行ったうえ、小売価格の基準価格を決定し、引き続き、これをもとに算定した共購価格（共同購入価格）、農協価格、大卸価格（10袋）および大卸価格（100袋）の基準価格を決定することにより、当該基準価格の前年度からの変動に沿って、品種ごとに販売価格を定め取引先販売業者および需要者に販売する旨合意している。

東京高裁は、本件公取委審判審決の次の（ア）から（ウ）までの具体的

3）　公取委審判審決平成18年11月27日審決集53巻467頁。

事実の認定は合理的な事実認定と認めることができるとしている。

　（ア）　32社は、平成10年度および平成11年度において、それぞれ自社の販売する4種類の元詰種子について、おおむね基準価格の引上げ幅または引上げ率に沿って当年度の価格表価格を前年度の価格表価格から引き上げていた。また、32社は、平成12年度および平成13年度において、それぞれ自社の販売する4種類の元詰種子について、当年度の価格表価格を前年度の価格表価格からおおむね据え置いていた。

　（イ）　討議研究会に欠席した者は、他社の価格表に掲載された価格が討議研究会で決定した基準価格の変動を反映したものであることを認識したうえで、他社の価格表を確認することにより、前述（ア）のとおり自社の価格表価格を設定していた。

　（ウ）　32社は実際には、小売業者または農協に対して卸売業者等の中間販売業者を経由して販売する場合には、価格表価格の小売向け価格または農協向け価格をもとにし、卸売業者等のマージンを差し引くこととし、取引先との取引年数、従来の取引金額、取引数量の多寡等に応じて、価格表価格から値引き・割戻しを行っていた。

　その結果をみても、32社は、おおむね、平成10年度および平成11年度においては、それぞれ自社の販売する4種類の元詰種子について各販売価格を各基準価格の引上げに沿って引き上げ、また、平成12年度および平成13年度においては、それぞれ自社の販売する4種類の元詰種子について販売価格を前年度の販売価格に据え置いていた。

　そのうえで、東京高裁は次のように判断した。32社は、討議研究会の欠席者も含め、少なくとも平成10年から平成13年までの間、討議研究会で決定した基準価格により、その前年度からの変動に従って、自社の元詰種子の価格表価格を定め、その後の販売にあたってもおおむね基準価格に連動した価格で販売を行い、基準価格に定められる容量と同じ容量の品種については、基準価格と一致する価格を定めることも多かったものであるから、このような状態が少なくとも4年間続いていたことを考慮すると、自社の価格表価格に討議研究会で決定した基準価格の変動を反映させていた32社は、討議研究会で決定する基準価格に基づいて自社の価格表価格を設定し、

販売を行うものであること、すなわち、基準価格の決定が自社の価格表価格および販売価格の設定を拘束するものであることを認識していたものと推認される。また、前記各事実によると、毎年遅くとも他社の価格表価格が発表された時点においては、他の事業者が同様に基準価格の決定に基づいた価格表価格を設定していることを認識しえたものといえ、このような状態が継続していたことに照らせば、元詰部会の構成員である少なくとも32社は、各社が基準価格の決定に基づいてそれぞれ販売価格を設定するものと相互に認識していたものと推認される。

そして、討議研究会における基準価格の具体的決定方法が、遅くとも平成10年以降は、はくさい、キャベツおよびだいこんについては、普通品種、中級品種および高級品種として、それぞれA、B、Cの区分を設け各等級区分ごとに決定し、かぶについては等級区分を設けないで決定し、小売価格、共購価格、農協価格、大卸価格（10袋）、大卸価格（100袋）の別に決定するというものであったことは前記認定事実に記載のとおりであるから、32社は遅くとも平成10年以降、討議研究会における上記のような基準価格の決め方を容認してその決定を行い、これに基づいて自社の価格表価格を決めることとしていたものというべきである。

本件では、各社が基準価格の決定に基づいてそれぞれ販売価格を設定するものと相互に認識していたものと推認されるとし、それで違反対象行為（相互拘束行為）の特定については十分であり、それで相互拘束の要件を満たすとしたところで実質的に勝負がついている。

意思の連絡とは、複数事業者間で相互に同内容または同種の対価の引上げを実施することを認識し、ないしは予測し、これと歩調をそろえる意思があることをもって足りるものというべきであるという東芝ケミカル事件東京高裁判決を拡大解釈して、事業者間における明示の意思表示や事業者間において一致した単一の合意を必要とするものではないとしている[5]。

また、価格協定について、これまで引上げ幅、引上げ時期が特定されて

---

4) 東京高判平成7年9月25日判例タイムズ906号136頁。
5) 東芝ケミカル事件では、単一かつ明示の合意（意思表示）は存在したのであって、特定事業者のその合意への加担の有無が問題となっている。

いることが必要であると考えられてきたが、この判決は、引上げ幅について基準価格とその変動に沿って定めているとし、引上げ時期についてその年度の開始時期とやや緩やかなもので足りるとしている。しかし、別表の新価格適用開始の時期、基準価格、価格表価格の動きによると、各事業者の実際の販売価格、引上げ時期については、かなり特定していると評価される。それでも、この判決に基づき、今後たとえば、来年度における価格引上げに向けて努力する旨の事業者間の合意というように、(当事者の価格設定の意思決定におけるリスクを軽減するという競争制限的効果を有するので)引上げ幅、引上げ時期についてはかなり緩やかなもので足りるとされる可能性がある。

2 カルテル規制の本質

第2の要点であるカルテル規制の本質について、東京高裁は、「4種類の元詰種子について、いずれも9割以上のシェアを占める32社が、本来、公正かつ自由な競争により決定されるべき商品価格を、継続的なやり方であることを認識した上で、同業者団体である日種協元詰部会の討議研究会において協議の上決定する基準価格に基づいて定めるとの合意をすること自体が競争を制限する行為にほかならず、市場における競争機能に十分な影響を与えるものと推認することが相当である。」、「一般に、価格は生産コストや市場の情勢等の今後の販売の見通しなど様々な要因を総合考慮して定められるべきものであり、その価格の設定に当たっては同業他社の動向が不明であるため、どのように設定するかにより各事業者はかなりのリスクを負うのが通常であるところ、本件合意の存在により、基準価格が決定され、シェアのほとんど大半を占める同業他社が基準価格に基づいて価格表価格を設定することを認識し、基準価格に基づいて価格表価格を設定しても自らが競争上不利になることはなくなっているという事態は、とりもなおさず公正かつ自由な競争が阻害されている状況であるといえる」という基本的な考え方をとっている。

カルテルの競争制限効果をこのように考えると、相互拘束に該当するとされた本件の意思の連絡について、4年間にわたる4種類の元詰種子の取

引分野が一定の取引分野として画定され、実質的な競争制限効果を有すると評価されて、一定の取引分野における競争の実質的制限に該当することが自動的に導かれる。

それでも、本件判例では、裁判所の判断のなかで、違反行為の主体、相互拘束性、競争の実質的制限、一定の取引分野、排除措置の各項目について、事業者側の主張、批判に対してくどいほど丁寧に回答している。

一定の取引分野の決定においては、「違反者のした共同行為が対象としている取引及びそれにより影響を受ける範囲を検討し、その競争が実質的に制限される範囲を画定して『一定の取引分野』を決定するのが相当である」という判決を引用し、「明示かつ単一の意思表示をして、これが合致していることを認定するものではないから、4種類の元詰種子に係る本件合意の存在を認定しても、意思表示の一部のみを取り出して認定したものとなるわけではない」とし、少なくとも4年間にわたる4種類の元詰種子の取引に関するものとして、対象としている取引自体を直ちに一定の取引分野と画定できるとしている。

また、競争の実質的制限については、原告・被告とも「競争自体が減少して、特定の事業者又は事業者団体がその意思で、ある程度自由に、価格、品質、数量、その他各般の条件を左右することによって、市場を支配することができる状態をいう」等の定義をもち出して持論を主張しているが、東京高裁は一切この定義やその主張には言及していない。この点から、この判決は、不当な取引制限の競争の実質的制限について上記判例法の定義

---

6) 本件は、価格協定についてこのような法適用をした初めての判決であると考えられる。そのため、事業者側は相互拘束、一定の取引分野、競争の実質的制限など不当な取引制限の要件について網羅的に批判している。
7) 東京高判昭和61年6月13日判例時報1199号41頁〔旭砿末事件〕、東京高判平成5年12月14日判例タイムズ840号81頁〔目隠しシール入札談合事件〕。
8) 東京高判昭和28年12月7日判例時報19号11頁〔東宝・新東宝事件〕。
9) 正確には、事業者は「市場を支配することができる状態をもたらすことをいう」ものと解すべきで、競争制限は実質的なものでないと主張し、公取委は「ある程度自由に価格、品質、数量、その他各般の条件を左右することによって市場を支配することができる状態をいう」のであって、完全に価格、品質、数量その他各般の条件を左右しうる必要はないのであるから競争の実質的制限が否定されることにはならないと主張した。

といわれてきたものを否定したものと評価される。もともと上記定義は石油製品価格協定事件最高裁判決[10]以降、価格協定については先例価値を失っていたものではあるが、本件判決はそのことを確認したことに価値がある。

　そのほかにも、「値引きや割戻しを行った後の価格も基準価格に基づいて連動しているものといえ、そこに本件合意による相互拘束性が及んでいるものというべきであ」る、それぞれの需要者がその需要に応じた適性を有する種子を選択することは自明であり、同様に品種間競争があるものと推認されるから、元詰種子の品種間には競争があるものといえるなどとしている。

3　カルテルについての合意と意思の連絡の区別

　カルテルについて、同じく不当な取引制限の相互拘束に該当するものであるが、石油製品価格協定事件最高裁判決における直接証拠から認定される合意と元詰種子価格協定事件東京高裁判決における間接事実から推認される意思の連絡とは異なる概念である。

　石油製品価格協定事件最高裁判決以降、同判決の合意時説をそのまま維持しカルテルへのルールを単純化するために、公取委は、広島県石商広島市連合会事件[11]のように、情況証拠による合意の立証問題としてとらえ、情況証拠による単一の合意を認定することによって解決しようとしてきた。すなわち、事実認定によって、合意のなされた日時、場所や引上げ幅、引上げ時期などの合意内容をある程度特定しようとしてきた[12]。

　しかし、不当な取引制限の相互拘束には、合意、意思の連絡の双方が含まれると解釈しておくことが行政事件としてのカルテル事件処理のためには望ましい。今後、入札談合の刑事事件としては、自然人の行為や責任を問題とするために遂行行為にあたるとして事件処理するとしても、行政事

---

10)　最判昭和59年2月24日刑集38巻4号1287頁。

11)　公取委審判審決平成9年6月24日審決集44巻3頁・判例時報1613号47頁・判例タイムズ950号243頁。

12)　村上政博「情況証拠による価格カルテルの認定(上)(下)」判例タイムズ1003号64頁・1004号58頁参照。この審判審決も、合意という用語を使用し、合意自体を推認するという方法を採用している。

件としては意思の連絡が推認でき相互拘束に該当するとして事件処理することが相当である。

Ⅲ 着うた事件東京高裁判決

1 共同の取引拒絶

　着うた事件東京高裁判決[13]は共同の取引拒絶についての基本先例である。この件で、公取委は、レコード会社5社が、レーベルモバイルを設立して着うた提供事業を開始し、レーベルモバイルによる着うた提供事業が軌道に乗った後は、他の着うた提供業者の参入によって着うたの配信価格の安定が脅かされることのないよう、他の着うた提供業者に対して利用許諾の方法では楽曲を提供しないこととしたことが、旧一般指定1項の共同の取引拒絶に該当し19条に違反するとした。[14]

　東京高裁は、5社の間に、他の着うた提供業者が価格競争の原因となるような形態で参入することを排除するため、他の着うた提供業者への原盤権の利用許諾を拒絶することが有効であることを相互に認識し、その認識に従った行動をとることを相互に黙示的に認容して、互いに歩調をそろえる意思、すなわち、5社には原盤権の利用許諾を拒絶することについて意思の連絡があったと認めることができるとしている。

　さらに、この件で、東京高裁は、レコード会社5社それぞれが有する著作隣接権に基づく原盤権の利用許諾の拒絶行為も、（21条や知的財産権制度の趣旨・目的に逸脱したかなどに何ら言及することなく）それが意思の連絡のもとに共同してなされた場合には、それぞれが有する著作隣接権で保護される範囲を超えるもので、著作権法による「権利の行使と認められる行為」には該当しないものになるとしている。知的財産権の行使との調整については、本件では主要争点になっていないため、解説は省略する。[15]

---

13) 東京高判平成22年1月29日判決集等未登載。
14) 公取委勧告審決平成17年4月26日審決集52巻348頁〔東芝イーエムアイ着うた事件〕、公取委審判審決平成20年7月24日審決集55巻294頁、前掲注13）東京高判平成22年1月29日。
15) 村上政博「独占禁止法の新たな展開18—知的財産権の行使との調整」判例タイムズ1329号45頁以下（同『独占禁止法の新展開』（判例タイムズ社・2011）171頁以下所収）。

2　意思の連絡

東京高裁は、まず、「共同の取引拒絶の規制の趣旨が、拒絶者集団が意思の連絡をもって共同で取引拒絶する行為が、被拒絶者の市場における事業活動を不可能又は著しく困難にし、ひいては不公正な取引につながる弊害があるためその弊害を除去することにある」としている。

このうち、「不可能又は著しく困難にし」は狭過ぎるのであって、外形要件としては単に「困難にし」で十分である。この判決要旨は、審判審決での「かかる共同の取引拒絶については、その行為を正当化する特段の事由がない限り、公正競争阻害性を有するものとするものである」としていることに対する批判であると考えられる。今日公正競争阻害性、すなわち「正当な理由がなく」に該当するか否かについては、日本遊戯銃協同組合事件東京地裁判決のように、当該行為についての正当化事由を勘案して決定されるのであって、結局被拒絶者の市場における事業活動を不当に困難にさせている場合に不公正な取引方法に該当すると解される。

本件でも、争点となっていないが、レーベルモバイル設立から着うた提供事業が軌道に乗るまでは、たとえ意思の連絡が認められるにしても、親会社による合弁子会社へのいわゆる子育て義務と同様に、新規事業の立ち上げに必要な制限として独占禁止法に違反しない可能性がある。

次いで、旧一般指定1項の「『共同して』に該当するためには、「単に複数事業者間の取引拒絶行為の外形が結果的に一致しているという事実だけでなく、行為者間相互に当該取引拒絶行為を共同でする意思すなわち当該取引拒絶行為を行うことについての『意思の連絡』が必要となるものと解すべきである」とし、「『意思の連絡』とは、複数事業者が同内容の取引拒絶行為を行うことを相互に認識ないし予測しこれを認容してこれと歩調をそろえる意思であることを意味し、『意思の連絡』を認めるに当たっては、事業者相互間で明示的に合意することまでは必要ではなく、他の事業者の取引拒絶行為を認識ないし予測して黙示的に暗黙のうちにこれを認容してこれと歩調をそろえる意思があれば足りるものと解すべきである」としている。これは、妥当な判決要旨であると考えられる。

そのうえで、東京高裁は、意思の連絡を認めるために、個別具体的な14

の関連事実を認定している。一応、実質的証拠原則に基づくものであることから、本件審決のそれら認定事実は、実質的証拠上相当なものであることを注記している。

　具体的事実から法的効果を導くという本件事案の性質から、14の詳細な具体的事実が認定されているが、内容的には次の３つにまとめられる。

　（ア）　まず、着メロ提供事業のビジネス構造に対する５社の不満、レーベルモバイル設立の経緯、着うた提供事業を開始する動機や経緯である。もともと、着メロ提供事業においては原盤権を有するレコード会社に何の利益ももたらしていなかったことにレコード会社側の大きな不満があり、いずれ着メロが着音楽になることを予想して、５社が着メロ提供事業を行うレーベルモバイルを設立したという経緯があったこと、着うた提供事業は、原盤に録音された歌声等の楽曲（音源）の一部を配信する事業であり、原盤権を有するレコード会社が事業を始めるのにきわめて有利であったあったことから、５社が結束してレーベルモバイルを通じて着うた提供事業を行う市場を開拓し、レコード会社以外の者の参入をできるだけ排除して５社の原盤権に基づく利益を確保することを意図し、着うた提供事業を開始したことである。

　（イ）　次に、レーベルモバイルの運営委員会等における５社の要職を担う同士の検討状況、アフィリエート戦略の検討の経緯である。５社は、着うた提供事業が軌道に乗った後は、他の事業者の参入によって着うたの配信価格の安定が脅かされることのないよう、他の着うた提供業者に対して利用許諾の方法により楽曲を提供しないこととし、それに変わる対応策として、レーベルモバイルの運営委員会等においてアフィリエート戦略を検討し、レコード会社の立場を守る観点からアフィリエート提携先の条件（レコード会社が望まないサービスをしていないこと、着メロなど競合性の高いサイトを運営していないこと）を設定して検討していたこと、とくに、運営委員会等において、平成15年10月頃から平成16年４月頃までの約半年間にもわたって、アフィリエート戦略が繰り返し検討されて、５社がレーベルモバイル以外に楽曲を出さないことを前提に、レコード会社の利益を守る観点からの検討が行われていたことである。

(ウ) そして、他の着うた提供業者からの楽曲提供の申入れに対する5社の対応であって、結果的にも5社は他の着うた提供業者に対して利用許諾の方法での楽曲提供をほとんど行っていないことである。実際にも、5社が保有等している原盤権について、他の着うた提供業者に対して利用許諾した割合（平成16年10月末時点、曲数ベース）は、原告エスエムイー、同ビクターおよび同ユニバーサルにあってはゼロであり、原告エイベックスにあっては0.04%であり、東芝イーエムアイにあっては0.51%であった。個別の申入れに対する5社の具体的対応は、判決書別紙「楽曲提供の申入れに対する5社の対応」において認定されている。

　それらの事実を総合判断すると、5社は、他の着うた提供業者が価格競争の原因となるような形態で参入することを排除するためには、他の着うた提供業者への原盤権の利用許諾を拒絶することが有効であることを相互に認識し、その認識に従った行動をとることを相互に黙示的に認容して、互いに歩調をそろえる意思であった。すなわち、5社には原盤権の利用許諾を拒絶することについての意思の連絡を認めることができるとしている。

　最後に、原告の主張に対する回答として、①「レコード会社にしか出来ないビジネス」、「価格競争の起こらない安定したビジネス」、「参入障壁を築き、競合他社が参入する余地を排除する」という文言は説明者において伝えたい内容を率直・端的に表現しているものと理解することが可能であること、②5社はアフィリエイト戦略を利用許諾の拒絶のための対応策と位置づけており、この戦略は「競合サイトの発生防止」という目的で、5社による利用許諾の拒絶に納得しない他の着うた提供業者に対して妥協的なアフィリエイトを提案することによって、利用許諾を断念させることにあったこと、③業務委託においては、委託先である着うた提供業者において着うたの配信価格を設定することができず、原盤権を保有等するレコード会社において配信価格をコントロールすることが可能であり、これによってもっとも避けたいと考えていた価格競争は生じないこと、④通常の企業における意思決定手続と同様に、レーベルモバイルの運営委員会等における検討の場に参加した各社の役職員は、原盤権の利用許諾に関する決定権限を有する部署に情報を伝達して、その意思決定を仰ぐ、という手続が

とられていたものと推認できること、⑤レーベルモバイルとしての利益追求というよりも、レコード会社としての利益追求に重点がおかれていたと認められること、などが認定されている。

3 排除措置のあり方

関係 4 社に対する排除措置の必要があることについては、次のように認定している。

違反行為から離脱したことが認められるためには、基本先例である岡崎管工事件東京高裁判決[16]の「離脱者が離脱の意思を参加者に対し明示的に伝達することまでは要しないが、離脱者が自らの内心において離脱を決意したにとどまるだけでは足りず、少なくとも離脱者の行動等から他の参加者が離脱者の離脱の事実を窺い知るに十分な事情の存在が必要であるというべきである」を引用したうえ、本件勧告を応諾し当該勧告審決において命[17]じられた排除措置を履行している東芝イーエムアイは明白にこの要件を満たすが、他の 3 社についてはこの要件を満たさないことが明白であるとした。とくに他の 2 社に着うた提供に係る包括的楽曲提供契約を締結したユニバーサルについては、その配信契約書には典型的な業務委託契約のようにユーザーへの配信価格を決定する権限が留保されていることを明示する条項はないものの、この配信契約の存在のみをもって、ユニバーサルが利用許諾の拒絶の方針を変更したとまでは認めることができず、仮に方針を変更したとしても、そのことを他の者がうかがい知ることができるほどに十分な事情があるものとも認められないとしている。

また、公取委は、この件で、①利用許諾を行わないようにしている行為の取りやめ、②その旨の関係 3 社への通知、自社従業員および配信業務を行おうとしている者への周知を命じるとともに、違反行為と同様な行為を行わず、今後それぞれ自主的に原盤権の利用許諾の可否を決定すること、違反行為と同様な行為を行うことのないよう業務担当者に対する独占禁止

---

16) 東京高判平成15年 3 月 7 日審決集49巻624頁。
17) 前掲注14) 公取委勧告審決平成17年 4 月26日参照。

法に関する研修、法務担当者による定期的な監査を行うための措置を講じることを命じている。

共同の取引拒絶では、原盤権をもつ関係各社は、理論上自主的に個別に原盤権の利用許諾を拒絶することが可能であるために、このような命令に競争回復効果があるのか疑問をもたれることが多い。そのため、たとえば、レーベルモバイルへと同様な取引条件での利用許諾を命じる必要があるとする意見も有力である。

しかし、東芝イーエムアイは、前記勧告審決において命じられた同一排除措置を履行した後、その後2社に利用許諾を行っている。さらに、本件を取り上げた後にユニバーサルが利用許諾を認めたように、現実にそれなりの効果を発揮している。

本件の事件処理については、違反対象行為について意思の連絡で足りるとして広くとらえる反面で、排除措置について基本的には取引を行うか拒絶するかについての自由な意思決定を求めるのにとどめている点など、全体としてバランスのとれた事件処理であると評価される。共同の取引拒絶は、不当な取引制限、不公正な取引方法のいずれに該当するにせよ、現行法制上課徴金の対象行為となっていないことから、当該行為の違法度と制裁の重さとのバランスをとることを検討する必要もない。

4 基準市場占有率

これまで、一定の取引分野における競争の実質的制限に該当するための市場占有率については、単独行為規制における当該事業者の市場占有率の目安、カルテルを含む共同行為規制における参加事業者の合計市場占有率ともに50％以上であると解釈されてきた。

この件で、東京高裁は、関係レコード5社の市場占有率について「5社が原盤権を保有等しレーベルモバイルを通じて着うたとして提供している楽曲の割合は、オリコンが発表する『シングルランキング2004付』のランキング100位以内において47パーセントであり、5社がレーベルモバイルを通じて提供する着うたがダウンロードされる回数は、提供される着うたのダウンロード数全体の約44パーセントを占めていたこと」と認定して

いる。このように、典型的な共同行為である本件共同の取引拒絶におけるレコード会社5社の合計市場占有率は、提供楽曲の割合で約47％、ダウンロード回数の割合で約44％であって、新規参入を完全には阻止できていないことを意味する。

さらに、業務用通信カラオケ機器市場における第一興商事件[19]で、単独行為である競争者への取引妨害に該当するとされた第一興商の市場占有率は、第1位で約44％（出荷台数および稼動台数ベース）である。

このことから、今日では、単独行為規制における当該事業者の市場占有率の目安、カルテルを含む共同行為規制における参加事業者の合計市場占有率の目安とともに、（競争の実質的制限、公正競争阻害性を問わずに）市場支配力（market power）の存在を推定される理論値であり、かつ欧米の競争法におけるのとほぼ同一の数値である市場占有率40％であると解釈することが相当であると考えられる。

これまで共同行為において関係事業者の合計市場占有率が50％以上であることが必要であると解釈されてきたのは、事業者団体による学校制服等の販売価格引上げ協定について、関連市場における事業者団体の構成事業者の市場占有率が50％以上であるときに競争の実質的制限に該当し8条1号に違反するとし、関連市場における事業者団体の構成事業者の市場占有率が13％ないし27％であるときに競争の実質的制限に該当せず、構成事業者の機能活動を不当に制限したとして8条4号に違反するとした先例[20]と事業者間の価格協定について過去の判審決をみると、関連市場における参加者の合計市場占有率が50％以上のときに競争の実質的制限に該当し3条後段に違反するとされているという実証的研究[21]の結論に従ってきたものであ

---

18) ただし、東京高裁は「レコード会社などの原盤権者がそれぞれ単独でサイトを開設して自己が保有等する楽曲についてのみ提供するよりも、複数のレコード会社等が共同してそれぞれ保有等する多数の楽曲を集めたサイトにより提供する方が、単一のサイトにおいてより多数の人気楽曲を提供できるため、ユーザーのアクセス数やダウンロード数が増えることは明らかである」と注記し、関係5社が有する市場支配力は合計市場占有率よりも高いものであることを示唆している。

19) 公取委審判審決平成21年2月16日審決集55巻500頁。

20) 公取委勧告審決昭和48年6月29日審決集20巻42頁〔岡山県被服工業組合事件〕。

21) 植木邦之＝川越憲治『判審決独占禁止法』（商事法務研究会・1986）189頁〜190頁。

る。この点についてもその当時とは状況が異なっており、国際標準に合わせるべき時期を迎えたのであろう。

5 共同の取引拒絶と相互拘束による不当な取引制限

　本件において関係レコード会社5社は、レーベルモバイルの着うた提供事業を軌道に乗せるために、他の着うた提供事業を行いまたは行おうとする者には原盤権の利用を許諾しないと申し合わせたと単一かつ明示の合意が認定できる場合には、他の事業者の事業活動を不当に困難にさせ、新規参入を不当に困難にさせたとして、不公正な取引方法、不当な取引制限のいずれにせよ、独占禁止法違反が認められる事案である。
　このような合意が証拠上認定できないからこそ、意思の連絡が推認されるとしたわけである。
　本件の結果、共同の取引拒絶について、不公正な取引方法（旧一般指定1項）を適用しても、不当な取引制限を適用しても、結果が同一であることが一層明らかになっている。
　まず、不当な取引制限の相互拘束で発展させてきた意思の連絡を、不公正な取引方法の共同の取引拒絶の形式要件である「共同して」にも適用した。したがって、相互拘束・形式要件は、複数事業者が同内容の取引拒絶行為を行うことを合意、または相互に認識ないし予測しこれを認容して歩調をそろえる意思を有したことを意味し、同じものになる。
　意思の連絡を推認させる間接事実前述2（ウ）では、レーベルモバイルに出資、提供しているので他社へは楽曲を提供しないなど取引拒絶している多数の行為を指しているのであって、実施行為や市場における効果は実質要件で考慮される事項となる。
　また、旧一般指定1項（共同の取引拒絶）の公正競争阻害性（正当な理由がないのに）と不当な取引制限の一定の取引分野における競争の実質的制限は、着うた提供事業分野における新規参入を不当に困難にさせることを意味する。
　共同の取引拒絶は、正当化事由が問題とならない事例においては、関連市場において市場支配力を有する複数事業者が実施すると独占禁止法違反

と判断されるという意味で、違法度の強い行為類型となる。

Ⅳ 事後規制の一般理論

1 意思の連絡の判決様式

　元詰種子価格協定事件東京高裁判決と着うた事件東京高裁判決は、不当な取引制限の相互拘束、不公正な取引方法の共同の取引拒絶の形式要件である「共同して」について、合意のほか、意思の連絡が含まれることを明らかにした。

　両判決の結果、意思の連絡が問題となる事件における裁判所の判断による記載様式がほぼ固まってきた。まず、公取委の認定した違反行為、ひいては審理の対象が特定され、意思の連絡の推認が法的争点となることが明確にされる。その後、認定される主要な具体的事実が示される。次いで、それらを総合判断したうえで、意思の連絡が形成されたかに関する裁判所による判断が示される。最後に、相手方の主張、反論への比較的丁寧な回答が示される。

　間接事実にあたる具体的事実については意思の連絡の推認に関して論理上プラスの要素、マイナスの要素のいずれにも評価できるものも多く、その評価を丁寧に説明することが求められる。ただし、意思の連絡に関する判例が増えるにつれて、相手方の主張、反論への回答部分は簡潔になるものと見込まれる。

2 共同行為規制としての不当な取引制限の一般理論の確立を

　不当な取引制限の禁止について、カルテル、共同の取引拒絶という水平的制限に限らずに、共同行為一般を規制するものとしてその要件を論じる時期に来ている。

　共同行為規制である不当な取引制限の一般的な考え方および不当な取引制限と関連する不公正な取引方法の行為類型との関係をまとめると、次のようになる。

　共同行為の行為類型は、典型行為類型として、カルテル、共同の取引拒

絶、再販売価格維持、販売地域の制限、取引先の制限、そのほかに基本先例がある主要行為類型として、販売方法の制限、ライセンス契約上の制限、さらに、共同生産、共同研究開発、規格設定（標準化）、情報交換活動、そしていずれの行為類型にも該当しないその他の共同行為（非典型行為）に分けられる。

　不当な取引制限の相互拘束には、合意と意思の連絡が該当する[22]。合意および意思の連絡について、価格・数量等に係るもの、取引拒絶に係るもの、再販売価格に係るもの、販売業者等の販売地域等に係るものなどと、特定（限定）していくと、それぞれカルテル、共同の取引拒絶、再販売価格維持、垂直的販売地域制限等などの行為類型に結びつく。すなわち、不当な取引制限の相互拘束は共同行為として分類される行為類型すべてを含む。

　合意が認定されるカルテルを除き、個別・具体的な行為が、不当な取引制限に該当して3条後段に違反するか否かは、さまざまな判断要素を総合判断したうえで、一定の取引分野における競争の実質的制限に該当するか否かで決まる。不当な取引制限における競争の実質的制限については、文理どおりに「一定の取引分野における競争を実質的に制限すること」と解釈することで十分である。

　共同行為としての複数事業者の合計市場占有率の目安は、単独行為としての当該事業者の市場占有率の目安と同様に、市場支配力をもつことを意味するところの理論値である市場占有率40％程度になる。

　このことが不公正な取引方法における共同行為に該当する共同の取引拒絶、再販売価格の拘束、拘束条件付取引にもそのままあてはまる。

　旧一般指定1項の共同の取引拒絶について、基本的な考え方は前述の着うた事件東京高裁判決で明らかになっている。

　再販売価格の拘束、拘束条件付取引については、拘束条件付取引が販売地域の制限、取引先の制限、販売方法の制限、ライセンス上の制限条項に分類されるのが通例であって、再販売価格の拘束を含めて、垂直的制限の主要な行為類型が対象行為となる。

---

22)　2条5項の「他の事業者と共同して」は、独立した複数事業者間の行為であることを意味する。

これまで垂直的制限については、不公正な取引方法が単独行為規制の方式を採用しているために、単独行為として形式要件を拡大して対象行為を広げてきている。[23]

今後、意思の連絡を活用していくと、米国反トラスト法、EU競争法と同様に、垂直的制限について共同行為として位置づけることが可能となる。たとえば、資生堂再販売価格維持事件[24]、ハーゲンダッツジャパン事件[25]の再販売価格維持行為は、意思の連絡に該当すると考えられる。しかし、不公正な取引方法の形式要件は細かく規定されているために、同じ行為類型に該当する行為についても対象行為は相互拘束よりも狭いものとなる。また、拘束条件付取引の実質要件である公正競争阻害性については、今日一定の取引分野における競争の実質的制限の場合と同じになっている。再販売価格の拘束の公正競争阻害性についても、育児用粉ミルク事件最高裁判決による違法性基準は、欧米の動向に合わせて、近い将来に見直されることが確実である。

排除型私的独占に係る独占禁止法上の指針が、排除行為に行為類型概念を導入して行為類型ごとの違法性判断基準を示したように、不当な取引制限の相互拘束についても、水平的制限、垂直的制限を含む共同行為を規制対象にすることを明らかにし、行為類型概念を導入することが望ましい。

3 解釈論による統一ルールの形成を

不公正な取引方法の自由競争減殺型の行為類型における公正競争阻害性

---

23) 育児用粉ミルク事件最高裁判決は、拘束があるというためには、「必ずしもその取引条件に従うことが契約上の義務として定められていることを要せず、それに従わない場合に経済上なんらかの不利益を伴うことにより現実にその実効性が確保されていれば足りるものと解すべきである」としている。平成3年公表の流通・取引慣行ガイドラインは、拘束とは、メーカーがなんらかの人為的手段によって、再販売価格維持の実効性が確保されていることであるとし、流通業者に対して、合意によってそのようにさせている場合も、不利益の賦課等によってそのようにさせている場合も、人為的手段による実効性が確保されている場合に該当するとしている。このように、これまでは、不公正な取引方法の禁止が単独行為の形式を採用しているため、単独行為として形式要件である「価格拘束」を拡大してきている。最判昭和50年7月10日民集29巻6号888頁・判例時報781号21頁・判例タイムズ326号82頁。
24) 公取委同意審決平成7年11月30日審決集42巻97頁。
25) 公取委勧告審決平成9年4月25日審決集44巻230頁。

は、一定の取引分野における競争の実質的制限と同一のものと明確に解釈して、3条、19条を問わず（ただし、3条を中心に）、競争ルールを構成する行為類型について、行為類型ごとに単一の違法性基準を確立するべきである。[26]

このことは、シャーマン法、クレイトン法、連邦取引委員会（FTC）法が並存するなかで、それらの文言・立法趣旨にとらわれずに、シャーマン法、クレイトン法、連邦取引委員会法を一体として（シャーマン法を中心に）、経済理論、経済分析を基本とする単一ルールを形成するという反トラスト法と同一の解釈論を展開し、米国反トラスト法が1970年代に実現してきた道を独占禁止法もたどることを意味する。[28] この当時、シカゴ学派は、①反トラスト法の目的について、連邦議会はシャーマン法によって、（経済効率性以外の政治的、社会的目的も含めて）玉虫色的にいくつもの競合、対立する目標を同時に達成しようとしていたものと評価され、②反トラス

---

[26] この部分は、村上政博「独占禁止法の基本体系」判例タイムズ1331号27頁にも続くものとなる。

[27] 米国反トラスト法上のシャーマン法、クレイトン法、連邦取引委員会法の重複関係については、連邦取引委員会法は連邦取引委員会にシャーマン法と同等な規制権限を付与するものであり、シャーマン法とクレイトン法との関係についてもクレイトン法2条、3条にあてはまるものであるため、独占禁止法のように3条と19条との全面的な重複関係ではないが、歴史的にずれが生じた重複関係がみられることも事実である。

この点で、競争制限的協定、市場支配的地位の濫用行為を禁止する法制のEU競争法や中国競争法では、自動的に行為類型ごとの単一ルールの形成が保障される。

[28] 滝澤紗矢子『競争機会の確保をめぐる法構造』（有斐閣・2009）参照。同書は、1890年のシャーマン法とは異なる1914年のクレイトン法3条の立法趣旨に鑑みた法解釈を目指した、Standard Stations 最高裁判決（1949年）のフランクファーター多数意見を高く評価する。しかし、同書は、1950～60年代以降「制定法の文言が本来もつ意味や政策目的を重視して反トラスト法の解釈・運用を行う姿勢は希薄になり」、「連邦規制当局が、反トラスト法の解釈・運用において、条文にさほど関心を払うことなく経済理論を積極的に参照・導入した点は、法解釈態様の方向づけに決定的な影響力を持った」こと、「シャーマン法、FTC法、クレイトン法という異なる法律の弊害要件を統一的に解釈する方向に向かった」こと、さらに、シカゴ学派が影響力をもった1970年代以降、「シャーマン法、クレイトン法、FTC法の差異を捨象して、機能的観点から競争問題を統一的に扱う法解釈態様が、現在に至るまで強まっている。これによって、司法でも、反トラスト法解釈において、本来制定法に内在していた政策目的を重視しようとする解釈態様は採られなくなっている」ことを明確に描いている。今日私たちが参考とすべきものは、個々の制定法の立法経緯・趣旨・文言にこだわらず、経済理論、経済分析を重視してきた1950年代以降の解釈論の展開なのであろう。

ト法の運用は変化していくことが予想されていたのであって、制定時の連邦議会の意図によって、現在の、さらには将来にわたる反トラスト法運用が拘束されると考えるべきではないと解釈して、経済理論、経済分析を重視する行為類型ごとの統一ルールを確立した。[29]

　独占禁止法上も、自由競争減殺型の行為類型の公正競争阻害性について、「おそれ」という文言や、昭和28（1953）年当時公正競争阻害性は競争の実質的制限より低いレベルの違法性基準として設けられたという立法趣旨にとらわれずに、自由競争減殺型の行為類型の公正競争阻害性は一定の取引分野における競争の実質的制限と同一のものと解釈して、基本規定である3条前段、3条後段と併せて行為類型ごとの単一ルールという統一ルールを形成していくべき時期に来たのであろう。また、このことは、米国と同様に、専門行政機関である公取委主導で行うべき課題であろう。

29）　詳細は、村上政博『アメリカ独占禁止法〔第2版〕』（弘文堂・2002）7頁参照。

第6章

多摩地区入札談合
（東京都新都市建設公社）事件
13判決の意味するもの

　多摩地区入札談合事件は、本来想定される以上の複雑な経緯をたどり、不当な取引制限の各要件の解釈、行政事件と損害賠償請求事件の関係をめぐる多様な論点を生み出した。まず、関連訴訟全体の経緯を紹介し、（排除措置命令の要件として）本件慣行については、相互拘束としてゼネコン80社による公社発注の特定土木工事という一定の取引分野における受注予定者の決定に係る意思の連絡が認められて、参加ゼネコンの合計市場占有率が40％ないし50％を占めることから競争を実質的に制限するものにあたることを解説する。

　次いで、課徴金納付命令の違反事実は排除措置命令の違反事実と同一であり、また入札談合における課徴金納付命令の要件である個別受注調整行為についての具体的な競争制限効果は、仮に要件とする場合でもきわめて緩やかなもので足りることを解説する。

　損害賠償請求については、基本ルールの決定から参加当事者の不法行為責任が生じることはなく、個別受注調整行為が故意過失による権利侵害に該当する場合に、参加者が不法行為による損害賠償責任を負う。また、本件の損害賠償請求訴訟の特質は、個別工事の個別受注調整行為（個別談合）ごとに、地元業者との競争関係の実態、落札率、予定価格の水準などを細かく認定して、不法行為責任の有無を決定しているところにある。

I 多摩地区入札談合事件関連訴訟の経緯

　多摩地区入札談合（東京都新都市建設公社）事件では、平成13年12月14日に課徴金納付命令が発出され、それについての課徴金の納付を命ずる審決が平成20年7月24日になされた。これに対する審決取消請求訴訟について、①東京高判平成21年5月29日（以下、「第1東京高裁判決」という）、②東京高判平成21年10月23日（以下、「第2東京高裁判決」という）、③東京高判平成21年12月18日（以下、「第3東京高裁判決」という）、④東京高判平成22年1月29日（以下、「第4東京高裁判決」という）、⑤東京高判平成22年3月19日（以下、「第5東京高裁判決」という）の判決が下され、第1ないし第4東京高裁判決で請求棄却の判決、第5東京高裁判決で課徴金納付命令を取り消す旨の判決が下された。

　総評として、請求棄却の判決のなかで、第3東京高裁判決は、一歩踏み込んだ判決であって、それゆえに誤解を生み、または誤った言い回しも目立っている。

　同判決は、「原告らに対して不当な取引制限として課徴金を賦課することができるかが問題とされているので、その判断に必要な範囲内で被告による審査、審判が行われ、事実認定が行われていれば足りるといえる」という、課徴金納付命令では、排除措置命令とは別個の一定の取引分野等の違反行為を認定することも許容するかのごとき言い回しを用いている。

　さらに、相互拘束による不当な取引制限という違反行為に関する事実認定であるにもかかわらず、当事者該当性については、それにより本件基本合意の当事者であることが否定されるものでなく、原告らに対する課徴金の賦課の可否に影響を及ぼすものでないから、当事者該当性についての主

1）　公取委審判審決平成20年7月24日審決集55巻174頁。
2）　東京高判平成21年5月29日審決集56巻第2分冊299頁（6社に対し審決取消請求棄却）。
3）　東京高判平成21年10月23日審決集56巻第2分冊399頁（4社に対し審決取消請求棄却）。
4）　東京高判平成21年12月18日判例タイムズ1321号219頁（4社に対し審決取消請求棄却）。
5）　東京高判平成22年1月29日審決集56巻第2分冊476頁（7社に対し審決取消請求棄却）。
6）　東京高判平成22年3月19日審決集56巻第2分冊567頁（4社に対し審決取消）。

張自体が失当であるとしている。さらに、本件慣行についての民事判決における評価の差異についての説明も相当なものとはいえない。

この点、第1、第2、第4東京高裁判決では、当事者該当性等について、認定した違反事実について実質的証拠があると認められるとして、または実質的証拠がないということはできないとして実質的証拠法則に責任を帰して処理しようとしている。第1、第2、第4東京高裁判決では、課徴金納付命令における一定の取引分野について排除措置命令の一定の取引分野と異なるものでよいとするような言い回しはみられず、本件慣行についての民事判決における評価の差異についての説明は一切行っていない。

他方、第5東京高裁判決は、一定の取引分野に適正な解釈をとっているが、相互拘束には一切言及していないという問題があるうえ、競争の実質的制限について独自の見解をとっている。

これら5東京高裁判決を受けて、今後最高裁判決が下される。最高裁判決は、入札談合に係るところの、相互拘束、一定の取引分野、競争の実質的制限という不当な取引制限の各要件を見直し、入札談合に関する理論的枠組みを構築するとともに、排除措置命令と課徴金納付命令における違反行為（独占禁止法違反行為）が同一であるとの考え方を確立するなど、先例価値の高い判例となるものと見込まれる。[7]

多摩地区入札談合に係る住民訴訟（損害賠償請求訴訟）については、平成14年5月17日に、八王子市、日野市、町田市、立川市に分けて一斉に提訴されて、下記判決が下された。いずれも現在までに上告不受理決定がなされている。

ⓐ東京地判平成18年11月24日[8]
　　（以下、「八王子市東京地裁判決」という。損害率5％認容）
ⓑ東京地判平成19年7月26日[9]

---

7) この件では、今後多くの評釈が公表されるものと予想される。本章執筆時点（平成22年12月）で、これまでの評釈が審判審決を維持すべきとするなかで、唯一、民事判決について論じ、かつ、第5東京高裁判決に賛成するものとして、伊従寛「公取委審判審決を取り消した東京都多摩地区入札談合事件（新井組ほか3社）東京高裁判決の検討」NBL 942号54頁がある。
8) 東京地判平成18年11月24日判例時報1965号23頁・判例タイムズ1277号239頁。
9) 東京地判平成19年7月26日判例集等未登載。

図表 2　多摩地区入札談合事件関連訴訟の経過

審決およびその取消訴訟	住民訴訟			
	八王子市	日野市	町田市	立川市
13・12・14　課徴金納付命令 →異議申立て	14・5・17　提訴 18・11・24　東京地裁民38判決 　（損害率 5 ％認容）	14・5・17　提訴	14・5・17　提訴	14・5・17　提訴
		19・7・26　東京地裁民 2 判決 　（損害率 5 ％認容）	19・7・26　東京地裁民 2 判決 　（損害率 5 ％認容）	19・10・26　東京地民 3 判決 　（損害率10％認容）
20・7・24　審判審決 →取消訴訟	20・7・2　東京高裁 5 民判決 　（11工事中 　　5 工事につき棄却 　　6 工事につき 3 ％認容）	20・7・9　東京高裁22民判決 　（逆転棄却）		
21・5・29　東京高裁 　第 3 特別部判決 　（ 6 社に対し請求棄却）	21・8・29　最高裁 2 小 上告不受理決定	21・6・3　最高裁 3 小 上告不受理決定	21・5・21　東京高裁21民判決 　（原判決維持）	21・5・28　東京高裁 8 民判決 　（損害率につき大幅に減額）
21・10・23　〃　（ 4 社　〃　） 21・12・18　〃　（ 4 社　〃　） 22・1・29　〃　（ 7 社　〃　） 22・3・19　東京高裁 　第 3 特別部判決 　（ 4 社に対し審決取消）			22・6・22　最高裁 3 小 上告不受理決定	21・10・23　最高裁 3 小 上告不受理決定

(以下、「日野市東京地裁判決」という。損害率5％認容）

ⓒ東京地判平成19年7月26日[10]

(以下、「町田市東京地裁判決」という。損害率5％認容）

ⓓ東京地判平成19年10月26日[11]

(以下、「立川市東京地裁判決」という。損害率約10％認容）

ⓔ東京高判平成20年7月2日[12]

(以下、「八王子市東京高裁判決」という。11工事中5工事につき棄却、6工事につき3％認容）

ⓕ東京高判平成20年7月9日[13]

(以下、「日野市東京高裁判決」という。逆転棄却）

ⓖ東京高判平成21年5月21日[14]

(以下、「町田市東京高裁判決」という。原判決維持）

ⓗ東京高判平成21年5月28日[15]

(以下、「立川市東京高裁判決」という。損害率につき大幅減額）

このように、同一の慣行とそれに基づく個別受注調整行為を請求原因事実とするにもかかわらず、結果は区々に分かれている。

各判決の時系列等については、前頁の図表2「多摩地区入札談合事件関連訴訟の経過」を参照されたい。[16]

II 審決取消請求訴訟

1 事実認定―本件事件処理の問題点

この件で、公取委が認定した違反事実の概要は、次のとおりである。

多摩地区においては、本件特定土木工事について、ゼネコン80社と地元

---

[10] 東京地判平成19年7月26日判例集等未登載。
[11] 東京地判平成19年10月26日判例時報2012号39頁・判例タイムズ1293号129頁。
[12] 東京高判平成20年7月2日判例集等未登載。
[13] 東京高判平成20年7月9日判例集等未登載。
[14] 東京高判平成21年5月21日判例集等未登載。
[15] 東京高判平成21年5月28日判例時報2060号65頁。
[16] 本表作成については、東京市民オンブズマン住民訴訟事務局のお世話になった。

業者165社（Aランク格付74社およびBランク格付91社）が営業活動を行っていた。

多摩地区のゼネコン80社は、遅くとも平成9年10月1日以降、東京都新都市建設公社（以下、「公社」という）発注の特定土木工事について、受注価格の低落防止を図るため次の2点につき合意していた。

第1に、公社からの指名競争入札の参加者として指名を受けた場合（自社が構成員であるJV（ジョイントベンチャー）が指名を受けた場合を含む）には、当該工事もしくは当該工事の施工場所との関連性の強い者もしくはJV、または当該工事についての受注を希望する者もしくはJV（以下、「受注希望者」という）が1名のときは、その者を受注予定者とし、受注予定者が複数のときは、それぞれの者の有する条件（当該工事または当該工事の施工場所との何らかの関連性）等の事情を勘案して、受注希望者間の話合いにより受注予定者を決定すること。

第2に、受注すべき価格は、受注予定者が定め、受注予定者以外の者は、受注予定者がその定めた価格で受注できるように協力すること。

受注予定者は、公社の指名により入札参加者が確定した以降において、必要に応じて、相指名業者に対して、あらためて、自社が受注を希望していることまたは自社が条件を有していることをアピールし、自社が受注できるように入札での協力を依頼していた。ほかにも受注希望者がいる場合には、受注希望者の間でいずれの条件が強いかを話し合うことにより、受注予定者が決定されていた。

条件は、具体的には、①当該工事が過去に自社が施工した工事の継続工事であること、②自社と特別な関係にある建設コンサルタント業（ダミコン）が当該工事の調査または設計の入札に参加していること、③当該工事の施工場所またはその近隣で施工実績があること、④当該工事の施工場所またはその近隣に自社の資材置場や営業所等の施設があること、⑤自社または関連会社が当該工事の施工場所の地権者であること（賃借権者であることおよび施工場所の近隣の土地の所有権者であることを含む）等である。これらの条件のなかでは、自社が施工した工事の継続工事であることや当該工事の施工場所の地権者であることがそれ以外の条件よりも強い条件であ

り、その他の条件については強さの順序が明確ではなく、受注希望者間で条件の強弱について話合いが行われ、その結果、受注予定者が決められていた。

　この件で、公取委は、本件基本合意の当事者は、相互に認識・認容を有していたと認められる33社であり、その他のゼネコン46社および審査官が当事者であると主張する徳倉建設は当事者であるとまでは認めることはできないとした。

　公取委は、2条6項の「競争を実質的に制限する」とは、「競争自体が減少して、特定の事業者又は事業者集団がその意思で、ある程度自由に、価格、品質、数量、その他各般の条件を左右することによって、市場を支配することができる状態をもたらすこと」をいうとしたうえ、「協力者」なる概念を創設して、徳倉建設を含めてゼネコン47社は、基本合意への協力が一般的に見込まれる者である協力者に該当し、また、競争関係にある地元業者はAランクの74社のみで、地元業者の競争力（事業遂行能力）がゼネコンに優っていたとまでは認められないことから、違反行為者がある程度自由に市場を支配できる状態がもたらされているとした。

　さらに、個別受注調整による競争制限効果が具体的に生じたものが、課徴金納付命令の対象となる「当該商品又は役務」に該当し、「入札参加者に占めるアウトサイダーの数が比較的多い場合には、当該アウトサイダーが競争的行動をとったか否か等の事情も勘案して、当該物件を上記の競争制限効果が生じなかったものとして課徴金の対象から除外すべきか否かを判断するのが相当である」としたうえ、課徴金納付命令の対象物件である38物件のうち、4物件の落札・受注は本件基本合意に基づく受注調整によるものでないことは明らかであり、3物件については、地元業者が競争的行動をとったものと認められ、競争制限効果が具体的に生じたと認めることはできないとした。

　このように、いわゆる基本合意について、ゼネコン47社は当事者と異なる概念である「協力者」に該当するとされたが、前記意思の連絡はゼネコン80社を当事者とするものであると評価される。その点で、公取委はこの件で基本的な事実認定を誤ったものといわざるをえない。審判に提出され

た供述調書等の同一証拠による民事判決では、いずれも本件慣行の当事者についてゼネコン80社であると認定している。

本件請求を棄却した東京高裁判決は、たとえ公取委に差し戻して、ゼネコン80社を当事者とする意思の連絡が推認されると認定させても、いずれにせよ33社が違反行為者にあたることおよびそれら事業者に対して納付を命じる課徴金額には変わりがないことから、公取委の不適当な事件処理・事実認定をそのまま維持しようとしたものであると考えられる。しかし、仮に33社に対して同額の課徴金納付が命じられることになるとしても、第3東京高裁判決にみられるような課徴金納付命令に係る一定の取引分野の画定についての誤解を生む解釈などを是正しておく必要がある。

公取委自体、今日では、新潟県建設談合事件[17]のように、入札談合事件ではいくら関係者の人数が多くとも談合の当事者として認定する形で事件処理しており、この当時なぜに本件のように恣意的に当事者を限定するという事件処理が行われたのか到底理解できないところである。

この点について、第1東京高裁判決は、「その他のゼネコン46社については、受注予定者とされた違反行為者からの協力依頼に応じて受注予定者の受注に協力しているのは一部の者のみであって、本件対象期間中における公社発注の特定土木工事に関し、本件基本合意に基づいて落札・受注したと認められる物件はなく、『自社が受注意欲や関連性を有するときは他の違反行為者が協力すべきこと』についての相互の認識・認容があったと認める証拠はなく、本件基本合意の当事者であるとまでは認められない」とし、また本件審決がその他のゼネコン47社は本件基本合意の当事者であるとまでは認められないとしたことによって、本件基本合意の存在を立証する実質的証拠が認められる33社についてその存在を立証する実質的証拠を欠くことになるとはいえないとする。第2東京高裁判決も、「本件審決は、その他のゼネコン46社については本件対象期間中に本件基本合意に基づいて落札・受注したと認められる物件がないことから、自社が受注意欲や関連性を有するときは33社に属する他の事業者が協力することについて

---

17) 公取委勧告審決平成16年9月7日審決集51巻505頁。

の認識、認容を認めるに足りる証拠がな」いとしたものに過ぎず、本件審決が、その他のゼネコン47社を「本件基本合意の当事者と認めなかったことは、原告らも含む33社が、本件基本合意の当事者ではないことの根拠となるものではない」とし、審決の形式論理をそのまま受け入れている。

しかし、第4東京高裁判決は「その他ゼネコン46社は、時と場合によっては、本件基本合意の当事者である33社に協力する存在となることもあったといえる。なお、前記認定の個別受注状況からすると、本件基本合意の当事者がその他ゼネコンの受注に協力することがあったとみるのが自然である」とし、協力者とされたゼネコン46社も当事者であるというニュアンスを出している。[18]

ゼネコン33社も違反行為者・当事者であることに争いはなく、問題は本件事実関係のもとで、ゼネコン80社が違反行為者・当事者であると認定すべきか否かである。

2 法律概念—相互拘束と意思の連絡

(1) 意思の連絡　共同行為の外形要件である不当な取引制限の相互拘束については、当事者間の合意と意思の連絡とに大別される。合意では通常単一かつ明示の意思表示が認定されて、意思の連絡では間接事実からその存在が推認される。

法律概念として、これまで基本合意、合意として一括し、明示の合意、黙示の合意という用語を使ってきたが、本書第5章「元詰種子価格協定事件および着うた事件東京高裁判決」で解説した意思の連絡を広範に認める判例法の展開に合わせて、入札談合についても合意と意思の連絡を使い分けていくべきである。また、意思の連絡のほうが、黙示の合意よりも、明快な法律概念である。

これまでは、行政事件として、明示の談合の合意が存在したり、年度ごとに実施前にもう一度談合ルールを確認したことをとらえて合意を認定で

---

18) 第3東京高裁判決は、主張自体失当であるとし、「仮に、原告らを除く33社のうちに基本合意の当事者と認めるべきでないゼネコンがおり、又は、その他のゼネコン47社のうちに本件基本合意の当事者と認めるべきゼネコンがいるとしても」と記述する。

きる事件を取り上げてきた。さらには、情況証拠から単一の談合の合意の存在を推認することが行われてきた。

しかし、建設談合については、昔から恒常的にまたは慣行として行われてきたと表現されるように、合意までは認定できず、意思の連絡を推認して処理することが妥当なものも多かった。

今日では、入札談合についての相互拘束にも、価格協定等と同様に、合意と意思の連絡が認められるのであって、この点から本件慣行については意思の連絡に該当するかを問い意思の連絡を推認することが相当である。

そもそも、目隠しシール談合事件東京高裁判決[19]までは、相互拘束については2条6項で例示としてあげている「契約」「協定」について、同一内容、同一取引段階という加重要件を設けてさらに対象行為を狭める概念と解釈されてきた。同事件東京高裁判決によって、相互拘束が契約・協定（これが通常合意を意味する）よりも広いものを含む概念であることが明らかにされた。すなわち、相互拘束は、例示としてあげてある合意より広い概念であって一定の事実行為も含む概念であると解されるために、本件慣行として行われていたものを相互拘束に含めることができる[20]。

個別工事ごとの個別談合、個別調整行為が実施されていることは、元詰種子価格協定事件、着うた事件と同様に、課徴金対象行為を選別し課徴金額を決定するという機能を果たす前に、意思の連絡を推認させるという役割・機能を果たす間接事実となる。

ちなみに、本件慣行について、第1東京高裁判決は「各証拠により、『自社が受注意欲や関連性を有するときは他の違反行為者が協力すべきこと』及び『他の違反行為者が受注意欲や関連性を有するときは自社が協力すべきこと』を相互に認識・認容していることが認められる」とし、第2東京高裁判決は「確かに、本件基本合意は、文書化され、あるいは合意の参加者が一堂に会する等として定められたものではなく、その当事者が誰

---

19) 東京高判平成5年12月14日高刑集46巻3号322頁・判例タイムズ840号81頁。
20) 私は一定の事実行為まで含まれると記述してきたが、今日の判例法上の用語では意思の連絡がその一定の事実行為に該当する。村上政博「Ⅶ　不当な取引制限の射程範囲」『独占禁止法〔第2版〕』（弘文堂・2000）171頁～179頁参照。

なのかを明確にする基準があるとは認められない。また、受注調整の方法及び基準、受注予定者の決定の手続、各ゼネコン間の連絡方法、違反に対する制裁等のルールが具体的に定められているとはいえず、その存在や内容について何らかの周知措置が執られたとも認められない。したがって、本件基本合意は、契約のように法的な拘束力を持つ合意とはいえない（関係者の多くは、多摩地区で営業活動をするゼネコンの間の慣行と称している。）」とし、第4東京高裁判決は「受注調整に関する合意はさまざまな態様で行われ得るものであり、かつ、多数の者が関与するものであるところ、事の性質上基本合意の書面が作成されることはないのであるから、業者の担当者の行動、受注の経緯、その地域における業者の従前の行動や残された断片的な文書等から業者間に受注調整の合意がされていることが認定できれば足りるのであり、基本合意がいつ、誰と誰が、どこで、どのような態様で合意したかまで具体的に主張、立証する必要があるとはいえない」としているが、このような内容の相互拘束は意思の連絡に該当するものである。

（2） 基本合意　参加者間で受注予定者を決定してその受注に協力するという談合のいわゆる基本合意の「基本」という用語は、特定官公庁等の発注する特定種類の工事をひとまとめにして一定の取引分野を画定することを意味する。

　入札談合については、工事1件ごとに異なる性格をもつことから、個別の特定工事についての個別談合ごとに一定の取引分野を画定するという方法もありえるのであって、一定期間における特定の官公庁等の発注する特定の種類の工事を包括するところの一定の取引分野を画定したところに基本合意と名づけた意義がある。

　このような市場画定は、第1に、建設談合については貸借関係によって受注予定者を決定するのが常であってそのような市場画定が実態に合致していること、第2に、競争当局が個別工事の談合行為をいちいち立証しなければならないとすることはその負担が重くなり過ぎることから、事件処理の効率性確保の観点からそれを回避すべきという政策的な理由に基づく。さらには、第3に「一定の取引分野」という用語の語感がある程度の広がりをもつものであることにある。

（3）　意思の連絡の態様　　意思の連絡について、元詰種子価格協定事件での違反行為では、元詰部会討議研究会における出席者間での意見交換内容が明らかになっている。着うた事件での違反行為では、レーベルモバイル設立過程における関係者間の検討状況やレーベルモバイルの運営委員会等における関係者間での検討状況が明らかになっている。それらと比べても、本件の慣行は、態様としては一番緩やかなものであって、同じ意思の連絡といっても、本件慣行については供述調書を中心に一層緩やかに認定せざるをえない。

　しかし、そのような意思の連絡であっても、受注すべき価格は、受注予定者が定め、受注予定者以外の者は、受注予定者がその定めた価格で受注できるように協力すること、さらに受注予定者は落札価格をできる限り予定価格に近い価格にするように決定し受注予定者以外の者はその価格での落札に協力することを内容とするものであって、競争入札制度の趣旨に明確に反するものであって競争制限的なものといわざるをえない。

　そのような慣行は、第5東京高裁判決のように、「被告の主張する本件基本合意とは、要は、公社の発注する土木工事の入札に関しては、『当事者』たる33社及び『協力者』たるその他のゼネコンの総体において、公社の発注するAランクの工事は受注希望を有する者が受注すればよい、受注希望者が複数いれば当該受注希望者同士で自社の事情等を話し合えばよい、その他の者は受注希望者から工事希望票の提出を求められたり入札する金額の連絡等がされた場合には、工事希望票を提出し受注希望者の落札を妨害する行為はしないという共通認識があったという程度のものにすぎず」というにとどまらない。本件慣行について、第5東京高裁判決の「この程度の認識を建設業者らが有していたことをもって直ちに自由で自主的な営業活動上の意思決定を将来にわたって拘束するほどの合意の成立があったと断ずることができるのか甚だ疑問というべきである」という部分は、相互拘束を明示かつ単一の合意（意思表示）に限定しかねないものであって、明確に誤りであると考えられる。

3 排除措置命令の要件

（1） 排除措置命令と課徴金納付命令の共通要件としての独占禁止法違反行為　排除措置命令と課徴金納付命令の関係については、排除措置命令が主たる命令、課徴金納付命令が従たる命令と位置づけられる。排除措置命令において認定された違反行為が課徴金納付命令の違反事実となり、課徴金はその違反行為に対する制裁としての意味をもち、課徴金額はその前提となる違反行為に課徴金算定ルールをあてはめて計算されるものである。要するに、課徴金納付命令のために独自の違反事実を認定することは許されず、排除措置命令で認定された違反事実に基づいて課徴金額を算定する必要がある。

本件では、この事件当時の7条2項但し書が、「ただし、当該行為がなくなった日から当該行為につき勧告又は審判手続が開始されることなく1年を経過したときは、この限りでない。」と規定していたことから、当該行為がなくなった日から1年を経過したために、排除措置命令がなされなかった。

今日では、当該行為がなくなった日から5年以内であれば、とくに必要な事情が認められるときには排除措置命令がなされる。今日であれば本件のような事例では排除措置命令と課徴金納付命令が同時になされることが通例であり、その場合に、ゼネコン80社を当事者とする違反行為が認定されてゼネコン80社に対して既往の行為についての排除措置命令が下されるものと考えられる。

違反行為について、証拠上の理由で、対象商品の範囲、実行期間（始期）などが限定されることはありうる[21]。本件で、意思の連絡の開始時期については遅くとも平成9年10月1日以降と認定することは許容されるものと考えられる。しかし、本件事実関係のもとで、当事者を課徴金納付の対象となる事業者33社に限定することが可能であるとは考えられない。

（2） 一定の取引分野と当事者の範囲　一定の取引分野については、

---

21) これまで、公取委は、現行課徴金制度のもとで、課徴金額を調整するために対象商品の範囲および実行期間（始期）を限定していると指摘されてきたが、この点は裁量型課徴金の創設によって解決することが本筋である。

第3東京高裁判決で「基本合意の対象を『特定土木工事』としたことについても、本件基本合意による受注調整の背景事情として、多摩地区に営業所を置いて土木工事を担当するゼネコンの営業責任者をメンバーとする三多摩建友会における受注調整の実態が存在したのであり、本件基本合意に係る当事者又は協力者とされたゼネコンは、いずれもAランクの事業者であるから、Aランク1社の単独施工工事及びAランクとAないしCランクの2社の共同施工工事を対象とする合意と認定したことには、相当の根拠があるものというべきである」とし、第5東京高裁判決で「一方当事者を公社、他方当事者を公社によってAランクに格付けされた建設業者とし、公社が算出した予定価格が1億7000万円以上となる多摩地区の下水道工事のAランクの工事について受発注をめぐる事業活動が行われる場と解するのが相当である」としている。このように本件では基本的に同一の関連市場が画定されている。
　問題は、課徴金納付命令の一定の取引分野について、本件事実関係のもとで、課徴金の対象となる工事物件を受注したか否かによって関連市場を限定することが許されるかである。この点で、指名されたか否か、課徴金の対象工事物件を受注したか否かによって関連市場を画定した公取委の認定は、第5東京高裁判決の指摘するとおり、恣意的な市場の画定であるといわざるをえない。
　また、単一・明示の合意を認定するよりも、意思の連絡を推認するほうが、実行行為の始期、対象商品等の範囲、当事者の範囲を弾力的に認定できることは事実である。しかし、それでも、本件事実関係のもとで、当事者についてゼネコン80社から課徴金納付命令の対象となった33社に限定することは無理である。
　意思の連絡においてその当事者にあたるのかという事実認定の問題と、その当事者のうちから違法性の度合いによって（裁量によって）排除措置命令の名宛人を絞ることができるかという問題とは別の問題である。
　本来公取委は専門行政機関として、競争回復状態をもたらすために十分であるという観点から、違反行為の当事者からさらに排除措置命令の名宛人を絞ることは許されると考えられる。しかし、その場合に、公取委は違

反事業者であることを認定したうえで特定の違反事業者に対して裁量権の行使として排除措置を命じないこととしたことを明記するべきである。しかも、確定金額算定方式の義務的課徴金のもとで、排除措置命令の名宛人についてのみ絞ることに意味もなく、課徴金納付命令の名宛人については排除措置命令の名宛人とすることが望ましいことから、そのような裁量権の行使は制限されるものと考えられる。すなわち、そのような裁量権の行使を本格的に実施するためには裁量型課徴金の創設が不可欠である。いずれにせよ、一定の取引分野の画定、当事者の認定とも、排除措置命令と課徴金納付命令において同一であることに変わりはない。

（3）　一定の取引分野における競争の実質的制限　各東京高裁判決とも一定の取引分野における競争を実質的に制限することについて、それまでの判例法上の定義を引用している。

ここでの論点は、本件意思の連絡の対象工事72物件のうち、ゼネコンが31物件（うち、10物件はゼネコンのみが指名業者である）を落札・受注したことで競争の実質的制限にあたるといえるかである。

競争の実質的制限について、第1東京高裁判決は「価格競争力のあるゼネコン同士の競争が回避されてゼネコン1社と価格競争力の劣る地元業者

---

22)　刑事事件における検察官の起訴裁量権と同様である。ちなみに、本件事実関係に即して、刑事事件として処理する可能性について検討すると、次のようになるものと考えられる。
　本件のような慣行について、何年も前の意思の連絡が形成された会合等における各参加事業者の担当者とその具体的な行為を立証することは難しい。そこで、自然人の責任を追及する刑事事件としては、比較的最近の各参加事業者の担当者やその具体的な実施行為、個別受注調整行為の実施態勢を具体的に認定して、不当な取引制限の遂行行為に該当するとして処理することが行われている。
　本件慣行では、複数の受注希望者がいる場合に、受注希望者の間でいずれの条件が強いかを話し合うことにより、受注予定者が決定されていたと認定されているが、その慣行全体に関与した自然人である各ゼネコンの担当者の氏名・役割、具体的な行為は十分に明らかになっていない。
　業界の有力者である大成建設の会長についても、「各社の担当者は、大成建設の甲に対しては、PR紙を提出したり、口頭で受注希望を表明したりして、これに対する同人の反応、すなわち『受注活動を続けたらよい。』、『他に有力な条件を持つ者がいる。』等の示唆を踏まえて、発注される工事について受注活動を継続するか受注活動を中断するかなどの判断をしていた」と認定されているにとどまる。これでは、大成建設の会長は、文字どおり調整をしていたといえるとしても、受注予定者を決定していたとまではいえず、大成建設の会長に対してさえも犯罪行為として刑事責任を問うことは到底できないと考えられる。

1社ないし3社との競争と評価すべき状況を作出したことは、競争を実質的に制限したものというべきである」とし、第2東京高裁判決は、「競争制限効果が生じたと認められる件数及びその落札金額の割合は、いずれも相当程度高いのであるから、本件基本合意は、公社が発注する本件各工事の入札による競争を実質的に制限するものということができる」とし、第3東京高裁判決は、「完全な市場支配をしたとはいえないとしても、ある程度自由に、各社が受注することを希望する物件について、希望する価格で受注することができていた」とし、第4東京高裁判決では、33社の落札受注量は相当程度大きく、本件基本合意は、競争を相当程度制限することが可能なものといえるとしている。他方、第5東京高裁判決は、競争の実質的制限について「当該合意に基づき一定の取引分野における競争が停止ないし排除されたという事実」、「自由で自主的な営業活動が停止あるいは排除された」ことをいうとしている。いずれにせよ、判例法上の定義が有効に機能しているとは評価されない。

　一定の取引分野における競争を実質的に制限することについては、基本的に文理どおりに解釈することで足りると考えられる。すると、本件意思の連絡の結果、72物件のうち31物件を落札したことで十分に競争を実質的に制限したといえることは明白である。

　また、関連市場を画定することの意義は客観的な数値である市場占有率を算出できることにある。参加者の合計市場占有率が競争の実質的制限の認定にあたってもメルクマール（指標）として一番信頼できる。また、合計市場占有率の目安としては、市場支配力の理論値であり、かつ、国際標準の市場支配力の存在を示す市場占有率の目安である40％ないし50％を用いることが相当である。[23]　その意味でも、本件では参加事業者の合計市場占有率は優に40％を上回っているといえ、競争の実質的制限を満たす。逆にいうと、市場を支配できる状態をもたらすかどうかというような、何ら検証できない定義をめぐって水掛論争を行うことにそれほど意味はない。

　本件は、ゼネコン80社すべてが当事者である談合行為であって、元詰種

---

[23]　共同行為において参加事業者の合計市場占有率が30％を超えると、競争の実質的制限にあたるとされる可能性がある。

子価格協定事件東京高裁判決と同様に、ゼネコン80社すべてが「合意をすること自体が競争を制限する行為にほかならず、市場における競争機能に十分な影響を与えるものと推認することが相当である」、ゼネコン間で入札価格をめぐる価格設定に関するリスクがなくなっているという事態が「とりもなおさず公平かつ自由な競争が阻害されている状況であるといえる」ということでも足りる。すなわち、すべてのゼネコンが参加して受注予定者を決定してその受注に協力するという意思の連絡が認められるのであって、一定の取引分野の競争に悪影響を及ぼすことは明白であって、過去の判例の定義をもち出して市場を支配することができるものであるか否かという議論をする必要もない。その点では、基本的に、第1東京高裁判決が、価格競争力に優れたゼネコン同士の競争は一切失われ、受注予定者となったゼネコン1社と価格競争力の劣る地元業者（地元業者をメインとするJV）との競争と評価すべき状況を作出しているのであるから、アウトサイダーである地元業者が入札に参加しているからといって競争の実質的制限が生じていないとはいえないと指摘しているとおりである。

　本件の一定の取引分野における参加者の合計市場占有率は、すべての工事物件に占める調整行為対象物件の比率、全工事金額の占める調整行為対象工事の金額の比率として算出せざるをえない。談合参加事業者80社の市場占有率は（仮に参加事業者が33社であるとしても同じ）、本件対象期間中に公社が発注した物件72件のうち31物件を落札受注し、これは件数ベースで約43.1％、落札金額ベースで約56.3％である。工事量・工事金額ベースで、合計市場占有率は40％〜50％程度になり、合計市場占有率40％〜50％程度が市場支配力を有する目安であると評価されることから、十分に競争の実質的制限を満たす。

　なお、本件基本合意を実施しても、地元業者との競争を避けられない工事物件が生じている。ゼネコンと地元業者との競争関係について、第1東京高裁判決の、ゼネコンは地元業者より企業規模が大きいなど価格競争力に優れているという見解と、第2東京高裁判決の「地元業者側が強く受注意欲を示せば、何らかの条件で譲ったり、あるいは、降りるということにならざるを得ません。それは、ゼネコン側は経費面で地元業者に勝てませ

んので、叩き合いに持っていったとしても落札できませんし、もし落札できたとしても得にならないからです」という見解が対立している。対象となる個別工事72件のうち、地元業者がゼネコン間で受注予定者となったゼネコンに入札価格で勝って落札している工事も存在することから、アウトサイダーである地元業者は（個別工事によっては）かなりの競争力を有しているものと評価される。

4 課徴金納付命令の要件

（1） 課徴金納付命令における違反事実・違反行為の考え方　日本の課徴金制度は、EU型行政制裁金のように、排除措置命令に伴う、過去の違反行為に対する制裁としては位置づけられていないため、（たとえば私的独占事件で）排除措置命令時点で当該事業者が違反行為をやめず終期が到来していない場合には、課徴金納付命令は終期の到来を待って発行せざるをえない。そのため、排除措置命令と課徴金納付命令とは別個の命令と位置づけられる。ただし、カルテル事件については、通常立入検査の実施によって終期が到来するために、排除措置命令と課徴金納付命令は事実上同時に出されている。

立法政策的には、同一違反行為に係るものであるためにEU競争法上の排除措置命令と行政制裁金納付命令のように一本の決定で下す（控訴、取消等の取扱いを同一にする）ことが相当なものである。

このように、排除措置命令と課徴金納付命令の違反行為は基本的に同一であって、課徴金納付命令において別個の違反行為や別個の一定の取引分野が認定されるのではない。

第3東京高裁判決は、「本件審決は、本件基本合意の根拠として、上記のような制約の下で、本件対象期間中に受注予定者として他の違反行為者の協力を得たか否かという事実を本件基本合意の当事者であるか否かの認定根拠の1つとし、その他のゼネコン47社は、本件対象期間中、公社発注の特定土木工事を本件基本合意に基づいて全く落札・受注しておらず（本件基本合意に基づいて受注予定者に決定されたとはいえない。）、個別物件の受注者として課徴金を賦課することはできないものの、33社のうちの本件基

本合意に基づいて決定された受注予定者が受注できるよう協力していたことがあると認められることから、このようなその他のゼネコン47社を基本合意の当事者と認定せず、その協力者と認定したものであるところ、これをもって、不合理、不相当な事実認定ということはできない」としている。しかし、33社のうちの本件基本合意に基づいて決定された受注予定者が受注できるように協力していたことが認められるとし、あえて意味不明な「協力者」という概念を設けて、このようなその他のゼネコン47社を基本合意の当事者として認定しなかったことは、不合理、不相当な事実認定といわざるをえない。

この点について、第5東京高裁判決は、公取委が「本件基本合意の『当事者』を原告らを含むゼネコン33社と限定し、その他のゼネコンと区別しており、その理由として、その他のゼネコンは本件対象期間中公社の発注する下水道工事を受注していないため上記の共通認識を『認容』したとの事実を認定できないと説明するが、入札前に形成されるはずの合意の当事者であるか否かをその後の工事を受注したか否かで判断するというのは論理的に成り立たないし、被告は最終的にはその他のゼネコンを『協力者』と位置づけて各個別物件において合意の履行に寄与したと認定しているところ、それは結局その他のゼネコンも共通認識を『認容』したとの事実を認定しているというほかないから、被告の説明は成り立ち得ない」としているが、この批判が正しい。

とくに、第3東京高裁判決のうち、課徴金納付命令における違反行為についての「本件においては、原告らに対して不当な取引制限として課徴金を賦課することができるかが問題とされているので、その判断に必要な範囲内で被告による審査、審判が行われ、事実認定が行われていれば足りる」としているのは排除措置命令と課徴金納付命令で異なる一定の取引分野の画定を容認する考え方であって、この判決部分は明確に誤りであり、先例として残すべきでない。[24]

---

[24] 法文上も、7条の2は、「当該商品又は役務の政令で定める方法により算定した売上額」と規定し、私的独占の禁止及び公正取引の確保に関する法律施行令5条、6条も、排除措置命令と課徴金納付命令の違反事実が同一であることを前提としている。

（２）　談合における課徴金の売上額算定ルール　　第3東京高裁判決で、課徴金の対象行為となる個別調整行為について、「当該事業者が直接又は間接に関与した受注調整手続の結果競争制限効果が発生したことを要するというべきである」としているように、高裁判決は、調整手続に上程されて、具体的に競争制限効果が発生するに至ったものを指すというこれまでの先例を維持している。[25]

　入札談合事件における個別調整行為の売上額の取扱いルールは、価格協定等における売上高計算のルールとの整合性がとれていない。また、課徴金が平成17年改正で不当利得の剥奪を理念とするものから行政上の制裁に移行したため、入札談合についてのみ特別扱いをする論拠はなくなっている。そこで、制裁金額を算定するための売上額については、実行期間中の当該商品等のすべての売上額とすることが相当であると考えられる。

　したがって、価格協定等における売上額算定ルールとの整合性を確保する点でも、平成17年改正で課徴金の性格が不当利益の剥奪から行政上の制裁に変わり個別談合による不当利得の発生と関連性がなくなったことからも、入札談合についても実行期間中の対象工事の売上額はすべて課徴金の対象金額に含めることがあるべき法運用である。

　現実にも、明確な談合の基本合意に従って対象期間中数件の工事について受注していた者がたまたま1件の工事について叩き合いで低価格で落札したからといって（その叩き合いによって談合の基本合意から離脱したとまでもいえないときに）、その工事分の金額を売上額から控除する必要はないと考えられる。

　第4東京高裁判決で、「原告小田急建設は、番号58の物件につき基本合意の当事者の1人である佐田建設と堺産業のJVが受注調整を経て落札するところを、受注調整の経過を認識した上で、同JVよりも50万円低い価格で落札したというのであり、その意味では本件基本合意の他の当事者と

25）　東京高判平成16年2月20日審決集50巻708頁〔土屋企業課徴金事件〕。ちなみに、この判決は「制裁的要素があること」をその理由としている。課徴金には制裁的要素があることから課徴金額は抑制的に算定されるべきであることを意味すると考えられるが、制裁的であることは不当利得との関連性を問題とせずに課徴金額を算定できることをも意味するのであって、必ずしもいわゆる叩き合いにあった工事の金額を除くべきであるという結論に結びつかない。

協議して落札したというのではないが、原告小田急建設は本件基本合意の当事者であること、受注調整の経過を認識し、受注調整の成果を利用して落札したといえることからすると、課徴金納付を免れることはできないというべきである」としている。このように、受注予定者以外の者が落札した場合においても、その落札事業者に対して課徴金の納付を命じることができるとしている。

さらに、第2東京高裁判決で「原告大木建設は、番号10の物件の入札には、地元業者3社が参加し、この3社が入札の時点まで受注意欲を示して入札に臨む行動を取っていたことから、同原告は、落札率80％という失格ぎりぎりの価格で入札した」のであるから、同物件について競争制限効果は具体的に生じていないと主張したのに対して、同原告による同物件の落札率が失格ギリギリの80％であったとしても、「同原告を除く入札参加者全員が競争を回避していることになるから、番号10の物件では競争制限効果が生じていることは明らかというほかはない」としている。この件も、発注者に損害が発生していないという意味で競争制限効果が発生したといえるかには多少疑問があるが、課徴金納付命令の対象行為とされている。このように、課徴金の納付を命じることができる個別受注調整行為の範囲を従前よりも拡大していると評価される。

もっとも、談合ルールについて意思の連絡まで不当な取引制限に該当するとしていくと、現行判例法のように、課徴金対象行為について具体的な競争制限効果をもつものに限定していくことにも一定程度合理性をもつことになる。[26] ただし、この場合でも、具体的な競争制限効果については緩やかに解釈していくべきである。

5 あるべき最高裁判決

このように考えると、来るべき最高裁判決は次の2つの要請を満たす必要がある。

---

26) おおまかな慣行としての受注予定者等の決定に係る意思の連絡が推認される場合で、しかも当該事業者が唯一の受注工事を叩き合いで獲得したような場合などに、さすがに制裁である課徴金を課すことは相当でないと評価される。

第 1 に、公社発注の特定土木工事の係る本件意思の連絡は、これまでの先例に照らしても十分に立証できており、ゼネコン33社も当事者であるという事実認定およびゼネコン33社に対する本件課徴金納付命令は維持されるべきである。

　第 2 に、課徴金納付命令の有無によって一定の取引分野を画定するという恣意的な本件市場画定、さらに排除措置命令と課徴金納付命令における異なる一定の取引分野を画定することができるという誤った判決部分は、明確に否定するべきである。

　さらに、一定の取引分野における競争の実質的制限について、判例法上の「その意思で、ある程度自由に、価格、品質、数量、その他各般の条件を左右することによって、市場を支配することができる状態をもたらすこと」から文理どおり解釈すべきであることに変更すること、参加者の合計市場占有率が少なくとも40％を超えているときにはその要件を満たすことを明らかにするべきである。

　また、本件意思の連絡は基本的に供述調書によって立証されるところ、供述調書においてもゼネコン80社による本件意思の連絡が十分認定できているものと評価される。

　審決取消請求訴訟については、棄却または取消しという選択肢しかない（82条）。

　そこで、課徴金納付命令の対象であるかによって一定の取引分野を画定することが法に違反するものである、または当事者が33社であること等を立証する実質的証拠がないとして本件審決を取り消し公取委に差し戻すか、または本件での協力者は当事者にあたりゼネコン80社が当事者であると事実認定して請求を棄却するかのいずれかである。

　審判に差し戻してもゼネコン80社が当事者であると事実認定して、同一名宛人に対して同一金額の課徴金納付命令を発出することになるだけである。そのため、手続法上可能であれば請求棄却が望ましいが、それが無理であれば審決取消しもやむをえないのであろう[27]。

---

27) いずれにせよ、第 5 東京高裁判決については取り消したうえ、個別受注調整行為が民法709条の不法行為に該当するかなどを判断させる必要がある。

Ⅲ　損害賠償請求訴訟

1　行政事件と損害賠償請求事件の関係

　多摩地区入札談合事件で、行政上の措置を命じるための行政事件として審判審決および第4東京高裁判決は、本件慣行について意思の連絡が認められて不当な取引制限に該当するとしている。

　ところが、損害賠償請求事件では、本件慣行について基本合意にあたらず不当な取引制限に該当しないとしており、行政事件判決と損害賠償請求事件判決との間で本件慣行が不当な取引制限に該当するかについてずれが生じている。

　本件のような慣行について行政事件では、意思の連絡による相互拘束による不当な取引制限に該当するという判決が確定すると見込まれる。その後は、損害賠償請求事件でも、本件のような慣行について、不当な取引制限に該当するとしても、または、不当な取引制限に該当するか否かを問わず、損害賠償責任のための不法行為の要件である故意過失による権利侵害には該当しない程度の言い回しにすべきものと考えられる。

　これまでも、独占禁止法違反であっても不法行為に該当しないことはありうるとされてきた。すなわち、公取委が行政事件で認定した独占禁止違反行為は、公取委がその行為につき行政上の措置をとるためのものであって、民法709条の故意過失による権利侵害に該当することを事実上推定させるものに過ぎず、たとえ独占禁止法違反が認められるとしても損害賠償請求訴訟において民法709条の故意過失による権利侵害が認められないとして、その損害賠償請求が棄却されることはありうることが明らかになっている。

　本件で、行政事件で排除措置および課徴金納付が命じられる行為であっても、損害賠償請求事件で損害賠償責任が否定される行為があるという一般原則が、これまで当然に民法709条の不法行為に該当すると考えられてきたカルテルの一部にもあてはまるということが明らかになったことになる。

個別受注調整行為は、行政事件で、意思の連絡を推認させる間接事実および課徴金額算定のための売上額を算定するための事実としての役割を果たし、損害賠償請求事件で、損害賠償責任を生じる不法行為責任および損害額算定のための事実として機能する。[28]

　損害賠償請求事件では、個別受注調整行為は、故意過失による権利侵害に該当するか、損害の発生・損害額・相当因果関係を満たすかに関して問題となる。したがって、個別受注調整行為について、課徴金のための売上額としての要件を満たすが、民法上の立証責任に照らすと、不法行為にあたらず損害賠償責任が認められないことがありうる。[29]

　行政事件と損害賠償請求事件の関係について、第3東京高裁判決は、「同住民訴訟に係る損害賠償と本件審決に係る課徴金賦課とは、その要件及び効果を異にし、審理の対象が異なるものであって、基本合意のとらえ方についても異なるものである上、審理判断機関が異なるのであるから、同住民訴訟において主張された基本合意の存在が当該裁判所の審理判断において否定されたことから、本件基本合意の存在が認められないことになるということはできない」としている。このうち、「同住民訴訟に係る損害賠償と本件審決に係る課徴金賦課とは、その要件及び効果を異に」することで十分であって、その他の部分は不要である。

　より正確には、損害賠償請求と行政事件である審決取消請求とでは、その要件および効果を異にするというべきである。本件慣行についての法的評価が異なったのは、本件慣行と個別受注調整行為という審理の対象や判決を下した審判判断機関が異なるためではなく、損害賠償請求と行政事件である審決取消請求とでは、その要件および効果を異にするためである。

---

28) 入札談合の係る住民訴訟の動向については、村上政博=山田健男『独占禁止法と差止・損害賠償〔第2版〕』（商事法務・2005）130頁～165頁参照。損害賠償請求が認容されるか否かは、これまでも個別談合によって決まるとされている。
29) 個別受注調整行為について、課徴金額算定のための売上額を算定するためのものとして十分であると認められても、不法行為責任を負わせかつ損害額算定のための事実として十分ではないとされることがある。

2 損害賠償請求事件

（1） **本件慣行と個別受注調整行為**　立川市東京地裁判決は、ゼネコン80社による本件慣行に基づく共同不法行為責任について、本件慣行について「あくまで個別の工事案件ごとに、受注を希望するゼネコンの担当者同士で話し合うことを基本とし、ただ、話し合いが難航した場合に乙山の助言を得て決まるというという方法をあらかじめ用意したものであり、このようにして、いったん受注予定者が決まれば、別途、受注予定者において、個別的に工事希望票の提出依頼や入札価格の調整等を行い、他のゼネコンは受注予定者の依頼に基づき協力を行うというものであ」るとし、「あくまで、入札工事ごとに関係者間で個別に受注調整を行う際の一般的、概括的なルールについての取り決めにすぎないというべきである。そうすると、このように、本件慣行のみによっては、個々の入札について受注調整が具体的にどのように行われて受注予定者が決定され、その結果どのような入札が行われるのかは決まらないのであって」、「本件慣行は、個別の談合によって生じる損害について、個別の談合に何ら客観的に関与していない会員すべてについてまで、共同不法行為責任を負わせるだけの具体的な内容を有するものではな」いとして、「このような緩やかな合意に基づいて行われた個別の談合行為を待って、はじめて当該個別の談合行為に参加した者に対して共同不法行為責任を問うことができるというべきである」としている。

八王子市東京地裁判決は、「結局のところ、本件慣行の内容が、多摩地区において営業活動をする広域総合建設業者内の事実上の慣行であることを超えて、別紙業者一覧表記載の約80社により明確に合意されていたこと、あるいは原告らが主張する基本合意が具体的に成立していたことを認めるに足りる証拠はない」としている。

同様に、町田市東京地裁判決および日野市東京地裁判決（同一裁判体による判決）は、約80社のゼネコン間における受注調整に関する定めについて、同地区における事実上の慣行にとどまるものといわざるをえず、これを超えて、ゼネコン間において、明確に一定の受注調整に関する方法やその拘束力に係る合意がなされていたものとまでは認めることができず、し

たがって、約80社のゼネコン間の本件慣行の存在から、直ちに当該入札において談合（原告らのいう談合に関する基本合意）がなされたと認めることはできないとしている。[30]

本件慣行自体については、主張されたゼネコン80社による本件慣行と当該個別工事における損害の発生とが直接結びつくものでなく、本件慣行と損害の発生との相当因果関係が認められないのであるから、主張されたゼネコン80社による本件慣行が合意や意思の連絡に該当して不当な取引制限にあたるか否かに関係なく、本件慣行による共同不法行為責任については否定することが相当である。

損害賠償請求事件では、受注調整の基本ルールの決定によって、それが合意、意思の連絡のいずれかを問わず、参加当事者が直ちに不法行為責任を負うことはなく、それを受けた個別受注調整行為が故意過失による権利侵害に該当する場合に個別談合への参加者が共同不法行為による損害賠償責任を連帯して負うことになる。対象工事を割り当て、配分するような明示の合意について、その合意の存在に基づいて個別工事における損害の発生を認定できる可能性があるが、あくまでも例外的事例である。

（2）　個別談合と権利侵害・損害の発生　　個別談合が故意過失による権利侵害に該当したうえ、損害の発生、損害額の算定、相当因果関係の存在が認定されて、落札・受注者であるゼネコンに対して損害賠償請求が認容される。まず、個別談合が故意過失による権利侵害に該当することが認定される必要がある。

町田市東京地裁判決は、本件慣行の適用のあるゼネコン各社に対して受注予定者が落札できるように協力を依頼し、ゼネコンとの間で受注予定者の落札を妨げないこととするとの合意がなされ、さらに本件慣行の適用のない地元業者に対しても、受注予定者が落札できるよう協力を要請し、その同意を得て、本件談合に基づいて、予定どおり本件工事を落札したものと認められるとし、本件各工事に対応して、被告らの各担当者（従業員）による個別談合があったと認められるため、被告らが民法719条、715条、

---

30)　この点について、各東京高裁判決は、各東京地裁判決を支持している。

709条に基づく不法行為責任を負うとしている。立川市東京地裁判決は、個別談合の証拠を分析し、落札・受注業者は個別談合により立川市に生じた損害について民法715条に基づき損害賠償責任を負うとしている。立川市東京高裁判決も、地裁の上記結論を支持している。

　他方、日野市の工事については、八王子市や町田市の工事と比べて個別受注調整についての証拠が薄いものであったが、日野市東京地裁判決は、本件工事に係る入札に、本件慣行が通用しない建設会社2社（奥村組土木興業株式会社、笹島建設株式会社）が参加していることについては、奥村組土木興業株式会社の入札金額が2億3,700万円、笹島建設株式会社の入札金額が2億4,200万円であるが、このような金額が被告淺沼組の落札を妨げないように積算した金額や一般的な見積金額であると供述する金額にきわめて近似していることからすれば、被告淺沼組の担当者が奥村組土木興業株式会社や笹島建設株式会社の担当者に対し、入札日までに、入札金額を伝えたり、上記2社の入札金額を尋ねるなどという方法により、被告淺沼組の受注に協力するよう求め、その結果、上記2社においても、簡易な方法で算出された見積金額を算出して入札したと推認できるとしてその請求を認容している。

　これに対して、日野市東京高裁判決は、「控訴人が、本件工事の入札参加業者として指名された建設業者のうち、奥村組土木興業と笹島建設を除いた広域ゼネコン8社との間で受注予定者を控訴人とすることを確認し、さらに、奥村組土木興業及び笹島建設から、本件工事の受注予定者を控訴人とすることにつき了承を得て、受注予定者である控訴人の入札価格よりも高い金額で入札することにより競争から離脱することを合意したと認めることはできず、本件個別受注調整による談合があったと認めることはできない」としている。

　この点で、八王子市東京地裁判決は、「殊に落札率99％以上の工事については、ひとまず本件慣行の存在が作用した旨を推認することが可能な状況である」とし、「相指名業者の……全部又は一部の者との間で、入札価格の打合せをするなどしたことが認められること」などの諸事情を総合すると、受注予定者が予定価格近似の金額で落札できるよう協力する旨の談

合が成立し、受注予定者が落札業者となったと認めるのが相当であるとしている。このように、八王子市東京地裁判決では、相指名業者となったゼネコン間の受注予定者の決定を重視して、相指名業者となった地元業者との競争関係をほぼ無視して、権利侵害と損害の発生を認めた。

ところが、八王子市東京高裁判決は、まず、一般に落札業者と他のすべての相指名業者との間で受注調整が図られたことが立証された場合に、公平な競争のもとに形成されたであろう落札価格より高額な落札価格をもって請負契約が締結され、発注者に損害が発生したものと推認するのが相当であり、発注者に対する不法行為を構成するとしている。

しかし、アウトサイダーである地元業者は、多摩地区内に営業所を有し、または多摩地区内において営業を行っているゼネコン各社間における本件慣行と直接には関係ないことから、落札業者と相指名業者のうちの一部の業者との間で受注調整が図られた場合であっても、「他の一部の業者との間においては受注調整が図られず、又は他の一部の業者が受注調整に応じることを拒絶し、その結果、他の一部の業者と落札業者との間において公平な競争が行われたときは、落札価格は、他の一部の業者と落札業者との間において公正な競争の下で形成されたものとみるほかはない」とし、「結果的に、受注調整が図られなかった他の一部の業者の入札価格が落札業者の入札価格よりも高額であったために、落札業者が落札することができたとしても、これは、落札業者が一部の業者との間で受注調整を図った結果とみることはできないのであって、落札業者が一部の業者との間でのみ行った上記受注調整によって、発注者が公正な競争によって形成される落札価格によって請負契約を締結する権利ないし法的利益を侵害され、損害が発生したと認めることはできない」としている。したがって、アウトサイダーである地元業者を含む相指名業者すべてとの間で受注調整が図られたことを推認できるものについて、不法行為を構成するとしている。

さらに、同判決は「工事の具体的な内容、難度等の当該工事の採算性に鑑みると予定価格が相対的に低額である場合は、落札率が99％を超えたからといって、公正な競争が排除されたことが推認できるわけではない。したがって、落札業者において、その入札価格の具体的な積算過程や当該工

事が採算性の低い工事であったことを裏付ける事実を明らかにするなどして、落札率が99％を超える原因が予定価格が相対的に低額であったことを窺わせる特段の事情を反証した場合には、落札率が99％を超える価格で落札がされたとしても、相指名業者との間における公正な競争を排除する受注調整が図られていたとの推認は妨げられる余地があるものというべきである」としている。そのうえで、個別工事（11工事のうち5工事）について、当該落札業者の見積価格、入札価格の積算過程、最終的に純損失を計上したことなどから、当該工事の予定価格が相対的に低額であったと認められるものについては、相指名業者すべてとの間で受注調整が図られたことを推認するには足りないとしている。

（3）　損害額の算定　　個別談合からの損害の発生、損害額の算定、相当因果関係の存在については民事法の一般原則があてはまる。

八王子市東京地裁判決は、「落札率は個別の工事ごとに相当程度の差異がある上、損害額の算定が困難であるにもかかわらず、被告らに対し損害賠償義務を負わせる以上、当該賠償額の算定に当たってはある程度謙抑的に認定することもやむを得ない考えられるところ」、談合期間中の平均落札率と談合終了後の平均落札率などに照らすと、各談合によって被った損害は、少なくともこれら工事の請負契約における各契約金額の5％に相当する金額であると認めるのが相当であるとしている。八王子市東京高裁判決も、民事訴訟法248条に基づき、相当な損害額を検討するに、「落札率は、個別の工事ごとに相当程度の差異がある上、損害額の算定が困難であるにもかかわらず、損害額を定めるに当たって、上記控訴人らに対して損害賠償義務を負わせるものであり、上記控訴人らは、八王子市が現に被った損害を填補する限度でその賠償義務を負うのであって、損害額を定めるに当たって上記控訴人らが受注調整を行い、公正な競争を害したことに対する懲罰的な効果や違反行為の防止といった行政目的を達成する上での効果を勘案して賠償額を算定することは相当ではないことなどを総合考慮すると、賠償額の算定に当たっては、ある程度謙抑的にこれを認定するのが相当である」とし、そのうえで、不法行為に該当するとされた工事の損害額は、平均的な落札率の差（4.69％）の範囲内にある各工事の契約金額の3％に

相当する金額と認めるのが相当であるとしている。

同様に、町田市東京地裁判決および町田市東京高裁判決は、町田市が談合によって被った損害額について、当該賠償額の算定にあたっては一定程度控え目な金額に認定することもやむをえないと考えられるとし、平均落札率の推移などに照らすと、少なくとも本件各工事の実際の請負契約における各契約金額の5％に相当する金額と考えるのが相当であるとしている。このような見解が、これまでの判例法に一番近いものである。

他方、立川市東京地裁判決は、損害額について「そもそも不法行為に基づく損害賠償請求権が、社会に生起した損害の公平な分担という見地から認められたものであることに鑑みれば」、「民事訴訟法248条によって認定すべき損害額は、……実際に生じた損害額に最も近いと推測できる額をいうものと解するべきである」としている。この判例は、公平の原則から加害者に対して被害者の受けた実損害の填補を認めるという損害賠償責任の性格に照らすと正しい考え方である。[31]

ただし、立川市東京地裁判決は、公取委の審査開始後である平成12年10月1日から平成17年11月1日までの間に落札された特定土木工事139件の平均落札率は89.85％であったことから、予定価格の89.85％を掛けて算出した価格について、10万円未満を四捨五入して算出した価格をもって、本件各工事における談合がなければ落札されたであろうと推測されると考えるのが相当であるとしている。その結果、同判決は実質的に一番簡単に損害額を算定して、請負契約金額の約10％に相当する額を損害額であるとしている。

他方、立川市東京高裁判決は、損害額算定について地裁判決と基本的に同一な考え方を採用している。

そのうえで、第1に、談合されていなければ形成されていたであろう落札価格について検討するに、平成9年10月1日から平成12年9月27日（公取委の本件審査開始日）までの間に落札された特定土木工事72件の平均落札率は94.54％であったこと、すなわち平均すれば工事予定価格の94.54％

---

31) この意味で、日本の損害賠償制度は、米国反トラスト法違反と懲罰的要素を含む三倍額損害賠償責任と直接結びつけた米国の損害賠償責任制度とは大きく異なる。

に相当する金額で落札されていたこと、これに対して、公取委の審査開始後である平成12年10月1日から平成17年11月1日までの間に落札された特定土木工事139件の平均落札率は89.85％であったこと、すなわち平均すれば工事予定価格の89.85％に相当する金額で落札されていたことが認められ、平均落札率は4.69％ほど低下していること、すなわち平均すれば工事予定価格の4.69％に相当する金額ほど落札価格が低下していることが認められる。そうとすれば、本件下水道工事（3工事）[32]については、「談合されていなければ形成されていたであろう落札価格」を実際の落札価格よりさらにその工事予定価格の4.69％に相当する金額を差し引いた金額であっただろうと認めるのが相当であるとしている。平均落札率のとらえ方について、これまでの判例の取扱いと異なる解釈を示しているが、この判決の立場が相当であると考えられる。

第2に、本件ポンプ場工事（3工事）については、受注予定者が当該土地の使用を許諾しないときや当該土地の使用料として高額の使用料を請求するときには本件工事の施工が著しく困難になるため、他の指名業者は予定価格から大きく低下した価格で入札することはできなかったというその件に特有な事情を考慮して、前記4.69％の4分の1にあたる1.1725％を用いて、算定することが相当であるとしている。

損害額について現実に被った損害額にできる限り近づけようとする考え方をとるときには、事案に応じて、認定される損害額は平均的な損害率であると評価される5％と比較して、それを大幅に上回るもの、それを大幅に下回るものが生じることになる。

多摩地区入札談合事件の対象工事についての個別談合には、①地方の建設業者の入札価格が読みきれないなかで確実に落札するために予定価格の80％である最低制限価格ぎりぎりの価格で落札しているという、損害が発生しているとはいえないようなもの、②受注予定者以外の者が受注予定価格を下回る価格を入札して落札しているという個別受注調整と損害との因

---

[32] 立川市事件の工事のうち、下水道工事は相指名業者がゼネコンのみで大成建設はすべての相指名業者に調整を行ったし、他のポンプ工事も飛鳥建設が受注することは確実なものであった。

果関係が必ずしも明白でないものもみられることから、立川市東京高裁判決が大幅に損害率を減額したように、認定される損害率は全体として平均損害率5％を下回るものになる可能性が高い。

3　裁判所の対応

多摩地区入札談合事件は、入札談合事件における行政事件と損害賠償請求事件の差異を確認するために格好な事例となる。

特定官公庁の発注する特定種類の工事についての談合ルール（合意または意思の連絡）によって、その参加事業者が直接民法709条の不法行為による損害賠償責任を負うことはほぼないことが明らかになっている。[33]

本件個別工事は、金額が比較的高額でありかつ難易度が比較的高いものであることもあって、予定金額の水準などを含む個別入札や個別談合の実態を詳しく認定して、個別談合ごとに権利侵害の有無や損害額を決定することが相当である。

それでも、裁判所の結論が区々に分かれたことは、個別談合に関する権利侵害の認定水準、損害額の算定方法については、民事裁判官の判断が一番信頼できるのであるが、その考え方や立証水準がいまだ確立していないことを示している。[34]

---

33) たとえ、最高裁判決でゼネコン33社または80社による本件慣行が不当な取引制限に該当することが確定し、25条に基づく損害賠償請求訴訟が提起されたと仮定しても結果は同一であると考えられる。
34) 最近では、工事請負金額の10％程度を違約金（損害賠償額の予定）と定める違反金条項に基づき、違約金が請求されることも増えている。

第7章

多摩地区入札談合事件
最高裁判決とその意味するもの

　多摩地区入札談合事件最高裁判決は、3条の不当な取引制限の禁止と私的独占の禁止について、国際標準の体系と合致する解釈論を採用した。
まず、共通要件である一定の取引分野における競争の実質的制限は、「当該取引に係る市場が有する競争機能を損なうこと」をいうとした。これにより「市場を支配することができる状態」や市場支配力を過度に重視した、従来の判例法の定義はすべて先例価値を失った。
　次いで、不当な取引制限の相互拘束について複数事業者間の取決めをいうとして、垂直的制限まで対象とすることを明らかにするとともに、間接事実から推認される意思の連絡概念を正式に導入した。この結果、合意によるカルテルについては、昭和59年の石油製品価格協定事件最高裁判決により、原則として合意時に一定の取引分野における競争の実質的制限を充足するとみなされるが、意思の連絡が推認されるカルテルについては実施時に一定の取引分野における競争の実質的制限を充足すると推定されることになる。また、共同行為に該当する他の行為類型では、合意、意思の連絡を問わずに、原則として、実施時に、当該事業者の市場占有率、市場支配力、具体的な競争制限効果、正当化事由、当該事業者の意図などを総合判断して一定の取引分野における競争の実質的制限を充足するかが決定される。

I　本件判決の先例価値

　最高裁は、平成24年2月20日に、多摩地区入札談合事件で、審決を取り消した東京高裁判決を破棄したうえ、自ら判断して審決取消請求を棄却した[1]。

　同事件最高裁判決は、昭和59年の石油製品価格協定事件最高裁判決[2]に匹敵する価値をもつ判決である。しかし、日本の最高裁判決の特質として、解説部分の量は少なく、結論のみが記載されているため、その内容の解釈を広範に解釈論にゆだねるものとなっている。

II　公取委による上告受理申立て理由書の欠点

　先に公取委による上告受理申立て理由書をみていくに、絶対的な真理は「一定の取引分野における競争を実質的に制限する」という要件は、独占禁止法上、私的独占（3条前段、2条5項）、不当な取引制限（3条後段、2条6項）および企業結合規制（第4章）において共通の要件とされている基礎的な概念である。さらに、「一定の取引分野における競争を実質的に制限する」という要件についての解釈はこれらの規制に共通しているという部分である。

　原審の東京高裁判決に対する、公取委による上告受理申立て理由書には次の3つの欠点があった。

　第1に、「一定の取引分野における競争を実質的に制限する」について、市場の競争機能を侵害する、市場の競争機能を制限するというような低レベルの違法性水準で足りる旨主張する一方で、昭和28年の東宝・新東宝事

---

1) この件では、ゼネコンによる受注予定者を決定する旨の本件慣行が不当な取引制限に該当して、本件課徴金納付命令が有効であるとして維持されることは確実であったために、結論よりも、不当な取引制限における相互拘束、一定の取引分野における競争の実質的制限という要件についてどのような解釈を示すのかが注目された。最判平成24年2月20日判例集等未登載。

2) 最判昭和59年2月24日刑集38巻4号1287頁。

件東京高裁判決の市場を支配することができる状態をもたらすことをそのまま引用して高レベルの違法性水準であるとも主張している。

このように、相矛盾する双方の解釈を並列させていること自体が、論理矛盾を生じる結果となっていた。

第2に、カルテルのなかでも、直接証拠から認定されて、成立時期について合意時説のあてはまる合意と、間接事実から推認されて、成立時期について実施時説のあてはまる意思の連絡は区別されるべきであるが、この区別が明確に行われていない。すなわち、「このような共通の認識を実務上『合意』、『基本合意』などと呼んでいる」として、基本合意というもともと欠陥のある用語を使用し続けている。そのため、意思の連絡と合意との要件、法的効果を区別しないで、議論を進めている。

入札談合についても、受注予定者の決定に関する合意、受注予定者の決定に関する意思の連絡を区別するべきであって、誤解を招く用語であるところの、入札談合における基本合意は使うべきではない。

第3に、これまで公取委は相互拘束にカルテルのほか、共同研究開発契約、製造業者・販売業者が一体となった共同の取引拒絶なども含むとしてきているが、上告受理申立て理由書でも相互拘束の対象行為の範囲を明白にしていない。そのため、相互拘束、競争の実質的制限等の議論があてはまる対象行為の範囲を明白にしないまま、議論を進めている。

今日では、相互拘束には、垂直的制限を含む共同行為が該当し、不当な取引制限の禁止は垂直的制限を含む共同行為を対象行為としていると解される。それを前提として各要件の解釈を検討すべきであると考えられる。

Ⅲ 事実認定に係る事項

1 違反行為者

本件では、ゼネコン80社が本件意思の連絡の当事者および違反行為者である。

3） 東京高判昭和28年12月7日高民集6巻13号868頁。

公取委が本件基本合意についての違反行為者をゼネコン33社であるとしたことについては、あえて、本件違反行為者がゼネコン33社と認定した部分を除く「各事実を認定したことは合理的であり」、また、本件違反行為者がゼネコン33社と認定したことは、「本件対象期間において、多摩地区で事業活動を行うゼネコンのうち少なくとも本件33社が……本件基本合意をしていた旨を認定したものとして合理的であるというべきであるから、これらの認定事実には、それを立証する実質的な証拠があるものと認められる」とし、協力者概念には何ら言及していないことからも、営業担当者名簿に掲載されていたゼネコン80社が違反行為者であると認定することが相当であったことを事実上認めるものとなっている。少なくとも同様に実質的証拠法則を論拠として請求を棄却した４東京高裁判決よりも一層違反当事者はゼネコン33社でなく、ゼネコン80社であったというニュアンスを強めたものとなっている。

2　原審である東京高裁関連部分

本件最高裁判決で破棄された東京高裁判決が対象としたゼネコン５社の受注した本件７個別工事について、本件判決が認定した入札の実施状況をみても、それら７件の個別工事のうち６件の個別工事ではゼネコン80社のうちの10社が指名されて（本件33社のうち３社、その他47社のうち７社、または本件33社のうち４社、その他47社のうち６社のいずれかの組み合わせで指名されている）、受注予定者が落札しており、落札率は１件の個別工事で97.99％であるほか、他の５個別工事では落札率はいずれも99％を超えている。

ところが、ゼネコン８社とアウトサイダーである地元業者２社が指名された１件の個別工事では地元業者２社の応札価格が最低制限価格を下回り失格となったため受注予定者が落札したが、落札率は89.79％であった。

4）違反行為者として認定されるか否かは、課徴金納付命令の名宛人とされるのか否かには関係なくとも、実質的に大きな制裁として機能する指名停止処分等の対象となるか否かに結びつき、この件が最高裁まで争われた理由の１つがゼネコン間における不平等感にあったと推測されることから、この事実認定の誤りが本件最高裁判決を生み出したことになる。

Ⅲ　事実認定に係る事項　163

この個別工事では、受注予定者も地元業者との競争関係を意識していたために89.79％という落札率で応札したものと考えられ、また、地元業者の応札価格に鑑みると、この個別工事は順当に行けば地元業者が落札すべきものであった。この個別工事について本件基本合意の競争制限効果が発生しているとして課徴金納付を命じることは相当であるが、地元業者との競争関係を勘案すると損害賠償請求を認容することは困難な事例であると評価される。

3　多摩地区入札談合事件全体について

また、全体的にみても、本件対象期間中に、ゼネコン80社のいずれかが指名されて入札が実施された、Ａランク以上の土木工事である72件の個別工事のうち、本件33社（ゼネコン80社でも同じ）が落札・受注した個別工事件数は34件である。このことは、個別工事72件のうち、過半数を超える38件では地元業者のほうが受注予定者よりも低い価格で応札して落札・受注したことを意味する。

また、本件33社が落札・受注した個別工事34件のうち、ゼネコンのみが指名業者となっていた個別工事が10件であって、24件の個別工事では地元業者も指名されていた。最高裁判決は、「少なくともそのうちの20件の入札において、当該地元業者に、受注予定者からの協力依頼に応じ又は高めの価格で入札して競争を回避する行動がみられた」と認定している。

他方、本件33社が落札・受注した個別工事34件のうち、28件では落札率が97％を上回っている（落札率99％超21件、98％超5件、97％超2件である）が、落札率90％未満が6件存在する。この6件の個別工事では、受注予定者が地元業者との競争関係を意識して応札価格を引き下げて落札したものと推測される。したがって、地元業者に競争を回避する行動がみられたと認定された前記20件のうち、受注予定者が落札率90％未満で落札した個別工事2件については、地元業者が全面的に協力依頼に応じたとまではいえない状況にあったと評価される。

総合すると、アウトサイダーである地元業者はかなり強い競争力をもっていたと評価される。ゼネコンの受注件数ベースの市場占有率は50％未満

であるうえ、ゼネコンのみが指名された工事10件を除くとその市場占有率はさらに低くなる。本件受注予定者の決定について、「その当事者である事業者らがその意思で当該入札市場における落札者及び落札価格をある程度自由に左右することができる状態をもたらしていた」と認定することが相当な理由である。

4 入札談合における意思の連絡と競争の実質的制限

本件判決では、入札談合に関しての一定の取引分野における競争の実質的制限について、「本件基本合意のような一定の入札市場における受注調整の基本的な方法や手順等を取り決める行為によって競争制限が行われる場合には、当該取決めによって、その当事者である事業者らがその意思で当該入札市場における落札者及び落札価格をある程度自由に左右することができる状態をもたらすことをいうものと解される」としている。そのうえで、「本件対象期間中に発注された公社発注の特定土木工事のうち相当数の工事において本件基本合意に基づく個別の受注調整が現に行われ、そのほとんど全ての工事において受注予定者とされた者又はJVが落札し、その大部分における落札率も97％を超える極めて高いものであったことからすると、本件基本合意は、本件対象期間中、公社発注の特定土木工事を含むAランク以上の土木工事に係る入札市場の相当部分において、事実上の拘束力をもって有効に機能し、上記の状態をもたらしていたものということができる」としている。

このように、本件判決では、入札談合事件で意思の連絡が形成されたと認定された初めての事例であり、かつアウトサイダーである地元業者が強い競争力を有していたと評価される事例であることから、競争の実質的制限を充足することについて「その当事者である事業者らがその意思で当該入札市場における落札者又は落札価格をある程度自由に左右することができる状態をもたら」していたとして丁寧に認定している。

意思の連絡が形成されたという認定は、個別受注調整など実施行為、実施状況を勘案して判断されるものであって、合意時説でなく実施時説があてはまる。受注予定者の決定に係る意思の連絡が形成された場合に、参加

事業者の合計市場占有率が40％超であるとき、その反競争的性格から一定の取引分野における競争の実質的制限を充足するものと推定される。

すなわち、合意によるカルテルについては、昭和59年の石油製品価格協定事件最高裁判決により、参加事業者の合計市場占有率が40％超であるとき、直ちに、競争の実質的制限を充足するとみなされて不当な取引制限が成立する。意思の連絡が推認されるカルテルについては、その反競争的性格から、参加事業者の合計市場占有率が40％超であるとき、実施時に競争の実質的制限を充足すると推定される[5]。

Ⅳ 法律解釈に係る事項

1 一定の取引分野における競争の実質的な制限

（1） 共通の基礎概念　「一定の取引分野における競争を実質的に制限する」という要件は、独占禁止法上、私的独占（3条前段、2条5項）、不当な取引制限（3条後段、2条6項）および企業結合規制（第4章）において共通の要件とされている基礎的な概念である。すなわち、「一定の取引分野における競争を実質的に制限する」という要件についての解釈はこれらの規制に共通している。

したがって、本件判決の最大の先例価値は、一定の取引分野における競争を実質的に制限することは、当該取引に係る市場が有する競争機能を損なうことをいうとしたことである。これまでの市場を支配することができる状態を用いてきたこれまでの「一定の取引分野における競争を実質的に

5）　参加事業者の合計市場占有率20％程度のカルテルは、合意、意思の連絡のいずれの形態においても生じることがほぼないと想定されるため、無視してもよいのであろう。

　理論上は、対象商品が一定の取引分野として画定されて、競争の実質的制限については入札談合で「その当事者である事業者らがその意思で当該入札市場における落札者又は落札価格をある程度自由に左右することができる状態をもたら」していた、価格協定で「その当事者である事業者らがその意思で当該商品市場における販売価格をある程度自由に左右することができる状態をもたら」していたと認定されるときに、充足されることになる。しかし、（一般原則を適用して、市場支配力の程度はきわめて低く、正当化事由はないため、結局具体的な競争制限効果がどの程度かで決定されることになるが）競争の実質的制限を充足することはないものと考えられる。

制限する」定義はすべて先例価値を失うことになる。

（2）　不当な取引制限に係る一定の取引分野における競争の実質的制限　最高裁は、不当な取引制限における一定の取引分野における競争を実質的に制限することは、当該取引に係る市場が有する競争機能を損なうことをいうとした。

これにより一定の取引分野における競争を実質的に制限することについて、東宝・新東宝事件東京高裁判決の定義を否定して、違法性レベルを大幅に引き下げた。

この点は「事業者又は事業者集団が、その意思である程度自由に、価格、品質、数量その他各般の条件を左右することによって、市場を支配することができる状態をもたらすこと」としていたのを、本件入札談合の一定の取引分野における競争を実質的に制限することについて「その当事者である事業者らがその意思で当該入札市場における落札者及び落札価格をある程度自由に左右することができる状態をもたらすこと」として、「市場を支配することができる状態」を削除したことからも明白である。これによって、共同行為の各行為類型について妥当なルールを形成することを可能にした。

（3）　私的独占に係る一定の取引分野における競争の実質的制限　私的独占、とりわけ排除型私的独占に係る一定の取引分野における競争を実質的に制限することについても当該取引に係る市場が有する競争機能を損なうことをいうとして、東宝・新東宝事件東京高裁判決の定義を否定して、違法性レベルを大幅に引き下げた。これによって、単独行為の各行為類型について妥当なルールの形成を可能にしている。

この判例によって、一定の取引分野における競争を実質的に制限することについての市場支配的状態、市場支配力を過度に重視する定義は先例価値を失ったものと考えられる[6]。すなわち、東宝・新東宝事件東京高裁判決の定義はもちろん、その一部を他の用語で置き換えたに過ぎない、東日本電信電話株式会社事件東京高裁判決の[7]「競争自体が減少して、特定の事業

---

6)　『排除型私的独占に係る独占禁止法上の指針』第3の2（1）を変更する必要がある。
7)　東京高判平成21年5月29日審決集56巻第2分冊262頁。

者又は事業者集団がその意思で、ある程度自由に、価格、品質、数量その他各般の条件を左右することによって、市場を支配することができる状態を形成、維持、強化すること」や、東日本電信電話株式会社事件最高裁判決[8]の市場支配力を過度に重視した「市場支配力の形成、維持ないし強化という結果が生じること」という定義はすべて先例としての価値を失っている。

（4） 第4章関係に係る一定の取引分野における競争の実質的制限
　企業結合規制に係る一定の取引分野における競争を実質的に制限することとなるは、当該取引に係る市場が有する競争機能を損なうこととなることをいう。
　企業結合規制についても、「事業者又は事業者集団が、その意思である程度自由に、価格、品質、数量その他各般の条件を左右することによって、市場を支配することができる状態」を用いていた、東宝・新東宝事件東京高裁判決の定義を否定して、違法性レベルを大幅に引き下げた。
　水平型企業結合など行為類型ごとの実質的な規制水準に大きな影響はなくとも、現行企業結合ガイドライン中の「競争を実質的に制限することとなる」の部分は変更する必要がある。[9]

2　行為要件としての相互拘束・排除行為

（1） 取決め　本件判決は、「このような取決めがされたときは、これに制約されて意思決定を行うことになるという意味において、各社の事業活動が事実上拘束される結果となることは明らかであるから、本件基本合意は、法2条6項にいう『その事業活動を拘束し』の要件を充足するものということができる」としている。
　これに制約されて意思決定を行うことになるという意味において、各社の事業活動が事実上拘束される結果となることはいわば当然のことであって、共同して相互にその事業活動を拘束することは、複数の独立事業者間の取決めを意味する。前記の判旨から相互拘束について、複数事業者間の

8）　最判平成22年12月17日判例時報2101号17頁・判例タイムズ1339号55頁。
9）　『企業結合審査に関する独占禁止法の運用指針』第3の1（1）を変更する必要がある。

水平的取決めに限定すると解する必要はなく、複数事業者間の垂直的取決めもその対象とする。

相互拘束については、これまで「共通の目的の達成に向けてそれぞれの事業活動を制約すること」をいうとしてきたが、複数事業者間の取決めのほうが、内容的に同一であるとともにより簡明である。

（2）意思の連絡　最高裁判決として、合意とともに、初めて意思の連絡が不当な取引制限の「共同して相互に拘束する」を充足するとした。

「本件基本合意の成立により、各社の間に、上記の取決めに基づいた行動をとることを互いに認識し認容して歩調を合わせるという意思の連絡が形成されたものといえるから、本件基本合意は、同項にいう『共同して……相互に』の要件も充足するものということができる」としている。「共同して……相互に」の文言に基づき、取決めの態様としての合意および意思の連絡が含まれるとしている。[10]

本件最高裁判決も基本合意という用語を使用しているが、今後は入札談合においても、受注予定者の決定ルールに係る合意と意思の連絡を区別するべきであって、基本合意なる用語を使用することはやめるべきである。

意思の連絡では、間接事実として実施行為、実施状況を勘案するのであって、意思の連絡が推認されるカルテルには実施時説があてはまる。この結果、石油製品価格協定事件最高裁判決が適用になる、原則として直ちに一定の取引分野における競争の実質的制限を充足して不当な取引制限が成立する、または参加事業者の合計市場占有率が40％超であると直ちに一定の取引分野における競争の実質的制限を充足して不当な取引制限が成立するという合意時説があてはまるのは、合意によるカルテルに限られる。

意思の連絡が推認されるカルテルについては、参加事業者の合計市場占有率が40％超であるとき、その反競争的性格から、実施時において、一定

---

10) 最高裁判決は、「その事業活動を（相互に）拘束し」で、取決めを判断し、「共同して……相互に」で意思の連絡の形成を判断している。そのため、意思の連絡は、取決めとは別に存在すると解する余地が生じている。しかし、相互拘束である取決めは、合意と意思の連絡の双方を含むと解される。このような問題が生じるのは、基本合意なる用語を使っている悪影響であると考えられる。

の取引分野における競争の実質的制限を充足すると推定される。

　また、共同行為に該当する、カルテル以外の他の行為類型では、具体的な競争制限効果が一定の取引分野における競争の実質的制限を充足するか否かを判断する判断要素となるように、たとえ合意が認定されたとしても、意思の連絡と同様に（または合意、意思の連絡を問わずに）、原則として実施時説があてはまる。要するに、カルテル以外の行為類型の一定の取引分野における競争の実質的制限については、一定の取引分野を画定したうえ、当該事業者の市場占有率、市場支配力、具体的な競争制限効果、正当化事由、当該事業者の意図などを総合判断して充足されるかが決定される。米国反トラスト法における共同行為規制について、判例法上形成してきた当然違法の原則（Per Se Illegal）と合理の原則（Rule of Reason）の現在の使い分けとほぼ同じ結果になる。

　（3）　排除行為　　本件判決は必ずしも、私的独占の排除行為の解釈に直接影響を及ぼすものではない[11]。しかし、行為要件としての排除行為が、相互拘束が複数事業者間の取決めで足りるとしているように、きわめて緩やかなものであると足りるとするものである。

　他の事業者の事業活動を排除すること（排除行為）とは、他の事業者の事業活動を困難にさせる行為（人為的制約）をいうと解される。この「他の事業者」には、競争者や新規参入しようとする者（潜在的競争者）を含むため、競争者の事業活動の継続を困難にさせる、新規参入を困難にさせる行為が含まれる。

　したがって、他の事業者の事業活動を排除すること（排除行為）とは、競争者の事業活動の継続を困難にさせる、新規参入を困難にさせるなどの他の事業者の事業活動を困難にさせる行為（人為的制約）をいうと言い換えても同じである。

　事業者が自ら製造し、または輸入した製品を（外部に一切販売せずに）自らすべて使用しているときに、当該事業者が自ら製造し、または輸入することを制限する（やめさせようとする）行為は「他の事業者の事業活動

---

11)　排除行為について本件最高裁判決の言い回しをそのまま使うと「他の事業者の事業活動が事実上排除される結果となる行為」となる。

を困難にさせる行為」に該当する。具体的な行為として、ニプロ事件[12]、東洋製罐事件[13]における相手方の事業活動を困難にさせる行為を想定している。ただし、それらの行為において、その対象事業者が当該市場の競争者や当該市場に新規参入しようとする者にあたるか定かでないため、「競争者の事業活動の継続を困難にさせる、新規参入を困難にさせる行為」にあたるといえるのかは明白でない。そのため、一般論として他の事業者の事業活動を困難にさせる行為（人為的制約）が一番問題のない定義となる。

東日本電信電話株式会社事件最高裁判決[14]の「正常な競争手段の範囲を逸脱するような人為性を有」する行為は、排除型私的独占の係る独占禁止法上の指針の「他の事業者の事業活動の継続を困難にさせたり、新規参入者の事業開始を困難にさせたりする行為」よりもむしろ後退している。排除行為のこの定義は、競争法の単独行為すべてを包含することができず、対象行為を狭い範囲の行為に限定しかねないものであって、妥当な解釈とはいえない。

3 不公正な取引方法の公正競争阻害性との関係

（1） 共通の実質要件　　当該取引に係る市場が有する競争機能を損なうことは、私的独占・不当な取引制限と自由競争減殺型の不公正な取引方法に関する、優れた共通の実質要件であって、自由競争減殺型の不公正な取引方法の公正競争阻害性は、当該取引に係る市場が有する競争機能を損なうこと、一定の取引分野における競争を実質的に制限することをいうと解される。

このように解することは、現実には昭和59年以降展開してきた現行判例法を確認、追認するものであって、何ら現行実務や現行判例法には影響を及ぼさない。事後規制の判例法としての行為類型ごとのルールは、3条と19条（自由競争減殺型の不公正な取引方法の禁止）が一体として形成していくことになる。独占禁止法の実体ルールとしての判例法の解説についても

---

12) 公取委審判審決平成18年6月5日審決集53巻195頁。
13) 公取委勧告審決昭和47年9月18日審決集19巻87頁。
14) 前掲注8）最判平成22年12月17日参照。

何ら変更する必要はない。

ただし、判例法は適当な事件がないと変更できないため、この解釈が判例法として確立するまでには時間がかかる。今後下されるクアルコム事件審判審決[15]が第1次大正製薬事件審判審決[16]を変更する最有力候補となる。

（2） 3条中心主義　3条の解釈論が確立したことによって、今後垂直的制限ガイドライン、知的財産ガイドラインなど事後規制に係るガイドラインについては、3条に基づき、米国反トラスト法、EU競争法などと同一の法的枠組み、法律構成のもとで、同一の議論を行い、同一内容のものを作成していくことができる。

今後、事後規制の判例法については、不公正な取引方法の禁止には、課徴金納付を命じずに排除措置を命ずるというメリットもあるため3条と19条を一体として行為類型ごとに単一ルールを形成していくことになる。しかし、自由競争減殺型の不公正な取引方法の形式要件には問題点が多いため、基本的に3条に基づく行為類型のもとに判例法を形成していくこととなる。

4　現行課徴金の法的性格

本件判決は、課徴金の法的性格について、「法の定める課徴金の制度は、不当な取引制限等の摘発に伴う不利益を増大させてその経済的誘因を小さくし、不当な取引制限等の予防効果を強化することを目的として、刑事罰の定め（法89条）や損害賠償制度（法25条）に加えて設けられたものである（最高裁平成14年（行ヒ）第72号同17年9月13日第三小法廷判決・民集59巻7号1950頁参照）」としている。

本件判決および引用されている最高裁判決（日本機械保険連盟事件[17]）は、平成17年改正前の課徴金制度を対象とするものである。また、多摩地区入札談合事件の実行期間は、平成9年10月1日から平成12年9月27日までであって、本件は平成17年改正前の課徴金制度が適用になった事例である。

15）　公取委排除措置命令平成21年9月28日審決集56巻第2分冊65頁。
16）　公取委審判審決昭和28年3月28日審決集4巻119頁。
17）　最判平成17年9月13日民集59巻7号1950頁。

したがって、本件判決の課徴金の法的性格に係る部分は誤りではないが、現行課徴金が行政上の制裁であることと解することを妨げるものではない。

平成21年改正後の現行課徴金は、明確に不当利得を上回る金員の納付を命じることとし、累犯加算、主導的役割加算、早期離脱減算を設けて、課徴金減免制度を伴っているため、不当な取引制限等に対して行政上の制裁を課して、違反抑止を図る目的で設けられたものであり、その法的性格は行政上の制裁である。

今日では、行政上の措置と25条の基づく損害賠償請求を含めて損害賠償請求とは別物であることが明らかになっていることから、「損害賠償制度（独禁法25条）に加えて」は不要である。

「刑事罰の定め（独禁法89条）に加えて」も、今日では、優越的地位の濫用の禁止のように、刑事罰の対象でない行為についての課徴金納付が命じられるようになっていることと、カルテルに対しても同時に刑事罰まで科せられるものの数は大幅に減少し課徴金が独占禁止法違反についての主たる制裁措置となっており、「刑事罰の定め（独禁法89条）に加えて」の記述は不要であると考えられる。

また、本件判決は「課徴金の対象となる『当該……役務』とは、本件においては、本件基本合意の対象とされた工事であって、本件基本合意に基づく受注調整等の結果、具体的な競争制限効果が発生するに至ったものをいうと解される」として、入札談合の課徴金額の算定における個別工事ごとの具体的な競争制限効果の発生を必要とするというこれまでの判例法の立場を維持している。

もともと入札談合についての課徴金額の算定において個別工事における競争制限効果の発生を要件としたのは、不当利得の剥奪を論拠にしていたことに由来するものと評価される。課徴金を行政上の制裁と位置づける平成17年改正後の課徴金においては、価格協定の基礎金額について関連市場における対象製品等の客観的売上高で足りるとしているのと同様に、入札談合における課徴金額算定の基礎金額についても原則として関連市場における個別工事の客観的落札・受注額で足りるものと考えられる。

第8章

事業者団体の活動への規制
8条のあり方

　事業者団体の活動を規制する8条は、競争の実質的制限を要件とする8条1号に一本化するとともに、3条後段を補完する規定として、8条1号および3条後段に違反する行為については3条後段を優先適用し、さらに3条後段に違反するとして事業者に対して行政上の措置を命じた場合にも、事業者団体に違反行為を排除させるために必要な措置を命じることができるようにすることが望ましい。そのためには、3条後段を8条1号より優先適用するというルールを確立したうえ、制裁金の本質に合致するように、課徴金納付の名宛人について構成事業者から違反主体である事業者団体に変更するなど、現行課徴金制度（8条の3）を改正する必要がある。

I 本章の要旨

本章では、理解を容易にするため、先に要旨を記述しておきたい。

事業者団体の活動を規制する8条は、3条後段を補完する規定である。すなわち、事後規制について、私的独占の禁止と不当な取引制限の禁止が中核規定であり、独占禁止法の体系上、8条は、「事業者としての共通の利益を増進することを主たる目的とする」という事業者団体の定義規定（2条2項）からみて3条後段の共同行為規制、とりわけ水平的制限規制に係る補完的規定となる。

そのうえで、8条について次の3つの原則を確立すべきである。

第1に、事業者団体も事業者と並ぶ違反行為主体と位置づけられているため、事業者団体が行うところの行為で、事業者による不当な取引制限に該当すると認定されない行為については8条が適用される。8条違反が認められると、事業者団体に対して行政上の措置が命じられる。

第2に、水平的制限規制において、8条は、3条後段の不当な取引制限の禁止を補完する禁止規定であるため、事業者団体が関与する行為で（それが8条に違反するか否かを問わず）、事業者による不当な取引制限に該当すると認定される行為については、3条後段の不当な取引制限の禁止が優先適用されて、事業者に対して行政上の措置が命じられる。

第3に、3条後段に該当する行為であるとして事業者に行政上の措置が命じられる場合でも、事業者団体が関与する行為について8条違反が認められるときには、すなわち、8条1号、8条3号、8条4号に該当するとされる事業者団体の関与する行為については、同時に事業者団体に対してもその関与行為を排除するために必要な排除措置など行政上の措置が命じられる。すなわち、3条後段違反と8条違反との関係は択一的選択の関係でなく、並存し、同時適用が可能である。

ところで、水平的制限の主要な行為類型であるカルテルと共同の取引拒絶のうち、共同の取引拒絶についてこの原則がそのままあてはまる。

ところが、カルテルについては、事業者団体による8条1号違反行為に

係る現行課徴金制度のために、8条については8条1号のみで足りると解釈すると、3条後段違反で事業者に排除措置と課徴金納付を命じる場合で、さらに8条1号に違反するとして事業者団体の関与行為を排除するために排除措置を命じるときに、重複して構成事業者に課徴金納付を命じざるをえなくなる。そのような同一行為を行った事業者に、二重に課徴金を課すという実務、解釈は許されるはずもない。そこで、事業者団体によるカルテルへの関与行為を排除するための排除措置を命じるときに、現行課徴金制度のもとでは、事業者団体のカルテル関与行為について8条4号に違反するとして排除措置を命じるというように、8条4号を活用せざるをえない。しかし、それでは、石油製品価格協定事件のような事業者としての行為と事業者団体としての行為が一体として行われる行為については（8条1号に違反すると認定することが相当であるため）、実態と適用法条が一致しないことになる。[1]

そこで、違反主体である事業者団体に対してではなく、違反主体でない構成事業者に必要的に課徴金納付を命じるという制度は、行政上の制裁としての性格に反するものであることから、事業者団体に対する現行課徴金（8条の3）は廃止するか、事業者団体に課徴金納付を命じる制度に改正するべきである。それによって、カルテルについて、3条後段違反で事業者に排除措置と課徴金納付を命じる場合に、さらに8条1号に違反するとして事業者団体の関与行為を排除するために排除措置を命じることを可能にすることができる。

II 事業者団体の活動に対する禁止規定

1　8条の構造

現行8条は、事業者団体の活動について、①競争の実質的制限行為（1

---

[1]　8条1号に違反する、8条4号に違反すると記述するべきか、8条1号に該当して8条に違反する、8条4号に該当して8条に違反すると記述するべきかについては、論理上後者が相当でないかとも考えられる。しかし、公取委は法律の適用において一貫して前者の言い回しを使用しているため、本章もそれに従う。

号)、②国際的協定・契約の締結 (2号)、③事業者の数の制限 (3号)、④構成事業者の機能・活動の制限 (4号)、⑤不公正な取引方法の勧奨 (5号) を禁止している。

　事業者団体の活動を規制する規定である8条については、3条後段を補完する規定であることから、一定の取引分野における競争の実質的制限を実体要件とする8条1号で足りるのであって、8条2号から5号までは基本的に不要な規定である。正確には、現行の8条2号と8条5号はもともと不要な規定であるため廃止するべきであり、現行の8条3号と8条4号は8条1号で間に合うため8条1号に一体化するべきである。[2)]

　なお、8条は、3条と異なる性格をもち、事業者団体の行為についての予防的規制であると位置づけると8条4号に独自の存在意義をもたせることができるが、今日ではそのような体系上の位置づけには疑問がある。

　8条1号と8条3号・4号とを異なるものと解してきた原因の1つは、不当な取引制限の一定の取引分野における競争の実質的制限について、「市場を支配することができる状態をもたらすこと」と定義して過度に厳格に解釈してきたことによる。一定の取引分野における競争を実質的に制限することは、垂直的非価格制限を含む共同行為すべてに適用されるものであって、文言どおりに解釈することで足り、8条1号により現行の8条3号、8条4号に違反する行為を十分にカバーできる。

　なお、現行8条3号・4号には、現行課徴金制度のもとで、事業者団体の行為について8条3号・4号に違反するとして課徴金を課さないという妥当な処理を実現できるという長所があるが、その点は前述のとおり課徴金制度の全面的見直しで解決するべきである。

2　8条1号

　8条1号は、事業者団体が行う一定の取引分野における競争を実質的に制限する行為を禁止する。

　8条1号は、一定の取引分野における競争を実質的に制限することのみ

---

2)　国際的にも、事業者団体の活動を規制する規定について、8条のようにこれだけ細かく規定する法制は珍しい。

を要件として、行為類型に分類されるところの、「排除行為」、「相互拘束」などの行為態様要件を規定していない。したがって、行為態様については全面的に解釈にゆだねているものと解される。

事業者団体の活動に係る主要な行為類型は、カルテル、共同の取引拒絶、加入制限・除名、情報交換活動、規格設定などである。

3　8条2号

8条2号は、事業者団体が外国事業者や外国事業者団体との間で6条の規定に違反する国際的協定・契約を締結することを禁止する。ただし、現在まで事業者団体の行為が8条2号に違反するとした判審決は存在しない。しかも、今日では6条自体が不要な規定であることが明らかになっている。

4　8条3号

8条3号は、事業者団体が一定の事業分野における現在または将来の事業者の数を制限することを禁止する。私的団体である事業者団体への加入制限が直ちに8条3号に違反するものではなく、過去の8条3号違反審決例も、事業者団体へ加入しなければ事業活動の開始や継続が実質的に困難になるという状況のもとで、事業者団体への加入を制限したことが問題とされている。「一定の事業分野」は、「一定の取引分野」よりも狭く画定されるものと解されている。しかし、一定の取引分野は個別違反被疑行為、個別事案に応じて柔軟に画定できる概念である。あえて一定の事業分野のような概念を導入する必要はなく、事案に応じて一定の取引分野を画定することによって8条3号に違反するとされた行為については、8条1号に違反するとして処理できる。

8条3号に違反する、専門自由業における事業者団体による加入制限等については、事業者団体としての医師会、歯科医師会が医療機関の開設を制限することにより当該事業分野における事業者の数を制限する行為が代表例である。観音寺市三豊郡医師会事件東京高裁判決が基本先例である。[3]

3）　東京高判平成13年2月16日審決集47巻545頁。

この件は、専門自由業における事業者団体の加入制限行為について、初めて審決取消訴訟が提起されて東京高裁で争われた事件であるため、先例価値が高い。

この件で、事業者団体である社団法人観音寺市三豊郡医師会（以下、「本件医師会」という）が、香川県観音寺市および三豊郡の区域において、①医療機関の開設の制限、②医療機関の診療科目の追加、病床の増設・増改築、老人保健施設の開設の制限を行っていると認定し、①については、8条3号の観音寺市三豊地区の開業医の数の制限に該当し、②については、8条4号の構成事業者の機能または活動の不当な制限に該当するとして排除措置をとることを命じた。

具体的には、本件医師会は、同医師会に加入しないと医師会の提供する各種便宜を受けられず、診療面で他の会員医師の協力を求めることが困難になる状況のもとで、入会の拒否、除名がありうる制度を背景として、医療機関の開設等の希望を申し出させ、相談委員会において審議し、常会の意見を参酌し、理事会で同意、不同意等を決定する審議システムを採用し実施した[4]。実際にも、「不同意の決定を受けた者は医療機関の開設等を断念し、条件付きの同意又は留保の決定を受けた者は当該決定に従っている」と認定されている。

この件で、東京高裁は、医療法上の医療計画制度は、医療の提供に対する制限であるため、「あくまでも医療法の目的である『医療を提供する体制の確保を図り、もって国民の健康の保持に寄与すること』との目的に沿うものであり、その手段も医療法の認める範囲内のものに限られる」としたうえ、医療法上、都道府県知事は病院開設者等に対し病院の開設、病床数の増加等に関して「勧告することができる」にとどまり、法的規制権限が与えられていない地元医師会は「地域の医療状況等に関する情報を提供したり、合理的な範囲内で圧力・強制にわたらない助言・指導・意見表明

---

[4] 東京高裁は「医師会の会員でなければ開業することが不可能又は著しく困難であるという状況にまで至らなくても、医師会の会員でなければ開業することが一般に困難な状況があれば、当該医師会に加入できない又は除名されるということが医療機関の開設等を事実上抑制することは明らかである」としている。

を行うことが許されるにとどまると解される」ため、本件医師会の行為は医療法の目的や医療法に定める医療計画制度の趣旨を逸脱している競争制限的行為であるとしている。

本件医師会の行為は、「現在においても、審議システムにおいて会員医師の利益を守るための利害調整や合理性のない制限を行い、競争制限的行為を行っている」、「現実にも、具体的事例で競争制限的決定を繰り返してきている」と認定されており、まとめて8条1号に違反するものである。[5]

現実にも、公取委は、この件で本件医師会に対して、本件審議システムの取りやめとその旨の周知徹底、将来にわたる同様な行為の禁止など8条1号違反と同様な内容の排除措置を命じている。

専門自由業における独占禁止法の適用は、法定の強制加入団体についてもみられる。

弁護士、弁理士、税理士、公認会計士などについては国家資格として資格者による業務独占が認められている。資格者を会員とする団体の設立と、資格者の当該団体への入会が法律で義務づけられている。会員には会員の品位保持義務、研修等による業務改善義務などを規定する会則の遵守が義務づけられている。

このような法制のもとでは、加入制限・除名はあまり問題とならず、標準報酬表の作成、広告活動の制限が問題となっている。[6]

5 8条4号

8条4号は、事業者団体が構成事業者の機能または活動を不当に制限することを禁止する。ところが、8条4号に違反する行為が、一定の取引分野における競争を実質的に制限する場合には、8条1号にも違反し、8条

---

[5] なお、本件で、8条1号に違反するとしても、数量制限カルテルにはあたるとはいえず、課徴金の対象行為には該当しないために、構成事業者である会員医療機関に対して課徴金納付を命じる必要はないものと考えられる。

[6] たとえば、三重県社会保険労務士会が、会員のダイレクトメール、ファクシミリ等による広告活動を制限すること、および他の会員の顧客を獲得しないよう求めることを理事会で確認し、会員に周知していることが8条4号に違反するとされている（公取委勧告審決平成16年7月12日審決集51巻468頁）。

4号違反行為は8条1号違反行為に吸収されると解釈されている。そのため、8条4号の実質的な存在意義は、競争の実質的制限にまで至らないが、競争に悪影響を与えるような行為を規制するところにあるとされる。[7]

しかし、このような解釈は、8条が3条後段の補完的規定であることを考えると、事業者間で実施しても不当な取引制限に該当しない行為について、事業者団体が行うと違法とすることになり、そのような行為を規制する必要があるのかという点から疑問である。

8条4号については、倉庫保管料の届出料金の引上げ決定が、決定を契機に実勢料金の引上げに努力するという程度の認識しかなく、届出料金の引上げに連動して実勢料金の引上げが行われうるような状況にもない場合には、競争の実質的制限にあたらず、8条1号に違反しないが、会員が自由になしうる届出を拘束するものとして、8条4号に違反するとした日本冷蔵倉庫協会事件審判審決[8]が基本先例である。

日本冷蔵倉庫協会（以下、「本件協会」という）は、おおむね都道府県を単位とする地区冷蔵倉庫協会を正会員、冷蔵倉庫業者を賛助会員とする社団法人である。

事件当時、冷蔵倉庫料金については、倉庫業法により、事前届出制が採用され、冷蔵倉庫業者は、保管料の決定または変更を運輸大臣に届け出なければならなかった。

本件協会は、平成4年4月23日に、幹部会において基準となる冷蔵倉庫の基本料率を、届出料率から8％台、最低2円以上引き上げることで運輸省担当課と折衝することを決定した。同年6月18日に、運輸省担当課長からの意向を受けて、幹部会において、会員事業者の基本料率を8.8％引き上げることを基本とし、個々の会員事業者に対して設備能力に応じて約8.0％～9.6％の5種類の引上げ率を適用する旨決定した。

本件協会は、地区冷蔵倉庫協会を経由して傘下の会員事業者に対して関

---

7) 4号の不当については、不公正な取引方法とパラレルに考えて、公正競争阻害性のある行為を指すものと解されてきた。今村成和『独占禁止法〔新版〕』（有斐閣・1978）179頁参照。この点からも、不公正な取引方法の公正競争阻害性と一定の取引分野における競争の実質的制限の関係について私のように同じものと解釈すると、4号は不要となる。
8) 公取委審判審決平成12年4月19日審決集47巻3頁〔日本冷蔵倉庫協会事件〕。

係資料等を配布してその方針を周知し、会員事業者はその方針どおりに保管料引上げを届け出た。

　この件で、公取委は、本件協会の行為は8条1号に違反するとして勧告を行ったが、審判の結果、8条4号に違反する旨の審判審決を行った。

　8条1号の「競争の実質的制限は、実勢料金に関して生じることが必要である」としたうえ、全体的にみても、実勢料金は届出料金から相当程度下方に乖離(かいり)し、届出料金の9割以下となっているものが多かったなかで、届出料金の引上げ決定が実勢料金引上げの契機になるとの認識はあっても、本件届出料金の引上げ協定は即実勢料金の引上げ協定の意味を有するとの本件協会の認識があったとはいえず、また、本件届出料金の引上げ協定と全国市場における実勢料金の上昇との連動性を認定することまではできないとした。すなわち、本件協会の行為は、全国の会員事業者の実勢料金との関係で、届出料金の引上げを契機に少しでも実勢料金を引き上げるよう努力するという程度の認識による届出料金に関する決定であったとの認定にとどまらざるをえず、また、届出料金の引上げ決定の内容およびその周知ならびにその後の実施状況をもっても、実勢料金についての競争の実質的制限が生じたものと認めるに足りないとした。

　しかしながら、届出の実施状況からみて、時期の点でも比率の点でも、会員事業者が、本件協会からの決定の周知を受けた後、速やかに一斉に行動を起していることから、本件協会の決定は、保管料の届出について会員事業者の事業活動を制限していたものであるとしている。

　本件審判審決で、公取委は、届出料金の引上げ決定に連動して全国市場における実勢料金が上昇したことが立証されていない、または「会員事業者の実勢料金の引き上げが行われ得るような状況が的確に立証できていない」ことから実勢料金についての競争の実質的制限が生じたものと認めるに足りないとした。

　しかし、本件協会の主観的認識ならびに一部地区での実勢料金引上げに向けての組織的取組みおよび実勢料金の引上げという実施状況から、本件行為については競争の実質的制限に該当し、8条1号に違反する行為であると考えられる。

現実にも、公取委は、本件審決で、①協会の本件決定とそれに従い会員事業者に運輸大臣に届出させた行為が独占禁止法に違反するものであった旨、②同様な行為を繰り返してはならない旨の周知徹底等を命じており、8条1号違反と同様な内容の排除措置を命じている[9]。

しかし、8条1号に違反すると認定すると、会員冷蔵倉庫業者に対して課徴金納付を命じなければならず、そのような事件処理には問題があると考えられる。そこで、本件行為が8条4号に違反するとして課徴金の納付を命じることを回避したことは実務上妥当な処理である。すなわち、本件での法適用は、8条1号違反行為について、会員事業者に確定金額算定方式で算定した課徴金額の納付を命じなければならないという、硬直的な現行課徴金制度（8条の3）の欠陥を反映した処理であるといわざるをえない[10]。

日本人工臓器工業協会事件勧告審決[11]、日本製薬工業協会事件勧告審決[12]も、事業者団体による違反行為、カルテル関与行為について8条4号に違反するとしたが、同一の配慮が働いた可能性のある事例である。すなわち、本来は8条1号に違反するとして事業者団体に排除措置を命じることが妥当であるが、8条1号に違反するとして会員事業者に一定の算定方式に従い算定した課徴金額の納付を命じることが、会員事業者の行為の違法度に照らして高額に過ぎる課徴金額の納付を命じることとなると判断し、それを避けようとした処理であると考えられる。

---

9) 8条1号と8条4号で同一内容の排除措置を命じることは、必ずしも対象違反行為が同一のものであることを意味しないとしても、8条1号と8条4号が必ずしも区別する必要もないものと考える論拠になる。
10) 大阪バス協会事件では、大阪バス協会は、認可運賃を大幅に下回っていた貸切バスの実勢運賃の引上げを目的として実勢運賃引上げを決定し、会員事業者はその決定を遵守すべきものと認識し（公取委の立入検査を受けるまで）旅行業者と運賃等の交渉をし、引上げ運賃を収受するための努力をしていた。大阪バス協会事件でも、事業者団体の決定についての現行課徴金制度が存在せず、事業者団体の決定についてその構成事業者に課徴金を課す必要もない、または事業者団体に対して課徴金を課すことができる制度であれば、大阪バス協会の決定は8条1号に該当するとして排除措置を命じることで簡単に処理できる。公取委審判審決平成7年7月10日審決集42巻3頁。
11) 公取委勧告審決昭和59年12月6日審決集31巻71頁。
12) 公取委勧告審決昭和58年6月30日審決集30巻35頁。

II 事業者団体の活動に対する禁止規定　183

　もっとも、いずれの事件でも、公取委は公式見解として、証拠上 8 条 1 号に違反すると認められなかったと説明することになる。
　日本製薬工業協会事件では、会員数は80名であり、医療用医薬品は疾病の多様性に応じて製品の種類が多いため、日本製薬工業協会の会員製造販売業者はきわめて多数の品目の医療用医薬品を販売していた。理事会で決定されて流通委員会で確認された事項は、昭和56年の薬価基準の改定に対応するために、医療機関からのスライドダウン（薬価基準の引下げに対応した納入価格の引下げ）要求には応じないで現行納入価格の維持を図ることなどであった。そのような事情で、日本製薬工業協会理事会の決定と多数の品目の医療用医薬品に係る会員事業者の価格維持行為、医療用医薬品への価格維持効果との関連性は必ずしも明白でない。そのため、日本製薬工業協会の行為について会員事業者に対して現行算定方式による課徴金額の納付を命じることは避けることが相当である。
　他方、日本人工臓器工業協会事件では、人工腎臓用ダイアライザーの製造販売業者は15社である。関係会員の役員級の者をもって構成する代表者会議および営業責任者会議で、昭和58年 2 月 1 日から告示価格の引下げが実施されることとなったため、その対応として「告示価格の引き下げ分については極力医療機関に吸収してもらうこととし、このため、特に国公立又は準公立の医療機関については、従来の納入価格が告示価格を上回る場合を除き、納入価格の引下げ要求には応じないこと」などを決定して実施している。関係事業者数が15社と少なく、対象製品も人工腎臓用ダイアライザーだけである。そこで、代表者会議等での決定と人工腎臓用ダイアライザーの製造業者等の価格維持行為、人工腎臓用ダイアライザーへの価格維持効果との間にかなりの関連性・連動性を認定することができる。そのため、この件で、 8 条 1 号に違反するとして会員事業者に課徴金納付を命じることも考えられる。もっとも、今日では、元詰種子価格協定事件東京高裁判決（平成20年）をあてはめて、日本人工臓器工業協会事件では、日本人工臓器工業協会の行為が 8 条 1 号に違反するとされるよりも、人工腎臓用ダイアライザー製造販売業者の価格維持協定が不当な取引制限に該当し、 3 条後段に違反するとされる可能性が高い。

6　8条5号

　8条5号は、事業者団体が事業者に不公正な取引方法に該当する行為をさせるようにすることを禁止する。「させるようにする」とは、「させること」までは要せず、不公正な取引方法に該当する行為を行うように事業者に働きかけることを意味する。すなわち、働きかけられた事業者が不公正な取引方法に該当する行為を実施すること（不公正な取引方法を用いること）は必要でない。そのため、8条5号の実質要件は公正競争阻害性であると説明されているが、8条5号と不公正な取引方法の実質要件である公正競争阻害性とは結びつくのかということについてさえ疑問がある。

　8条5号の適用事例の大多数は、事業者団体が多数の構成事業者による力を背景として取引の川上、川下にいる事業者に圧力をかけて特定の非構成事業者との取引を拒絶させる事例である。事業者団体が、①構成事業者に特定の事業者との取引を拒絶させること、②構成事業者の取引先事業者等をして特定の事業者との取引を拒絶させることが8条5号に違反するとされている。この場合、事業者団体は、構成事業者や構成外事業者に一般指定各項のいずれかに該当するところの特定事業者との間の取引を拒絶することになる行為をさせることになる。

　しかし、この場合も独占禁止法上の違法性は、特定の事業者との取引を拒絶させる旨の事業者団体の決定にある。本来事業者団体の決定とそれに基づく事業者への働きかけ（実施行為・実施状況）をとらえ、それについての責任を問うことで十分である。

　典型的な事件として、全国石鹸洗剤日用品雑貨卸商組合連合会事件がある[13]。この事件で、卸商組合連合会（以下、「本件連合会」という）は、全国に設立されている石鹸洗剤および日用品雑貨の卸売業者の団体を構成員とする事業者団体であり、わが国の主要な卸売業者の大部分がその構成員となっている。日本大量仕入機構は、従来の流通経路を短縮し、全国的に著名な銘柄品を製造業者から直接仕入れるという方針のもとに昭和37年6月に発足した、主要なスーパーマーケット等53社から成る共同仕入機関で

---

13)　公取委同意審決昭和38年7月3日審決集11巻94頁。

ある。このため、本件連合会は、将来同機構の活動が軌道に乗った場合には卸売業者の死活問題となることをおそれ、総会等において、製造業者に対し、同機構と直接取引を行わないように強く申し入れることを決定し、35社の著名銘柄品の製造業者に対し、その旨およびもし直接取引するならば、最善と信ずる措置をとる旨を文書で申し入れた。しかるに、それら製造業者の本件連合会加盟の卸売業者への取引依存度は高く、他方、加盟卸売業者の特定製造業者への仕入依存度は低いため、製造業者35社は、本件連合会の申入れを無視しえない事情にあり、35社のうち同機構と取引のあった2社は、加盟卸売業者の取引拒否等をおそれて同機構との取引を中止するに至った。この件で、公取委は、本件連合会は、石鹸洗剤、日用品雑貨について、35社をして大量仕入機構と直接取引をしないようにさせており、これは、昭和57年改定前一般指定1号に該当する行為をさせているものであり、8条5号に違反するとした。

　本件では、事業者団体が著名銘柄品の製造業者35社に対して日本大量仕入機構と取引しないよう直接申し入れており、事業者団体が非構成員である製造業者35社に昭和57年改定前一般指定2号に該当する、日本大量仕入機構との取引を拒絶する行為をさせたことになる。

　仮に、事業者団体が構成事業者である卸売業者に著名銘柄品の製造業者35社に対して日本大量仕入機構と取引しないように申し入れさせる場合には、構成事業者である卸売業者に対して共同して製造業者35社に日本大量仕入機構との取引を拒絶させる行為（旧一般指定1項2号）をさせるようにした、または構成事業者である卸売業者をして日本大量仕入機構との取引を行う製造業者との取引を拒絶する行為（旧一般指定2項）をさせるようにしたと法律構成することになる。

　平成3年の「流通・取引慣行に関する独占禁止法上の指針」は、事業者団体が（構成事業者にまたは構成事業者をして第三者に）特定の事業者との取引を拒絶させることが、これによって取引を拒絶される事業者が市場に参入することが著しく困難になり、または市場から排除されることになることによって市場における競争が実質的に制限される場合に8条1号に違反するとしている。

ただし、同指針は、事業者団体が事業者に特定の事業者との取引を拒絶させることが8条1号に違反するためには、単なる特定事業者の市場参入阻止や市場からの排除で足りず、市場における競争が実質的に制限されていると認められる状況にあることとして、①価格・品質面で優れた商品の製造・販売業者の市場参入阻止や市場からの排除、②革新的な販売方法をとる事業者の市場参入阻止や市場からの排除、③総合的事業能力が大きい事業者の市場参入阻止や市場からの排除、④競争不活発な市場への参入阻止、⑤新規事業者の市場参入の全面阻止、のいずれかに該当することが必要であるとしている。

事業者団体が特定の事業者の事業活動の継続や市場への参入を困難にするために、特定の事業者との取引を拒絶する行為をさせる行為について、8条1号に違反するために、①ないし⑤の要件を満たすことが必要であるかについては疑問がある。しかし、前記卸商組合連合会事件での同連合会の行為（決定）が、①ないし③のいずれかに該当し、8条1号に違反することも明白である。

過去に8条5号に違反するとされた行為は、いずれも8条1号違反で規制できることが明らかになっている。今日では、現実にも8条5号が適用される事例はなくなっている。

Ⅲ 事業者団体の活動に関する行為類型

事業者団体の活動に係る主要な行為類型は、カルテル（カルテルへの関与行為を含む）、共同の取引拒絶、加入制限・除名、情報交換活動、規格設定に分類される。

このうち、事業者団体による情報交換活動、規格設定については、その行為単独で法的措置をとった事例はないために、カルテル、共同の取引拒絶、加入制限・除名が判例法上現存する行為類型となる。

このうち、加入制限について、8条3号の解説のところで取り上げたので（前述Ⅱ4）、以下、共同の取引拒絶について先に解説し（Ⅳ）、次いで最近大きな動きのみられるカルテルについて詳しく解説する（Ⅴ）。

Ⅳ 共同の取引拒絶

　事業者団体による共同の取引拒絶事例については、実態として、事業者間の共同の取引拒絶に該当するかが問題となるような事例はなく、8条1号に違反することが明白な事例が多い。さらには、課徴金の対象行為でないために、事件処理にあたりカルテルのような特別な配慮をする必要もない。[14]

　日本遊戯銃協同組合事件[15]が基本先例であって、そこでの行為は典型的な共同の間接取引拒絶であって、事業者団体による共同の取引拒絶として8条1号に違反する。

　この件で、日本遊戯銃協同組合（以下、「被告組合」という）は、エアーソフトガン製造業者のほとんどすべてを組合員として、エアーソフトガンを取り扱う全国の問屋を東日本、西日本、中部の三懇話会に組織していた。被告組合は、エアーソフトガンの安全性確保を目的として、エアーソフトガンについて発射された弾丸の運動エネルギーを0.4ジュール以下とし、その弾丸の重量を0.2グラム以下とする自主規約を定めて、組合員にその自主規約の遵守を義務づけて、この自主規約に合致した製品について合格シールを貼付させていた。

　ところが、デジコン電子株式会社が、被告組合に加入せずに、重量が0.2グラムを超える弾丸を直接小売店に販売していたうえ、発射威力が0.4ジュールを超えるエアーソフトガンの販売を開始した。そこで、被告組合は、三懇話会会員である問屋に対してデジコン電子の製品が非常に危険な商品であるとして、その傘下の小売店にデジコン電子製品の仕入販売を中止するように指導し、デジコン電子製品を取り扱っている小売店には合格シールを貼付した商品を停止するように要請した。さらに、被告組合は、デジコン電子製品を取り扱っていると認められた小売店に対して、合格シ

---

14) 8条1号違反について、8条の3で準用されている7条の2第1項に規定する課徴金の対象となる不当な取引制限には、立法経緯から共同の取引拒絶を含まないと解釈される。
15) 東京地判平成9年4月9日判例時報1629号70頁・判例タイムズ959号115頁。

ールが貼付されていない商品を取り扱う場合には、合格シール貼付商品の出荷を中止する旨の警告文書を個別に送付したうえ、それらデジコン電子製品を取り扱っている小売店リストを三懇話会会員の問屋に配布した。

　被告組合の行為は、被告組合が、互いに競争関係に立つ事業者である組合員、および同様に競争者の関係に立つ事業者である三懇話会の会員に要請して、小売店に対して、特定の事業者であるデジコン電子株式会社との取引を拒絶させる行為であって、明確に事業者団体である被告組合による共同の取引拒絶として8条1号に違反する。

　前述Ⅱ6の全国石鹸洗剤日用品雑貨卸商組合連合会事件での行為も、8条5号に違反するとされたが、事業者団体による共同の取引拒絶として8条1号に違反するものである。

　ただし、現在は事業者団体が関与する行為であっても（それが8条に違反するか否かを問わず）、事業者による共同の取引拒絶として不当な取引制限に該当すると認定される行為については、3条後段の不当な取引制限の禁止が適用されて、事業者に対して行政上の措置が命じられる。

Ⅴ　カルテル

1　8条1号該当性

　一般原則どおり、事業者団体が行うところの行為で、事業者による不当な取引制限に該当すると認定されない行為については8条が適用される。8条違反が認められると、事業者団体に対して行政上の措置が命じられる。

　カルテルについては、事業者間の合意までは認定できずに（事業者間の合意にまでは至らないなど）、事業者団体による決定のみが認定できるときには事業者団体による行為として8条違反で法的措置をとることになる。

　最近公取委は、関係する事業者数がいくら多くとも、カルテルについては3条後段を適用してきた。また、元詰種子価格協定事件東京高裁判決（平成20年）が比較的緩やかな事実認定で意思の連絡を推認して不当な取引制限に該当するとし、しかも8条との関係で3条後段の優先適用の立場を採用した。そのため、さらに重ねて8条1号に違反すると認定すると、

現行課徴金制度のもとで義務的に構成事業者に対して一定の算定方式のもとで算定した課徴金を課さなければならず、不合理な結果を招来しかねないことから、今日いわゆる事業者団体の場を借りたカルテルについては、3条後段に違反するとされて、8条1号に違反すると認定される事例はほぼ想定されない状況となっている。

2　8条と3条後段との関係

（1）　過去の解釈実務　　昭和52年の課徴金創設時、さらに昭和59年の石油製品価格協定事件最高裁判決時[16]において、不当な取引制限に該当する事業者によるカルテルと8条1号（当時は8条1項1号）に違反する事業者団体によるカルテルとの関係については、判例・通説、公取委の実務ともに択一選択説を採用していた。

事業者団体の活動を規制する8条1号について、一定の取引分野における競争の実質的制限を2条6項と共通の実質要件としていることから、事業者団体による決定と構成事業者に対する指示は、事業者間の合意とその実施と同視された。すなわち、事業者間の価格カルテルと、事業者団体の価格に関する決定とを同一のものとしてとらえた。

そこで、8条1号は、不当な取引制限の定義規定（2条6項）に合わせて、事業者団体の決定・決議により、「対価を決定し、維持し、若しくは引き上げ、又は数量、技術、製品、設備若しくは取引の相手方を制限する等」構成事業者間の事業活動を相互に拘束することにより、「公共の利益に反して」一定の取引分野における競争を実質的に制限することと解釈された。

そのうえで、カルテルについて、不当な取引制限（2条6項）と8条1号、3条後段と8条1号違反は選択的に適用されると解釈された。

この択一選択説に基づき、不当利得の剥奪を理念として、事業者団体によるカルテルについて構成事業者に課徴金納付を命じるという課徴金制度が昭和52年に制定された。さらに、石油製品価格協定事件で、最高裁は、

16）　最判昭和59年2月24日刑集38巻4号1287頁。

昭和59年に事業者団体の場を借りたカルテルについて、カルテル行為が石油連盟の行為であるという面と各事業者の行為であるという面との二面性をもつ場合に、いずれに対する責任を問うかは公取委、検察庁の合理的裁量にゆだねられると判示した。[17]

さらに、課徴金制度を導入するまでは、公取委も多数の事業者間の合意よりも事業者団体による決議・決定を立証するほうが容易であるため、いずれも適用可能である場合にはカルテルについて8条違反の法律構成を選好してきた。[18] カルテルについて、排除措置が唯一の行政上の措置であった時期には、カルテルへの審査を開始し、当該事業者団体に8条1号違反で排除措置を命じることによって（3条後段で事件処理するのと同様な）競争状態が回復することができると評価された。

（2）　現在の実務、判例・通説　　今日、8条は3条後段の不当な取引制限の禁止を補完する禁止規定であるとし、カルテルについてはたとえ事業者団体による8条1号に違反する行為であっても、事業者による不当な取引制限に該当すると認定される行為について、3条後段の不当な取引制限の禁止が優先適用されるという、3条後段優先適用説が採用されている。

元詰種子価格協定事件東京高裁判決が、3条後段優先適用説を採用した基本先例となる。[19]

この件で、東京高裁は、種子の元詰販売業者である32社が、平成10年から同13年までの間、はくさい、キャベツ、だいこんおよびかぶの4種類の交配種の元詰種子について、毎年3月に開催される日本種子協会の元詰部会の討議研究会において、各社がその年の5月ないし7月に始まる年度における販売価格を定める際の基準となる価格を決定することなどにより、各社が基準価格の決定に基づいてそれぞれ販売価格を設定するものと相互に認識していた（設定することを合意していた）ものと推認されるとした。

この件で、東京高裁は、公取委が、「32社がその構成員である元詰部会

---

17)　前掲注16) 最判昭和59年2月24日。
18)　ただし、事業者団体の行為と構成しても、カルテル摘発後（審査開始後に）その事業者団体が解散し、事業者団体の解散により審決の名宛人が存在しなくなる場合には、8条1号違反で審決を下すことはできない。
19)　東京高判平成20年4月4日審決集55巻791頁。

の討議研究会で基準価格を決定していることの外、32社が少なくとも平成10年から平成13年までの間、討議研究会において基準価格の引上げが決定された平成10年度及び平成11年度は、それぞれ自社の販売する4種類の元詰種子について、概ね基準価格の引上げ幅又は引上げ率に沿って当年度の価格表価格を前年度の価格表価格から引き上げており、据え置くことが決定された平成12年度及び平成13年度は、それぞれ自社の販売する4種類の元詰種子について、当年度の価格表価格を前年度の価格表価格から概ね据え置いていたこと等から、討議研究会において基準価格を決定し、これに基づいて自社の価格表価格及び販売価格を定めることとすることにより、互いに自社の価格表価格及び販売価格を拘束することを合意したものと認定している」としたうえ、「価格表価格及び販売価格の設定は、一般にはそれぞれの事業者が個別に行うべきことであって、事業者団体の行為ではなく、討議研究会における決定行為も、討議研究会の行為であると共に、これを構成する事業者らの行為であるともいえるのであるから、これらの行為から本件合意の内容を認識し、認容していることが推認される場合の主体は、各事業者であって事業者団体ではあり得ない」としている。

さらに、「少なくとも、32社が本件合意をしていたことを推認することが妨げられないことは上記のとおりであるから、独占禁止法3条所定の行為が存在する以上、事業者らに対し行政処分を課すことができることは当然であって、事業者団体に独占禁止法8条1項所定の行為があり、事業者らにも同法3条所定の行為があるものと認定し得る場合に事業者団体にしか行政処分を課すことができないと解すべき同法上の根拠は見当たら」ないとしている。

この件で、東京高裁は、事業者団体による決定と事業者による価格協定とを区別する考え方を示すとともに、実質的に8条所定の行為と3条後段所定の行為とが並存する時には3条後段を優先的に適用するという考え方を示している。

石油製品価格協定事件で、最高裁は、「元売り会社の営業担当役員によって事実上構成される石連の営業委員会において、石油製品価格の油種別の値上げ幅と実施時期を定め、通産省の了承を前提として各社いっせいに

値上げを行う旨合意をしたもので」、「被告人らの右行為は石連の営業委員としての行為であると同時に、その所属する各事業者の業務に関して行われたものと認めるのが相当である」行為について、「独禁法上処罰の対象とされる不当な取引制限行為が事業者団体によって行われた場合であっても、これが同時に右事業者団体を構成する各事業者の従業員等によりその業務に関して行われたと観念しうる事情のあるときは、右行為を行ったことの刑責を事業者団体のほか各事業者に対して問うことも許され、そのいずれに対し刑責を問うかは、公取委ないし検察官の合理的裁量に委ねられていると解すべきである」と判示した。[20]

今日では、この判示事項のうち、事業者団体のほか各事業者に対して問うことも許されるという判示事項は先例価値をもつが、「そのいずれに対し刑責を問うかは、公取委ないし検察官の合理的裁量に委ねられている」の部分は先例価値を失っている。もっとも、この件でも最高裁は、この価格協定について事業者によるカルテルであるとして各事業者の従業員の刑事責任を追及しているため、事件処理自体は妥当なものとなる。

実際には、元詰種子価格協定事件東京高裁判決以前であっても、公取委は、事業者団体の場を借りたカルテルについて、8条1号に違反する事業者団体によるカルテルと認定できるようなものについても、事業者間のカルテルとして3条後段を適用している。たとえば、新潟市発注の建設工事に対する入札談合事件勧告審決のように100名程度の事業者を相手方とする事件でも、3条後段違反としている。[21]

また、米国横須賀基地発注事件で、単一の入札談合について3条後段と8条1号が併せて適用された。[22] この事件は、在日米国海軍が発注する建設工事に関する入札談合事件であるが、事業者団体である米軍工事安全技術研究会に対しては8条1号を適用し、同研究会が解散したため研究会の会員であった者139名に警告を行うとともに、そのうち69名に対して課徴金

---

20) 最判昭和59年2月24日判例タイムズ520号78頁。
21) 公取委勧告審決平成16年8月4日審決集51巻495頁（18名に対する件）。28名は勧告不応諾につき審判開始決定（51巻663頁）。同じく公取委勧告審決平成16年9月7日審決集51巻505頁（10名に対する件）。44名は勧告不応諾につき審判開始決定（51巻672頁）。
22) 公取委課徴金納付命令昭和63年12月8日審決集35巻57頁。

の納付を命じた。同時に、研究会の会員と同調して談合に参加していたアウトサイダーである鹿島建設に対しても研究会の会員と共同して受注予定者を決定していたとして 3 条後段を適用し、警告を行うとともに課徴金の納付を命じた。この件も、今日では 3 条後段に違反するとして、鹿島建設を含む多数の事業者に課徴金納付が命じられる可能性が高い。[23]

（3） 法解釈、実務の変更の理由　　択一選択説から 3 条後段優先適用説に移行した基礎にあるのは、カルテル規制の強化、カルテル理論の深化である。

① 8 条は 3 条後段の補完的規定であると位置づけられること、②価格協定、数量制限協定などカルテルを形成、実施することは独立した事業者間で行われるもので、事業者間の価格に関する合意とその実施は、通常事業者団体の決定とそれに基づく構成事業者に対する指示行為とは別物である、と考えられるようになってきた。換言するに、構成事業者の販売価格に係る事業者団体の決定とそれに伴う構成事業者に対する指示行為が、事業者間の価格に関する合意とその実施と同一であると評価されるほうが例外的な事案となってきた。

この背景として、経済実態の変化と課徴金制度の進化があげられる。

過去に、事業者団体は、戦時中の統制団体の伝統を引き継ぎ、所管官庁と一体となってまたは所管官庁と業界のパイプ役として、当該業界や事業者に強い影響力を有してきた。

ところが、日本の経済実態が発展途上国型から先進国型へと移行するに伴い、事業者団体と事業者の力関係が変化して、事業者団体は、当該業界の事業者の活動に対して強い影響力をもてなくなってきた。また、事業者団体は、カルテルへの制裁が重くなるにつれて、法令遵守に努めてカルテルを実施しないようになっている。さらに、事業者は、カルテルへの制裁が重くなるにつれて、証拠を残さざるをえなく、摘発される確率が高まる事業者団体の場を借りたカルテルを実施しなくなってきている。

---

23) ただし、この件は、単一違反行為について事業者団体（実質的にその構成事業者）とその構成事業者以外の事業者に対して同時に責任を追及したのであって、単一違反行為について、事業者団体と構成事業者に対して同時に排除措置を命じたものではない。

事業者団体の影響力の減少、事業者団体と事業者との力関係の変化という経済実態の変化をうけて、事業者間の合意とその前段階の事業者団体の決定とを区別して、カルテルについては基本的に事業者間における合意とその実施ととらえることが相当になってきた。

また、確定金額算定方式の義務的課徴金という現行課徴金制度の導入に伴い、公取委は、事業者間のカルテル、事業者団体によるカルテルを問わず、実施事業者に対して課徴金を課さなければならない。課徴金額を算定するために、対象事業者ごとに個別に、関連商品売上額、実行期間（始期、終期等）を認定せざるをえない。[24]さらに、各事業者について、累犯、主導的役割、早期離脱、減免事由の有無についても認定する必要がある。

このため、課徴金制度導入後において、事業者団体の行為として構成して、事業者団体の決議（決定）とその決定の構成事業者への指示行為を立証し排除措置を講じてカルテル事件を迅速に処理するという8条のメリットはなくなった。

それならば、事業者団体の場を借りたカルテルについても、事業者間のカルテルを認定して不当な取引制限に該当するとして処理することが相当である。さらに、課徴金の性格が不当利得の剥奪から制裁金に変化したことにより、制裁金という性格から、違反行為の実施主体と制裁金の支払義務者は一致させるべきであるという考え方が強まっている。

（4）3条後段と8条の重複適用　次なる課題は、事業者間のカルテルを認定して3条後段に違反するとして行政上の措置をとる事件で、8条に違反する事業者団体による関与行為が認められる場合に、必要に応じて、それら関与行為を排除するために事業者団体に対して行政上の措置をとることができるかである。たとえば、元詰種子価格協定事件で、事業者の価格カルテルであるとして各事業者に法的措置をとるほか、同時に事業者団体である日本種子協会に対して8条違反によって排除措置を命じることができるかである。

これまで、現実には、事業者間のカルテルを認定して3条後段に違反す

---

24) 公取委は、課徴金額を算定するために、当該事業者に対するカルテル商品の売上高、実行期間を立証するために供述調書をとるなどの調査を行わざるをえない。

るとして法的措置をとった事件で、同時に8条に違反する事業者団体による関与行為が認められるとして事業者団体に対して排除措置を命じた事例はない。

しかし、事業者団体も、事業者と並ぶ違反行為主体と位置づけられているのであって、たとえ事業者に排除措置が命じられるときでも、理論上事業者団体にも違反行為を排除するために必要な措置を命じることは可能である。同様に、事業者に制裁金を課すとともに、事業者団体に対して違反抑止のための制裁金を課す法制を制定することも可能である。

したがって、3条後段と8条の関係については、並存説、同時適用説が正しいことになる。[25]

しかし、現行課徴金制度のもとでは、事業者に対して3条後段違反で排除措置、課徴金納付を命じるときに、事業者団体に対して8条1号に違反するとして事業者団体に排除措置を命じ、構成事業者に対して課徴金納付を命じることは、同じ事業者の同一実施行為について二重に課徴金納付を命じることになってしまい、現実には許されないと考えられる。公取委としても実際にそのような事態を招く法適用はできないであろう。

そのため、現行課徴金制度のもとでは、事業者に対して3条後段違反で排除措置、課徴金納付を命じるときに、事業者団体に対して8条4号に違反するとして排除措置を命じることになる。元詰種子価格協定事件では、事業者団体における基準価格の決定について8条4号に違反するとして、過去の決定の破棄や同様な行為を繰り返さないことなどの排除措置を命じることになる。[26]

8条については8条1号に一本化するという、あるべき8条の解釈を確立し、並存説を実現するためには、8条1号に違反すると認定すると構成

---

25) 今村成和教授は、事業者団体に対し8条を適用するほか、事業者に対しても3条を適用すべきであるとして並存説の立場をとったが、公取委は択一選択説をとってきた。今村・前掲注7) 177頁。今日の問題状況では、事業者に対して3条を適用するほか、事業者団体に対しても8条を適用するべきであるとして並存説、同時適用説をとることになる。

26) 同様に、日本人工臓器工業協会事件(前述Ⅱ5)も、たとえ事業者間のカルテルとして事業者に対して行政上の措置をとるとしても、同時に事業者団体に対しても排除措置をとることが相当であった事例であると考えられる。

事業者に義務的に課徴金納付を命じなければならない現行課徴金制度（8条の3）を廃止する、または事業者団体による8条1号違反行為については当該事業者団体に対して裁量的に課徴金納付を命じる制度を創設することが必要になる。

（5） 今後の課題　確定金額算定方式の義務的課徴金という現行課徴金制度は、日本にしか存在しない奇妙な制裁金制度である。ましてや、事業者団体によるカルテルについて、違反主体でない構成事業者に対して確定金額算定方式で必要的に課徴金納付を命じることは、違反行為主体に対して違反抑止のために制裁を科すという制裁金の本質に反し許されるべきではない。

したがって、事業者に対して3条後段違反で排除措置、課徴金納付を命じるときに、事業者団体に対して8条1号に違反するとして事業者団体に排除措置を命じることを事実上できなくするという問題点を別にしても、事業者団体に対する現行課徴金制度（8条の3）は廃止することが相当である。

EU競争法の行政制裁金制度と比較するに、欧州委員会は、事業者団体が故意または過失により、ローマ条約101条（旧81条）に違反する行為をした場合に、事業者団体に対して決定により制裁金を課すことができる。

その場合、欧州委員会は、事業者団体の違反行為が構成事業者の事業活動に関連するものであるとき、事業者団体に対して、違反行為に関連した（を実施した）構成事業者による当該対象商品の売上高合計の10％の範囲内で行政制裁金の納付を命じることができる（理事会規則2003（平成9）年1号23条2項）。その場合、欧州委員会は事業者団体に対して行政制裁金を課す、課さない、上限金額の範囲でいくらの金額を課すかについて裁量権を有している。

また、欧州委員会が行政制裁金納付を事業者団体に命じた場合に、当該事業者団体にその行政制裁金の支払能力がないとき、事業者団体は違反行為に関係した構成事業者に対して分担金を請求しなければならない。欧州委員会は、決定された期限内に、分担金が事業者団体に支払われない場合、その代表者が事業者団体の意思決定機関の構成員である構成事業者に直接

行政制裁金の納付を命じることができる。さらに、その場合、欧州委員会は、支払われなかった請求額の残額について事業者団体の違反行為が自己の事業活動に関連した構成事業者に対して直接行政制裁金の納付を命じることができる。ただし、各構成事業者への制裁金額は、その事業者の前年の売上総額の10％を超えてはならない。

なお、欧州委員会は、違反行為に関する事業者団体の決定を実施していなかった、または違反行為の存在を知らなかった、もしくは欧州委員会の事件調査開始前に違反行為から離脱した構成事業者に行政制裁金の納付を命じることはできない（以上、理事会規則2003年1号23条4項）。

このような規定内容にもかかわらず、これまでの運用をみると、同一カルテルについて事業者に行政制裁金を課している場合には、事業者団体については名目的な（symbolic）行政制裁金額を課しているのにとどまる。例外的に、当該事業者団体が構成事業者の共同販売機関として機能している場合に当該事業者団体に対して事業者と連帯責任で高額な行政制裁金納付を命じている。

全体としてEU競争法の事業者団体についての行政制裁金のほうが制度、運用ともに合理的であると評価される。そのため、今後日本の事業者団体に対する課徴金についてEU競争法上の行政制裁金の法制、運用を参考として見直していくことが課題となる。

第9章

再販売価格維持規制のあり方

　再販売価格維持規制についての米国でのリージン事件米国最高裁判決（2007年）やEUでのガイドライン（2010年）の動向をみると、日本でも育児用粉ミルク事件最高裁判決（1975年）の基本的考え方を見直すべきことは明らかである。しかし、再販売価格維持については最終的に市場占有率30％超の事業者が行うものは原則違法であるという程度のルールに落ち着くものと考えられている。そのことと実務上見直しの必要性に乏しいことが、議論に盛り上がりを欠く原因となっている。日本でも再販売価格維持の見直しは、関連市場を画定して当該事業者の市場占有率を認定していくことからはじめることが相当である。

I　再販売価格維持行為と最近の動き

1　再販売価格維持とは

　再販売価格維持とは、事業者が他の事業者による自己の商品や役務に係る再販売価格を維持することをいう。直接の取引先に対してその販売価格を指示する行為、直接の取引先にその取引先の販売価格を指示させる行為のみならず、さらにその先の末端小売価格を維持するために実施する行為や間接の取引先である小売業者の販売価格を直接制限（拘束）することまで含まれる。再販売価格維持は相互拘束による不当な取引制限に該当するか、不公正な取引方法の再販売価格の拘束に該当するときに禁止される。ただし、再販売価格維持については、新聞販路協定事件東京高裁判決（昭和28（1953）年）以降もっぱら不公正な取引方法の再販売価格の拘束に該当するか否かが問題とされている。[1]

2　対象となる再販売価格維持行為

　（1）　**価格拘束に係る判例法の展開**　　再販売価格維持行為の範囲については、従前独占禁止法上不公正な取引方法に該当するとして禁止してきたため、共同行為として規制する米国（さらに EU）での再販売価格維持行為とズレ・差異があるのではないかと指摘されてきた。[2] この点については、今日では再販売価格維持については不当な取引制限の禁止に該当するとして規制できること、および不公正な取引方法の禁止のもとでも欧米とほぼ同一の行為を規制対象とすることが明らかになっている。

　最高裁は、昭和50（1975）年に、育児用粉ミルク（明治商事）事件で、拘束について、「事実上指定価格の遵守を強制するものであるから」係る

---

1) 不公正な取引方法の再販売価格の拘束の形式要件が相互拘束に対応する。再販売価格の拘束は直接の取引先およびその取引先の価格拘束に限定されているため、相互拘束よりも狭い範囲の行為になる。再販売価格の拘束の公正競争阻害性については、不当な取引制限の一定の取引分野の競争の実質的制限と同一なものであると解される。
2) この当時の議論については、村上政博『独占禁止法の日米比較(中)』（弘文堂・1992）171頁～233頁参照。

行為が拘束条件付取引にあたることは明らかであるとし、同（和光堂）事件で、「取引の『拘束』があるというためには、必ずしも相手方においてその取引条件に従うことが契約上の義務として定められていることを要せず、それに従わない場合に経済上何らかの不利益を伴うことにより、現実にその実効性が確保されていれば足りるものと解すべきである」としている。

　この判決は、契約上の義務として定められているもの（明示の合意によるもの）を除くものではないが、次の資生堂再販売価格維持事件審決まで、再販売価格維持事件では、事業者による再販売価格維持方針の決定とその指示のほか、安売りしている業者や横流ししている業者に対する出荷停止、中途解約、契約打切りの脅しというような個別制裁事例を伴っていた。そのために、不遵守に対する何らかの不利益が用意されていることが必要であるという考え方も有力であった。

　平成3（1991）年公表の流通取引慣行ガイドラインは、価格拘束について現実に実効性をもつものであれば足りるとする考え方を採用して、拘束とは、「メーカーが何らかの人為的手段によって、流通業者がメーカーの示した価格で販売することについての実効性が確保されていることであって、再販売価格維持の実効性が確保されている」ことであるとしている。しかも、流通業者に対して、「メーカーの示した価格で販売しない場合に経済上の不利益を課し、又は課すことを示唆する等、何らかの人為的手段を用いることによって、当該価格で販売させているようにさせている場合」のほか、「文書によるか口頭によるかを問わず、メーカーと流通業者との合意によって、メーカーの示した価格で販売するようにさせている場合」も該当するとしている。

　これによって、メーカーと流通業者との再販売価格に関する合意によるものも再販売価格維持行為に含まれることになった。しかし、合意による場合には、メーカーと流通業者が再販売価格維持について合意することで足り、「合意によってその価格で販売するようにさせている場合」という記述は、日本語の表現としておかしく、垂直的制限についてもっぱら不公正な取引方法に該当するとし、拘束が一方的拘束として相手方事業者の意思を抑圧していることを意味した過去の経緯にとらわれていると評価され

る。今日では、合意による場合は、メーカーと流通業者間で再販売価格を定めることやさらに再販売価格維持のための実施行為を行うことが再販売価格維持の対象行為となる。

今日では、育児用粉ミルク事件最高裁判決が対象とした、拘束として、リベート削減、取引中止、出荷停止等の不利益処分を課して実効性を確保するという事例はなくなってきている。以下に例示としてあげる平成7 (1995) 年資生堂再販売価格維持事件同意審決、平成9 (1997) 年ハーゲンダッツジャパン事件勧告審決のように、製造業者と販売業者間において再販売価格の維持に関しての合意や意思の連絡が認定できる事例が問題とされている。すなわち、あえて、「合意によってそのようにさせている」という二律背反的な表現を使用しなくとも、製造業者・販売業者間の合意または意思の連絡を認定して相互拘束に該当するとして（不当な取引制限の禁止で）処理できる事例が増えてきている。

（2）　資生堂再販売価格維持事件　　この件で、資生堂は、資生堂化粧品として、コスメティック（カウンセリング販売商品）、コスメニティー（セルフ販売商品）を販売している。

資生堂は、小売業者と取引を開始するにあたり、販売会社を通じ小売業者の店舗ごとにコスメティックについてはチェインストア契約およびコスメニティーについてはコスメニティー契約を締結し、当該店舗において一般消費者に販売することを義務づけている。資生堂の売上額上位5位までを占める者は全国に100店舗以上有する量販店（大手量販店）であり、大手量販店が設定する販売価格は他の取引先小売業者の販売価格に大きな影響を及ぼしうる状況にある。

また、資生堂は、小売業者が資生堂化粧品について、資生堂が定めた価格で販売して適正利潤を確保すべきであるとの販売理念を有しており、新規に取引を開始する際、契約を締結した小売業者を対象に開催する新規チ

3）　合意のほかに意思の連絡が認定できることで足りると解すると、資生堂再販売価格維持事件、ハーゲンダッツジャパン事件の行為は、メーカーと販売業者間で末端小売価格を維持することを認識、認容しているとして意思の連絡を認定することにより、簡単に不当な取引制限の相互拘束に該当するとして不当な取引制限の禁止によって規制できる。

ェインストア・セミナーにおいて上記販売理念を説明している。

　資生堂は、平成5年4月から再販商品の縮小などを契機に、大手量販店の一部が資生堂化粧品について割引販売を企画し、また、有力な取引先小売業者の一部が大幅な割引販売を開始したことに対抗して割引販売を企画したのに対して、その割引販売の申入れを断ったうえ、割引販売を行わないように要請し、販売促進の支援を行うなどの方法により、割引販売を行わないようにさせている。

　具体的には、ジャスコ関係で、ジャスコ（全国に約50店舗を有する大手量販店）は、平成5年4月から指定再販商品が縮小されることを契機に割引販売を企画し、資生堂に対し、告示の改定により再販指定から外れる資生堂化粧品について割引販売をしたい旨を申し入れたが、資生堂はこれを断った。ジャスコは、その後も割引販売を行いたい旨申し入れたが、資生堂はこの申入れを断ったうえ、同5年3月上旬頃、資生堂化粧品に添付するサンプルを提供する代わりに割引販売を行わないように要請した。ジャスコは、資生堂から商品の円滑な供給が得られないことの懸念等からこれを受け入れて割引販売を行わないこととし、資生堂化粧品をおおむねメーカー希望小売価格で販売している。

　また、ダイエー関係で、河内屋（東京都および千葉県に8店舗を有する有力取引先小売業者）が、資生堂化粧品について大幅な割引販売をすることとなったことから、ダイエー（全国に約50店舗を有する大手量販店）は、資生堂化粧品の割引販売を企画し、資生堂に対し資生堂化粧品を割引販売したい旨を申し入れた。これに対し、資生堂はこの申入れを断ったうえ、河内屋による割引販売に対する対抗策を講ずる旨伝えるとともに、資生堂化粧品の大幅な販売促進の支援をする旨申し出るなどして割引販売を行わないように要請した。ダイエーは、資生堂から商品の円滑な供給が得られないことの懸念等からこれを受け入れて割引販売を行わないこととし、資生堂化粧品をおおむねメーカー希望小売価格で販売している。

　割引販売を企画した大手量販店が資生堂化粧品についておおむねメーカー希望小売価格で販売している状況のもと、他の取引先小売業者も資生堂化粧品をおおむねメーカー希望価格で販売している。

本件では、①資生堂が特定の広域量販店ジャスコ、ダイエーに対して、値引き販売を行わないよう要請し、ジャスコ、ダイエーがその要請を受け入れたことをもって、一般指定12項の拘束に該当したと認定し、②資生堂はこの要請において、「サンプルを提供する」、「大幅な売上販売促進の支援をする」という利益供与を申し出ており、また警告して廉売をさせないようにするという個別事例がまったく認定されていない。[4]

ジャスコ、ダイエーが再販売価格の遵守に同意した（合意した）動機として、①経済的な利益の供与の申出を受けたこと、②資生堂から商品の円滑な供給が得られないことを懸念したことを認定している。

本件は、拘束について、不利益処分を課すことまたはその旨脅すことによって再販売価格を遵守させるものだけでなく、合意によって実施するものを不公正な取引方法の「拘束」に該当するとした基本先例である。その意味では、合意が認定できるからには、①、②の動機は認定すること自体は問題ないが、要件的には認定する必要もない。資生堂からの警告等がない状況のもとで大手量販店ジャスコ、ダイエーの②の被抑圧的な心理状況を認定することは、その立証に困難を伴うことになりかねない。[5]

大手量販店2社が、値引き販売をしたい旨資生堂に申し入れ資生堂がそれを断ったことと、従前から大手量販店は割引販売をしておらず、販売価格のバラつきがなかったことから、従前から資生堂と大手量販店との間で資生堂化粧品について希望小売価格で販売する、または資生堂の同意が得られない限り値引き販売を行わない旨の合意が存在したことがうかがわれる状況にあった。

また、本件の行為（合意）は、資生堂、大手量販店の間における再販売価格維持に向けてのそれぞれの事業活動を拘束するものであって、不当な取引制限の相互拘束に該当して3条後段に違反するものでもある。

（3） ハーゲンダッツジャパン事件　この件で、ハーゲンダッツジャ

---

[4] 公取委同意審決平成7年11月30日審決集42巻97頁。
[5] 経済的利益を供与して相手方を拘束するという表現自体がやや二律背反であって、経済的利益の供与は経済的利益を供与して相手方の同意を得たというように、任意の合意の存在を立証する間接事実となる。そのため、それまでの適用事例に合わせて拘束という語感に沿うように動機も認定したものと考えられる。

パンは、プレミアムアイスクリームの販売分野においてトップブランドであるハーゲンダッツブランドのアイスクリーム製品について、自ら直接または卸売業者をして、小売業者の小売価格を拘束した[6]。

　具体的には、同社は、取引先販売業者に対して、自社の定める希望小売価格で販売するように要請し、その要請を受け入れさせるために、①小売店舗巡回員や同社営業部員による末端小売価格の調査、②それらの情報等に基づく値引き販売を行っている取引先小売業者に対する希望小売価格での販売要請、③要請に応じない一部の取引先小売業者に対する出荷停止および派遣店員の引上げ、④値引き販売を企画する取引先小売業者に対する販売促進手段の提供等による希望小売価格での販売要請等の手段を講ずることにより、取引先小売業者などの販売価格を拘束した。

　この件をみても、再販売価格維持をめぐるメーカーと量販店や中小小売店との関係に基本的な変化はないが、そのなかで関係者間の力関係が微妙に変化していることがうかがわれる。

　多数を占める小売店は、実際には希望小売価格で販売するようにとのメーカー側の「お願い」を受け入れて希望小売価格を遵守しているのではなく、近隣店の値引き販売を報告してメーカーに対応を求めるなど、希望小売価格の維持に積極的である。値引き販売を行うのはおもに中小量販店であって、そのなかにはメーカーの要請を受けて値引き販売を自粛するところもあれば、そのまま値引き販売を継続するところもある。従来は、値引き販売自粛の要請を受け入れなかった中小量販店に対して一律に不利益処分を課すことが通例であったが、本件ではわざわざ一部の販売店に対してと認定しており、不利益処分は主たる対抗措置にはなっていない。

　本件審決では「小売業者との取引開始時又は商談時に希望小売価格で販売するように要請し」、それによって「取引小売業者はおおむね希望小売価格で販売している」と事実認定して、具体的な再販売価格維持の内部決定や卸売業者への指示行為は特定しておらず、全体として希望小売価格で販売するように小売業者に「お願い」し、それが小売業者によって受け入

---

6)　公取委勧告審決平成9年4月25日審決集44巻230頁。担当官解説として、石本将之＝小室尚彦「ハーゲンダッツジャパン株式会社の独占禁止法違反事件」公生取引562号74頁。

れられていることを拘束であるとしている。

3 再販売価格維持のルール見直しをめぐる動向

（1） 欧米におけるルール見直しの動き　米国、EU でも、再販売価格維持は長らく当然違法であるとされてきた。

ところが、米国反トラスト法上の再販売価格維持について当然違法の原則から合理の原則を適用する旨判例変更したリージン事件米国最高裁判決（2007年）、さらに新規参入を促進するために用いられる再販売価格維持などを適用免除する欧州委員会の垂直的制限に関するガイドラインの公表（2010年）によって、見直しの動きが急速に進行している。このため、今日では独占禁止法上基本先例となっている育児用粉ミルク事件最高裁判決（1975年）による再販売価格維持のルール、違法性判断基準を見直す必要があることは明確になっている。ただし、米国、EU においても見直し後のルール、違法性判断基準が確立したとは到底いえない状況である。

そこで、もう一度育児用粉ミルク事件最高裁判決をその時点に立ち返って再検討するとともに、日本ではその後再販売価格維持の実体ルールについて本格的に論じた先例はないことから、再販売価格維持をめぐるあるべき違法性基準を本格的に論じている前記米国最高裁判決と欧州委員会ガイドラインと対比させながら、あるべきルールを探っていきたい。

（2） 経済理論およびエコノミストの役割　再販売価格維持を含む垂直的制限規制の緩和やルールの変更については、経済理論、エコノミストの役割が大きかった。米国では、1980年にシカゴ学派が競争当局を掌握後に、エコノミストを中心に一気に垂直的制限の緩和が実現した。欧州委員会でも1990年代において、エコノミストの登用とともに垂直的制限の緩和への政策転換が実現した。経済理論研究の成果やエコノミストの役割が国

7）　東京高裁は、2011（平成23）年にハマナカ事件で、「本件行為の目的は、大多数の中小の小売業者が生き残れるように、産業としての、文化としての手芸手編み業を維持し、手芸手編み業界全体を守ること」にあり、その行為は旧一般指定12項の正当な理由にあたるという主張について簡単に退けている。市場における競争促進効果等と結びつかない、そのような主張を認めると、再販売価格維持は原則合法になりかねず、妥当な結論である。東京高判平成23年4月22日判例集等未登載。

によって大きく異なるとも考えられない。公取委は、2003（平成15）年6月に、競争政策研究センター（CPRC）を設立して、経済理論研究や経済分析を重視する立場を明らかにしている。ところが、公取委におけるエコノミストから再販売価格維持を含む垂直的制限の現行ルールの見直しを主張する声は聞こえてこない。

（3） 米国の特殊性　再販売価格維持を当然違法とするルールのもとでも、その執行手段については国ごとに大きな差異がみられる。

米国反トラスト法は、国際的にみて、独自の手続法を採用し、反トラスト法（シャーマン法、クレイトン法等）違反により被害を受けた私人に対して三倍額損害賠償請求を認めている[8]。しかも、再販売価格維持を当然違法とする判例法のもとで、取引を打ち切られた販売代理店がメーカー相手に提起する訴訟を中心に、三倍額損害賠償請求訴訟は、集団訴訟、ディスカバリー制度、陪審制度、成功報酬制度などの米国独自の民事訴訟制度とあいまって、そのルールの実効性確保に（過剰執行といわれるほどの）絶大な威力を発揮してきた。

このため、米国では再販売価格維持に関する損害賠償請求訴訟の判決においてそのルールのあり方が検討されてきた。また、再販売価格維持についてのルールについて、当然違法から合理の原則に変更することが実務上大きな意味をもつ。

ところが、日本やEUでは、垂直的制限を理由とする販売店からの損害賠償請求（公平性の確保の観点から被害者が受けた実損害額を加害者から回復させる民事上の損害賠償請求）はこれまで機能していない。さらに、事件選別において裁量権を有する競争当局は、高い市場占有率の事業者による再販売価格維持のみを取り上げている。そのような案件では事業者側が裁判で争わないことが通例であり、裁判所による判例変更の機会も与えられない[9]。

8）　クレイトン法4A条は、反トラスト法違反によって営業または財産に損害を受けた者は、違反者に対して損害賠償請求訴訟を提起し、受けた損害の三倍と適正な弁護士費用を含む訴訟費用を獲得することができる旨規定する。

9）　しかも、EU競争法上欧州委員会は再販売価格維持に対して行政制裁金を課すことにより違反抑止を図れるが、独占禁止法上公取委は再販売価格維持に対してその取りやめと周知徹底

II 育児用粉ミルク事件最高裁判決

1 事件の経緯と事実関係

再販売価格維持への規制は、昭和40年のヤクルト事件勧告審決で開始された。

昭和41年審判開始決定、昭和43年審判審決、昭和46年高裁判決[10]、昭和50年最高裁判決[11]という経緯をたどった育児用粉ミルク事件は、再販売価格維持を一気に当然違法化した[12]。かくして、昭和50年から昭和59年にかけて再販売価格維持への取締りがもっとも活発になった。育児用粉ミルク事件最高裁判決は、下された時期やその背景、今日における判例法上の位置づけを考えると、原始一般指定8号（以下、「一般指定8号」という）は旧一般指定12項と13項にあたるところ、実体要件についての判示部分はその対象行為を再販売価格の拘束に限定して読む必要がある[13]。

育児用粉ミルク（明治商事）事件で、明治乳業の製造する育児用粉ミルクの販売会社である明治商事株式会社（以下、「明治商事」という）は、昭和39年9月から育児用粉ミルク「ソフトカードFⅡ」を販売するにあたり、その価格維持を図るため、あらかじめ一定の卸売価格および小売価格を自ら指定し、これを取引先の販売業者に遵守させる方策として、①その指定価格によって販売することを誓約して明治商事に登録した販売業者とのみ取引すること、②卸売業者が指定卸売価格を守らずまたは登録小売業者以外の小売業者と取引したときは、卸売業者の売買利潤をてん補するために明治商事から別途に交付する約定のリベートを大幅に削減すること、③明治商事と直接取引する小売業者（スーパー、協同組合等）が指定小売

を内容とする排除措置を命じるだけである。
10) 東京高判昭和46年7月17日判例時報639号26頁〔明治商事事件〕・43頁〔和光堂事件〕。
11) 最判昭和50年7月10日判例時報781号21頁・判例タイムズ326号82頁〔和光堂事件〕、最判昭和50年7月11日判例時報781号32頁・判例タイムズ326号95頁〔明治商事事件〕。
12) なお、森永乳業の販売会社である森永商事に対しても同様な審決がなされたが、その取消訴訟は明治商事に対する高裁判決言渡しの日に取り下げられている。
13) 今日では、最高裁判決の判旨は、その事実関係から、最低再販売価格制限にあてはまり、最高再販売価格制限にはあてはまらないものと解釈される。

価格を守らなかったときは、その登録を取り消すこと等の販売方針を決定し、これを販売業者に通知して実施した。

育児用粉ミルク（和光堂）事件で、三協乳業の製造する育児用粉ミルクの販売業者である和光堂株式会社（以下、「和光堂」という）は、昭和39年10月から販売する予定の育児用粉ミルク「レーベンスミルクＡ」および同年4月から販売していた「新生児ミルクレーベンスＮ」についてその販売価格の維持を図るため、あらかじめそれぞれの商品の卸売価格および小売価格を自ら決定し、これを取引先の販売業者に遵守させる方策として、①小売業者については、登録制をとり、その指定小売価格を守らなかったときは登録を取り消すこと、②卸売業者については、和光堂からの仕入代金として指定卸売価格と同額を和光堂に対して支払わせ、卸売業者の得べき中間利潤は和光堂から別途に感謝金名義のリベートをもって後払いするが、もし卸売業者が指定卸売価格を守らずまたは登録小売業者以外の小売業者と取引したときは、その感謝金の額の算定につき不利益な措置をとること、③卸売業者の販売価格および販売先を確認するために個々の商品ごとに流通経路を明らかにさせること等の販売政策を決定し、これを販売業者に通知して実施した。[14]

公取委は、昭和43年の審判審決で、違反行為当時、わが国における育児用粉ミルクの販売市場における市場占有率が、森永商事約41％、明治商事約35％、和光堂約10％であると認定している。さらに、和光堂事件高裁判決によると、和光堂の市場占有率は、審判開始当時において約10％、昭和43年において約6％である。

2 判決要旨とその意味

最高裁は、育児用粉ミルク（明治商事）および同（和光堂）事件で、指定再販制度と一般指定8号の関係について、独占禁止法24条の2第1項（現23条1項）の規定に基づく指定再販制度は、いわゆる再販売価格維持行為が相手方たる販売業者間の自由な競争を阻害するおそれのあるものであ

---

[14] 佐藤繁・昭50最判解説（民）29事件、30事件参照。育児用粉ミルク事件最高裁判決については、事案の概要等を含めて、調査官解説であるこの解説による。

る限り、不公正な取引方法として違法とされるべきことを前提として、「販売業者の不当廉売又はおとり販売等により、製造業者の商品の商標に対する信用が毀損され、あるいは他の販売業者の利益が不当に害されることなどを防止するため」、同条１・２項所定の要件のもとにおいて、公取委が諸般の事情を考慮し価格維持を許すのが相当であると認めて指定した商品についてのみ、例外的にその再販売価格維持行為を違法としないこととしたものであって、販売業者間の自由な競争の確保を目的とする一般指定８号とは経済政策上の観点を異にする規定であるとしたうえで、商品が不当廉売等に供されることがあるとしても、その商品につき、公取委の指定を受けることなく、かつ、すべての販売業者に対して一般的に、いわゆる再販売価格維持行為を行うことは、一般指定８号にいう正当な理由を有しないとしている。

　実質要件について、２条７項柱書の「公正な競争を阻害するおそれがある」、同条７項４号の拘束条件付取引の「不当に」、一般指定８号の「正当な理由がないのに」は同一の要件であるという解釈を採用した。そのうえで、その競争阻害性について、上記取引が相手方の自主的な競争機能を制限することにより、相手方の事業分野における市場全体の競争秩序に悪影響を及ぼすことに求めている。したがって、最高裁は、①拘束条件付取引を行う事業者がこれを行わない事業者よりも有利になり、同業者間の競争の公正を害すること、②その取引が相手方の事業活動の自由を拘束するものであることを論拠としているのではない。

　他方、最高裁は、24条の２の指定再販制度について、昭和28年に不当廉売、おとり販売等の不当な競争を防止するために規定され、不当廉売等によって自己の商標の信頼および利益を害される製造業者や販売業者が主たる保護対象であるとして、その当時対立していた例外規定説と確認規定説のうちで例外規定説を採用した。それでも、「経済政策立法は必ずしも一つの政策原理のみによって割り切られているものではないから」とするなど、いわば二律背反的な制度について整合性を確保して解説するために苦労している。このために、個別的・臨時的な再販売価格維持行為についての許否についての判断を留保し、一般的・制度的な再販売価格維持行為が

許されないとした。

　両事件で、事業者は粉ミルクがおとり廉売（集客のために特定商品を目玉商品として安売りすることをいう）に使われることを防ぐ必要があったなどと主張した。これに対して、最高裁は、「右の『正当な理由』とは、もっぱら公正な競争秩序維持の見地から見た観念であって、当該拘束条件が相手方の事業活動における自由な競争を阻害するおそれがないことをいうものであり、単に事業者において右拘束条件をつけることが事業経営上必要あるいは合理的であるというだけでは、右の『正当な理由』があるとすることはできない」として、おとり廉売の目玉商品として販売されるのを防ぐ必要性などの商慣行および事業経営に基づく正当化事由をすべて認められないとした。

　次いで、市場占有率で第4位の和光堂は、自己の再販売価格維持は他の三大メーカーとの競争を促進すると主張した。これに対しても最高裁は、一般指定8号は「相手方の事業活動における競争の制限を排除することを主眼とするものであるから、右のような再販売価格維持により、行為者とその競争者との間における競争関係が強化されるとしても、それが必ずしも相手方たる当該商品の販売業者間において自由な価格競争が行われた場合と同様な経済上の効果をもたらすものでない以上、競争阻害性のあることを否定することはできない」としている。

　この判旨のうち、「行為者とその競争者との間における競争関係が強化されるとしても」競争阻害性があることは否定できないという前半部分は、競争法の主たる関心事がブランド間競争にあり、競争法の目的がブランド間競争を促進することであることを考えると、今日では明確に誤りである。「相手方たる当該商品の販売業者間において自由な価格競争が行われた場合と同様な経済上の効果をもたらすものでない以上、競争阻害性のあることを否定することはできない」との後半部分も、当該商品の相手方である販売業者間の競争を妨げることから違法であるとしたことになり、ブランド内競争を偏重するものであって今日維持できるとは考えられない。

3 その後の動向 ― 当然違法の維持

行為類型ごとにみると、再販売価格維持の審査事件は比較的多く、引き続き公取委の取り締まりの主要な対象となっている。

今日でも公取委は、再販売価格維持について当然違法であることを前提としていると考えられ、その審決では、対象商品が一般消費者にとって人気、評価が高い著名ブランド品であり、販売業者にとってその取扱いが営業上有利であるまたは品揃え上必要であるということを認定しているにとどまり、当該事業者の市場における地位（市場占有率）や商品特性について認定していない。ちなみに、流通取引ガイドラインであげている不公正な取引方法の再販売価格の拘束に係る例外（許容）事由に該当する、①真正な委託取引、②製造業者と最終需要者間の直接交渉による納入価格決定は、再販売価格の拘束という行為類型の外形要件も満たすとも評価できないものであって、例外として認められる正当化事由といえるものではない。

最近では、育児用粉ミルク事件最高裁判決の趣旨を拡大して、再販売価格維持については価格による競争機能をなくするものであるため、その事業者の販売業者間のブランド内価格競争を消滅させ、さらには流通段階の競争を減少させるために、原則違法であると評価されている。ただし、原則違法といっても例外としての許容される場合が明らかでないために、当然違法とほぼ同じになっている。

4 経済環境の相違

再販売価格維持に関連した、その当時の経済環境と現在の経済環境とには大きな差異がある。

その当時、公取委の指定したいわゆる指定商品（その当時で、化粧品、医薬品、カメラ等が指定されていた）は、24条の2により、その再販売価格維持行為について不公正な取引方法の禁止規定の適用が除外されていた。しかも、指定を受けない、大量生産された商標品についてヤミ再販が事実上広範に実施されていた。他方で、価格の下方硬直性をもたらすため、さらに寡占業界の管理価格の維持が容易になることから、物価対策、不況下のインフレ対策の一環として、再販売価格維持規制の強化を求める声も強

くなっていた。

　しかし、これを規制する法律の制定が困難であるため（現実に昭和42年に単独立法として再販売価格維持規制法案を用意したが成立に至らなかった）、公取委は、現行法のもとで運用を強化する方針をとった。

　これに対して、現在では、指定再販についてはすべての指定が平成9年に廃止されて、指定再販制度が事実上廃止されたに近くなっている。また、日本でも、再販売価格維持が独占禁止法違反であることはビジネス界に浸透してきており、（摘発に結びつきがちなこともあって）メーカーは値引きした小売業者への取引中止、出荷停止等の不利益処分までとることはなくなっている。

　再販売価格維持の禁止は、流通段階の競争を促進して、そこでの効率性を実現した大規模小売業者を育成、支援する政策でもある。次第に大規模小売業者（大手量販店）側が、メーカーとの力関係において優位に立つ傾向が出てきた。この結果、メーカーが、再販売価格維持を実施して、大手量販店や中小量販店による値引き販売を阻止することは一層困難になってきている。さらに、公取委に対して社会的に流通系列化に対処するよりも大規模小売業者による買い叩きなど、購買力の濫用への対処が求められてきている。全体として、経済政策の重心がインフレ対策からデフレ対策へ一変している。

　これらを勘案すると、今日日本で再販売価格維持について他国と比べて厳しいルールを採用する必要はなくなっている。

Ⅲ　欧米における再販売価格維持に係るルール

1　リージン事件米国最高裁判決

　（1）　合理の原則へ　　リージン事件米国最高裁判決は、再販売価格維持には、ブランド間競争を促進する面もあり、再販売価格維持が競争に与える影響は個別事例ごとに異なることから、再販売価格維持に競争促進効果がないと断定することはできず、その違法性についてケースバイケースで判断するべきであるとし、再販売価格維持を当然違法とする先例を変更

し、合理の原則のもとで判断するとした[15]。

（２）　違法性判断基準　　リージン事件米国最高裁判決の再販売価格維持の違法性判断基準に係る要点は次のとおりである[16]。

まず、再販売価格維持の正当化事由、競争促進効果として次のようなものをあげる。

再販売価格維持を認めることにより、低価格・低サービスの提供のほか、高価格・高サービスの提供も可能となり、多様な選択肢を消費者に提供できる。

さらに、再販売価格維持は、その商品の評判を高めるための投資などの販売促進活動を行う小売業者から（販売の場での）サービスを受けた消費者が、実際には安売り業者から商品を購入するというフリーライド（ただ乗り）効果の発生を阻止するために用いられる。この場合、再販売価格維持は、製造業者が販売段階における有益なサービスを提供することを可能とすることによって、ブランド間競争の促進に貢献する。また、販売業者によるさまざまな投資を可能にして、製造業者の新規参入や新ブランド品の新規参入を促進する効果がある。最高裁は「安売り業者が価格引下げによりそのブランド商品のサービスにただ乗りすることを防いで、消費者へのサービス提供を確保することができ、この価格とサービスの組み合わせの多様化により、低価格・低サービス商品と高価格・高品質商品など多様な選択を可能にし、ダイナミックなブランド間競争を促進する」ことを強調している。

再販売価格維持による競争制限効果・弊害は、製造業者間のカルテルや小売段階でのカルテルを助長することにある。とくに、小売業者はカルテ

---

15)　Leegin Creative Leather Products, Inc. v. PSKS, Inc., 551 U. S. 877（2007）.
16)　リージン事件最高裁判決について、解説、全訳ともに、佐藤宏（訳）「再販売価格維持協定に関する米連邦最高裁判決―リージン・クリエイティヴ会社対 PSKS 会社事件判決」国際商事法務35巻11号1495頁、同（訳）「再販売価格維持協定に関する米連邦最高裁判決―少数意見」国際商事法務36巻２号178頁が非常に優れたものである。その他、中川政直「再販規制の新展開―米国最高裁リージン判決とわが国への含意」関東学院法学17巻２号17頁、松下満雄「再販売価格維持は合理の原則で律するべきであるという米最高裁判決」国際商事法務35巻９号1189頁、栗田誠「最近の判例としての本件判例評釈」アメリカ法2009-２号405頁参照。

ルを実施することにメリットがあるために、メーカーがカルテルを実施することに賛成し、それを奨励することが多い。このような場合に、再販売価格維持はブランド間競争の促進効果をもたらさず、小売業者の保護だけに役立つことになる。また、市場支配力をもつ製造業者や販売業者によるその力を濫用する行為となりうる。

このように、最高裁は、ブランド間競争として、ブランド間価格競争や商品自体の品質競争のほかにも、商品説明、店舗の外観、商品のディスプレイ、アフターサービス等の販売業者による販売促進活動を重視している。再販売価格維持の競争制限効果については、製造業者段階および小売業者段階で再販売価格維持を行っている業者が市場において多数を占め、かつ再販売価格維持の主導権が小売業者にある場合における小売業者段階におけるカルテル助長効果を強調している。

この判決は、有効な違法性判断基準、違法性基準となるものを提示しているとまでは評価されない。[17)]

本判決は、再販売価格維持の競争促進効果、競争制限効果を指摘しているが、ブランド間競争の競争促進効果がブランド内競争の競争制限効果を上回る場合に許容されるという、比較衡量論はそもそも両者が比較できるものでないため機能しない。

フリーライド効果の防止についてもすでに販売の事前・事後のサービス提供、一定の売り場環境を義務づけてそれを遵守しない販売業者との取引を一方的に打ち切ることは許容されている（さらに販売地域制限・取引先制限についても合理的理由のあるものは許容されている）なかで、再販売価格維持まで必要な事例がどこまであるのか定かではない。ブランド間競争を促進する新規参入についても、垂直的非価格制限を活用することで足りるのでないかと考えられる。

再販売価格維持が単独で競争制限効果をもつ場合として、製造段階または小売段階で価格カルテルを助長する場合と、大規模な製造業者や小売業者がその地位を濫用する場合をあげている。

---

17) リージン事件米国最高裁判決以降も、再販売価格維持を当然違法とする州法が制定される動きもあって、現時点で米国での実務は変わっていないといわれる。

市場支配力をもたない製造業者、または小売業者による再販売価格維持が価格カルテルを助長することはまず想定されない。さらに、製造業者段階および小売業者段階におけるカルテル助長効果については、1980年代にシカゴ学派によって提唱されて競争当局の規制基準として試行された時期があるが、実効性のある規制基準として機能しなかった。

また、濫用の例示としてあげてある、市場支配力をもつ小売業者がコスト削減を実現する流通過程でのイノベーションを阻止するために再販売価格維持を用いること、市場支配力をもつ製造業者が競争業者や新規参入者の製品を販売しないようインセンティヴを与えるために再販売価格維持を用いることも、現実に生じかつ立証できるとは考えられない。

むしろ、ほとんどの場合、再販売価格維持行為はそれによって販売された製品の価格を上昇させる、末端小売価格を高くする傾向があるという調査結果が、再販売価格維持の直接的な競争制限効果を示していると考えられる。[18]

2　欧州委員会のガイドライン

リージン事件米国最高裁判決後で、動向が注目された欧州委員会の垂直的制限に関するガイドライン（2010年）は、再販売価格維持について、次のような弊害（競争制限効果）があるため EU 競争法81条1項に違反するとしている。

第1に、市場における価格の透明性を増すことによって、価格引下げを発見しやすくして供給者間における協調行動を助長する。さらに、供給者の価格引下げの意欲を減少させる。このことは、高度寡占業界で大多数の供給者が再販売価格維持を用いている場合にあてはまる。

第2に、ブランド内競争を消滅させることによって、販売段階（流通段階）での協調行動を助長する。このことは、とくに強力な販売業者によって再販売価格維持が供給者に強要される場合にあてはまる。

---

18)　リージン事件米国最高裁判決の少数意見も、当然違法とする先例がないときには、合理の原則が採用されるべきであるとしている。また、少数意見の批判にあるように、多数意見の内容も1980年代前半のシカゴ学派の主張と大差ない。

第3に、再販売価格維持は、一般的に、製造業者間、小売業者間における競争を弱める効果をもつ。このことは、製造業者が同じ小売業者と取引していて、大部分が再販売価格維持を用いている場合にあてはまる。

　第4に、直接的効果は、ブランド内価格競争を消滅させることである。それによって、(当該ブランドの)価格を高めに維持する。

　第5に、製造業者にとって利幅を引き下げる圧力を軽減する。

　第6に、市場支配力をもつ製造業者が、高い利幅を販売業者に提供することによって、弱小競争業者に対して市場を閉鎖する効果をもつ。

　第7に、販売段階(流通段階)における革新を妨げ、低価格販売を売り物とする大規模小売業者の出現やその活動を制限する。[19]

　そのうえで、再販売価格維持について、例外として、製造業者が新製品を販売開始するときに初期の販売促進のために用いられる場合、需要拡大を狙い販売業者に販売促進活動を強化するようにさせるために用いられる場合、フランチャイズ方式のもとでフランチャイザーが2週間ないし6週間の統一的に低価格でのキャンペーンを行う場合、フリーライド効果を防ぐために小売業者に販売の場でのサービス供与を行わせるために用いられる場合などに(効率性を達成するとして適用免除を付与されることになり)、許容されるとしている。

　再販売価格維持を認める余地を広範に認めているが、競争法ではブランド間競争を重視して関連市場における競争制限効果を有するものを違法とすることを考えると、やはり原則と例外が逆転しているといわざるをえない。[20]

---

[19] これらは、いずれも、再販売価格維持が完全に許容されて、かつ現実に再販売価格維持が自由に利用されることを想定した場合の競争制限効果である。
[20] EU競争法81条は、1項で違反とする行為について3項で免除を付与するという法律構成をとるために、どうしても1項違反行為の範囲を広くすることになりがちである。

Ⅳ あるべき違法性判断基準

1 ルールの見直しの必要性

　垂直的制限規制全般をみたとき、実務上の最大の論点は、販売業者に一定のサービスなどの供与を義務づけたうえ、それに従わなかった販売業者との取引を打ち切ることが許されるか否かにあった。競争法上それが許されることは、大論争のうえ、EUでは選択的流通制度を認めるメトロ（第2次）EC裁判所判決[21]（1986年）、イヴ・サンローラン欧州委員会決定[22]（1991年）、米国ではシャープ事件最高裁判決[23]（1987年）、日本では資生堂東京販売（富士喜本店）事件最高裁判決[24]および花王化粧品販売（江川企画）事件最高裁判決[25]（1998年）によって確立した[26]。それ以降、再販売価格維持についてフリーライド効果を論拠として、一気に緩和を求める声は急速に弱まっていた。むしろ、垂直的販売地域制限、取引先制限についても合理的理由があるものは許容されるなど垂直的非価格制限が全面的に緩和されるにつれて、当面再販売価格維持については現状維持で見守ろうとする見解も強くなっていた。

　私人による三倍額損害賠償請求訴訟が活発に提訴されて厳格な当然違法のルールが採用されている米国と異なり、公取委が事案選別の裁量権を有し、有効な制裁措置が存在しない日本では、過剰執行のリスクも生じない。

　もっとも米国のように、近代資本主義の所有権を絶対視する思想を背景

---

21) Metro v. Commission (No. 2) [1986] ECR 3021.
22) Yves Saint Laurent Parfums, OJ 1992 L12, p.24.
23) Business Electronics Corp. v. Sharp Electronics Corp., 107 S.Ct. 3187 (1987).
24) 最判平成10年12月18日民集52巻9号1866頁・判例タイムズ992号94頁。
25) 最判平成10年12月18日判例時報1664号14頁・判例タイムズ992号98頁。
26) この間の議論については、村上政博『独占禁止法研究』（弘文堂・1997）の第2章第1節「化粧品流通をめぐる独占禁止法違反事件の分析」、第2節「EC競争法における選択的流通制度」、第3節「米国の1987年シャープ事件最高裁判決」、第4節「日本への選択的流通制度導入の可能性」42頁～132頁、同『独占禁止法研究Ⅱ』（弘文堂・1999）第2章第2節「花王対江川企画東京高裁判決」147頁～155頁、同『独占禁止法研究Ⅲ』（弘文堂・2000）第4章第1節「資生堂・花王事件最高裁判決」208頁～223頁参照。これだけの頁数を費やすほどその当時大論争が行われた。

に、商品の所有権を移転した後はその処分に一切制限を加えることは許されるべきでないという考え方（リージン事件米国最高裁判決は「古いコモンローに由来する法原則」と表現する）に基づき再販売価格維持を当然違法としたり、育児用粉ミルク事件最高裁判決のように、ブランド内競争の制限自体が許されないという考え方に基づき再販売価格維持を原則違法とすることが許されないことも明らかである。

2 あるべき違法性判断基準を求めて

再販売価格維持についても、一般原則が適用されて関連市場における競争制限効果が生じる場合に違法となり禁止される。市場における競争制限効果については、競争当局が立証責任を負うことが基本原則である。

しかし、当該商品について市場支配力を有する、すなわち、市場占有率30％ないし40％以上を有する事業者が行う再販売価格維持は、市場における価格調整機能という根幹に悪影響を及ぼすもので価格制限は非価格制限よりも競争制限効果が大きいとされるうえ、市場支配力の定義上不当に販売価格を競争価格以上に引き上げていると推定されると考えられる。

このように、現時点では、市場支配力の定義からして、市場占有率30％超の事業者による再販売価格維持は、違法と推定されるまたは原則違法であるというルールが採用されると考えられる。一般的にも垂直的非価格制限のように緩和されることはなく、その程度の違法性判断基準が採用されるものと受け取られている。その場合、再販売価格維持の違法性は、ブランド内競争を制限して不当に再販売価格を引き上げる（超過利潤を獲得する）こと、流通段階の競争を弱めて、（大規模小売業者の活動のような）流通段階における革新や効率性の実現を阻害するところに競争制限効果を求めることになる。[27]

再販売価格維持が行われる商品は、医薬品・化粧品、高度技術品・家電製品、高級ブランド品である。いずれも製品差別化に成功し、ブランドイメージを確立した商品群である。

---

[27] 仮に、再販売価格維持を用いた製造業者段階での競争は活発に行われる場合であっても、流通段階での革新を妨げ大規模小売業者の活動、出現を阻害することになる。

これら製品差別化に成功した高級ブランド品などについては、その商品で単一関連市場が成立することが立証されるときには、市場占有率100％となり、その事業者による再販売価格維持は直ちに違法となる。[28]

3 当面の課題

日本では、再販売価格維持を当然違法に近いものとする判例法のもとでも、私人による損害賠償請求訴訟は提訴されずに、そのルールの実効性はもっぱら公取委の法執行に委ねられてきた。

米国、EUにおける競争当局の再販売価格維持事件の処理件数と比べても、公取委が再販売価格維持に該当するとして法的措置をとった事件数は多い。ただし、日本での育児用粉ミルク（明治商事）事件、資生堂再販売価格維持事件など多くの著名再販売価格維持事件において、当該事業者の市場占有率は30％を超えており、ルールの見直し後も不公正な取引方法または不当な取引制限に該当して違法となるものと評価される。さらに、これまで違反とした再販売価格維持行為のうち、新規参入をするために必要である場合などの正当化事由に該当して許容される行為がそれほどあるとも考えられない。

最終的に、前述のような違法性判断基準に落ち着くとみられていることが、さらに今日では垂直的非価格制限を使用してフリーライド効果を阻止できることが、再販売価格維持に係るルールの見直しをめぐる議論が盛り上がらない原因となっている。

このように考えると、再販売価格維持規制の見直しは、まずは一般原則に従い、再販売価格維持事件についても、関連市場を画定し、当該事業者の市場占有率を認定・明記していくことから始めることが相当であると考えられる。

---

28) 高級ブランド品など趣味的な商品、リージン事件の婦人用アクセサリー商品について、どこまで再販売価格維持規制を行うべきかという問題が残る。

多様な価格帯、販売方法の商品群があることは消費者による選択権を保障するうえでむしろ望ましい。日本では内外価格差を是正する観点から高級ブランド品に対しても積極的に再販売価格維持規制を実施した時期があるが、むしろ、優良誤認を起こさせないような広告規制、情報公開によって対応するべきものではないかと考えられる。

第10章

企業結合審査手続の見直し

　企業結合審査について、公取委は、平成23（2011）年7月1日に、これまでのように事前相談で最終回答まで行うことをやめて、欧米並みに届出後に実質的な審査を行うこととした。手続の整備に向けての大きな第一歩であると評価されるが、問題解消措置をとることによって終了する案件について届出書の変更方式による条件付容認を採用するため、現実の企業結合審査の実務についてはそれほど大きな変化は生じないものと予想される。しかし、今後目標とすべきEU型の企業結合審査に、運用によってかなり近づけていく態勢が整備されたことになる。

I　事前相談制の廃止と最初の事例

　公取委は、平成23年7月1日から、それまでのように届出前の事前相談で最終的な回答まで行うことはやめることとし、法制の建前どおりに、届出を要する企業結合計画については届出後の手続において独占禁止法上の判断を行うこととした。

　また、届出会社が希望する場合に、届出を行う前に、届出書の記載方法等に関する相談に応じるものとしている。この届出前相談については、届出義務の有無、必要な届出情報の範囲、競争上の問題点の指摘などの届出内容に係る事項に限定される。

　これに伴い、公取委は「企業結合審査の手続に関する対応方針」(以下、「対応方針」という)を策定し(平成23年7月1日から適用)、「企業結合計画に関する事前相談に対する対応方針」(平成14年12月11日)を廃止した。

　企業結合審査手続の見直し後の最初の案件が、新日本製鐵・住友金属工業合併容認事例である。この合併計画については、平成23年3月18日に届出前審査が開始され、5月31日に正式届出が行われ第1次審査が開始された。公取委は6月30日に合併計画に関する報告等を要請して、第2次審査を開始した。公取委は11月9日に追加報告等を受理し(審査期限平成24年2月7日)、平成23年12月9日に当事会社による問題解消措置に係る変更届出書の提出を受けて同月14日に排除措置を行わない旨の通知を行った。

II　EUの現行企業結合規制

　EU競争法の過去20年間の大きな成果の1つが、現行の企業結合規制の実務を生み出したことである。

　現行EU企業結合審査手続は、企業結合審査に関する理事会規則[1]（2004

---

1) Council Regulation (EC) No 139/2004 of 20 January 2004 on the control of concentrations between undertakings.

年)と委員会規則(2008年)に基づき実施されている。現行企業結合審査手続は、国際的にも最新のものであるとともに、1990年の企業結合規制の開始後改正を続けてきたものであって、現実の実務と併せて、今日国際的にみても優れたものであると評価されている。日本にとって、基本的な違反事件処理手続についてEU型の大陸法系の行政手続に移行するとともに、企業結合審査手続についても現行EU企業結合審査手続がもっとも参考にするべきものである。

本章では、日本にとってモデルとなるEU企業結合審査手続を先に解説し、その後に日本の見直し後の企業結合審査手続を解説し、あるべき姿を探っていく。

Ⅲ　EUの現行企業結合審査手続

1　届出前相談

欧州委員会は、関係当事者の要請を受けて、事前届出前でも非公式の届出前相談を行い、当該結合について意見交換する。この届出前相談において、①届出の必要性、②届出情報の範囲とその一部免除、③当該結合の法的評価についても相談事項となる。

欧州委員会は、届出受理後に調査を開始する(理事会規則6条1項)。

届出は、実施前、かつ契約の締結、株式公開買付の公表、支配株式の取

---

2) Commission Regulation (EC) No 802/2004 of 7 April 2004 implementing Council Regulation (EC) No 139/2004 amended by Commission Regulation (EC) No 1033/2008 of 20 October 2008-Consolidated version of 23 October 2008.

3) なお、関連事項として、EUの企業結合規制については、共同体規模の企業結合について届出義務を課し欧州委員会が排他的管轄権を有する。日本の企業結合規制では、届出義務を課すもののほかにも企業結合規制の対象となるものがある。日本の企業結合ガイドラインは、一定の取引分野の画定、問題解消措置も含んでいるが、EUの企業結合規制では、関連市場の画定については、関連市場の画定に関する告示(Commission Notice on the definition of the relevant market for the purposes of Community competition law, OJC372 (1997))、問題解消措置については、問題解消措置に関する告示(Commission Notice on the definition of remedies acceptable under Council Regulation No 139/2004 and under Commission Regulation No 800/2008, OJC267 (2008))に規定されている。ただし、関連市場の画定、問題解消措置については日本とEUでほぼ同一であると評価される。

得、善意での意思表明に引き続き行わなければならない[4]（理事会規則4条1項）。届出内容は、関係者の事業上の秘密に配慮しつつ、第三者からの意見を求めてEC官報にて公表される（理事会規則4条3項）。

2 第1次審査

欧州委員会は、届出受理後直ちに当該結合が規制対象となるか、共同体市場との両立性に重大な疑問があるかについて第1次審査を行う（理事会規則6条1項(a)）。

欧州委員会は、届出受理後25労働日以内に、以下のいずれかの決定を下さなければならない（理事会規則10条1項）。
① 当該結合は規則の対象外である旨の決定
② 当該結合は共同体市場と両立する旨の決定
③ 当該結合は共同体市場との両立性に重大な疑問があるとして手続を開始する旨の決定

欧州委員会は、当該結合が競争法上の問題を生じない場合に無条件で②の決定を下す（理事会規則6条1項(b)）。

また、欧州委員会は、関係当事者が当該結合を修正（modification）した結果、当該結合が共同体市場との両立性に重大な疑問を生じることがなくなったと判断する場合に、②の当該結合は共同体市場と両立する旨の決定をすることができる（理事会規則6条2項）。この場合、欧州委員会は、その決定において、共同体市場との両立性を確保する目的で、関係事業者が約束した事項（commitments）を履行することを確保するために、条件（condition）および義務（obligation）を定めることができる（理事会規則6条2項）。

また、関係当事者から約束事項が提出される場合に、決定までの期間は35労働日に延長される（理事会規則10条1項）。

したがって、②の決定は、無条件で当該結合が共同体市場と両立するも

4） 2004年理事会規則改正前は、届出時期は、契約の締結、株式公開買付の公表、支配株式の取得いずれか1つに該当する時点から、1週間以内であった。

のであるという理事会規則6条1項(b)による決定と、条件・義務を付して当該結合が共同体市場と両立するものであるという理事会規則6条2項と併せた理事会規則6条1項(b)による決定に分けられる。

3　第2次審査

欧州委員会は、前記2③の手続開始を決定する場合、第2次審査を行い、手続開始決定後、90労働日以内に以下のⓐ、ⓑいずれかの決定を下さなければならない（理事会規則10条3項）。

　ⓐ当該結合は共同体市場と両立する旨の決定
　ⓑ当該結合は共同体市場と両立しない旨の決定

ⓐの場合、欧州委員会は、ⓐの決定において共同体市場との両立を確保する目的で、関係事業者が約束した事項（commitments）を履行することを確保するために、条件（condition）および義務（obligation）を定めることができる（理事会規則8条2項）。関係当事者が上記の決定の基礎となる約束事項を手続開始後55労働日以内に提出する場合、決定までの期間は105日間に延長される（理事会規則10条3項）。

さらに、関係当事者の申出または関係当事者との合意により決定までの期間は最長20日間まで延長することができる[6]（理事会規則10条3項）。

したがって、ⓐの決定は、無条件で当該結合が共同体市場と両立するものであるという理事会規則8条1項による決定と、条件・義務を付して当該結合が共同体市場と両立するものであるという理事会規則8条2項による決定に分けられる。

欧州委員会は、理事会規則8条3項による禁止決定、または別個の決定において、当該結合がすでに完了している場合、株式・資産を処分するこ

5）　理事会規則6条1項(b)による決定のうち、一定の企業結合の取扱いに係る簡素化した手続に関する委員会告示（Commission Notice on a simplified procedure OJC56（2005））により、一定の企業結合については、総局長による簡素化された簡易処理決定が行われる。

6）　第2次審査の期間は、最短で90労働日、最長で105労働日（手続開始後55労働日以内に問題解消措置を申し出た場合）＋20労働日の125労働日となる。

7）　この決定について、異議告知書の送付は行われないが、諮問委員会への諮問と聴聞官による報告はなされる。

となどの原状回復措置をとることを命じることができる(理事会規則8条4項)。

欧州委員会は、ⓐのうち、条件・義務付の決定、ⓑの禁止決定をしようとする場合に、関係事業者に対して異議告知書を送付し、意見を提出する機会ならびに聴聞を受ける機会を付与する(理事会規則18条1項)。なお、異議告知、聴聞という手続は、非公開で決定までの期間に行わなければならない。[8]

また、ⓐ、ⓑの決定は官報に掲載される(理事会規則20条1項)。

重大事案では、第2次審査開始後2ヶ月程度で異議告知書を当事会社に送付している。ただし、異議告知書には内容的に競争上の懸念が指摘されるのであって、この段階で排除措置案が提示されるのではない。そのうえで、当事会社からの反論書が提出されて口頭聴聞も行われる。さらには、当事会社からの約束事項の申出やそれへの対応、諮問委員会への諮問も行われる。そのため、決定に至るまでの時間的制約は担当官にとってかなり厳しい。

なお、欧州委員会が届出受理後第1次審査期間内に前記2②、③の決定、または正式手続を開始後第2次審査期間内にⓐ、ⓑの決定を行わない場合、当該結合は共同体市場と両立する旨宣言されたとみなされる(理事会規則10条6項)。

また、欧州委員会は、前記2②の決定、ⓐの決定について、次の場合に決定により取り消すことができる(理事会規則6条3項、8条5項)。

㋐決定が関係事業者の責に帰す不正確な情報に基づいて下された場合

㋑関係事業者が決定中の義務に違反した場合

欧州委員会は、審査にあたり、必要に応じて情報要求(理事会規則11条)、立入検査等(理事会規則13条)という審査権限を行使することができる。[9]

---

[8] 諮問委員会は、原則として、理事会規則6条および8条に基づくすべての決定について諮問を受ける(理事会規則19条1項)。

[9] 当該決定について不服のある事業者はその決定から2ヶ月以内に第一審裁判所に提訴できる。

4　禁止期間

理事会規則の対象となる企業結合については、当該結合の届出前および前記2②または前記3ⓐの決定によって共同体市場と両立する旨宣言されるまで実施してはならない（理事会規則7条1項）。

欧州委員会は、決定で、㋐結合の前記禁止を免除すること、㋑株式公開買付で取得者が議決権を行使せず、または投資価値を維持するためにのみ議決権を行使する場合に当該株式公開買付の実施は停止されないことを認めることができる（理事会規則7条3項・4項）。上記審査期間および結合の禁止期間は、届出を受理した日（完全な届出情報を受理した日）から進行する。

5　執行状況

EUにおける2007（平成19）年から2010（平成22）年までの施行実績は、図表3のとおりである。

EUでは、第1次審査、第2次審査を問わず、条件付承認決定は年間15件程度になっている。

EUでも重大な事案では、届出前相談に2～3ヶ月の時間を要している。届出受理後は、最長で、第1次審査35労働日、第2次審査125労働日で合計160労働日であって、約32週間、約8ヶ月弱である。届出前相談開始日から起算して10ヶ月程度で決着がつく。

図表3　EUの運用状況（過去4年間）

	2007年 （平成19年）	2008年 （平成20年）	2009年 （平成21年）	2010年 （平成22年）
第1次審査での決定	386	326	238	267
無条件承認決定	368	307	225	253
内簡易処理決定	238	190	143	143
条件付決定	18	19	13	14
第2次審査での決定	10	14	3	3
無条件承認決定	5	9	0	1
条件付決定	4	5	3	2
禁止決定	1	0	0	0

他方、透明性、予見可能性について日本とEU間で目立つのは、企業結合ガイドラインによる違法性判断基準の差異よりも、重要事例での欧州委員会決定書と日本の公表される主要な事前相談事例が記載される事項・内容の精度の差異である。[10] 日本で、今後透明性、予見可能性を高めていくためには事前相談廃止後の公表される内容について欧州委員会決定書にできる限り近づけていくことが目標となる。

Ⅳ 日本の企業結合審査手続

1 事前相談の見直し

一定の企業結合について届出義務が課せられている。それら事前届出がなされた企業結合については事前審査手続が規定されている[11]（10条8項～10項、15条3項、15条の2第4項、15条の3第3項、16条3項）。

日本の企業結合審査手続は、通常の独占禁止法違反事件処理手続に事前届出制による事前企業結合審査を追加したものであるために、事前の企業結合審査と排除措置命令案の事前通知から排除措置命令に至る手続が統合されていない。[12] さらに、10条10項に日本特有な実効性担保手段が規定されている。そのため、排除措置をとろうとして排除措置命令案の事前通知が行われるのは、公取委が当該企業結合の禁止を命じようとするときに限られるものと予想される。

2 日本型実効性確保手段

届け出た企業結合計画のうち、一定の取引分野における競争を実質的に制限することとなる場合に禁止するという規定に照らして「重要な事項が

---

10) 条件付決定については、決定書で150頁～200頁となり、第2次審査での無条件承認決定でも決定書で100頁を超えるものとなる。
11) 国内売上高等が届出基準を満たさないために届出を要しない企業結合についても、具体的な計画内容を示して相談があった場合には、準じて対応するとしている。
12) 本来は、EU競争法の企業結合規制における企業結合審査のように、事前規制手続として純化して、公取委は、第2次審査期間内に当事会社が申し出た問題解消措置が相当であると判断するときに、事前通知を行い告知聴聞の機会を与えたうえで、その問題解消措置を内容とする排除措置を命じることができるようにすることが望ましい。

当該計画において行われることとされている期限までに行われなかった場合」に、公取委は当該企業結合に関し必要な排除措置を命じようとするときは、その期限から起算して1年以内に当事会社に対して事前通知をしなければならない（10条10項）。

すなわち、提出された計画において約束されていた重要な事項が約束された期限内に行われると「一定の取引分野における競争を実質的に制限することとなる」ことにならないと判断された場合で、その重要な事項が期限内に履行されず排除措置を命じようとするときに、公取委は、その期限終了後1年以内に、排除措置命令案を当事会社に通知して、その意見申述・証拠の提出の機会を与えなければならない。その後、公取委は「一定の取引分野における競争を実質的に制限する（こととなる）」と判断する場合に、排除措置を命じることができる。

しかし、10条10項に基づく届出による重要な約束事項の実効性の担保については、一度実施された企業結合の原状回復が困難であることと同じ理由で実質的に機能するかについて疑問がもたれる。さらには、当該企業結合についての早期に事件処理を終えようという事前届出、事前審査の趣旨にも反するという問題点がある。[13]

10条10項はもともと事前相談で当事会社が申し出た問題解消措置について、公取委が相当であると判断すると、企業結合計画書に重要な約束事項として記載させることによって、その問題解消措置についての実効性を確保するという事前相談を前提とした規定である。この規定がない場合には、将来の履行に係る問題解消措置の実効性を確保するために、問題解消措置を排除措置の内容とする排除措置を命じざるをえないが、10条10項が存在するために、当事会社が申し出た問題解消措置について、企業結合計画書に（その修正事項として）重要な約束事項として記載させることによって、一定程度実効性の確保を図ることができる。[14]

---

13) 公取委は、経済事情の変化その他の事由により、排除措置命令を維持することが不適当であると認めるときは、審決でこれを取り消しまたは変更することができる（70条の12第2項）。経済環境の変化に対応するためには、排除措置命令の事後の変更手続を活用することが想定されている。
14) 変更報告書提出、または届出書再提出のいずれかの方式をとると説明されている。

3 事前通知から排除措置命令に至る手続

公取委は、排除措置を命じようとする場合に、審査期間内にその旨（排除措置命令案を含むものと想定される）を当事会社に通知して、その意見申述・証拠の提出の機会を与えなければならない（10条9項、49条3項および5項）[15]。

そのうえで、公取委は、その企業結合計画が競争を実質的に制限することとなると判断すると排除措置を命じることができる（17条の2）。

当事会社は、当該排除措置命令に不服があれば、排除措置命令の送達後60日以内に、審判の開始を請求できる（49条6項）。ただし、審判開始請求では排除措置命令の執行力はなくならない（49条2項）。

公取委は、当該企業結合計画が「一定の取引分野における競争を実質的に制限することとなる」と判断する場合には、その企業結合をしてはならない旨の排除措置を命じることができる[16]。ただし、公取委は、排除措置を命じようとする場合に、その企業結合の進行を阻止するため、正式手続で排除措置を命じるまでその企業結合をしてはならない旨の緊急停止命令を東京高裁に申し立てることが必要になることも多いと考えられる。その場合、東京高裁がその旨の緊急停止命令をするか否かで、その企業結合が実現するか否かも事実上決まることになると想定される。

当事会社が、企業結合を進行させないまま、公取委がその企業結合をしてはならない旨の排除措置を命じると、その排除措置命令は送達後直ちに執行力をもつ（49条2項）。そのため、当事会社は当該企業結合を実現させるためには、裁判所に執行免除決定（70条の6）を申し立ててその旨の決定を得る必要がある。その場合、裁判所がその決定をするか否かによって、その企業結合が実現するかが事実上決まることになる。

---

15) その事前通知を受けて、当事会社は、当初の企業結合計画を修正したり新たな問題解消措置を申し出ることも可能であり、その場合、公取委は修正後の計画などを考慮に入れたうえ、その企業結合計画が競争を実質的に制限することとなるかを判断する必要がある。
16) そのままでは一定の取引分野における競争を制限することとなる場合で、公取委と当事会社が問題解消措置について合意できなかった場合に、理論上問題解消措置を内容とする排除措置を命じることもできるが、現実には当該企業結合をしてはならない旨の排除措置を命じることが多いと想定される。

当該企業結合計画がそのままでは、「一定の取引分野における競争を実質的に制限することとなる」に該当してその企業結合を承認するために将来の履行に係る問題解消措置をとらせることが必要であると判断される場合（当事会社が問題解消措置を申し出る場合を含む）に、公取委はその問題解消措置をとることを命じる旨の排除措置を命じることができる。将来の履行に係る問題解消措置について、たとえば日本製紙・大昭和製紙間の事業統合での「年産50万トン相当の設備及び営業の第三者への譲渡」のような当事会社による事業譲渡の約束事項については、欧米のようにその約束事項を排除措置とする命令を下すことが望ましい。問題解消措置を内容とする排除措置命令は、透明度が高いうえ、遵守しなければ確定命令違反の罪で問えるために届出による約束事項についての実効性は格段に強まる。

　しかし、公取委は、現行法制のもとで、第2次審査期間または第1次審査期間において、当事会社が申し出た問題解消措置についてそれを実施すると一定の取引分野における競争を実質的に制限することとならないと判断するときに、当該問題解消措置を計画書に重大な約束事項として追加（修正）記載させることによって、独占禁止法上問題がないとして事前通知をしない旨通知する形でその案件を処理するものと考えられる。したがって、排除措置命令案の事前通知が行われるのは、公取委が当該企業結合の禁止を命じようとするときに限られると予想される。

4　第1次審査

　公取委は、届出規則に基づき提出された届出書を受理したときは、届出会社に対し届出受理書を交付し、第1次審査を開始する。

　事前届出が必要とされる場合に、届出会社は、届出受理の日から30日を経過するまでの期間（以下、「禁止期間」という）は、株式取得等の当該企業結合をしてはならない（10条8項等）。[17]

---

17) ただし、公取委は、その必要があると認める場合には、禁止期間を短縮することができる。現行企業結合ガイドラインは、①一定の取引分野における競争を実質的に制限することとならないことが明らかな場合、②禁止期間を短縮することについて当事会社が申し出た場合に禁止期間の短縮を認めることができるとしている。

公取委は、届出の受理の日から30日以内に、当該企業結合に関して審査を行い、排除措置を命じようとする場合にその旨の事前通知を行うものとされている（10条9項等）。

　公取委が当該30日の期間内に「必要な報告、情報または資料の提出」を要請（以下、「報告等の要請」という）した場合に、排除措置前の事前通知をすることができる期間はすべての報告等を受理した日から90日以内、または、届出受理の日から120日以内の、いずれか遅い日までの期間に延長される。

　公取委は、第1次審査の結果、当該企業結合計画について、前記禁止期間内に、①独占禁止法上問題がないとして排除措置命令を行わない旨の通知をするか、②より詳細な審査が必要であるとして、報告等の要請を行うか、いずれかの対応をとる。公取委は、①の対応をとるときで、当事会社が禁止期間の短縮を書面で申し出たときは、排除措置命令を行わない旨の通知の日まで禁止期間の短縮を行う。

　このように、公取委は、当該企業結合計画についてそのままで独占禁止法上問題がない場合に排除措置命令を行わない旨通知する。また、第1次審査期間においても、当事会社は問題解消措置を申し出ることができ、公取委は、当事会社が申し出た問題解消措置についてそれを実施すると一定の取引分野における競争を実質的に制限することとならないと判断すると、当該問題解消措置について計画書に重大な約束事項として追加（修正）記載させることによって、排除措置命令を行わない旨通知することになる。

5　第2次審査

　公取委は、報告等の要請を行う場合には、当事会社に対し報告等要請書を交付し、すべての報告等を受理した場合に届出会社に対して報告等受理書を交付する。その場合、報告等要請書に報告等を求める趣旨について記載する。また、届出会社に報告等の要請を行った場合、公取委はその旨を

18）　30日という第1次審査期間内に、10条9項等に基づき、排除措置を命じようとしてその旨の事前通知を行うことは、明白に競争を実質的に制限することとなると判断される企業結合計画について禁止しようとするときに問題となりうるが、現実に実施されることは想定されない。

公表する。

　報告等の要請を行う旨公表した企業結合計画について意見のある者は、公表後30日以内に意見書を提出することができる。

　第2次審査は、すべての報告等を受理した日から90日間または届出受理の日から120日間のいずれか遅い日までに行われる。通常報告等を受理した日から90日間以内に行われる。ただし、公取委の裁量による延長の効力は、事前通知を行うための審査期間の延長にとどまり、30日間の禁止期間は延長されない。そのため、当事会社は禁止期間の30日が経過した後、企業結合を実行することができる。公取委がこの企業結合の実行を緊急に一時停止する必要があると考えるときには、東京高裁に対して緊急停止命令（70条の13）を申し立てて、その命令を得る必要がある。

　公取委は、第2次審査の結果、当該企業結合計画について、第2次審査期間内に、①排除措置命令を行わない旨の通知をするか、②事前通知（排除措置命令前の通知）をするか、いずれかの対応をとる。

　公取委は、第2次審査期間において、当該企業結合計画についてそのまま独占禁止法上問題がないと判断したときに排除措置命令を行わない旨通知する。また、当事会社が申し出た問題解消措置についてそれを実施すると一定の取引分野における競争を実質的に制限することとならないと判断すると、計画書に当該問題解消措置を重大な約束事項として追加（修正）記載させることによって、排除措置命令を行わない旨通知することになる。①の場合も、公取委は審査結果について、その理由を含めて当事会社に説明し、かつ公表する。[19]

　公取委は、審査期間において、届出会社から求めがあった場合または必要がある場合には、その時点における企業結合審査の論点等について説明する。届出会社は、審査期間において、いつでも公取委に対し意見書または必要と考える資料（問題解消措置の申出を含む）の提出ができる。

---

19) 公取委は、①報告等の要請を行った案件について、独占禁止法上問題がないと判断したときにその審査結果を原則として公表することとし、②報告等の要請を行う前の段階で届出会社が問題解消措置をとることを前提に独占禁止法上問題がないと判断した案件など、他の事業者の参考となるものについては、報告等の要請を行っていなくても審査結果を公表することとしている。これも透明性がどの程度向上するかは、どの程度詳しく公表されるのかにかかる。

公取委は、審査期間において、当事会社が申し出た問題解消措置についてそれを実施すると一定の取引分野における競争を実質的に制限することとならない場合に、当該問題解消措置を計画書に重大な約束事項として追加（修正）記載させることによって、排除措置命令を行わない旨通知している。

公取委は、当該企業結合計画が「一定の取引分野における競争を実質的に制限することとなる」と判断して、その企業結合をしてはならない旨の排除措置を命じようとするときに第2次審査期間に当該企業結合計画について②の事前通知を行うことになる。

6 執行状況

日本における平成19（2007）年から平成22（2010）年までの施行実績は、図表4のとおりである。

事前相談で回答等がなされた年間約20件程度の件数のうち、問題解消措置を前提として容認した案件が平成20年度に2件、平成21年度に4件、平成22年度に1件存在する。それらの案件について、当事会社から問題解消措置の申出があったとして当初の企業結合計画書を修正させることとし、10条10項による重要な約束事項に関する実効性担保手段にその実効性を委ねるときには、実務の点では、それまでの事前相談による回答による処理とさほど大きな違いはない。

第2次審査を経た無条件容認案件がどの程度になるかは予測できないが、おそらく20件を下回るものと予想される。そうすると、日本でも、審査体制からしても、問題解消措置を前提として容認した結合について、件数的

図表4　日本の運用状況（過去4年間）

	平成19年 （2007年）	平成20年 （2008年）	平成21年 （2009年）	平成22年 （2010年）
事前相談の回答等の件数	50	28	24	13
・容認した件数	45	26	20	12
・問題解消措置を前提 　として容認した件数	5	2	4	1
・容認しなかった件数	0	0	0	0

には、EU における条件付承認決定と同等に詳しく公表することは可能なはずである。

なお、用語法について、当事会社から申し出た問題解消措置が実施された場合には独占禁止法上問題がなくなるとして処理する場合に、問題解消措置を内容とする排除措置を命じる場合には「条件付承認命令」なる用語が相当であるが、問題解消措置について届出を修正させて排除措置命令を行わない旨の通知を行う場合には、「条件付容認」なる用語が相当なことになる。同様に、無条件で当該企業結合を容認して排除措置命令を行わない旨の通知を行う場合も、（EU では、無条件承認の場合でも決定がなされるため「無条件承認」が相当であるが）「無条件承認」よりも「無条件容認」のほうが妥当である。

V　見直し後の企業結合審査手続の今後の課題

1　EU 型企業結合審査手続と日本の企業結合審査手続の異同

迅速性、透明性、予見可能性といってもそれを測定する物差し、比較する対象がないと実質的な意味をもたない。その意味で、EU 競争法の企業結合規制は、独占禁止法の企業結合規制にとってモデルとなるとともに、格好の物差しを提供している。

まず、法制上の EU 型企業結合審査手続と日本の企業結合審査手続の主要な異同について分析する。

第1に、第1次審査から第2次審査への移行における手続について差異がある。

EU 型企業結合審査手続では、欧州委員会が第2次審査への移行を決定すると直ちに第2次審査が開始されて、第2次審査期間が始まる。他方、日本の企業結合審査手続では、要請した報告等を受理してから事前通知までの期間が始まる。そのため、日本の企業結合審査手続では、報告等を要請しその報告等を受理するまでの期間が追加される。

その結果、EU 型企業結合審査手続では第1次審査と第2次審査が一体化するのに対して、日本の企業結合審査手続ではこれまで第1次審査と報

告等受理後の第2次審査とに分けられてきた。

　ところが、対応方針では、「第1次審査」とは、届出受理の日から報告等の要請を行う日の前日（報告等の要請を行わない場合は、排除措置命令を行わない旨の通知の日）までの期間に行う審査を、「第2次審査」とは、報告等の要請を行う日から事前通知（事前通知をしない場合は、排除措置命令を行わない旨の通知の日）までの期間に行う審査をいい、「審査期間」とは、第1次審査および第2次審査を行う期間をいうとしている。

　EU型企業結合手続では、重大案件については、届出前相談期間が2～3ヶ月と長くなるとともに、相談内容も詳細なものとなってきている。重大案件についての届出前相談が充実するにつれて、実際には届出前相談で、30日間の第1次審査で終了する案件か第2次審査までいく案件かが判別されて、事実上第1次審査と第2次審査が一体化している。とりわけ、第2次審査開始後約2ヶ月後に異議告知を行うという現行実務の時間的制約を考えると、重大案件については当初から本格的な審査を開始せざるをえない。

　第2に、EU型企業結合審査手続では、禁止決定、条件付承認決定の場合に、審査期間内に異議告知書を当事会社に送付しなければならない。

　実務上異議告知書は、第2次審査開始の約2ヶ月後に発出されている。また、異議告知の役割は、競争当局が正式に競争上の問題点を明らかにして、当事会社が指摘された問題点について口頭聴聞等で正式に自己の見解を明らかにする（反論する）機会を与えるところにある。その意味で、企業結合審査における大きな節目となる。

　他方、対応方針は、公取委は審査期間において、当事会社から企業結合審査における論点等について説明を求められた場合または必要と認める場合には、その時点における論点等について説明するとし、また当事会社は、審査期間において、いつでも公取委に対し、意見書または審査に必要と考える資料の提出（問題解消措置の申出を含む）をすることができるとしている。

　第3に、排除措置を命じる最終決定、命令の発出が審査期間内になされる必要があるか否かという点である。

EU型企業結合審査手続では、決定書の発出が審査期間内になされる必要がある。

日本の企業結合審査手続では、排除措置を命じようとする事前通知は審査期間内に行う必要があるが、命令まで審査期間内に行う必要はない。

実際には、日本の企業結合審査手続では、事前通知を行う案件は公取委がその時点で禁止を命じようとするものに限定されると予想される。ただし、当事会社は公取委の事前通知における競争上の評価に反論し、さらには新たな問題解消措置を申し出ることが可能である。そのために、事前通知が行われた場合の事前通知から最終決着までの期限は設定されていない。

第4に、EU型企業結合審査手続では、無条件承認決定を含めてすべてが決定で行われ、その決定に不服のある当事会社および第三者は裁判所に対して提訴することができる。

日本の企業結合審査手続では、問題解消措置を排除措置の内容とする条件付承認命令、禁止命令に対して、不服のある当事会社は現行事後審判制のもとで審判開始を請求できる。しかし、排除措置命令を行わない旨の通知を行う、条件付容認、無条件容認については行政処分にあたらないために審判開始を請求することはできない。

2 見直し後の日本の企業結合審査手続の課題

（1） 日本の企業結合手続の問題点とそれへの対応　事前相談で最終回答まで行うという日本独自の企業結合審査手続を廃止したことは、大きな手続法上の進歩である。運用によっては、EU競争法上の企業結合審査にかなり近い実務を実現することができる。EU競争法における企業結合審査をモデルとして、運用により迅速性、予見可能性、透明性を高めていくことが望ましい。

前記1の第1の差異については、日本でも重大な案件について2～3ヶ月の届出前相談を行うこととして、報告等を受理するまでの期間を短縮させることにより第1次審査と第2次審査を一体化させることは可能である。

現実にも新日本製鐵・住友金属工業間の合併計画について、当事会社は3月18日に届出前相談を開始し、5月31日に合併計画の正式届出を行って

いる。公取委は、正式届出受理後直ちに薄板、鋼矢板、鋼管など10種類について影響調査を開始している。

　前記1の第2の差異については、EU型企業結合審査手続の異議告知と同様に、公取委が報告等の受理の日から1ヶ月程度で独占禁止法上の問題点を当事会社にまとめて指摘して、当事会社に反論の機会を与えるという運用をすることは可能である。

　前記1の第3、第4の差異については、法制上の義務ではないが、公取委が実施しようとするときには実施することは可能である。

　条件付承認命令について、公取委と当事会社で問題解消措置について合意したときには、事前通知とその後の意見聴取手続は形式的なものに過ぎないことから短期間で済ませて、第2次審査期間内に条件付承認命令を行うことは可能である。

　禁止命令についても、第2次審査期間内に、公取委が事前通知を経て禁止命令を行うことが法制上許されないわけではない。

　しかも、この点は、当事会社等の争う権利には実質的な差異をもたらさない。

　当該企業結合の禁止命令に対して、不服のある当事会社は日本もEUも争うことができる。実際には、禁止命令が発せられると当事会社は当該企業結合を断念することが多いと考えられるが、当事会社が何らかの理由で争うことを希望する場合にはそれは認められる。[20]

　しかし、審判制度のもとですでに判断を下した公取委に審判請求できる（さらにその後に実質的証拠法則のもとで東京高裁に控訴できる）というのでは、当事会社にとって再審査を求める実質的な意味はない。このため、今回の企業結合審査手続の見直しによって、より一層審判制度を廃止する必要性が高くなる。

　条件付承認命令については、問題解消措置を申し出た、または競争当局と問題解消措置について合意した当事会社が、裁判所に対して提訴することは想定されない。名宛人でない競争者等の第三者が条件付承認命令に対

---

20) 実際にも、EU競争法の混合型企業結合規制において、欧州委員会決定を覆す形で司法審査が機能したことがある。

して裁判所に対して提訴する場合には、原告適格がないとして却下されるものと考えられる（仮に原告適格を認めたとしても、裁判所はたとえその企業結合について競争者に悪影響を及ぼしたとしても、市場における競争に問題がないとした競争当局の判断を覆すことはせずに棄却するものと予想される）。手続法上、問題解消措置をとらせる案件について条件付容認から条件付承認命令に移行させてもさほど意味のない理由である。

したがって、当面の課題は、①届出前相談の充実によって、報告等の受理までの期間を相当な期間内にとどめること、②条件付容認、禁止命令における最終処理までの期間を短縮していくこと、③公表内容をできる限り詳しくしていく（EU競争法上の決定内容に近づけていく）ことである。

（2）中長期的課題　　最終処理からみて、企業結合案件は、まとめるに、次の3つの案件に分けられる。

　①何ら条件を付さずに当該企業結合を承認する、EU競争法上の無条件承認決定案件、独占禁止法上の無条件容認案件である。
　②条件（問題解消措置）を付して当該企業結合を承認する、EU競争法上の条件付承認決定案件、独占禁止法上の条件付容認案件または条件付承認命令案件である。
　③当該企業結合を禁止する、EU競争法上の禁止決定案件、独占禁止法上の禁止命令案件である。

なお、②について、届出書への修正方式が採用されて条件付容認案件として処理される。また、①の無条件容認案件、②の条件付容認案件については排除措置命令を行わない旨の通知がなされる。

①については、競争上の問題のない案件であり、③についてはきわめて数の少ない案件である。そのために、②の取扱いが最大の論点であって、独占禁止法上透明性、予見可能性をより一層高めるためには、長期的に（日本特有の実効性担保手段を規定する）10条10項を廃止してまたは10条10項による手続をとらずに、届出書への修正方式による条件付容認から、条件付承認命令に移行するほうが望ましい。

公表内容の精粗については、どうしても、決定や排除措置命令と比べて、届出書への修正方式のほうが詳細さに欠けることになる。欧米で届出書修

正方式が採用されない理由は、10条10項のような規定がないこともあるが、基本的にはそれでは問題解消措置についての実効性、透明性が確保されないと評価するためである。[21]

Ⅵ　今回の見直しの意義

　企業結合規制については、平成19年改正による事前届出制の整備と併せ、今回の事前相談の廃止によって、事後規制である私的独占の禁止、不当な取引制限の禁止、不公正な取引方法の禁止と異なり、完全に事前規制であることが確立した。「一定の取引分野における競争を実質的に制限することとなる」の「こととなる」は、基本的に事前規制であることを意味すると解される。
　また、今回の企業結合審査手続の見直しの大きな成果の1つは、行政審判制を維持する論拠がないことがさらに明白になったことである。行政手続の見直しの過程で、審判制度維持派は、専門性の高い企業結合事件こそ審判で処理することが相当であると主張した。しかし、今回の見直しの結果、企業結合事件は排除措置命令までの企業結合審査段階で実質的に処理されるのであって、事前・事後を問わず、審判で長期間争われるものでないことが明らかになっている。
　また、行政審判を廃止して取消訴訟方式に移行した後、EU型の企業結合審査手続をそのまま導入するか否かが検討課題となる。

---

21) なお、日本の企業結合ガイドラインでは、問題解消措置についての条件と義務との区別さえ明確にしていない。

第11章

企業結合規制の実体ルールと企業結合ガイドライン

　事前規制として、行政審査段階で事案処理が実質的に終了する企業結合規制では、そのルールについてもガイドラインが占める比重が高い。
　水平型企業結合について、国際的には、1992年米国水平型企業結合ガイドラインを基礎とした2004年 EU 水平型企業結合ガイドラインが国際標準的なガイドラインである。日本のガイドラインも2006年改定によって基本的に2004年 EU 水平型企業結合ガイドラインと同一レベルのものとなっている。
　米国の2010年ガイドラインは、単独効果の重視や経済学的手法の活用という最近の動向、さらには司法優位の米国の企業結合手続を反映したものであるが、日本と EU のガイドラインの見直しにつながるものではないことも明らかになっている。
　垂直型および混合型企業結合については、EU の2007年非水平型企業結合ガイドラインが国際的にみても際立って詳細なものであり、EU の実務はそれに従い行われている。日本のガイドラインについても、同ガイドラインを参考に、垂直型および混合型企業結合について見直していくことが課題となる。

I　総合的考察

1　企業結合ガイドラインの比較検討

　ここでは、日本の企業結合ガイドラインのあるべき姿を探るために、EU と日本の現行企業結合ガイドラインの比較分析を行う。

　EU の企業結合ガイドラインと比較検討を行う理由は、当面日本にとって EU の企業結合ガイドラインとそれに基づく実務が一番参考にするべきものと考えられるからである。さらに、日本と EU における企業結合規制では、基本的に司法審査まで行われず行政審査段階で終了するために、競争当局の法執行の考え方を示すガイドラインが大きな役割を果たす。

　企業結合規制でも、判例法による違法性基準についての米国、EU との比較検討を行うことが望ましい。しかし、日本で公表された事前相談事例の詳細度を考えると、このレベルでの比較検討は困難である。

　日本の公表事例では、公取委による一方的な判断、事実認定が示されている。すなわち、当事会社からの一定の取引分野の画定などについての主張、反論に対する詳細な回答は示されていない。ヒアリングやアンケート調査についても対象項目ごとに意見や評価が分かれて、その数値・結果や分析は当事会社には示されるが、外部には公表されない。その結果、公取委による事実認定を前提にすると問題解消措置の内容を含めて結論（最終処理）が正しいことは当然のことになる。全体の判断・分析の過程を検証できない。しかも、2011年の日本独自の事前相談制度の廃止後もこの点はそれほど変わらない。

　ガイドライン構成をみると、日本の企業結合ガイドラインは、一定の取引分野の画定、問題解消措置も含んでいるが、EU の企業結合規制では、関連市場の画定については、関連市場の画定に関する告示[1]、問題解消措置については、問題解消措置に関する告示[2]に規定されている。そこで、関連

---

1)　Commission Notice on the definition of the relevant market for the purposes of Community competition law, OJC 372（1997）.

2)　Commission Notice on the definition of remedies acceptable under Council Regulation No

市場の画定、問題解消措置についての比較は省略する。さらに、日本とEUの企業結合審査について、企業結合審査の対象となる企業結合については差異がある。EUの企業結合規制については、共同体規模の企業結合について届出義務を課し欧州委員会が排他的管轄権を有するが、日本の企業結合規制では届出義務を課すもののほかにも企業結合規制の対象となるものがある。

2　EUの企業結合規制と企業結合ガイドライン

欧州委員会は、1989年の企業結合規制の開始から20年間をかけて現在の企業結合規制を完成させた。

EU特有のそれまでの合弁事業規制と一体となった、1989年理事会規則による企業結合規制、過渡期の1997年理事会規則による企業結合規制から、2004年理事会規則による現行企業結合規制に移行した。

実体基準自体についても、1989年理事会規則の「共同体市場またはその実質的部分において有効な競争を著しく阻害することとなる結果をもたらす、支配的地位を形成または強化する結合（concentration which creates or strengthens a dominant position as a result of which effective competition would be significantly impeded in the common market or in a substantial part of it)」から、2004年理事会規則の「共同体市場またはその実質的部分において有効な競争を著しく阻害することとなる、とくに市場支配的地位の形成または強化の結果としての、結合（concentration which would significant-

---

139/2002 and under Commission Regulation No 800/2004, OJC 267（2008）.
3）　最近での欧州委員会決定では、最初の関連市場の画定においては、関連商品の範囲について顧客別、商品の性格・特質別の細分化された市場、地理的範囲についての全世界市場、欧州市場、加盟国市場のいずれの市場を関連市場と認定するかというような特定を行わずに、競争上の評価に進んだうえで、競争上の問題の発生する市場を特定して、そこでの問題解消措置と連動させるという手法が用いられている。
4）　問題解消措置についての日本とEUで基本的な考え方には差異はないが、欧州委員会決定書には、問題解消措置の競争上の評価が詳しく説明されて、当事会社から提出された問題解消措置が添付されている。
5）　この時期の企業結合については、村上政博『EC競争法（EC独占禁止法）〔第2版〕』（弘文堂・2001）254頁～281頁参照。
6）　この時期の企業結合については、村上政博・前掲注5）359頁～374頁参照。

ly impeded effective competition, in the common market or in a substantial part of it, in particular as a result of the creation or strengthening of a dominant position)」に変更されている。

　実体ルールについて、①現実の競争または潜在的競争の減少、②市場閉鎖効果、③スピルオーバー効果、④ネットワーク効果の１つに該当すると85条１項該当性を認める当初の広範な合弁事業規制を受け継いだような水平型企業結合規制や、抱き合わせや略奪的価格設定などの86条違反の支配的地位の濫用行為が実施される蓋然性を広く認めた混合型企業結合規制を克服して、米国流の経済理論・経済分析を導入した。その結果、水平型企業結合ガイドラインである2004年理事会規則、非水平型企業結合ガイドラインである2008年理事会規則のルールという国際標準的な企業結合のルールに移行した。[7]

　EUの水平型企業結合ガイドライン（2004年２月）および非水平型企業結合ガイドライン（2008年10月）が、現時点でみて、企業結合に関して国際的にもっとも参考にされている企業結合ガイドラインである。

　しかも、EU競争法の企業結合規制では重要案件についてはきわめて詳細な内容の決定書を作成、公表している。その決定書は現行ガイドラインに沿って分析を行っているため、そのなかでガイドラインの有益性が日常的に検証されている。

3　日本の企業結合規制と本章の分析手順

　日本の現行企業結合ガイドラインは、「企業結合審査に関する独占禁止法の運用指針」（平成16年５月、平成18年５月、平成19年３月、平成21年１月、平成22年１月、平成23年７月各改定。以下、「企業結合ガイドライン」という）である。本章でも平成23（2011）年改定後の現行ガイドラインの内容について解説する。日本の企業結合ガイドラインは平成18（2006）年５月大幅

---

[7]　2000年代の実体ルールの変遷を解説するものとして、池田千鶴『競争法における合併規制の目的と根拠―EC競争法における混合合併規制の展開を中心として』（商事法務・2008）参照。ただし、EU競争法上混合型企業結合規制が経済分析を取り入れて正常化していく過程ととらえるほうが、論旨が明確なものとなったと考えられる。

改定により、市場画定方法としての仮想的独占者テストの導入、効率性の評価基準の明示などで国際標準的なガイドラインになった。そのため時系列的にみるときにはまとめて平成18（2006）年企業結合ガイドラインと呼ぶ[8]。実務上も平成18年頃から欧米並みの企業結合審査が行われるようになった。

本章では、水平型企業結合規制と垂直型・混合型企業結合規制に分けて、水平型企業結合規制については、EUと日本のガイドラインを解説したうえで、日本とEUのガイドラインを比較検討する。米国の2010年水平型企業結合ガイドラインの意義やその日本とEUガイドラインへの影響について、最近までの水平型企業結合規制の動向をみながら、米国とEU・日本の企業結合手続の基本的差異と関連させて検討する。

垂直型企業結合および混合型企業結合については、EUのガイドラインが国際的にも一番詳しく違法性判断基準を解説している。日本としても垂直型企業結合および混合型企業結合に係るガイドラインを充実させようとする場合、EUのガイドラインを参考にするべきことはほぼ自明である。そのため、日本のガイドラインの問題点と不十分さを指摘するにとどめる。そのうえで、最後に、日本の企業結合ガイドラインの問題点をまとめて考察し、企業結合規制の特殊性とそれに対応した手続のあり方を検討する。

II　EUの水平型企業結合ガイドライン
——水平型企業結合に係る違法性判断基準

1　市場占有率および集中度

当該関連市場が画定されると、当事会社の市場占有率および競争者の市場占有率が算出される。

市場集中度の指標としては、今日では上位企業集中度でなくHHI（ハーフィンダール・ハーシュマン指数）が使用される。HHIは、当該一定の取引分野における各事業者の市場占有率の二乗の総和によって算出される。

---

[8]　池田千鶴「企業結合審査ガイドライン改正の評価—米国・EUとの比較」公正取引679号9頁参照。

企業結合ガイドラインは、市場占有率について、企業結合後の市場占有率50％以上で判例法上市場支配的地位が認定されるとしている。

結合後の市場占有率が40％から50％となる企業結合は、市場支配的地位を創設また強化することとなるものと推定されるとし、結合後市場占有率25％以下の企業結合では競争上の問題は生じないとしている。

HHIについて、①企業結合後のHHIが1,000未満である企業結合では競争上の問題は生じない。企業結合後のHHIが1,000から2,000で、かつHHI増分が250未満である企業結合、ならびに②企業結合後のHHIが2,000超、かつHHI増分が150以下である企業結合については、当事会社の一方が、潜在的参入業者である場合、重要な技術開発力をもつ企業である場合、50％以上の市場占有率をもつ企業である場合、または一匹狼的企業である場合など特別の事情のある場合を除き、競争上の問題を生じないとしている。したがって、HHI 2,000超で、増分150超のものが主たる審査対象となる。

2 水平型企業結合の起こりうる反競争的効果

（1）非協調的効果（non-coordinated effect）と協調的効果（coordinated effect）　水平型企業結合が、支配的地位を創設または強化することによって有効な競争を著しく阻害することとなるのは、①競争上の制約、牽制力を取り除き、一方的に市場支配力を行使できるようになる場合と②協調して価格を引き上げることが容易にできるようになる場合である。[9]

（2）非協調的効果　重大な競争上の制約を取り除き、市場支配力を強化することになるという非協調的効果（単独効果）をもたらすかを判断するに際しての主要な判断要素として次の事由をあげている。

　（ア）　当事会社が高い市場占有率を有すること
　（イ）　当事会社が密接な競争者であること　　顧客の選好度調査によっ

---

[9] そのほか、潜在的競争者との企業結合が、現在の競争者との企業結合と同一の反競争的効果をもたらすこともありうるとし、潜在的競争者がサンクコストをかけずに、参入できるだけの生産施設を有しているときで、①その潜在的競争者がその市場に影響力を及ぼしている、②他の有力な潜在的競争者が存在しないときにあてはまるとしている。

て、第1選択と第2選択であるというような、高い代替性の商品を供給する企業同士の企業結合であること。

　（ウ）　顧客が供給者を変更する可能性が少ないこと　　切り替えコスト等がかかるときにあてはまる。

　（エ）　価格が引き上げられても競争者は供給を増加できないこと　　このことは、同質的な商品であるときにより重要であるが、差別的な商品にもあてはまる。

　（オ）　当事会社は競争者の供給能力拡大を妨害できること　　当事会社が重要な投入原材料、販売網、知的財産権を支配しているときに生じる。

　（カ）　当該企業結合が重要な競争者を消滅させること　　競争環境を変化させる開発力を有する潜在的参入者との企業結合にあてはまる。

　さらに、川上市場に対して（低価格で購買することを可能にする）購買力を創設または強化する企業結合についても同一の分析を行う。このような購買力の行使は、投入量の減少等で最終製品の生産量も減らすことにより、川下市場での消費者に悪影響を与える可能性がある。

　（3）　協調的効果　　集中度の高い市場における企業結合は、集合的な市場支配的地位を創設または強化することによって、有効な競争を阻害することになる。

　競争者は、競争法違反の協定や協調行動（concerted practice）にあたらない場合でも、行動を調整して価格を引き上げることができるようになる。協調的効果には、価格引上げのみならず、数量の制限、生産能力の増加の制限、市場分割という形態も含まれる。

　協調的効果は、具体的な協調行為（co-ordination）の理解・了解に到達することが比較的容易であるときに生じる。さらに、それが持続するためには、①逸脱行為に対する監視が十分にできていること、②逸脱行為を抑止するための対抗措置が確保されていること、③アウトサイダーの対応によってその効果が妨害されないことが必要である。[10]

　（ア）　具体的な協調行為の理解・了解に到達すること　　協調的効果は、

10）これまで協調的行動を攪乱してきた一匹狼的な企業が、当事会社となっているかを重視するとしている。

競争者間で協調行為の具体的な内容について比較的簡単に共通の認識に達することのできるような市場において生じる。

経済環境が安定していて複雑でないほど、競争者間で共通の理解に到達できることが容易になる。たとえば、①関係事業者の数が少ないほど、②当該商品が単一価格で同質であるほど、③技術革新が激しくないというように、需要と供給が固定化しているほど、経済環境が安定化していて協調行為が容易になる。

とくに、現状を維持する形で行われる市場分割は協調行為の実施しやすい形態である。

単純な価格設定ルール、公表情報の入手や事業者団体による情報交換活動を通じて互いの情報を入手することで複雑な経済環境にも対応できる。さらに、競争者同士が、コスト構造、市場占有率、生産能力、垂直統合の程度が似ているほど容易に共通の理解に到達することができる。

（イ）逸脱行為に対する監視　協調行為から抜け駆けしようとする誘引も強いために、遵守していることを十分に監視したうえ、逸脱行為に対して迅速かつ十分な対抗措置をとることが保障されていることによって協調行為を維持することができる。すなわち、市場の透明性が高いことが、他の競争者の逸脱行為の有無を監視し、それを発見したとき迅速かつ十分な対抗措置をとるために必要である。

関係事業者の数が少ないほど、取引が相対でなされるよりも公開の市場でなされるほど、需給関係が安定しているほど、市場の透明性は高くなる。さらに、透明性の乏しい市場においても、最恵国待遇条項を設定したり、情報交換活動によって情報を入手できるようにすることによって、透明性を高めることができる。

（ウ）逸脱行為を抑止するための対抗措置　確固たる対抗措置をとる旨の脅しが協調行為を持続させるのであって、逸脱行為が生じると、対抗措置が講じられることが確実なものとなっていなければならない。

対抗措置について時間的な遅れがあってはならず、とくに、大口かつ頻度が少ない取引については、迅速に対抗措置を講じることが重要である。

また、対抗措置には、合弁事業の解消などの形で、他の市場で講じられ

るものも含まれる。
　(エ)　アウトサイダーの対応　　協調行動に参加していないアウトサイダーや顧客が、協調行動による成果を妨げることをできないことが、協調行為を成功させるための要件となる。このために、新規参入や対抗的な購買力の分析が行われる。

3　個別判断要素
　(1)　対抗的な購買力　　当事会社企業結合企業は、高い市場占有率を有していても、顧客が、規模、売り手にとっての高い重要度、他の供給先への切替えに基づく交渉力によって、十分に対抗できるだけの購買力をもつ場合、顧客からの競争圧力によってその市場支配力を行使できない。
　(2)　新規参入　　新規参入が容易であるとき、競争制限効果が生じるおそれがなくなる。
　新規参入が十分に容易であるとき、すなわち、参入が当事会社にとって十分な牽制力となるためには、①新規参入が生じる蓋然性が高く、②時間的に速やかに行われ、③反競争効果を上回るために十分なものでなければならない。
　(ア)　新規参入の蓋然性　　新規参入が起こるためには、生産増による価格への悪影響や競争業者の価格引下げなどの対応を考慮しても、それが十分に利益のあがるものでなければならない。
　新規参入阻害要因はさまざまな形態をとり、それが高いほど参入は起こりにくい。新規参入阻害要因には、①許可制や関税という法的参入阻害要因、②不可欠施設、天然資源、研究開発力、知的財産権に有利な条件でアクセスできるという技術的な優位、③ブランドへの忠誠、継続的取引関係等で示される、経験や評判による確立した地位がある。
　一般に、衰退産業、規模の利益を有する産業、ネットワーク効果を有する産業では新規参入は生じにくく、他の供給者がすでに他分野において新規参入のための生産施設を有する場合に起こる可能性が高い。
　(イ)　適宜性　　新規参入は、十分に速やかに生じるものでなければならず、通常2年以内に生じるときに時期を得たものと評価される。

（ウ）　十分性　　新規参入は競争制限効果を十分に上回るだけの規模で生じる必要がある。
　（3）　効率性　　企業結合には、消費者への低価格やその他の利益をもたらすさまざまな利点がある。
　効率性が、①消費者にとって利益をもたらし、②その企業結合に固有で、かつ、③検証可能であるとき、その企業結合を容認する。
　（ア）　消費者への利益　　効率性は、関連市場において、十分かつ迅速に、消費者に利益をもたらすものであることが必要である。
　たとえば、生産や流通におけるコスト節約は、当事会社に価格を引き下げる能力と動機をもたらす。この点では、固定費用の低下をもたらすものよりも、限界費用や変動費用の低下をもたらすもののほうが、消費者の利益につながりやすい。
　また、研究開発面での利点により、消費者に新たなまたは改良した商品や役務をもたらすという利益をもたらす。
　効率性には協調的効果の生じるリスクを減らす可能性がある。
　ただし、消費者への利益をもたらすことは、競争業者からの競争圧力、新規参入圧力によって実現される。それゆえに、独占的状態に近づいている市場では効率性の主張は認められない。
　（イ）　企業結合に固有なもの　　当該企業結合の直接的な結果であって、ライセンス契約、合弁事業方式等の他のより競争制限的でない方法では実現できないものである必要がある。
　（ウ）　検証可能性　　①主張される効率性が実現し、②それが十分に反競争的効果を上回ることは、証拠で立証されるものでなければならない。効率性に関する情報は当事会社がもつため、当事会社が効率性に係る事項を立証する責任を有する。
　（4）　破綻会社　　当事会社の一方が破綻会社であるとき、企業結合が実現しても、企業結合が実現しなくても（競争者が1つなくなるという）市場構造の変化は同じである。
　破綻会社の抗弁を検討するに際し、①近い将来に、財政上の困難さのため、当該企業は市場から退出を余儀なくさせられること、②当該企業結合

よりも競争制限的効果が少ない他の選択肢がないこと、③当該企業結合が実現しないと、破綻会社の資産が市場から確実に消失することを考慮する。

4 EUの2004年水平型企業結合ガイドラインの特質

水平型企業結合規制については、米国の1992年水平型企業結合ガイドラインが、関連市場の画定と市場占有力・集中度の算出（market definition, measurement and concentration）、起こりうる競争制限効果（potential adverse competitive effects）（これについては単独（一方的）効果と協調効果に分ける）、新規参入（entry analysis）、効率性（efficiencies）、経営破綻（failure and exiting assets）の順に分析を行う五事由、五段階の分析手法を導入した。[11]

EUの2004年水平型企業結合ガイドラインは、1992年米国水平型企業結合ガイドラインを踏まえて作成されたものであって、基本的にその枠組みに従っている。

しかし、米国の1992年米国水平型企業結合ガイドラインでは採用されておらず、2010年米国水平型企業結合ガイドラインで採用されている[12]、①川上市場に対して（低価格で購買することを可能にする）購買力を創設または強化する企業結合について投入量の減少等で最終製品の生産量も減らすことにより、川下市場での消費者に悪影響を与える可能性があるために販売力を創設または強化する企業結合と同一の分析を行うとしていること、②顧客の対抗的な購買力を個別判断要素の1つとしていることは、このガイドラインの先見性を示すものである。

このガイドラインも、非協調的効果と協調的効果について、1992年米国水平型企業結合ガイドラインと同様に、寡占的価格協調行動理論に忠実に、

---

11) 村上政博『アメリカ独占禁止法〔第2版〕』（弘文堂・2002）206頁〜216頁参照。さらに、潜在的競争者との企業結合が、現実的競争者と企業結合と同一の反競争的効果をもたらすこともありうるとし、1992年米国水平型企業結合ガイドラインは、米国判例法上混合型企業結合規制の論拠とされていた潜在的競争理論を潜在的競争者を市場構成者として水平型企業結合規制に取り込んでいる。
12) 米国2010年ガイドラインは、強力な購買者（powerful buyers）、競合購買者の企業結合（mergers of competing buyers）という項目を新規に設けている。

①逸脱行動を発見できるよう十分に監視していること、②逸脱行為に対して迅速かつ十分な対抗措置[13]をとることが保障されていることについて協調的効果の要件とし、今日的感覚からみると、やや協調的効果の比重が重いものとなっている。

Ⅲ　日本の水平型企業結合ガイドライン

1　市場占有率および市場集中の状況

当該一定の取引分野が画定されると、当事会社の市場占有率および競争者の市場占有率が算出される。市場集中度の指標としては、日本でも、今日では上位企業集中度でなく、HHI が使用される。

企業結合ガイドラインは、セーフ・ハーバーとして、①企業結合後の HHI（指数）が1,500以下である場合、②企業結合後の HHI が1,500超2,500以下であって、かつ、HHI の増分が250以下である場合、③企業結合後の HHI が2,500を超え、かつ、HHI の増分が150以下である場合には、通常「一定の取引分野における競争を実質的に制限することとなる」にあたらず、さらに、企業結合後の HHI が2,500以下であり、かつ、企業結合後の当該企業グループの市場占有率が35％以下の場合には「一定の取引分野における競争を実質的に制限することとなる」に該当するおそれは小さいとしている。

要するに、企業結合ガイドライン上、企業結合後の当該企業グループの市場占有率が35％超となる企業結合、企業結合後の HHI が2,500超となる企業結合が主たる審査対象になる。

2　起こりうる競争制限効果

（1）　水平型企業結合における違法性判断基準　水平型企業結合における違法性判断基準については、結合後の当事会社グループ（ガイドライン上の正式用語であり、これまでの当事会社と同一である）による単独行動、

---

13) この訳語としては、懲罰措置、報復措置、制裁などさまざまなものがありうるが、きわめて広い範囲の行為を想定しているため対抗措置で統一している。

当該一定の取引分野における事業者間の協調的行動の両面からとらえられる。なかでも、単独行動による違法性判断基準に重点がおかれている。いずれも、国際的な違法性判断基準の近年の動向と合致する。

（2）　単独行動による競争の実質的制限　　（ア）　市場支配力の形成、強化　　単独行動による競争の実質的制限については、当事会社グループが売上げを大きく失うことなく、当該商品価格を引き上げて利益を増大することができる力をもつ蓋然性がある場合に競争を実質的に制限することとなるが、対象商品が同質的なものであるか、差別化されているかによって二分している。

　商品が同質的なものである場合には、通常は当事会社グループが当該商品価格を引き上げたとき当事会社グループの売上げは減少するが、「当事会社グループの生産・販売能力が大きいのに対し、他の事業者の生産・販売能力が小さい等の事情から、当事会社グループが当該商品の価格を引き上げた場合に、他の事業者が当該商品の価格を引き上げないで売り上げを拡大することや、需要者が購入先を沿うような他の事業者に振り替えることができないときがある」とし、その場合に問題が生じるとしている。

　商品が差別化されている場合には、当事会社グループと当事会社グループの当該商品と代替性が高いブランドの商品も販売している会社との企業結合を前提にして、あるブランドの商品の価格が引き上げられたときに「需要者はそれに代わるものとして他のブランド商品を一様に購入の対象とするわけではなく、価格が引き上げられたブランドの商品の次に需要者にとって好ましい（代替性の高い）ブランドの商品が購入されることになる」ことから、「当事会社グループがあるブランドの商品の価格を引き上げたとしても、当事会社グループが当該商品と代替性が高いブランドの商品も販売しているときには、価格を引き上げたブランドの商品の売上げが減少しても当該商品と代替性の高いブランドの商品の売上げの増加で償うことができるので、当事会社グループ全体としては売上げを大きく減少させることなく、商品の価格を引き上げることができる」としている。

　単独行動による競争の実質的制限についての判断要素として、「当事会社グループの地位及び競争者の状況」をあげて、その具体的な内容として、

①市場占有率とその順位（企業結合後の当事会社グループの高い市場占有率と第1順位など）、②当事会社間の従来の競争の状況等（第1選択肢と第2選択肢の企業結合というような当事会社間で活発に競争してきたことなど）、③共同出資会社の扱い（生産・販売、研究開発等のすべての事業を統合するものであるか）、④競争者の市場占有率との格差（第2順位等との市場占有率の差異）、⑤競争者の供給余力および差別化の程度を列挙している。

　（イ）　市場支配力の行使を妨げる個別判断要素等　　企業結合ガイドラインは、企業結合後の当事会社グループが一方的に市場支配力を行使することを妨げる個別判断要素または企業結合を正当化する判断要素として、参入、輸入、需要者からの競争圧力、隣接市場からの競争圧力、効率性、当事会社グループの経営状況をあげている。

　参入については、「参入が容易であり、当事会社グループが商品の価格を引き上げた場合に、より低い価格で当該商品を販売することにより利益をあげようとする参入者が現れる蓋然性があるときには、当事会社グループは参入者に売り上げを奪われることを考慮して、商品価格を引き上げない」可能性があるとしている。その判断要素として、①制度上の参入障壁の程度、②実態面での参入障壁の程度、③参入者の商品と当事会社の商品の代替性の程度、④参入可能性の程度をあげている。

　輸入については、「需要者が当該会社グループの商品から容易に輸入品に使用を切り替えられる状況にあり、当事会社グループが当該商品の価格を引き上げた場合に、輸入品への切替えが増加する蓋然性が高いときには、当該会社グループは、輸入品に売り上げが奪われることを考慮して、当該商品の価格を引き上げないことが考えられる」としている。その判断要素として、①制度上の障壁の程度、②輸入に係る輸送費用の程度や流通上の問題の有無、③輸入品と当事会社グループの商品の代替性の程度、④海外の供給可能性の程度をあげている。

　需要者からの競争圧力については、「需要者が、当事会社グループに対して、対抗的な交渉力を有している場合には、取引関係を通じて、当事会社グループがある程度自由に価格等を左右することをある程度妨げる要因となり得る」としている。

隣接市場からの競争圧力については、「画定された一定の取引分野に関連する市場、例えば、地理的に隣接する市場及び当該商品と類似の効用等を有する商品（以下、競合品という。）の市場における競争の状況についても考慮の対象となる。例えば、隣接市場において十分に活発な競争が行われている場合には、当該一定の取引分野における競争を促進しえる要素として評価しうる場合がある」としている。

効率性については、「企業結合後において、規模の経済性、生産設備の統合、工場の専門化、輸送費用の軽減、研究開発体制の効率化等により当事会社グループの効率性が向上することによって、当事会社グループが競争的な行動をとることが見込まれる場合には、その点も加味して競争に与える影響を判断する。この場合における効率性については、①企業結合に固有の効果として効率性が向上するものであること、②効率性の向上が実現可能であること、③効率性の向上により需要者の厚生が増大するものであることの3つの観点から判断する」としている。

当事会社グループの経営状況については、「当事会社の一方が継続的に大幅な経常損失を計上しているか、実質的に債務超過に陥っているか、運転資金の融資が受けられないなどの状況であって、企業結合がなければ近い将来において倒産し市場から退出する蓋然性が高いことが明らかな場合において、これを企業結合により救済することが可能な事業者で、他方当事会社による企業結合よりも競争に与える影響小さいものの存在が認め難いとき」などに、当事会社間の企業結合は、一定の取引分野における競争を実質的に制限することとなるおそれは小さいとしている。

このほかに、総合的な事業能力について、「企業結合後において、当事会社グループの原材料調達能力、技術力、販売力、信用力、ブランド力、広告宣伝力等の総合的な事業能力が増大し、企業結合後の会社の競争力が著しく高まることによって、競争者が競争的な行動をとることが困難となることが見込まれる場合は、その点も加味して競争に与える影響を判断する」とし、市場支配力の行為を促進する判断要素としてあげている。

（3）協調的行動　　（ア）協調的行動をもたらす市場構造の形成

協調的行動による競争の実質的制限については、「水平型企業結合によっ

て、競争単位の数が減少することに加えて、当該一定の取引分野の集中度等の市場構造、商品の特性、取引慣行等から、各事業者が互いの行動を高い確度で予測することができるようになり、協調的な行動を取ることが利益となる場合がある」として、事業者らが先行する事業者の価格引上げに追随して一斉に価格引き上げるときに、その他の事業者もそのまま価格を維持するよりも追随して価格を引き上げたほうが最終的な利益が大きくなるとして協調的行動をとることを例示としてあげている。[14]

　また、「各事業者にとって、価格を引き上げないで売り上げを拡大するのではなく互いに当該商品の価格を引き上げることが利益になり、当事会社とその競争者が協調的行動を取ることにより当該商品の価格」を引き上げることができる市場構造をもたらすことが競争を実質的に制限することとなるに該当するとしている。

　（イ）　個別判断要素　　協調的行動による競争の実質的制限については、協調的行動を促進するまたは阻害する個別判断要素として、①当事会社グループの地位および競争者の状況、②取引の実態等、③輸入、参入および隣接市場からの競争圧力等、④効率性および当事会社グループの経営状況をあげている。

　①当事会社グループの地位および競争者の状況では、その具体的な内容として、ⓐ競争者の数等（競争者の数が少ないほど、集中度が高いほど、競争者の行動を予測しやすいために協調的行動がとりやすくなる、当該商品が同質的な商品であって、費用条件が類似しているほど協調的行動がとられやすいなど）、ⓑ当事会社間の従来の競争の状況等（従来から価格競争等が活発に行われてきたか、当事会社が一匹狼的に競争を活発にさせてきた会社であるかなど）、ⓒ競争者の供給余力をあげている。②取引の実態等では、その具体的な内容としてⓐ取引条件等（価格、数量など競争者の取引条件に関する情報が容易に入手できる場合には協調的行動がとられやすい、小口かつ定期的

---

14) ここでも、「各事業者にとって、価格を引き上げないで売り上げを拡大するのではなく互いに当該商品の価格を引き上げることが利益になり、当事会社とその競争者が協調的行動を取ることにより当該商品の価格等をある程度自由に左右することができる状態」がもたらされることが競争を実質的に制限することとなるに該当するとしている。

取引については協調行動がとられやすく、大口かつ不定期の取引については協調行動がとられにくいなど)、ⓑ需要動向、技術革新の動向等(需要の変動が大きく、技術革新が活発であり、商品のライフサイクルの短い場合には協調的行動がとられにくいなど)、ⓒ過去の競争状況、ⓓ過去の市場占有率や価格の変動状況をあげている。

3 日本の企業結合ガイドラインの特質と問題点

(1) 日本の企業結合ガイドラインの特質　日本の水平型企業結合ガイドラインは、平成18 (2006) 年の大改定以降も、産業界からの注文を受けて、毎年のように部分的な改定を行ってきている。この結果、日本の水平型企業結合ガイドラインは国際標準的なものとなっている。[15]

(2) 起こりうる競争制限効果と個別判断要素の関係　EUの2004年水平型企業結合ガイドラインは、米国の1992年水平型企業結合ガイドラインに従い、非協調的効果(単独効果)、協調的効果という起こりうる競争制限効果を記述した後に、個別判断要素についてまとめて順次解説してある。

他方、日本の水平型企業結合ガイドラインは、個別判断要素について単独行動による競争の実質的制限、協調的行動による競争の実質的制限に分けたうえそのなかに組み込んでいる。日本の水平型企業結合ガイドラインのほうがわかりやすく優れていると評価される。[16]

また、国境を越えて地理的範囲が画定される場合の考え方として、「ある商品について、内外の需要者が内外の供給者を差別することなく取引しているような場合には、日本において価格が引き上げられたとしても、日本の需要者が、海外の供給者にも当該商品の購入を代替し得るために、日

---

15) 日本の企業結合ガイドラインの詳しい内容やその推移については、上杉秋則等『独禁法によるM&A規制の理論と実務』(商事法務・2010) 92頁〜261頁参照。
16) また、微妙な差異であるが、日本の企業結合ガイドラインは、EUの2004年水平型企業結合ガイドラインが、協調的効果を重視してその要件を細かく規定しているのに対して、単独行動による競争の実質的制限に重心を移している。単独行動による単独効果と協調的行動による協調的効果については、単独行動による単独効果の比重のほうが高くなってきていることを反映したもので、妥当な内容といえよう。

本における価格引上げが妨げられることがあり得るので、このような場合には、国境を越えて地理的範囲が画定されることとなる。例えば、内外の主要な供給者が世界（又は東アジア）中の販売地域において同等な価格で販売しており、需要者が世界（又は東アジア）各地の供給者から主要な調達先を選定しているような場合は、世界（又は東アジア）市場が画定され得る」としている。さらに、結合後の当事会社が一方的に価格を引き上げることを妨げる要因のうち新規参入と区別して輸入による競争圧力についても詳しく記載している。米国市場、EU 市場と比べて、国内市場が狭く輸出入の占める比重の高い日本市場の特質・実態を反映している。

（3）　寡占的価格協調行動の取扱い　　シカゴ学派による寡占的価格協調行動理論は、それまでの寡占業界における意識的並行行為と異なり、寡占的業界における競争者によって、①とるべき具体的行為を了解できることと、②その実効性を確保するために逸脱行動を監視してそれを発見したときに確固たる対抗措置をとることができることを重視（要件と）している。

1992年米国ガイドラインと2004年 EU ガイドラインは、この寡占的価格協調理論を正確に取り入れている。この点、日本の水平型企業結合ガイドラインは協調的行動による競争の実質的制限について、シカゴ学派のいわゆるチェックリスト方式による、協調行動 (collusion) をとられやすくするまたは協調行動をとりにくくする市場構造要素をほぼ網羅的に列挙しているが、古典的な寡占業界における意識的並行行為に重点をおいて記述されている。

価格協調行動理論では、競争会社間で利益を得るような具体的な協調行為を了解できることと協調行為からの逸脱を探知して懲罰を課す能力をもつことが必要であるとされる。

---

17)　2011年改定の特色は、国境を越えて地理的範囲が画定される場合の考え方を詳しく記述することにしたうえ、いわゆる市場の縮小を取り込んだことにある。競争の状況において、「逆に、当該商品の需要が継続的構造的に減少しており、競争者の供給余力が十分である場合には、当事会社グループの価格引上げに対する牽制力となり得る」としている。さらに、隣接市場からの競争圧力、需要者からの競争圧力について、市場の縮小を市場支配力の行使を妨げる要素として記載している。

日本の水平型企業結合ガイドラインでは、競争会社間で利益を得るような具体的な協調行為を了解できることよりも、各事業者が互いの行動を高い確度で予測することができる市場では、一度価格を引き上げた事業者は他の事業者が追随してこないときには元の価格に引き下げる可能性が高いため、互いに価格を引き上げることが利益になるとして協調的に価格を引き上げることになる蓋然性が高いこと、すなわち、競争者の行動を高い確度で予測することができるようになることから他の競争者の価格引上げに同調すること自体を問題としている。そのうえで、そのことを容易にするまたは困難にする判断要素を列挙している。当事会社が競争者による協調行動からの逸脱を発見することができ、その事業者に対して対抗措置をとることができることについては、各判断要素のなかで触れられているが、それほど重視されておらず、対抗措置をとることができることを立証要件としてはいないものと考えられる。

　（4）　個別判断要素　　日本の水平型企業結合ガイドラインでは、米国、EUの水平型ガイドラインでは個別判断要素とされていない、総合的な事業能力、隣接市場からの競争圧力を個別判断要素としてあげている。起こりうる競争制限効果としては単独行動または協調的行動による競争の実質的制限の蓋然性で十分であって、総合的な事業能力について競争制限効果を増大する要素として取り上げる必要はない。現実にも、総合的な事業能力について、実質的に存在意義はない。

　隣接市場からの競争圧力は、関連市場の画定に関連する論点である。EUでの企業結合事件処理のように、当初は関連市場を厳密に画定せずに、起こりうる競争制限効果、競争上の評価の分析に進み、それから関連市場を最終確定するという手法をとると、競争状況に影響する隣接市場を関連市場画定の問題としてとらえることができる。

Ⅳ 最近の動向と米国の2010年水平型企業結合ガイドラインの影響

1 米国の2010年水平型企業結合ガイドライン

米国司法省・連邦取引委員会は、2010年8月に水平型企業結合ガイドラインを公表した。[18]

この2010年ガイドラインは、起こりうる競争制限効果のうち、(結合後当事会社が価格を引き上げることのできる力を有すること、または価格を引き上げる蓋然性をもつことをいう)単独効果について、経済分析手法(計量的分析手法)で直接立証して、それでクレイトン法7条違反を認定しようとするところに特色がある。この立証方法のもとでは、関連市場画定にはこだわらず、効率性の実現等もその分析手法のなかで判断される。[19] 起こりうる単独効果を経済分析手法により直接立証しそれによって事案処理を終えようとする方法については国際的に大きな話題を集めた。一般論として、具体的な競争制限効果(起こりうる競争制限効果)について客観的証拠に基づき確実に立証できる場合に、市場支配力、正当化事由は問題とならないことは正しいが、問題はそれが一般的にあてはまるものなのかきわめて例外的事例にあてはまるものなのかという判断、およびその経済分析手法にどの程度(検証できて)信頼がおけるかに係ることになる。今後、ほかの国の競争当局も提唱された経済分析手法を試行していくものと予想される。しかし、これまでに、米国の1982年企業結合ガイドラインや1992年水平型

---

18) 田平恵「米国水平合併ガイドライン改定について」公正取引721号65頁、大竹利英「2010年の米国水平合併ガイドラインの改正における市場画定に関する記述の主たる変更点について」公正取引721号72頁、渡邉泰秀「2010年米国水平型合併ガイドライン(2010年8月19日公表)の要約と解説(上)(下)」国際商事法務38巻10号1331頁・38巻11号1499頁、藤本豪「米国水平的合併ガイドライン2010について」NBL949号37頁、植村幸也「米国水平的合併ガイドラインおよび欧州新水平的協定ガイドラインが我が国の独禁法解釈に及ぼす影響」NBL949号55頁、越知保見等「企業結合審査と経済分析の最先端(1)～(3)」国際商事法務39巻5号615頁・39巻6号801頁・39巻7号956頁参照。
19) 関連市場画定における仮想的独占者テスト自体が単独効果に関連する経済分析手法をかなりの程度採用するものである。

企業結合ガイドラインのように、世界に広まっていく勢いはないことも明らかになっている。現実にも EU や日本で、2010年水平型企業結合ガイドラインにあわせてその見直しを図ろうという動きはみられない。

2　単独効果の重視

シカゴ学派による寡占的価格協調行動理論は、寡占的業界における競争者によって、①とるべき具体的行為を了解できることと、②その実効性を確保するために逸脱行動を監視してそれを発見したときに確固たる対抗措置をとることができることを重視（要件と）している。

しかし、②の要件はもともと立証することがきわめて難しいものであり、今日ではそのことも実務上明確になっている。この結果、各国ともに、協調的行動による協調的効果を理由として企業結合規制を行うことは次第になくなってきている。そのため、協調的効果をもたらす水平型企業結合が安易に容認されているという批判があるのであれば、立証可能となるように要件を緩めるべきことになる。しかし、協調的効果についてはそのような声も特段聞こえてこない。

しかも、1990年代以降、国際的にもカルテル規制が強化されて[20]、その制裁が重くなっている。この結果、コンプライアンス・プログラムにおいて、競争者間での会合に参加したり、競争者間で価格等の情報交換を行うことが禁止されてきている。結果的に寡占的価格協調規制に対してはカルテル規制の強化で対抗できるというシカゴ学派の政策提言が実現してきている。

そこで、水平型企業結合については、もっぱら当事会社が一方的に価格を引き上げることができることになるという単独行動による単独効果によって企業結合規制を行うようになってきている。

しかも、単独効果についても厳格に立証を求められる傾向にあって、問題解消措置について合意に至らない事案を含めて、各国とも禁止まで求める事例は減少してきている。

EU においては、欧州委員会が、2004年に水平型企業結合ガイドライン

---

[20] EU では協調的行動に該当する行為の範囲が拡大し、日本では判例法上意思の連絡が確立した。

を公表して、そのガイドラインに沿って企業結合規制を行ってきて以降、禁止決定が減少していることもあって、裁判所に提訴される件数は大幅に減少している。近年では欧州委員会決定が裁判所によって覆される事例もなくなってきている。

　日本でも協調的行動による競争の実質的制限は次第に比重が低下して、最近におけるガイドラインの改定は単独行動による競争の実質的制限に係るものに絞られている。そこで、一方的に価格を引き上げる蓋然性という形での市場支配力を行使する蓋然性が問われている。さらには、市場占有率10％前後の競争者の存在することによって、または供給余力を有する競争者が存在することによって、当事会社による価格引上げを抑制できるという従来の「有効な牽制力ある競争者理論」が復活するような状況になっている。

　米国においても、そのような事情は同じであって、企業結合を禁止するためには裁判所における予備的差止訴訟で競争当局が競争減殺効果の蓋然性を証拠で立証することが求められることもあって、競争当局は、単独効果についても経済学証拠によって立証する方向に進んでいる。

　米国の2010年水平型企業結合ガイドラインはこのような規制動向や当局の対応を反映したものであり、証拠や立証を重視して経済学的手法によって単独効果を直接的に立証することを認めようとするものである。[21]

3　手続法と実体ルール

　企業結合審査の手続法は、実体ルールのあり方にも関連する。

　まず、基本的枠組みとして、競争法違反についての手続は、行政手続一般と同様に、EU競争法で代表される大陸法系の手続法と米国反トラスト法で代表される英米法系の手続法に大別される。大陸法系の手続法では、競争当局が先行して行政処分を下し、不服のある名宛人は裁判所に再審査

21）　ただし、差別化された商品市場における第1選択肢と第2選択肢を有する会社間の企業結合についても関連市場の画定が不要であるとまでいう必要はなく、仮想的独占者テストのもとで、第1選択肢と第2選択肢を中心とする狭い関連市場を画定することで対応できるものと考えられる。もともと仮想的独占者テスト自体が単独行動による価格を引き上げる力をもつことと密接に関連している。

を求めて提訴することになる。EU競争法の企業結合についても欧州委員会が決定を下し、不服のある者は裁判所に提訴できる。基本的に専門性のある事案処理について行政庁の判断を尊重する。[22]

行政審判制度自体、国際的には今日使われない手続であるが、日本の現行事後審判は公取委の排除措置命令が先行する手続である。

大陸法系の手続法では、企業結合審査については、事前規制および専門性から基本的に行政審査段階で終了する手続となる。企業結合規制の特質を考慮して短期間に迅速に処理する必要性から、期日前相談の開始から行政処分までの全体としての審査期間を短縮させることになる。

さらに、企業結合事案では、当事会社が再審査を求めるのは禁止命令のみとなる。[23] 当事会社は、条件付承認については自ら同意したのであって再審査を求めることはない。

他方、英米法系の手続法では、行政庁は裁判所への提訴機関として機能して、裁判所が競争法違反について判決の形で処分を決定する。米国司法省の企業結合審査手続が代表的なものであって、裁判所による関与を求める制度で、条件付承認についても同意判決の形をとる。[24] 連邦取引委員会による事前審判についても、行政処分である審決の前に、実質的に裁判所の予備的差止請求訴訟で決着がつくという意味でこの手続に属する。この点、英米法系の手続では、競争当局は事案選別する裁量権を有するが、裁判所が最終決定権を有し、訴訟手続に期限を設定することは基本的に想定されない。

基本的には専門性のある事案処理において、当該行政庁と裁判所のいずれを信頼するかという文化の差異に根づくものである。ある意味で、企業結合審査における証拠による違反行為の立証という概念自体が裁判所によ

---

22) EU競争法上の企業結合事件の処理をみても、裁判所による再審査で禁止決定が覆されることはありうるが、裁判所による執行停止手続が機能することはありえない。
23) そのため、少なくとも禁止命令については、認定された事実、法的評価、問題解消措置の取扱いについて司法審査が可能なように詳細に記述される必要がある。条件付承認命令に対する競争者等の第三者による提訴については、そもそも当事者適格が認められるか疑問があるうえ、認めるとしても競争当局の下した市場への競争への評価を覆すことは想定されず、通常棄却される。
24) 和解にあたる同意判決で処理される場合には、両系の手続上の差異は大きくない。

る手続を想定したものである。このことが、2010年米国水平型企業結合ガイドラインにおいて、証拠による立証が重視されている理由であると評価される。

　米国では、問題解消措置について合意が成立しなかった場合を含めて、個別企業結合の完了を阻止するためには、競争当局が予備的差止訴訟を裁判所に提起して（素人である裁判官の前で）公開の場で証拠によって、そのままで当該企業結合を完了させるとクレイトン法7条に違反する旨立証する責任を負い、関連市場の画定や起こりうる競争制限効果をめぐり当事会社と争う。EUや日本では、このような手続は通常想定されない。

　ましてや、日本の条件付容認事例の公表事例では、EUにおける条件付決定と異なり、公取委による一方的な判断、事実認定のみが示され、その判断の過程や証拠の評価は一切示されていない。したがって、日本では、証拠の取扱いといっても、公取委の内部審査や当事会社との交渉で問題となるのみである。[25]

　このような事情で、欧州委員会や公取委も、2010年米国ガイドラインで提唱されている直接的に単独効果を立証する経済学的手法を活用することは試行されると予測されるが、直ちにEUや日本の現行水平型企業結合ガイドラインを変更する必要性があるとは評価されていない。すなわち、現時点で、欧州委員会競争当局や公取委は、米国の2010年ガイドラインを参考にする形で現行水平型企業結合ガイドラインを見直すことを検討していない。

V　EUの非水平型企業結合ガイドライン

1　EUの非水平型企業結合ガイドラインの特質と構成

（1）　ガイドラインの特質　　非水平型企業結合、すなわち垂直型およ

---

25)　日本での主要事例の公表内容が、EU決定と比べて詳細さに欠ける点は事実であって、この点で事例公表はあくまでも公取委によるサービス提供の1つであってその開示に限界があるのであれば、やはり条件付容認事例は条件付承認命令によって処理することを考えるべきであろう。

び混合型企業結合ガイドラインについては、国際的にみても、EUの非水平型企業結合ガイドライン（2008年10月）が内容的に圧倒的に詳しいものである。また、水平型企業結合規制と垂直型および混合型企業結合規制とでは、競争当局や産業界における実務において、水平型企業結合規制の比重が圧倒的に高いにもかかわらず、EUの2007年非水平型企業結合ガイドラインは、2004年水平型企業結合ガイドラインよりも頁数が多く詳しく記述されている。

この点は、このガイドラインの目的が、従来の施行方針および実務から決別することを明らかにするところにあったことにもよると考えられる。

垂直型および混合型企業結合事例に係る個別決定においては、非水平型企業結合ガイドラインの内容に沿って分析がなされており、国際的にも現時点で最も信頼できるガイドラインと評価されている。

EUの2007年非水平型企業結合ガイドラインは、当然のことながら、行為類型として垂直型企業結合と混合型企業結合に分けて、違法性判断基準を提示している。

垂直型および混合型企業結合ともに起こりうる競争制限効果としては、非協調効果である市場閉鎖効果について焦点をあてている。とりわけ、混合型企業結合の非協調効果による競争上の問題については、補完的商品間における、抱き合わせ、バンドリングによる市場閉鎖効果に限定している。また、市場閉鎖効果について、起こりうる競争制限効果の分析に入る前に、①市場閉鎖を行う能力、②市場閉鎖を行う動機・誘因について分析を行うことが特色となる。

協調的効果については昔から、価格協調行動理論のもとで、各競争者が同一販売段階において競争していると逸脱行動の発見を容易にすること、さらにすべての競争者が最終消費者段階まで垂直統合していると最終小売価格の監視と逸脱行動の発見を容易にすることが問題とされている。

（2）　ガイドラインの枠組み　　企業結合規制における市場支配力には、価格を引き上げることができる力だけでなく、品質を低下させること、研究開発を妨げることができる力も含まれる。

非水平型企業結合は、水平型企業結合と比べて、第1に、同一市場にお

ける直接的な競争の消滅をもたらさず、第2に、補完的な活動や商品における企業結合は、二重のマークアップの解消、取引コストの減少などの重要な効率性をもたらす。

非水平型企業結合による競争制限効果は、非協調的効果（non-coordinated effect）と協調的効果（coordinated effect）に分けられる。非協調的効果として現実的競争者または潜在的競争者が供給または市場へのアクセスを妨げられるという市場閉鎖（foreclosure）を生じること、協調的効果として主に価格を引き上げるように行動を調整するようになることが問題となる。

競争法上問題になるためには、当事会社の少なくとも一方が、いずれかの関連市場において、市場支配的地位（dominance）に至らないまでもかなりの市場支配力（market power）を有する必要がある。当事会社のいずれかの市場での市場占有率が30%未満であるか、企業結合後の HHI が2,000未満であるときには競争上の問題は生じないと評価されるとしている。

2　垂直型企業結合

（1）　非協調的効果（市場閉鎖）　　企業結合は、現実的または潜在的競争者が、供給または市場へのアクセスを阻害される場合に市場閉鎖効果を発生させる。

市場閉鎖は、企業結合の結果として、競争者が効果的に競争できなくなり、参入を阻害される、生産拡大を阻害されるなどの競争上の不利益を受けることにより、当事会社が消費者への価格を引き上げる可能性をもたらす場合に認定される。

市場閉鎖は、川下市場の競争者に対して重要な投入原材料へのアクセスを制限することによって、川下市場の競争者のコストを引き上げる蓋然性をもつものと、川上市場の競争者に対して十分な顧客基盤へのアクセスを制限することによって、川上市場の競争者コストを引き上げる蓋然性をもつものに二分される。

（2）　投入原材料の市場閉鎖　　川下市場の競争者が企業結合前と同一

条件で投入原材料の供給を受けることを困難にし川下市場の競争者のコストを引き上げることによって、企業結合後の当事会社が、消費者への販売価格を引き上げることにつながる可能性がある。しかし、企業結合後の当事会社が効率性を実現して販売価格を引き下げる可能性もあることから消費者が悪影響を受けない可能性もある。

　投入原材料の市場閉鎖については、互いに関連し合うものであるが、①投入原材料への市場閉鎖を行う能力、②投入原材料への市場閉鎖を行う動機（誘因）、③川下市場における競争にもたらす競争制限効果、を分析する。

　（ア）　投入原材料への市場閉鎖を行う能力　　この市場閉鎖は、競争者との取引を完全に拒絶するのみならず、供給量を制限し、価格を引き上げ、より不利な取引条件で供給し、競争者の製品規格と合致しない技術仕様を選択し、品質を落とすというようなさまざまな形態をとる。また、川下市場における商品について、製品コストに占める比重が高い原材料、製造のために不可欠な原材料、製品差別化を図るために必要な投入原材料というような重要な原材料について問題となる。

　当事会社が川上市場においてかなりの程度の (significant degree) 市場支配力を有していることが必要である。川上市場における残りの供給者が、非効率的であったり、生産拡大する余力がなかったり、排他的供給契約のために供給が妨げられるときに、その原材料の入手可能性に悪影響が及ぶことになる。

　この市場閉鎖が生じるかは、川下市場の競争者が川上市場の残りの供給者に投入原材料を切り替えることができるか、特に垂直統合をしていない独立した供給業者に頼ることができるのかによって決まる。

　（イ）　投入原材料への市場閉鎖を行う動機　　市場閉鎖戦略をとる誘因は、川上部門で販売を減少させることによる損失と川下部門で生産増加により増加できる利益を総合して、どれだけの利益を得ることができるのかによって決まる。川上部門、川下部門で得るマージン率によってトレードオフの関係に立ち、川上部門でマージン率が低いほど、川上部門での販売減による損失は少なく、川下部門でのマージン率が高いほど川下部門の市

場占有率の増加による利益は大きくなる。

　川下部門の競争者の価格を引き上げる戦略は、その競争者がどの程度川上市場の競争者による供給増加等によって対応できるか、当事会社が川下部門でどの程度まで高い市場占有率を獲得できるかにかかる。

　ただし、当事会社が川上部門で完全独占による独占利益を得ているのであれば、市場閉鎖を行う動機はない。[26]

　（ウ）　市場における有効競争について起こりうる効果　　投入原材料への競争制限的市場閉鎖が生じるのは、第１に、川下市場における競争者への原材料の価格を引き上げることによって川下市場における競争者の製造コストを引き上げ、川下市場において価格引上げをもたらすことになる場合、第２に、新規参入者に不利な条件等で原材料を供給するなどによって、新規参入者に双方の市場に同時に参入することを余儀なくさせるなど新規参入障壁を高める場合である。

　また、川下市場において、他の原材料に切替えが可能である、または垂直統合している有力な競争者は、当事会社が原材料価格を引き上げることの対する有効な牽制力となる。

　二重のマークアップを解消すること、生産・流通コストを節約させること、生産、流通面での投資活動を促進することなどの垂直型企業結合によって実現する効率性についても勘案する。

　（３）　顧客への市場閉鎖　　供給者が川下市場における重要な顧客と垂直型企業結合を行い、それによって、川上市場における現実的競争者または潜在的競争者にとって重要な顧客へのアクセスを閉鎖することができる。このことは、川下市場における競争者に投入原材料（特定の原材料ではなく投入原材料一般を意味する）の入手を困難にさせることによりそのコストを引き上げさせることになるか、さらには川下市場のおける消費者への価格を引き上げることにつながる。しかし、企業結合後の当事会社が効率性を実現して販売価格を引き下げる可能性もあることから、消費者が悪影響を受けない可能性もある。問題は増加した投入原材料のコストが消費者へ

---

26)　市場閉鎖を行う動機については、共通して、そのような行為が法的に違法となる可能性があるというマイナス要素についても考慮する旨記載されている。

の価格引上げをもたらすかである。

　顧客へのアクセスへの市場閉鎖については、互いに関連しあうものであるが、①川下市場へのアクセスを閉鎖する能力、②川下市場へのアクセスを閉鎖する動機（誘因）、③川下市場における競争にもたらす競争制限効果、を分析する。

　（ア）　川下市場への接近（アクセス）を閉鎖する能力　　企業結合後の当事会社は、川上市場の競争者に対して川下市場の顧客（顧客群）へのアクセスを制限することができる。この顧客への市場閉鎖は、企業結合後の当事会社が自己の川上部門からのみ原材料を入手することとし、川上部門の競争者からの購入を中止する、購入量を減らす、不利な条件を付して購入するなどさまざまな形態をとる。

　川上市場の競争者にとって川下市場において代わりうるだけの販売先があるかが問題であって、この市場閉鎖は、川下市場でかなりの市場支配力を有する重大な顧客との企業結合が問題となる。川上市場において、規模の経済・範囲の経済が働き、ネットワーク効果が存在するときに、投入原材料価格の引上げをもたらす。または川上市場における競争者が最小限の規模の経済で生産しているときに、生産量の減少は変動コストの上昇につながることになる。さらに、川上市場における競争者の収入を減少させて、長期的な研究開発等への投資額を減少させることにもつながる。

　（イ）　川下市場への接近を閉鎖する動機　　この市場閉鎖戦略は、企業結合の当事会社が、川上市場における競争者から購入しなくなることにより増加するコストと、そうすることによって得られる川上市場または川下市場での価格引上げ等による利益を比較して、利益になるかどうかによって決まる。

　この顧客閉鎖による川上市場のおける投入原材料のより高い価格水準のために、結合後の当事会社が、川下市場でのより増加した市場占有率によって川下市場におけるより高い価格水準からより利益を得ることができるときに強い動機づけになる。

　（ウ）　市場における競争についての影響　　川上市場での競争者についての顧客からの市場閉鎖効果としては、川下市場において競争制限効果を

生じ、かつ消費者の利益を害することがあげられる。

川上市場の競争者の製品について川下市場における重要な顧客へのアクセスを否定することにより、川下市場の競争者も高コストの投入原材料価格という形で競争上の不利益を受ける。その結果、企業結合後の当事会社は川下市場で価格を引き上げ、数量を減らして利益を得ることができる。川上市場において、市場閉鎖により競争者が収入を減らしてから消費者に悪影響が及ぶまでには時間がかかる。

この市場閉鎖は、両方の市場に参入することを余儀なくさせるように参入障壁を高めて新規参入を阻害する。

この市場閉鎖により、川上市場の生産量の大きな部分が影響を受けるときに問題となるのであって、川上市場での競争者の数が多く、参入が容易であるときには競争上の問題は生じない。対抗的な価格交渉力、効率性の実現なども考慮要素となる。

（4）他の非協調的効果　垂直型結合によって、川上市場または川下市場の競争者の行動についての商業上重要な情報を入手することによって、競合する取引相手に対する価格設定に関してより積極的な価格設定を控えるようになり、また、競争者を競争上不利益な立場におき、新規参入や生産拡大を妨げさせることになることがある。

（5）協調的効果　水平型企業結合ガイドラインで説明してあるとおり、協調行為は、①協調行為の内容について共通の理解に達することが容易であるときに生じる。さらにそれが持続するために、②遵守していることか否かを十分に監視することができ、③逸脱行動を発見するとなんらかの対抗措置が発動されることが予定されていること、④アウトサイダーの対応が協調行為による効果を危うくしないことが必要になる。

①　協調行為の内容に係る了解　垂直的企業結合は、市場閉鎖により競争者の数を減少させ、競争者間の取引条件（取引段階）を同じにし、一匹狼的存在の企業をなくすなど、協調行為の内容の了解を容易にすることがある。

②　監視　市場の透明性を高めて、競争者の行動に係る重要な情報を入手することによって競争者間での透明性を高める、または価格への監視

を容易にすることによって協調行為の実施を容易にする。とくに、垂直型企業結合は川上市場の競争者による最終小売価格の支配を進め、最終小売価格への監視を容易にする。さらには、市場閉鎖によって競争者の数を減少させると、競争者の行動への監視をより容易にする。

③　対抗措置　　垂直型企業結合による当事会社は主要な供給者または顧客になるために、より効果的に競争者の逸脱行動に対して対抗措置を講じられるようになる。

④　アウトサイダーの対応　　垂直型企業結合は、参入障壁を高めるまたはアウトサイダーの競争的行動を行う能力を制約することによって、アウトサイダーが協調的効果に対抗することを制限する。

垂直型企業結合は、川上市場の競争者または有力顧客としての一匹狼的な企業を消滅させることがある。

3　混合型企業結合

(1)　混合型企業結合の問題点　　混合型企業結合とは、水平型企業結合にも垂直型企業結合にも属しない企業結合をいう。①補完する商品または②同一最終用途に向けて一群の顧客に購入されている商品群を供給しているような、密接に関連した事業活動を行っている事業者間の企業結合が問題となる。混合型企業結合は特別な事情がある場合以外は競争上の問題を生じないが、起こりうる競争制限効果と実現された効率性に基づく競争促進効果を比較して評価する。

(2)　市場閉鎖　　混合型企業結合の主たる問題は、ある商品市場での強い市場での地位をてこ（leverage）として、抱き合わせ、バンドリング等を用いて、他の商品市場における地位を強化するというようにその力を拡大するという市場閉鎖にある。

抱き合わせとバンドリングは、コスト節約によりよい取引条件を提示することになる一方で、例外的に競争者の競争的に行動する能力や動機を減少させて、企業結合後の当事会社が価格を引き上げることを可能にする。

この市場閉鎖については、互いに関連し合うものであるが、①競争者に市場閉鎖を行う能力、②市場閉鎖を行う経済的な動機（誘因）、③市場閉

鎖戦略が競争に制限効果をもたらすかを分析する。

（ア）　市場閉鎖を行う能力　　当事会社は、ある商品市場における市場支配力を行使して、異なる市場における商品と結びつけることによって他の商品市場における競争者への市場を閉鎖することができる。

バンドリングとは、一群の商品を同一価格で提供することをいう。純粋のバンドリングと混合バンドリングに大別される。混合バンドリングは、個別に商品を購入することができるが、その個別価格の合計はバンドリングされた価格よりも高くなる。リベートは混合バンドリングの一形態として分類される。

タイインとは、タイイング商品を購入する顧客はタイト商品も購入することを義務づけられることをいう。タイインには技術的タイイン（デザイン的にタイト商品のみが機能することになっている）と契約タイイン（購入することが契約条件になっている）がある。

この市場閉鎖をできるためには、当該事業者は、ある市場で、必ずしも市場支配的地位（dominance）に該当しなくともよいが、かなりの程度の市場支配力（a significant degree of market power）をもたなければならない。また、当該商品が多くの顧客によってとくに重要であると評価されている必要がある。

また、当該商品について大きな共通の顧客集団が存在しより多くの顧客が両方の商品を購入するパターンになるほど、範囲の経済が働くほど、また、一定時点で需要が急増する産業、ネットワーク効果を有する産業において、競争制限的な市場閉鎖が現実化する。

顧客は取引費用を減らすために特定の事業者からすべて購入したいという動機をもつことがある。そのため、広い範囲の商品群をもつこと自体は競争上問題でない。

（イ）　市場閉鎖を行う動機　　当事会社は、タイインやバンドリングの実施することによって、単一商品を購入することを好む顧客への販売が減少する等のコストと市場占有率を増加させるという利益を総合して、利益が上がると判断するとこの市場閉鎖戦略を実施する。

この点は、関連商品間での重要性や利益率にかかってくる。抱き合わせ

を実施するコスト増と市場占有率の増加とがトレードオフの関係にある。そのため、純粋タイインは、重要な顧客が双方を買うことを好まないのであれば供給企業に損失をもたらす。

　当事会社は、すでに高い利益率を得ている商品の販売を減らしてまで、利益率の低い商品の市場占有率を増大させようとするとは考えられない。しかし、それによって、タイト商品市場で市場支配力を増大させる、またはタイイング商品における市場支配力を維持することができるのであれば、全体として利益を増加できる。

　（ウ）価格と選択肢に関する影響　問題は、単一商品を販売する競争者について、重大な販売減少のために競争する能力や意欲を失わせるところにある。それによって、当事会社は、タイト商品市場等で市場支配力を獲得するとともに、タイイング商品市場等で市場支配力を維持することになる。

　さらに、この市場閉鎖戦略は、最適生産規模以下での新規参入や双方の市場への同時参入を余儀なくさせることによって潜在的競争者の参入を妨げることになる。

　単一商品を販売する競争者が効果的に競争しているときや、多数残っているときには競争上の問題は生じない。

　買い手による対抗的な購買力、新規参入の容易さ、実現される効率性を総合的に考慮する。とくに、一方の商品の価格を引き下げて他方の商品の販売を増加させるなどの効果を内部化して、全体としての利益を増加させることがある。また、混合型企業結合は、コストの節約、補完的商品についての互換性・品質保証などの形で範囲の経済の利点を実現する。

　（3）協調的効果　混合型企業結合は、①競争者を市場から排除しまたは協調効果に対抗する力をなくさせることにより市場における競争者の数を実質的に減少させる、②多数の市場に関係することによって、とりうる対抗措置の内容を幅広いものにする形で、協調的効果を促進することがある。

VI 日本の垂直型および混合型企業結合ガイドライン

1 構成と特色

　日本の企業結合ガイドラインでは、垂直型および混合型企業結合について、単独行動による競争の実質的制限と協調的行動による競争の実質的制限に二分して、違法性判断基準を示している。この点は、行為類型が違法性判断基準、違法性基準と結びつく分類方法であって、企業結合は行為類型として水平型、垂直型、混合型に分けて違法性判断基準が示されるべきであることを考えると、日本のガイドラインの構成には基本的な誤りがあるといわざるをえない。

　また、日本のガイドラインでは、きわめて簡潔な内容しか記載していない。垂直型企業結合および混合型企業結合については、改定も行われていない。

2 市場占有率および集中度

　企業結合ガイドラインは、セーフ・ハーバーとして、関係するすべての一定の取引分野において①企業結合後の当事会社グループの市場占有率が10％以下の場合、②企業結合後のHHIが2,500以下であって、かつ、企業結合後の当事会社グループの市場占有率が25％以下である場合には、通常「一定の取引分野における競争を実質的に制限することとなる」にあたらず、企業結合後のHHIが2,500以下であり、かつ、企業結合後の当該企業グループの市場占有率が35％以下の場合には「一定の取引分野における競争を実質的に制限することとなる」に該当するおそれは小さいとしている。

3 単独行動による競争の実質的制限

　企業結合ガイドラインは、単独行動による競争の実質的制限として、垂直型企業結合による市場閉鎖効果について、垂直型企業結合の結果「当事会社グループ間でのみ取引することが有利になるため、事実上、他の事業者の取引の機会が奪われ、当事会社グループ間の取引部分について閉鎖

性・排他性の問題が生じる場合がある。例えば、複数の原材料メーカーより原材料を購入し、かつ、大きな市場シェアを有する完成品メーカーと原材料メーカーが合併し、当事会社の完成品メーカー部門が当事会社の原材料部門からのみ原材料を調達する場合、他の原材料メーカーは、事実上、大口の需要先との取引の機会を奪われる可能性がある。また、例えば、複数の完成品メーカーに原材料を販売し、かつ、大きな市場シェアを有する原材料メーカーと当該原材料の需要者である完成品メーカーが合併し、当事会社の原材料メーカー部門がその完成品メーカー部門にのみ原材料を販売するようになる場合、他の完成品メーカーは、事実上、主要な原材料の供給元を奪われる可能性がある」とし、そのうえで「当事会社グループの市場シェアが大きい場合には、垂直型企業結合によって当事会社グループ間の取引部分についてこのような閉鎖性・排他性の問題が生じる結果」、当事会社グループが一方的に価格を引き上げることができる可能性があるとしている。また、垂直型企業結合による市場閉鎖効果は、メーカーと流通業者間の企業結合でも同様に生じる。しかし、企業結合ガイドラインは、メーカーと流通業者間の企業結合については、「有力なメーカーと有力な流通業者とが合併した場合も、他のメーカーが新規参入するに当たって、自ら流通網を整備しない限り参入が困難になるときには、競争に及ぼす影響が大きい」としてメーカーにとって新規参入の阻害要因となることをとくにあげている。

　また、企業結合ガイドラインは、単独行動による競争の実質的制限として、「混合型企業結合が行われ、当事会社グループの総合的な事業能力が増大する場合にも、市場の閉鎖性・排他性等の問題が生じるときがある。例えば、企業結合後の当事会社のグループの原材料調達力、技術力、販売力、信用力、ブランド力、広告宣伝力等の事業能力が増大し、競争力が著しく高まり、それによって競争者が競争的な行動をとることが困難になり、市場の閉鎖性・排他性等の問題が生じるときがある。」としている。

4　協調的行動による競争の実質的制限

　企業結合ガイドラインは、垂直型企業結合の協調的行動による競争の実

質的制限について、「メーカーと流通業者との間に垂直的企業結合が生じることによって、メーカーが垂直的企業結合関係にある流通業者を通じて、当該流通業者と取引のある他のメーカーの価格等の情報を入手し得るようになる結果、当事会社グループのメーカーを含むメーカー間で協調的に行動することが高い確度で予測することができるようになる場合がある」としている。また、混合型企業結合の協調的行動による競争の実質的制限については、企業結合ガイドラインは「企業結合後の当事会社のグループの原材料調達力、技術力、販売力、信用力、ブランド力、広告宣伝力等の事業能力が増大し、競争力が著しく高まること」が価格協調行動につながることもあると記載するにとどまる。

5　問題点と課題

　日本の企業結合ガイドラインでは、垂直型および混合型企業結合について、単独行動による競争の実質的制限と協調的行動による競争の実質的制限に二分して、違法性判断基準を示している。この点は、企業結合は行為類型として水平型、垂直型、混合型に分けて違法性判断基準が示されるべきであることを考えると、日本のガイドラインの構成における基本的な誤りである。
　垂直型および混合型企業結合の違法性判断基準については、国際的にも、垂直型企業結合による競争者に対する市場閉鎖効果が起こりうる最大の競争制限効果であることについて幅広い合意がある。したがって、垂直型企業結合については、EU競争法の非水平型ガイドラインを参考に、①市場閉鎖を行う能力、②市場閉鎖を行う動機、③市場における競争についての影響等に分けて、その内容や判断要素を詳しく記載することが望ましい。
　企業結合ガイドラインも、垂直型企業結合による競争者への市場閉鎖効果の結果として、当事会社が価格を引き上げることができる可能性があることを起こりうる競争制限効果としている。
　垂直型企業結合によって、川上市場または川下市場の競争者についての商業上重要な情報を入手すること、さらにメーカーが垂直的企業結合関係にある流通業者を通じて、当該流通業者と取引のある他のメーカーの価格

等の情報を入手しうるようになることについては、協調行動による競争の実質的制限に結びつけて協調行動をとることを容易にするものとして問題としている。しかし、欧米では、取引のある他のメーカーの価格等の情報を不当に自己に有利なように使用し、競争者を競争上不利益な立場におくことになることが問題とされて、その情報を営業部門に提供しないようにという問題解消措置がとられている。

むしろ、当該一定の取引分野における事業者の大多数が垂直統合を行うことによって、または当該一定の取引分野にいる事業者のすべてや大部分が垂直統合を行っていることが、競争者による逸脱行動を発見しやすくなり、対抗措置を迅速にとれるようになることが協調的行動を促進する要素となりうると評価される。

「企業結合後の当事会社のグループの原材料調達力、技術力、販売力、信用力、ブランド力、広告宣伝力等の事業能力が増大し、競争力が著しく高まること」という混合型企業結合による総合的な事業能力の増大については、それが「競争者が競争的な行動をとることが困難にな」ること、および起こりうる競争制限効果とどのように結びつくのかというプロセス、因果関係が一切明らかにされていない。

混合型企業結合による総合的な事業能力の増大が、略奪的価格設定や抱き合わせ等の単独での排他的行動を行う蓋然性をもたらすことがありうるというのならば、そのことを記載すべきである。ましてや総合的事業能力の増大が価格協調行動を促進することがありうることについては、詳しいプロセスや因果関係の説明が必要であろう。

いずれにせよ、企業結合ガイドラインの垂直型および混合型企業結合の違法性判断基準については、きわめて大まかに記載されており、より詳しい違法性判断基準を示すことが今後の課題となる。[27]

---

27) 一方的に価格を引き上げることができる可能性があることを「当事会社グループが当該商品の価格その他の条件をある程度自由に左右することができる状態が容易に現出し得るときがある」と記載し、価格協調行動をもたらす可能性あることを「当事会社グループとその競争者が当該商品の価格等をある程度自由に左右することができる状態が容易に現出し得る」と記載していることは、引用判例の記載に合致させるためであるが、日本語の表現としては理解しにくく不適切なものといわざるをえない。

Ⅶ まとめ―日本の現行ガイドラインの問題点

1　日本のガイドラインの問題点

　日本の企業結合ガイドラインの問題点は、まとめると、①競争の実質的制限については多摩地区入札談合事件最高裁判決が基本先例であって、今日維持されていない過去の先例の引用部分を削除すること、②非水平型企業結合については、垂直型企業結合と混合型企業結合に分けて違法性判断基準を示すこと、③総合的事業能力は削除することにある。

　この点は米国およびEUのガイドラインとの比較でも明確にあてはまる。

　第1に、企業結合ガイドラインは、「1『競争を実質的に制限することとなる』の解釈」の題目のもとで、「競争を実質的に制限する」の考え方として、東宝・新東宝事件高裁判決（昭和28年）の判例要旨を引用して、さらに「こととなる」の考え方として八幡・富士合併事件同意審決（昭和44年）の要旨をあげている。

　その結果として、「企業結合により市場構造が非競争的に変化して、当事会社が単独で又は他の会社と協調的行動を取ることによって、ある程度自由に価格、品質、数量、その他の各般の条件を左右することができる状態が容易に現出し得るとみられる場合には、一定の取引分野を実質的に制限することにな」るとしている。[28]

　しかし、東宝・新東宝事件東京高裁判決、八幡製鉄・富士製鉄合併事件同意審決当事の企業結合規制の考え方や規制水準が今日の規制にあてはまるはずもなく、それら過去の先例は、今日の企業結合の違法性判断基準とは採用されていない。[29]

---

28)　この言い回しは、東宝・新東宝事件東京高裁判決の「市場を支配することができる状態」、八幡製鉄・富士製鉄合併事件同意審決の「市場における支配的地位を獲得することになる場合」よりは緩やかなものである。

29)　上杉秋則ほか『独禁法によるM&A規制の理論と実務』（商事法務・2010）は、日本の企業結合規制の実体ルールは大きく変遷してきたこと、初期の判例法は何ら意味をもっていなかったことを明らかにしている。もっとも、上杉氏が公取委内部で関与していたからこそ正確な分析ができるのであって、外部への公表事例からだけでは過去の実体ルールについてここまで分析できない。

今日の企業結合規制の違法性判断基準は、シカゴ学派の経済理論や分析手法を取り入れたもので、国際的にも1980年以前の違法性判断基準や企業結合規制の規制水準と大きく異なっている。今日先進国の企業結合ガイドラインで（たとえ判例変更されていないとしても）1980年代以前の先例を引用し、その違法性基準を用いているものはない。

　むしろ、米国の1992年水平型企業結合ガイドラインおよびその元になった1984年企業結合ガイドラインは、それまでの市場占有率と集中度を偏重した水平型企業結合規制や潜在的競争理論などの多様な理論を用いた混合型企業結合規制から決別しようとするものである。2004年EU水平型企業結合ガイドラインは、過去の合弁事業規制を引きずった水平型企業結合規制から決別しようとし、2007年EU非水平型企業結合ガイドラインは、抱き合わせや略奪的価格設定の生じる蓋然性やポートフォリオ効果を重視したそれまでの混合型企業結合規制と決別しようとしたものである。したがって、米国、EUの上記各ガイドラインは、それ以前の先例を否定する役割を果たした。日本でも事情はまったく同じであって、2006年企業結合ガイドラインは、それまでの違法性判断基準を否定するものとしてとらえることが相当である。

　日本の企業結合ガイドラインは、現時点での法運用指針を正確に記載するべきであり、「一定の取引分野における競争を実質的に制限することとなる」について、多摩地区入札談合事件最高裁判決（平成24年）の「当該取引に係る市場が有する競争機能を損なうこととなること」と解釈したうえで、最新の経済理論・経済分析を取り入れた違法性判断基準を示していくべきである。

　第2に、企業結合ガイドラインでは、垂直型および混合型企業結合について、単独行動による競争の実質的制限と協調的行動による競争の実質的制限に二分して、違法性判断基準を示している。この点は、行為類型は違法性判断基準、違法性基準と結びつくものであって、企業結合は行為類型として水平型、垂直型、混合型に分けられることをその行為類型ごとに違法性判断基準が示されるべきであって、企業結合ガイドラインの構成における基本的な誤りである。

これも、引用した過去の先例の競争の実質的制限の定義にこだわった結果であると考えられる。

第3に、企業結合ガイドラインは「企業結合の当事会社グループの原材料調達力、技術力、販売力、信用力、ブランド力、広告宣伝力等の事業能力が増大し」という総合的事業能力の増大が、水平型企業結合および混合型企業結合における単独行動、協調的行動による競争の実質的制限の判断要素として列挙している。

総合的事業能力自体があいまいな概念であって、総合的事業能力の増大は、水平型企業結合では起こりうる競争制限効果との関係がなく、混合型企業結合では起こりうる競争制限効果との関係が定かでないために、不要なものである。これは、日本の企業結合規制にいまだ一般集中規制的な考え方が残っていることの悪影響である。

2　企業結合規制の専門性とあるべき企業結合事件処理手続

企業結合規制には、事後規制と異なり、本質的に難しい作業である。[30]

第1に、企業結合規制では原状回復措置を命じる形で事後に競争状態を回復させることは事実上不可能であって、起こりうる競争制限効果を予測して蓋然性のレベルで措置を講じざるをえない。

しかも、絶えず動いている経済環境のもとで、企業結合の短期的および長期的効果を確実に予測することは、いくら経済分析を尽くしても困難である。しかも、提言されている経済学的な手法による立証についても、かなりの前提条件をおいたうえでの分析の数値、結論であって、どこまで確実にあてはまるのかについては疑念がある。

第2に、国際的には、物差しとしての企業結合の違法性判断基準は収斂してきている。しかし、仮にガイドラインのような違法性判断基準について同一のもの、物差しが完成したとしても、当該企業結合が行われる、業種ごと、各国ごとに、市場環境が異なると、必ずしも同一の結論とはなら

---

30)　企業結合規制では、当事会社の事業活動全体や当該産業の市場構造を問題とせざるをえないため、過去の特定行為を問題とする事後規制とは異なる。

ない。[31]

　第3に、競争政策も一国の経済政策の一環を占めるのであって、産業政策との調整が常に話題となるように、総体としての企業結合規制のあり方は一国の経済政策と調整をとらざるをえない。

　このような企業結合規制の特質、難しさのために、専門機関である競争当局の判断が尊重されて、司法判断にはそぐわないといわれる。

　そのことを勘案すると、企業結合規制については、事前規制および専門性という特質から、競争当局が先行して個別事案について禁止、条件付承認などの処分を下し、それに不服のある当事会社が裁判所に再審査を求める手続が妥当である。[32] 裁判所は競争当局の専門的判断を尊重しながら、例外的に基本的な事実認定、論理構成・判断過程に誤りがあるものについてその処分を覆すことになる。その点から、企業結合規制については大陸法系の行政手続がふさわしい。

　司法審査については、当該企業結合の禁止命令に対して不服のある当事会社が再審査を求める（裁判所に対して提訴する）場合が問題となる。再審査にあたっては、司法審査を行うに足るだけ違反事実、法的評価など十分に詳細に排除措置命令が記載されている必要がある。禁止命令についてはそれらが十分詳細に記載されているものと考えられる。

　実際問題として、企業結合では短期間に決着をつけるという時間の要素を勘案すると、禁止命令が発せられると当事会社は当該企業結合を断念することが通例である。したがって、当事会社が禁止命令について争うことはそれほど予想されない。しかし、当事会社がなんらかの理由で争うことを希望する場合には、適正手続を保障する観点からその機会を認めるべき

---

31) 適用される各国市場（関連市場としては、国際市場、地域市場が画定されることもあるが、やはり各国市場として画定されることが多い）における競争者のあり方、新規参入の難易度、さらには法制とは別問題である流通のあり方などの取引慣行・取引実態が異なっているからである。また、米国、EU のガイドラインはかなり広い市場を前提としたものであって、日本のようなより市場が狭く輸出入取引の影響の大きい市場ではそれなりの調整が求められる。発展途上国では、産業政策的な観点が勘案されることは避けがたいのであろう。

32) 裁判所は、経済政策に関しての専門的な知識や経験を有していない。さらに、裁判において証拠により立証される事実は、客観的な事実とも異なる可能性がある。

である[33]。

　しかし、審判制度のもとですでに判断を下した公取委に審判請求できる（さらにその後に実質的証拠法則のもとで東京高裁に控訴できる）というのでは、適正手続が保障されているとはいえず、当事会社にとって再審査により禁止命令を覆すことは事実上きわめて困難である。

　企業結合規制については、現行事後審判制のもとでの事前通知が事前審判制のもとでの勧告に相当するのであって、企業結合はそれ以前の審査段階で条件付容認のようにほとんどの事例が終了することが明らかになっている。そのままでは当該企業結合をしてはならないとして事前通知ないし勧告がなされて（排除措置命令について合意できなかった場合を含む）、しかも審判で延々と争われる事例が生じる事はきわめて稀であろう。

　したがって、現行企業結合審査手続は運用によってEU競争法上の企業結合審査手続に近い手続を採用しているが、長期的には大陸法系の行政手続に移行したうえで、法制的にもEU競争上の企業結合審査手続と同様な企業結合に特化した審査手続を制定していくことが課題となる。そのため、企業結合規制についても審判は廃止することが相当であることが明らかになっている。

33）　実際にも、EU競争法の混合型企業結合規制において、委員会決定を覆す形で司法審査が機能したことがある。

第12章

優越的地位の濫用の禁止

　優越的地位の濫用の禁止とその特例法である下請法は、中小企業保護の観点から一般民事法上のルールを修正するものである。優越的地位の濫用の禁止に基づく規制は、排除措置を命じて判例法を形成するものと、①取引の公平さの確保と取引上の地位の弱い事業者の保護の観点から細かな取引ルールを設定し、②書面調査によって問題事例を抽出し、③行政指導として大量かつ迅速に是正指導するという、下請法による規制と同等な日本独自の独占禁止行政にあたるものに二分される。
　前者は、大規模小売業者に対する納入取引を中心に、不利益性が著しく、契約相手方の意思を抑圧する事例に限定される。後者は、比較的軽微な違反行為について事業者の協力を得て大量処理するという特質を踏まえて運用することが必要である。

I 体系上の位置づけ

1 日本独自の規制

　優越的地位の濫用の禁止およびその特例法である下請代金支払遅延等防止法（以下、「下請法」という）による規制は、今日その歴史上ももっとも強力に執行されて、実務的に大きな影響力をもっている。

　優越的地位の濫用の禁止とその特例法である下請法は、消費者保護法や労働法と同様に、中小企業保護の観点から、私的自治の原則、契約自由の原則に基づく一般民事法のルールに例外を設けるものである。すなわち、中小企業保護の観点から一般民事法上のルールを修正するものである。[1]

　民事法の一般原則では、契約当事者は交渉によって契約締結時に契約内容を自由に決定することができる。また、契約当事者はその後の経済環境の変化に応じて契約内容を自由に変更することができる。[2]

　また、優越的地位の濫用の禁止は、たとえドイツ、フランスの同一の規制と同じ発想に基づくものであるとしても、自由競争基盤侵害型というおおげさな名称からも、日本で独自に発展した日本独自の規制であると評価される。しかも、下請法は日本にしかない法律であるために、下請法と優越的地位の濫用を併せるとますます日本独自の規制という面が強くなる。さらに、優越的地位の濫用の禁止は、たとえドイツ、フランスに同一の規制が存在するとしても、二大競争法である米国反トラスト法、EU競争法に存在しないものであって、競争ルールに該当するとは評価されない。

　実務上、優越的地位の濫用の禁止に基づく規制は、下請法による規制と同様に行政指導で終了する日本独自の独占禁止行政にあたるものと、排除措置を命じて判例法を形成するものとに二分される。[3]

---

1) 弱者保護では理念的に広過ぎると考えられる。
2) 一般民事法でも、強迫は取消事由となり、公序良俗に反すると無効になる（司法救済）。その点では、優越的地位の濫用の禁止は、そのような行為について行政救済を付与するものである。
3) 行政指導である警告で終わる事例が多いことは、不公正な取引方法の禁止一般についても同様である。しかし、優越的地位の濫用の禁止は、相対的な地位の優越性で足りるなど自由競

ここでは、優越的地位の濫用の禁止の位置づけを明らかにし、次いで日本特有の独占禁止行政を生み出した、優越的地位の濫用の禁止の役割・機能を解説し、その後に下請法による規制と比較しながら判例法を形成する優越的地位の濫用の対象行為を解説し、最後に優越的地位の濫用を課徴金対象行為とした平成21（2009）年改正の内容とその後の展開を分析していきたい。

2　広義の不正競争行為

　独占禁止法は、昭和22年という日本の経済実態からみて早過ぎる時期に制定されて、独自の発展過程をたどった。独占禁止法について、昭和55年頃まで不正競争法的な運用がなされたことはごく自然である。

　競争法では、問題行為を特定したうえ、関連市場を画定し、当該事業者のそこでの市場占有率・市場支配力、具体的な競争制限効果、正当化事由などを総合判断して、競争制限効果が認められる場合に、競争当局が違反行為を排除し競争状態を回復するために、必要な排除措置をとることを命令する。

　他方、不正競争法では、当該の行為の反競争的性格を規制論拠とし、構成要件的に細かく定めた構成要件すべてを満たす不正競争行為によって被害を受けた者に、差止請求権および損害賠償請求権を付与する（司法救済）。ただし、司法制度が確立、機能しない発展途上国では、不正競争行為についても行政当局が調査を行い、不正競争行為を認定するとその行為をやめるように命じるという制度が設けられる。

　また、国際的にみて、競争法では違反行為の内容が明確であるのに対して、不正競争法では各国独自の違反行為が規定されることも多く、違反行為の範囲が必ずしも明確でない。

　不正競争法では、行政当局は、関連市場を画定し、市場占有率を算定することは不要である。不正競争行為ごとに、対象取引や対象事業者、違反

争減殺型の不公正な取引方法の禁止と比べて、1ランク違法度の低い行為である。そのため、不公正な取引方法の禁止一般よりも、警告の果たす役割が大きい。

行為内容が明確に規定されることが望ましい。[4]

　不公正な取引方法のうち、（自由競争減殺型の行為類型とは異なる規制である）自由競争基盤侵害型、不公正な競争手段型の行為類型である優越的地位の濫用、顧客誘引、競争者に対する取引妨害（一部）が不正競争行為に該当する（広義の不正競争行為）。不公正な競争手段型である顧客誘引、競争者に対する取引妨害は、その競争手段としての不公平さを規制論拠とするものであるため、明確に不正競争行為に該当する（狭義の不正競争行為）。

　このほか、抱き合わせ（一部）、小売段階の不当廉売、並行輸入の不当妨害行為も、実質的に不正競争行為に対する規制であると評価される。[5]

3　日本固有の規制

　（1）　不正競争行為との関係　　広義の不正競争行為のなかでも、優越的地位の濫用の禁止およびその特例法である下請法は、日本固有の規制であると評価される。

　自由競争基盤侵害型である優越的地位の濫用の禁止は、事業者間の取引における地位・立場の弱い事業者の保護を規制理念とするもので、不公正な競争手段型である競争者に対する取引妨害、顧客誘引による規制とは異なるものである。さらに、下請法は、日本とそれを引き継いだ韓国にしか存在しない法律である。その点から、優越的地位の濫用の禁止およびその特例法である下請法による規制は、狭義の不正競争行為に対する規制とは区別される。

　なお、優越的地位の濫用について、市場における競争と関連づけるために、「（当該取引の相手方の自由かつ自主的な判断による取引を阻害するとともに）当該取引の相手方はその競争者との関係において競争上不利になる一方で、行為者はその競争者との関係において競争上有利になるおそれがあ

---

[4]　日本語の「競争秩序」は、あいまいな用語であって、使用を避けることが望ましい。「能率競争」は、過当競争など競争の質に関して問題とされてきたが、価格、品質、技術に係る「競争」で足り、あえて能率競争という用語を使う必要もないと考えられる。

[5]　なかでも、公取委は、現在小売段階の不当廉売について活発な取り締まりを行っている。平成22年度において、酒類、石油製品、家庭用電気製品等の小売業において、不当廉売につながるおそれがあるとして2,700件の注意を行っている。

る」ことが論拠とされるが、あまりにも観念的かつ迂遠な解釈である。

（2）　ドイツ法、フランス法上の優越的地位の濫用行為との比較　　優越的地位の濫用の禁止に類する規制は、主要国競争法のうち、フランス商法典L420-2条2項およびドイツ競争制限防止法20条2項・3項にも経済的従属関係の濫用の禁止として存在する。いずれも取引当事者間における依存関係等に基づく相対的な優越性を要件として、関連市場の画定や市場における地位は判断要素としていない。いずれも、競争当局が違反行為に対して排除措置、行政制裁金納付を命じることができる。

フランス商法典（商法典L410-1条以下がフランス競争法を構成する）は、L420-2条1項において市場支配的地位の濫用を禁止したうえ、L420-2条2項において「購買者または供給者が、自己に対する経済的依存状態を濫用することは、競争の構造または機能に悪影響を及ぼすおそれがある場合には直ちに禁止される。これら濫用行為は、とくに440条～442条の対象となる販売の拒絶、拘束条件付販売または差別的販売条件について認められる」として経済的従属関係の濫用の禁止を規定している。このほか、L442-6条において、裁判所が民事提訴を受けて民事上の救済を与えるものとして、取引関係の濫用の禁止を規定している。

また、ドイツ競争制限防止法20条1項～3項は次のように規定している。「市場支配的事業者は、直接的または間接的に他の事業者の自由な事業活動を不公正な方法によって妨げてはならず、客観的に正当な理由なく同等な事業者間で直接的または間接的に差別的に取り扱ってはならない（20条1項）。　取引の相手方を他の事業者に切り替えるという十分かつ合理的な可能性がない程度に、商品または役務の供給者または購買者としての中小企業が取引の相手方に依存している場合に、20条1項はその取引の相手方に適用される。商品または役務の供給者は、その購買者が供給者から同等の購買者に認められていない特殊な便益を恒常的に得ている場合に、前段の意味において購買者に依存していると推定される（20条2項）。20条1項の市場支配的事業者は、客観的に正当な理由なく、他の事業者に対して有利な取扱いを勧誘しまたは実施するために市場における地位を用いてはならない。前段は、依存する事業者と取引関係にある事業者についても

適用される (20条3項)」。

　独占禁止法の優越的地位の濫用の禁止については、これらの禁止規定に関する理論および判例法の展開が参考になる。しかし、これまでの文献によると（さらなる研究が必要なことも認めざるをえないが）、独占禁止法の優越的地位の濫用の禁止と同等の判例法を形成し、同等の実務を採用しているとは評価されない。しかも、ドイツ法およびフランス法は、下請法やそれに類似する法を有していない。

　日本の優越的地位の濫用の禁止は、たとえ上記禁止規定と同一の発想に基づくものであったとしても、比較法上日本独自の発展を遂げた日本独自のものといわざるをえない。

　（3）　搾取型単独行為の禁止との関係　　搾取型単独行為の禁止は、独占事業者への規制という競争法の基本理念に基づくものである。すなわち、独占事業者が独占利潤を獲得する行為を規制することについては、同業者間のカルテルによる超過利潤の獲得の規制と並んで、単独行為規制（独占規制）として競争法上の規制であると意識されている。独占化行為（米国反トラスト法）、搾取型濫用行為（EU競争法）、支配型私的独占（独占禁止法）などが搾取型単独行為にあたる。なかでも、EU競争法上、市場支配的地位の濫用の禁止のうち高価格設定、差別的取扱いを問題とした搾取型濫用行為の禁止が代表的なものである。

　経済理論および実証的研究ともに、独占事業者が独占利潤、超過利潤を獲得することはありうることを示している。したがって、どの競争法制も、単独行為規制として当該独占事業者が高価格設定等を行って、独占利潤、超過利潤を得ることを規制対象としている。しかしながら、その場合の違反行為の定義・認定、競争による正当な利潤を上回る超過利潤の存在の立証が難しく、有効な措置がとられていない状況にある。

　独占禁止法の体系上、単独行為の基本禁止規定は私的独占の禁止であることから、搾取型単独行為、すなわちEU競争法上の支配的地位の濫用行為のうち搾取型濫用行為にあたる行為については、優越的地位の濫用の禁止ではなく、支配行為について緩やかに解釈して、支配型私的独占に該当するとして規制していくことが相当である[6]。

Ⅱ　日本独自の独占禁止行政

1　優越的地位の濫用の禁止と下請法の共通点

　歴史的な経緯や行政実務からみると、優越的地位の濫用の禁止の運用実態と下請法はかなり近いものである。特定の取引類型について、取引の公平さを確保するとともに、取引上弱い地位にある者を保護するという日本独自の独占禁止行政が行われてきた。

　時系列でみると、第1に、昭和43年から平成元年まで、国際的技術導入契約規制として、国際的契約の届出制度のもとで届け出された国際的技術導入契約について、外国ライセンサーが国内ライセンシーよりも優越的地位にあるとみなして[7]、国内ライセンシーに対して、「国際的技術導入契約に関する認定基準」等に従い、問題条項について削除または修正するように求めるという行政指導がなされた。

　第2に、昭和47年から平成3年まで、輸入総代理店契約取引規制として、国際的契約の届出制度のもとで届け出された総代理店契約について、海外メーカーが国内総代理店よりも優越的地位にあるとみなして、国内総代理店に対して、「輸入総代理店契約等における不公正な取引方法に関する認定基準」に従い、問題条項について削除または修正するように求めるという行政指導がなされた。

　認定基準の内容は、両契約当事者間の取引の公平さを確保しかつ国内事業者の保護を図ることを内容とするものであった。いずれも行政指導である是正指導がなされることにとどまり、また相手方の協力が必要なこともあって、その是正指導について実効性が確保されていたとまではいえなかった。ここまでは、優越的地位を有する事業者とその相手方事業者の1対

---

[6]　搾取型濫用行為の禁止について、イギリス、ドイツ、フランスの競争法では、EU競争法と同様に市場支配的地位の濫用の禁止に含まれるものとしている。経済的従属関係の濫用の禁止について、ドイツ、フランス競争法は、市場支配的地位の濫用の禁止と別個に想定している。

[7]　国際的技術導入契約や輸入総代理店契約の規制では、不利益を受ける相手方事業者のなかには、より規模が大きく、ブランド力をもつ者も存在するのであるが、効率的な規制を行うためにいちいち相対的優越性を認定しない。

1の取引を対象としている。

　下請法による下請取引規制については、公取委または中小企業庁が親事業者および下請業者に一斉に書面調査を行い問題事例を抽出したうえ、問題行為に関して親事業者に対して行政指導である勧告を行うことがなされる。

　大規模小売業者に対する納入取引については、納入業者に一斉に書面調査を行い問題事例を抽出したうえ、「大規模小売業者による納入業者との取引における特定の不公正な取引方法」（大規模小売業告示）などに従い、問題行為に関して当該大規模小売業者に対する是正指導を行うことがなされてきた。

　さらに、平成16年から荷主と物流業者との取引について、物流業者に一斉に書面調査を行い問題事例を抽出したうえ、「特定荷主が物品の運送又は保管を委託する場合の特定の不公正な取引方法」（物流特殊指定）に従い、問題行為に関して荷主に対する是正指導を行うことがなされている。[8]

　これら書面調査を行う取引類型では、優越的地位を有する事業者と多数の相手方事業者との間の取引を対象とする。このような独占禁止行政の特質は、①取引の公平さの確保と取引上の地位・立場の弱い事業者の保護の観点からの細かな取引ルールの設定、②行政主導の書面調査による問題事例の抽出、③大量かつ迅速な行政指導による是正にある。この場合、特定の取引類型について、取引当事者のうち、一方事業者は他方事業者より優越的地位にあると仮定（仮想）して、公取委が、取引の公平さを確保するとともに、取引上弱い地位にある者を保護するという観点から、外形的に明確な違法行為を限定列挙する形でルールを設定する。

2　行政指導で終了する優越的地位の濫用の禁止

　このような規制の実態、実務により、優越的地位の濫用の禁止による規制は、処理件数でみても大多数の事例で、行政主導で書面調査を行い、警告、注意という行政指導により審査段階で終了する。下請法による規制と

8）荷主と物流事業者との取引で、排除措置まで命じられた事例はない。

大差ないものとなる。すなわち、優越的地位の濫用の禁止による規制については、かなりの部分で昔から下請法と同様な運用がなされ、現在でもそのような運用がなされている[9]。

相違点としては、下請法による勧告では、不当減額の場合の減額分の返還等にみられるように原状回復措置が含まれるのに対して、優越的地位の濫用の禁止の警告では違反行為の排除を指導されることがあげられる[10]。

優越的地位の濫用の禁止が効果を発揮したのは行政指導で終了する前述の規制であり、優越的地位の濫用の禁止はそのような独占禁止行政に法的な論拠を与えるものであった。

公取委が設定したルールは、実効性担保手段が行政指導であるために法制上必ずしも実効性をもつものではないが（建前では行政指導に従わなくともなんら不利益処分を受けないことになる）、日本の風土のもとでは、是正指導を受けた事業者がそれに従わないことは想定されず、事実上ルールの実効性が確保される。その意味で、そのような行政は、日本の風土を踏まえた日本特有の行政と評価される。

III 排除措置を命じる優越的地位の濫用の禁止

1 優越的地位の濫用の禁止と下請法の相違点―基本構造の差異

ところで、基本手続および規制の枠組みについては、優越的地位の濫用の禁止と下請法による規制とでは大きな違いがある。

手続面では、排除措置を命じる優越的地位の濫用の禁止では、通常の独占禁止法違反の手続に従って処理される。優越的地位の濫用の禁止事件で、公取委は、カルテル事件と同様に、強制調査権限を行使して違反行為を認

---

9) 平成21年に優越的地位濫用タスクフォースが、中小事業者取引公正化推進プログラムを実施するために設置された。書面審査等を行い大規模小売業者への納入取引、荷主との物流取引について注意を行う形で迅速に処理している。
10) 優越的地位の濫用の処理件数は、法的措置、警告、注意に分けて件数が公表されている（注意が大多数を占める）。下請法違反の処理件数は、勧告、指導に分けて件数が公表されている。勧告案件について原状回復がなされる（原状回復については、勧告前に実施される場合も勧告後に実施される場合もある）。

定し、違反事業者に対して排除措置、課徴金納付を命じる。排除措置命令等に不服のある者は審判請求することによって最終的に司法審査まで受けることができる。

他方、下請法違反は、簡易かつ迅速な（独特な）行政手続に従って大量処理される。下請法では、書面調査によって問題案件・問題行為を抽出して行政調査を行い、違反事業者に対して勧告（およびその公表）、指導を行う。[11] 勧告、指導は行政指導であるために相手方事業者は審判請求など一切の不服申立てを行うことができない。

すなわち、下請法は、軽微な違反行為を大量かつ迅速に処理するための、行政調査段階で終了・完結するという特殊な行政手続である。

下請法について、建前では、勧告が行政指導であるために、従わなくとも不利益を受けないことになり、不服申立ては不要である。しかし、実際には、勧告は事実上相手方事業者に遵守されるため、行政指導で不服申立てができないことは、公取委がルールの最終決定権をもつことを意味している。すなわち、下請法では、基本手続の効果として、公取委は、下請取引の公平化を図るとともに、下請事業者の利益を保護するという下請法の目的を尊重して、そのルールを最終的に決定する。[12]

2　下請法による規制

（１）下請法の特質　　下請法による規制は、軽微な違反に対して相手方の協力を得て簡易な措置をとらせるという特殊な中小企業保護行政である。そのため、下請法では、軽微な違反行為に対して行政主導で相手方の協力を得て、行政指導によって迅速かつ大量に問題行為を是正させていく。

その執行のためには、①取引類型・対象事業者が特定されていること、②違反行為、ルールが明確であることが重要である。

---

11) 違反行為に対する措置が行政指導である勧告に限られているため、正式措置である勧告を受けた相手方事業者は審判請求など一切の不服申立てが行えない。当然裁判所による司法審査を受けることはできない。
12) 下請法のルールのこのような面について、従来下請法の強行法規性で説明してきたが、原因は勧告が行政指導であるため相手方は不服申立てが一切できず、ルール制定権が公取委に存するところにある。

ただし、今日の実務は、軽微な違反行為に対して行政主導で相手方の協力を得て処理するという、法の建前以上にやや強力に執行されていると評価される。

（2）　対象取引および対象事業者の特定　　下請法では、まず、対象取引や対象事業者が明確に規定されている。

下請法では、製造委託、修理委託、情報成果物作成委託、役務提供委託に対象となる取引が特定・限定されたうえ、対象となる親事業者と下請事業者が資本金区分によって一律、形式的に決定される。そのうえで、下請法では、事業者の資本金（資本金要件）によって、対象となる親事業者が対象となる下請事業者に対して優越的地位にあるものとみなされて、対象事業者がその親事業者に限定される。

すなわち、①「製造委託」、「修理委託」、「情報成果物作成委託」のうち「プログラムの作成」に係るもの、および「役務提供委託」のうち「運送・物品の倉庫における保管」・「情報処理」に係るものについては、親事業者が資本金3億円超（法人）で、下請事業者が資本金3億円以下（法人）・個人のとき、親事業者が資本金1,000万円超3億円以下（法人）で、下請事業者が資本金1,000万円以下（法人）・個人のとき、②「プログラムの作成」に係るものを除く「情報成果物作成委託」、「運送・物品の倉庫における保管」・「情報処理」に係るものを除く「役務提供委託」については、親事業者が資本金5,000万円超（法人）で下請事業者が資本金5,000万円以下（法人）・個人のとき、親事業者が資本金1,000万円超5,000万円以下（法人）で下請事業者が資本金1,000万円以下（法人）・個人のとき、親事業者は下請事業者に対して優越的地位にあるものとみなされる（法律上の推定）。

（3）　実体ルールの明確性　　次いで、下請法のルールでは、違反行為の内容が明確に定められる[13]。

下請法が適用される委託取引では、その親事業者に4つの義務が課せられ、所定の11の行為が禁止される。親事業者に課せられる4つの義務とは、①取引条件などを記入した発注書面の交付、②支払期日を定める義務、③

---

13)　公正取引委員会・中小企業庁「下請取引適正化推進講習会テキスト」（平成22年11月）参照。以下、下請法によるルールについてはこのテキストに従う。

遅延利息の支払義務、④書類の作成・保存義務である。

　まず、親事業者が委託発注したときには、委託内容や代金等の取引条件など公取委規則で定める事項について記載した発注書面を直ちに下請事業者に交付しなければならない。次に、親事業者は支払期日を定めなければならない。支払期日は、下請事業者から給付を受領した日を1日目と数えたうえで60日以内としなければならない。ただし、納品日の月締め制度をとる場合、締切後30日（1ヶ月）以内に支払えばよいとされている。親事業者は、遅延利息として給付受領日から起算して61日目から支払日までの期間について、未払金額について公取委規則で定める率（現行年利14.6％）を乗じた金額を支払わなければならない。さらに、親事業者は、給付、給付の受領、下請代金支払その他の公正取引委員会規則で定める事項について記載した書類を作成し、2年間保存しなければならない。

　また、下請法は、11の禁止行為として、①受領拒否、②支払遅延、③減額、④返品、⑤買い叩き、⑥購入・利用強制、⑦報復行為、⑧有償支給原材料等の対価の早期決済、⑨割引困難な手形の交付、⑩不当な経済上の利益提供要請、⑪不当な給付内容の変更およびやり直しという11の行為を禁止している。これらの禁止行為について細かなルールを定めている。

　下請法上、受領とは、給付の目的物を自己の占有下におくことをいう。

　受領拒否について、「下請事業者の責に帰すべき理由」があるとして、受領を拒否することができるのは、①注文と異なるものまたは給付に瑕疵等があるものが納入された場合、②指定された納期までに納入されなかったため、そのものが不要になった場合に限定される。

　返品について、「下請事業者の責に帰すべき理由」があるとして、返品することができるのは、①注文と異なる物品等が納入された場合、②汚損・毀損等された物品等が納入された場合に受領後速やかに引き取らせるときに限定される。

　支払代金の減額の禁止について、下請代金を減額できる場合は、①「下請事業者の責に帰すべき理由」があるとして「受領拒否」「返品」が認められる場合に、納品を拒んだ分または納品されたものを返品した分だけの減額が認められ、②「下請事業者の責に帰すべき理由」があるとして「受

領拒否」「返品」が認められる場合で、下請事業者に戻さずに親事業者が手直しなどをした場合には、それに相当する額の減額が認められ、③瑕疵等の存在または納期遅れによる商品価値の低下が明らかな場合に、客観的に相当と認められる額を減じることが認められる。また、新単価を遡及して適用することは不当な減額に該当し、単価改定日以後の発注分から新単価を適用する必要がある。

買い叩きとは、給付の内容と同種または類似の内容の給付に対し、通常支払われる対価に比べて著しく低い下請代金額を不当に定めることをいう。一律・一定率に契約単価を引き下げて下請代金の額を定めることは買い叩きに該当する可能性があり、個別に目安を示して十分な価格交渉を行う必要がある。

購入・利用強制とは、下請事業者の給付の内容を均質にし、またはその改善を図るため必要がある場合やその他正当な理由がある場合を除き、下請事業者にその対価を負担させて、自己の指定するものを親事業者や第三者から強制して購入・利用させることをいう。

有償支給原材料等の対価の早期決済の禁止について、「下請事業者の責めに帰すべき理由」があるとして、早期に決済できるのは、①下請事業者が支給された原材料等を毀損または損失したため、親事業者に納入すべき物品の製造が不可能になった場合、②支給された原材料等によって不良品や注文外の物品を製造した場合、③支給された原材料等を他に転売した場合に限られる。

交付が禁止される割引困難な手形とは、手形期間が120日（繊維業は90日）を超える手形の発行をいう。

不当な経済上の利益提供要請の禁止について、金銭、役務その他の経済上の利益とは、協賛金、従業員の派遣等の名目の如何を問わず、下請代金の支払とは独立して行われる金銭の提供や、作業への労務の提供等を含む。

不当な給付内容の変更およびやり直しについては、「下請事業者の責めに帰すべき理由」がないにもかかわらず、親事業者がその費用を負担せずに、受領前に給付内容を変更したり、受領後に給付をやり直しさせることをいう。変更とは、給付の受領前に委託内容とは異なる作業を行わせるこ

とをいい、やり直しは、給付の受領後に給付に関して追加の作業を行わせることをいう。「下請事業者の責めに帰すべき理由」があるとして、費用を負担することなく、給付内容の変更ややり直しをさせることが認められるのは、①下請事業者の要請により給付の内容を変更する場合、②受領前に親事業者が下請事業者の給付内容を確認したところ、給付の内容が発注書面に明記された委託内容と異なることまたは給付に瑕疵等があることが合理的に判断され、給付内容を変更させる場合、③受領後に、給付の内容が発注書面に明記された委託内容と異なるため、または給付に瑕疵等があるため、やり直しをさせる場合に限られる。

下請法のルールは、下請事業者保護の観点から設定される簡明なものである。しかも、下請事業者の責めに帰すべき理由がある場合に限り例外が認められるという下請法のルールは、親事業者と下請業者の合意によって変更することは許されず、対象行為にそのまま適用されて、勧告内容となる。[14]

3 排除措置を命じる優越的地位の濫用の禁止

優越的地位の濫用の禁止違反事件で、公取委は、カルテル事件と同様に、強制調査権限を行使して違反行為を認定し、違反事業者に対して排除措置、課徴金納付を命じる。そのため、個別具体的な案件ごとに、各要件が証拠によって立証される必要がある。

優越的地位の濫用は、契約当事者や取引当事者間において一方当事者が他方当事者よりも優越的地位にあることを必要条件として、優越的地位を有する事業者による他方事業者に対する不当に不利益を与える行為のことである。

優越的地位の濫用では、優越的地位は相対的な優越性で足り、取引先変更の可能性を含めた相手方の取引依存度が主たる判断要素とされている。[15] これまでの審決では、自己の商品等の信用力を高めるために当該事業者と

---

14) 下請法では、4条1項で「下請事業者の責に帰すべき理由」、4条2項で「下請事業者の責めに帰すべき理由」を使用し、大規模小売業告示では「納入業者の責めに帰すべき事由」を、優越的地位濫用ガイドラインでは「取引の相手方側の責めに帰すべき事由」を使用している。
15) 東京地判平成16年4月15日判例タイムズ1163号235号〔三光丸本店事件〕。

取引を継続することが重要であることも強調されている。優越的地位の濫用では、当該事業者がその相手方との取引において（その相手方との関係で）優越的地位にあることを個別に認定されなければならない。

不当に不利益を与える行為についても、不利益性の程度が著しく、「余儀なくさせている」「余儀なくさせた」という慣用句にみられるように、相手方の意思を抑圧したことを認定してきている。[16]

優越的地位の濫用に該当するとして排除措置が命じられる取引類型は、大規模小売業者と納入業者との納入取引にほぼ限られる。違反行為も平成21年改正前は押し付け販売と不当な利益供与の強要（協賛金の支払の強要と従業員等の不当使用）にほぼ絞られていた。

そのため、排除措置を命じる優越的地位の濫用の禁止については、大規模小売業者への納入取引に関する特殊指定における規定内容が一番参考になると評価されていた。

公取委は、平成17年5月13日に、特殊指定である「大規模小売業者による納入業者との取引における特定の不公正な取引方法」（以下、「大規模小売業告示」という）を制定した[17]（同年11月1日施行）。この告示の対象となる「大規模小売業者」とは、一般消費者により日常使用される商品の小売業を行う者であって、前事業年度における売上高が100億円以上であるものまたは店舗面積（小売業を行うための店舗の用に供される床面積）が特別区および政令指定都市の区域においては3,000平方メートル以上、それ以外の区域においては1,500平方メートル以上の店舗を有するものと定義される。

大規模小売業告示では、大規模小売業者による①不当な返品、②不当な値引き、③不当な委託販売取引、④特売商品等の買い叩き、⑤特別注文品の受領拒絶、⑥押し付け販売等、⑦納入業者の従業員等の不当使用等、⑧不当な経済上の利益の収受等、⑨要求拒絶の場合の不利益な取扱い、⑩公

---

16) 優越的地位の濫用に該当するとされた個別事例および一般民事法との調整については、村上政博『独占禁止法〔第5版〕』（弘文堂・2012）参照。
17) 昭和29年制定の「百貨店業における特定の不公正な取引方法」による規制を大幅に拡充したことになる。特殊指定で規定されている行為については特殊指定が優先的に適用されるが、一般指定の適用が排除されるものではないと解釈されている。

取委への報告に対する不利益な取扱いを2条9項の自己の地位の不当な利用に該当するとしている。

大規模小売業告示では、⑥の押し付け販売等については、大規模小売業者が、正当な理由がある場合を除き、納入業者に自己の指定する商品を購入させ、または役務を利用させることと規定し、⑧の不当な経済上の利益の収受等については、大規模小売業者が、自己等のために、納入業者に本来当該納入業者が提供する必要のない金銭、役務その他の経済上の利益を提供させ、または当該納入業者が得る利益等を勘案して合理的であると認められる範囲を超えて金銭、役務その他の経済上の利益を提供させることと規定し、⑦の納入業者の従業員等の不当使用等については、大規模小売業者が、㋐あらかじめ納入業者の同意を得て、その従業員等を当該納入業者の納入に係る商品の販売業務のみに従事させる場合、または㋑派遣を受ける従業員等の業務内容、労働時間、派遣期間等の派遣の条件についてあらかじめ納入業者と合意し、かつ、その従業員等の派遣のために通常必要な費用を大規模小売業者が負担する場合を除き、自己等の業務に従事させるため、納入業者にその従業員等を派遣させ、またはこれに代えて自己等が雇用する従業員等の人件費を納入業者に負担させること、と規定している。

最近の事例でも、押し付け販売である三井住友銀行事件の行為は、複雑な金融商品についてのリスク説明を怠ったというにとどまらず、数回にわたって購入を断った借り手企業に対して、上司を帯同させて、融資条件で不利な取扱いをすることを示唆するなど購入を余儀なくさせていたことから、不当な不利益を与える行為であると認定される。

当事者間で納得して合意した契約について、公益に反するとして破棄を命じる排除措置命令にみられるように、当事者間の合意どおりの法律効果を生じさせることを否定すること自体は、一定の取引分野における競争の実質的制限のような重大な競争制限をもたらす行為については当然である。

しかし、優越的地位の濫用に該当するとされる返品、減額等に係る行為は、本来当事者間の任意での合意に任せておいてもよいものであると考えられる。ましてや、親事業者・下請事業者間の3条書面交付後の下請代金

額の下請事業者の個別の同意を得た減額等は、本来経済環境の変化を踏まえた、親事業者・下請事業者間の任意での合意に任せておいてもよい行為であると考えられる。もちろん、優越的地位にある者が相手方事業者の自由な意思決定を抑圧して減額等を強要することは許されないが、すべての減額等が優越的な地位にある者による強要にあたるともいえない。

　文理解釈すると、優越的地位の濫用の禁止は、継続的取引関係にある契約当事者間のあらゆる不公正な条項、取引条件を対象とすることになりかねない。そのため、公取委は、排除措置を命じる優越的地位の濫用行為について、相手方事業者の不利益度が大きく、意思の抑圧が明白に認定できるなど交渉力の強い事業者が明白にその力を濫用したという印象を与える、きわめて狭い範囲の行為に限定している。

Ⅳ　平成21年改正とその後の展開

1　平成21年改正

　平成21年改正により、第1に、優越的地位の濫用の禁止について2条9項5号として法定化したうえ、2条9項5号に該当する優越的地位の濫用のうち継続してするものについて課徴金の対象行為としている。この場合の課徴金額は、違反行為をした日から違反行為がなくなる日（最長3年間）における、当該違反行為の相手方との間における売上額または購入額（当該違反行為の相手方が複数ある場合は当該違反行為のそれぞれの相手方との間における売上額または購入額の合計額）に課徴金算定率1％を乗じて算出される（20条の6）。

　第2に、2条9項5号で、課徴金の対象である違反行為を明確にするために、これまでの押し付け販売、利益提供（協賛金の提供要請、手伝い店員の派遣要請）のほかに、「取引の相手方に不利益となるように取引の条件を設定し、若しくは変更し、又は取引を実施すること」という一般条項の例示行為として、「受領拒否」、「返品」、「支払遅延」、「減額」を列挙している。

　すなわち、平成21年改正前の優越的地位の濫用は、一般指定14項におい

て、1号で、継続的取引の対象外の商品または役務を購入させること（押し付け販売等）、2号で、継続的取引において経済上の利益を提供させること（協賛金、手伝い店員の強要等）、3号で、不利益となるように取引条件を設定し、または変更すること（買い叩き、不当値引き等）、4号で、その他取引の条件または実施について不利益を与えること（履行すべき契約上の義務を履行しないこと―支払遅延、受領拒否等）、5号で、取引先会社の選任する役員を指定、承認すること、を濫用行為として規定していた。

平成21年改正後の優越的地位の濫用は、現2条9項5号または現一般指定13項（取引の相手方の役員選任への不当干渉）などに該当する行為である。現2条9項5号イで、継続して取引する相手方（新たに継続して取引しようとする相手方を含む）に対して、当該取引に係る商品または役務以外の商品または役務を購入させること、同号ロで、継続して取引する相手方（新たに継続して取引しようとする相手方を含む）に対して、自己のために金銭、役務その他の経済上の利益を提供させること、同号ハで、取引の相手方からの取引に係る商品の受領を拒み、取引の相手方からの取引に係る商品を受領した後、当該商品を当該取引の相手方に引き取らせ、取引の相手方に対して取引の対価の支払を遅らせ、もしくはその額を減じ、その他取引の相手方に不利益となるように取引の条件を設定し、もしくは変更し、または取引を実施すること、を濫用行為としている。

理論上、課徴金の対象となる行為を明らかにするために例示行為を規定したのであって、違法行為の範囲についてはそれまでよりも縮小したことになる。しかし、「受領拒否」、「返品」、「支払遅延」、「減額」という下請法上の用語をそのまま使用したため、文理上違反行為の範囲を下請法の違反行為も含むかのように解釈されかねないものとなっている。優越的地位の濫用として、平成21年改正により2条9項5号に該当する行為は、従前の一般指定14項（1号〜4号）に該当する行為よりも狭いものとしていると解釈することが相当であると考えられる。

2　優越的地位濫用ガイドライン

（1）優越的地位濫用ガイドラインの公表　　公取委は、改正法を施行

するために、平成22年11月30日に「優越的地位の濫用に関する独占禁止法上の考え方」（以下、「優越的地位濫用ガイドライン」という）を公表している。

警告・注意で終了する優越的地位の濫用と排除措置を命じる優越的地位の濫用を区別していないまま、濫用行為（にあたる可能性のある行為）として多様な行為を記載しているため、大部分の行為は警告・注意で終了し排除措置までとられることはないと想定されるが、その点で誤解を招きかねないものとなっている。[18]

（2）優越的地位　優越的地位とは、関連市場における市場占有率を指標とする関連市場における地位である市場支配的地位や独占的地位とは明白に異なる、二当事者間における取引上の依存関係などに基づく取引上の地位の格差を意味する。

優越的地位濫用ガイドラインは、取引上の地位が優越しているとは、「取引の継続が困難になることが事業経営上大きな支障を来すため、甲が乙に取って著しく不利益な要請等を行っても、乙がこれを受け入れざるを得ない場合」という相対的優越性で足りるとしているが、これは典型的循環論法であって有益な定義になっているのか疑問である。

優越的地位濫用ガイドラインは、優越的地位については、取引依存度、市場における地位、取引先変更の可能性等の要素を総合的に考慮して判断するとしている。しかし、①優越的地位は、市場支配的地位とは異なる二当事者間における相対的な地位であること、②優越的地位の濫用については、これまで関連市場を画定したこと（事例）はないことから、優越的地位の濫用については関連市場の画定や市場占有率の算出は不要であって、関連市場の画定や市場占有率の算出を前提とする市場における地位は必要

18）濫用行為に関して、①購入・利用強制の「その購入を取引の条件とする場合」、「その購入をしないことに対して不利益を与える場合」、「事実上購入を余儀なくさせていると認められる場合」、②受領拒絶、返品の「合意により」の合意（合意とは実質的な意思の合致であるとしている）、「同意を得て」の同意（同意は了承という意思表示であるとしている）、③取引の対価の一方的決定の一方的に要請する場合であって当該要請を受け入れざるをえない場合等の概念について、民法の法律概念とも異なっており、その内容自体や相互関係が定かでない。今後の運用をみざるをえないが、事実関係に基づき場合分けができるとも考えられない。

要件にはあたらない。

　(3)　特殊指定との関係　　優越的地位濫用ガイドラインは、大規模小売業告示等の特殊指定との関係について、2条9項5号の規定に該当する優越的地位の濫用に対しては、当該規定のみを適用すれば足りるので、当該行為に対し、重ねて特殊指定の規定を適用することはないとしている[19]。他方で、特定の取引形態等における優越的地位の濫用の考え方については、別途公表しているガイドラインが2条9項5号の解釈基準として活用できる場合には、まずは、その取引形態別のガイドラインで示されている考え方によって検討するとしている。

　現時点で、特殊指定である大規模小売業告示は廃止されておらず、そのまま有効である。

　したがって、当該違反行為が、不公正な取引方法として、法定禁止規定による違反行為または告示（一般指定、特殊指定を問わず）により指定された違反行為に該当する場合に、一般原則に従い、公取委は裁量によって、法定禁止規定である2条9項5号、2条9項6号に基づく大規模小売業告示のいずれも適用することができる[20]。当該違反行為について適用される、2条9項5号に規定された法定の不公正な取引方法と2条9項6号に基づく告示による一般指定または特殊指定の不公正の取引方法については、適用順位に係る優劣関係はない。

　そのために、公取委が現時点での法運用方針として、排除措置を命じる優越的地位の濫用について2条9項5号を優先して適用するという方針をとること自体はかまわないが、特殊指定である大規模小売業告示を適用することも可能である[21]。

---

19)　特殊指定で規定されている行為については、特殊指定が優先的に適用されるが、一般指定の適用が排除されるものではないと解釈されている。

20)　この点は、法定不当廉売と指定不当廉売、法定差別対価と指定差別対価、法定優越的地位の濫用、指定優越的地位の濫用の関係についても同一である。公取委、または差止請求もしくは損害賠償請求の提訴権者である私人が、法定の不公正な取引方法、告示による不公正な取引方法のいずれかを選択できる。

　同様に、当該行為が3条と19条に違反する場合、たとえば排除型私的独占と不公正な取引方法に該当する場合についても、公取委または損害賠償請求の提訴権者である私人が裁量で違反法条を選択できる。

（4）下請法との差異　　平成21年改正は、下請法および下請法との関係にはまったく影響を及ぼさない。優越的地位の濫用ガイドラインも、独占禁止法と下請法の法目的の相違などを勘案すると、課徴金が導入されたことにより、以前からの両法の運用が変更されるということはないとしている。

　2条9項5号に例示として列挙された、受領拒否、返品、支払遅延、減額のうち、これまでに優越的地位の濫用に該当するとして法的措置がとられたものは減額と返品である。そこで、減額と返品についての優越的地位濫用ガイドライン、大規模小売業告示、下請法によるルールの異同を明らかにするために、それらのルールを比較してみる。ちなみに、法的効果として、下請法違反では勧告が行われ、大規模小売業告示に該当すると排除措置が命じられ、2条9項5号に該当すると排除措置および課徴金納付が命じられる。

　減額の考え方について、優越的地位濫用ガイドラインは、次のように記載している。

　優越的地位にある事業者が、商品等を購入した後において、正当な理由がないのに、契約で定めた対価を減額する場合であって、取引の相手方が、今後の取引に与える影響等を懸念して、それを受け入れざるをえない場合には、正常な商慣習に照らして不当に不利益を与えることになり、問題となる。

　ただし、①取引の相手方から購入した商品または提供された役務に瑕疵がある場合、注文内容と異なる商品が納入されまたは役務が提供された場合、納期に間に合わなかったために販売目的が達成できなかった場合等、当該取引の相手方側の責めに帰すべき事由により、当該商品が納入されまたは当該役務が提供された日から相当の期間内に、当該事由を勘案して相当と認められる金額の範囲内で対価を減額する場合、②対価を減額するた

---

21) 大規模小売業告示が廃止されていないことから、公取委が当該行為についてその特殊指定に該当するとして、課徴金納付を命じずに、排除措置のみを命じることは法理上可能である。2条9項5号に一本化したいのであれば、特殊指定を廃止して、同一内容の運用指針（ガイドライン）のみに変更する必要がある。

めの要請が対価に係る交渉の一環として行われ、その額が需給関係を反映したものであると認められる場合には、問題とはならない。

不当な値引きについての大規模小売業告示の内容は、「大規模小売業者が、自己等が納入業者から商品を購入した後において、当該商品の納入価格の値引きを当該納入業者にさせること。ただし、当該納入業者の責めに帰すべき事由により、当該商品を受領した日から相当の期間内に、当該事由を勘案して相当と認められる金額の範囲内で納入価格の値引きをさせる場合を除く」としている。優越的地位濫用ガイドラインの減額の考え方と比べると②が含まれていない分、狭い範囲の行為に限定されている。

減額について、下請法は、あらかじめ相手方の同意を得た場合であっても、「下請業者の責に帰すべき理由」がない場合には不当な減額にあたるとしている。さらに、「下請業者の責に帰すべき理由」があるとして、下請代金の減額が許されるのは、①下請事業者の責に帰すべき理由（瑕疵の存在、納期遅れ等）があるとして、受領拒否、返品した場合に、その給付に係る下請代金の額を減じるとき、②下請事業者の責に帰すべき理由があるとして、受領拒否、返品できるのに、そうしないで親事業者自ら手直しをした場合に、手直しに要した費用を減じるとき、③瑕疵等の存在または納期遅れによる商品価値の低下が明らかな場合に、客観的に相当と認められる額を減じるときに、限定されるとしている。すなわち、契約等で当事者間の合意があっても下請法が優先的に適用されるため、仮に親事業者と下請事業者との間で下請代金の値引き等について合意があったとしても、減額に該当する行為は違反になるとしている。

返品の考え方について、優越的地位濫用ガイドラインは次のように記載している。

優越的地位にある事業者が、取引の相手方に対し、当該取引の相手方から受領した商品を返品する場合であって、当該取引の相手方にあらかじめ計算できない不利益を与えることとなる場合、その他正当な事由がないのに返品する場合であって、当該取引の相手方が、今後の取引に与える影響等を懸念して、それを受け入れざるをえない場合には、正常な商慣習に照らして不当に不利益を与えることとなり、問題となる。

ただし、①購入した商品に瑕疵がある場合、注文した商品と異なる商品が納入された場合、納期に間に合わなかったために販売目的が達成できなかった場合等、取引の相手方側の責に帰すべき事由により、受領日から相当の期間内に、相当と認められる数量の範囲内で返品する場合、②商品の購入にあたって合意により返品の条件を定め、その条件に従って返品する場合、③あらかじめ同意を得て、かつ、商品の返品によって当該取引の相手方に通常生ずべき損失を自己が負担する場合、④取引の相手方から商品の返品を受けたい旨の申出があり、かつ、当該取引の相手方が当該商品を処分することが当該取引の相手方の直接の利益となる場合には、問題とはならない。

　不当な返品についての大規模小売業告示の内容は、優越的地位濫用ガイドラインの返品の考え方と同一である。ただし、優越的地位濫用ガイドラインは、優越的地位の濫用として問題となるまたは問題とならない返品の考え方を示すとしており、大規模小売業告示が例外に該当する場合を除き不公正な取引方法に該当するとしているのと比べて、柔軟な取扱いが可能となる。

　返品の禁止（4条1項4号）について、下請法は、親事業者は、下請事業者から納入された物品等受領した後に、その物品等に瑕疵があるなど明らかに下請事業者に責任がある場合において、受領後速やかに不良品を返品することは問題ないが、それ以外の場合に返品すると本法違反となるとしている。さらに、検査の結果、「下請事業者の責に帰すべき理由」があるとして返品することができるのは、①注文と異なる物品等が納入された場合、②汚損・毀損等された物品等が納入された場合に限られると解説している。

　このように、優越的地位濫用ガイドラインのルールは、下請法のルールにかなり類似した、優越的地位にある事業者の取引の相手方を保護するルールとなっているが、それでも下請法と比べると、当事者間の同意、合意をより尊重するものとなっている。[22]

---

22) 受領拒絶について、優越的地位濫用ガイドラインは、①商品の購入にあたって当該取引の相手方との合意により受領しない場合の条件を定め、その条件に従って受領しない場合、②あ

3　課徴金事件の発生と司法審査

（1）　山陽マルナカ事件　　一方当事者が相手方当事者よりも優越的地位にあるとして、2条9項5号に該当し課徴金納付が命じられる行為は、大規模小売業者への納入取引に限定されるものと予想される。

優越的地位の濫用について2条9項5号に該当するとされた最初の事件が、株式会社山陽マルナカ（以下、「山陽マルナカ」という）事件である[23]。

この件で、山陽マルナカは、取引上の地位が自社に対して劣っている納入業者（以下、「特定納入業者」という）に対して次の行為を行った。

① 　新規開店、全面改装、棚替え等に際し、実施する店舗に納入する特定納入業者に対し、当該特定納入業者の従業員等が有する技術または能力を要しない商品の移動、陳列、補充、接客等の作業を行わせるため、あらかじめ当該納入業者との間でその従業員等の派遣の条件について合意することなく、かつ、派遣のために通常必要な費用を自社が負担することなく、当該特定納入業者の従業員等を派遣させていた。

② 　新規開店または自社が主催する「レディーステニス大会」などと称する催事等の実施に際し、特定納入業者に対し、当該特定納入業者の納入する商品の販売促進効果等の利益がないまたは当該利益を超える負担となるにもかかわらず、金銭を提供させていた。

③ 　自社食品課が取り扱っている商品（以下、「食品課商品」という）のうち、自社が独自に定めた「見切り基準」と称する販売期限を経過したものについて、納入した特定納入業者に対し、当該特定納入業者の責めに帰すべき事由がないなどにもかかわらず、その商品を返品していた。

④ 　食品課商品のうち、商品の入れ替えを理由として割引販売を行うこ

らかじめ同意を得て、かつ、商品の受領を拒むことによって当該取引の相手方に通常生ずべき損失を負担する場合には問題とならないとしている。支払遅延についても、優越的地位濫用ガイドラインは、①あらかじめ同意を得て、かつ、支払の遅延によって取引の相手方に通常生ずべき損失を自己が負担する場合には問題とならないとしている。「同意を得て」とは、「了承という意思表示を得ることであって、取引の相手方が納得して同意しているという趣旨である。」としている。

[23]　公取委排除措置命令平成23年6月22日および公取委課徴金納付命令同日（いずれも審決集等未登載）。

ととしたものについて、当該特定納入業者の責めに帰すべき事由がないにもかかわらず、その仕入価格に50％を乗じて得た額に相当する額を、納入した当該特定納入業者に支払うべき代金の額から減じていた。
⑤ クリスマスケーキ等のクリスマス関連商品の販売に際し、仕入担当者から特定納入業者に対して、特定納入業者ごとに最低購入数量を示すなどの方法により、クリスマス関連商品を購入させていた。[24]

公取委は、平成23年６月に山陽マルナカの行為が一体として２条９項５号に該当して19条に違反するとして、違反行為の取りやめの確認、その周知徹底などの排除措置を命じるとともに２億円超の課徴金の納付を命じた。この件で、公取委は、クリスマス関連商品の購入強制、新規開店等の際の従業員等の不当利用、新規開店または催事等の際の協賛金の支払の強要、割引販売を行うこととした商品の納入価格の不当な減額、「見切り基準」を経過した商品の不当な返品という行為を一体として、山陽マルナカが１つの優越的地位の濫用行為を行っていたとしている。全体としても優越的地位の存在や不当に不利益を与えるものであることが比較的容易に認定できるうえ、各行為について受け入れることなどを「余儀なくされていた」と認定されている。また、「当該特定納入業者の責めに帰すべき事由がない」などの消極的要件に該当しないことをいちいち認定していることが特色になる。

また、山陽マルナカ事件の課徴金納付命令によると、優越的地位の濫用に係る課徴金額は次のように算定される。第１に、違反行為者による違反行為について違反行為期間を決定する。すなわち、違反行為全体で単一の期間を特定する。第２に、違反行為の相手方である地位の劣っている、劣位にある納入業者を特定する。これによって、対象納入業者が決定される。第３に、当該納入業者による売上額全体に0.1％を乗じて課徴金の金額を算定する。このように、２条９項５号のイ、ロ、ハという項目ごとに課徴金額が算定されるのではなく、優越的地位の濫用という単一の違反行為を認定して課徴金額が算定される。

---

24) 不正競争行為であるという性格を反映して、濫用行為について、立証責任の配分を勘案した構成要件方式が採用されつつある。

(2) 日本トイザらス事件　優越的地位の濫用について2条9項5号に該当するとされた二番目の事件が日本トイザらス株式会社（以下、「日本トイザらス」という）事件である。[25]

この件で、玩具量販店である日本トイザらスは、取引上の地位が自社に対して劣っている納入業者（以下、「特定納入業者」という）に対して、平成21年1月6日から平成23年1月31日までの間に次の行為を行った。

① 売上不振商品等を納入した特定納入業者63社に対し、当該売上不振商品等について当該特定納入業者の責めに帰すべき事由がなく、当該売上不振商品等の購入にあたって当該特定納入業者との合意により返品の条件を定めておらず、かつ、当該特定納入業者から当該売上不振商品等の返品を受けたい旨の申出がなく、あるいは当該申出があったとしても当該特定納入業者が当該売上不振商品等を処分することが当該特定納入業者の直接の利益とならないにもかかわらず、当該売上不振商品等を返品していた。この返品を受けた特定納入業者63社は、日本トイザらスとの取引を継続して行う立場上、その返品を受け入れることを余儀なくされていた。

② 自社が割引販売を行うこととした売上不振商品等を納入した特定納入業者80社に対し、当該売上不振商品等について当該特定納入業者の責めに帰すべき事由がないにもかかわらず、当該割引販売における自社の割引予定額に相当する額の一部または全部を、当該特定納入業者に支払うべき代金の額から減じていた。この減額を受けた特定納入業者80社は、日本トイザらスとの取引を継続して行う立場上、その減額を受け入れることを余儀なくされていた。

この結果、日本トイザらスは、違反行為期間の間に、①の行為により、特定納入業者63社に対し、総額約2億3,320万円に相当する売上不振商品等の返品を行い、②の行為により、特定納入業者80社に対し、総額約4億746万円を当該特定納入業者に支払うべき代金の額から減じていた。

---

25) 公取委排除措置命令平成23年12月13日および公取委課徴金納付命令同日（いずれも審決集等未登載）。この件では、課徴金額が事前通知の約7億3,000万円から排除措置命令の約3億6,800万円に減額されている。

公取委は、平成23年12月に日本トイザらスの行為が2条9項5号に該当して19条に違反するとして、違反行為の取りやめの確認、その周知徹底などの排除措置を命じるとともに総額約3億7,000万円の課徴金の納付を命じた。

（3）エディオン事件　優越的地位の濫用について2条9項5号に該当するとされた三番目の事件がエディオン株式会社（以下、「エディオン」という）事件である。[26]

この件で、家電量販店であるエディオンは、取引上の地位が自社に対して劣っている納入業者（以下、「特定納入業者」という）に対して、平成20年9月6日から平成22年11月30日までの間に次の行為を行った。

エディオンは、特定納入業者に対し、搬出もしくは搬入または店作りであって当該特定納入業者の従業員等が有する販売に関する技術または能力を要しないものを行わせるために、あらかじめ当該特定納入業者との間でその従業員等の派遣の条件について合意することなく、これらを行う店舗、日程等を連絡し、もって、その従業員等を派遣するよう要請していた。

この要請を受けた特定納入業者は、エディオンとの取引を継続して行う立場上、その要請に応じることを余儀なくされ、従業員等を派遣していた。また、エディオンは、当該派遣のために通常必要な費用を負担していなかった。

エディオンは、違反行為期間中、新規開店または改装開店を実施した延べ133店舗に商品を納入する特定納入業者に対し、少なくとも延べ1万1,172人の従業員等を派遣させて使用していた。

公取委は、平成24年2月にエディオンの行為が2条9項5号に該当して19条に違反するとして、違反行為の取りやめの確認、その周知徹底などの排除措置を命じるとともに総額約40億5,000万円の課徴金の納付を命じた。

これら事件のうち1つでも最高裁まで到達すると、優越的地位の濫用の禁止の法的性格が正式に明らかになる。

---

26) 公取委排除措置命令平成24年2月16日および公取委課徴金納付命令同日（いずれも審決集等未登載）。

V　今後の展開

　優越的地位の濫用の禁止について、公取委は、排除措置を命じて判例法を形成する優越的地位の濫用の禁止と、警告・注意で終了する日本独自の行政にあたる優越的地位の濫用の禁止とを区別していくべきである。

　前者は、①優越的地位について、取引依存度、取引先変更の可能性に基づき二取引当事者間の取引上の地位の格差を要件とし、②濫用行為については、著しい不利益性、相手事業者への意思の抑圧を要件とする不正競争行為と位置づけて、排除措置を命じることによって判例法で行為の外延を明確にしていくべきである。

　後者は、(制裁を課して違反抑止を図るような違反行為と異なる) 比較的軽微な違反行為について事業者の協力を得て処理する (是正していく) 日本独自の行政と割り切るべきである。すなわち、審査段階で完結・終了するところの下請法と同等な規制であると位置づけられる。

　現在、後者の優越的地位の濫用の禁止については、タスクフォースが設置されて積極的な執行が行われている。下請法でも下請けいじめ防止の名目のもとに、調査件数、勧告・指導件数が増大している。このように、日本特有の行政としての優越的地位の濫用の禁止および下請法は、現在きわめて活発に執行されている。

　日本の風土や経済社会に合致した規制として、さらに公取委にとっては使用しやすい規制として、今後とも活発に執行される可能性がある。他方で、他の国におけるその国固有の規制に典型的にみられるように、徐々に執行されなくなる可能性もある。[27] 日本独自の独占禁止行政としての優越的地位の濫用の禁止については、独占禁止法による私法秩序への過剰な介入にならないように留意するべきであるとともに、相手方事業者の協力を得

---

[27]　実際に日米構造問題協議当時には、中小企業を含めて日本企業のアジア諸国等への海外進出が続くと、国内でのみ中小企業保護政策を行う価値もなくなるとして、優越的地位の濫用の禁止や下請法による規制は徐々にその存在価値を失うものと予測する説が有力であった。このように、日本固有の規制という性格からも、長期的な展開についての予測は困難である。

ながら行う行政であるという特質を十分に踏まえて運用するべきであると考えられる[28]。

また、前者の判例法を形成する優越的地位の濫用については、これまで本格的に司法審査を受けたこともなかったが、今後課徴金納付が命じられるに伴い、司法審査を受けて違反行為の範囲が明らかにされていくものと予想される。

---

28) 下請法のルールにみられるように、細かなルールを定めてその遵守を求めることは当然であるが、個別業界の特質の尊重や取引上の地位・立場の弱い事業者の実質的な保護という観点からみて、杓子定規に解釈することのないように注意する必要がある。

第13章

課徴金額の算定実務と裁量型課徴金の創設

> 　独占禁止法は、日本独自の確定金額算定方式の義務的課徴金のもとで、EU型行政制裁金の運用と比べて、（カルテルに対する）課徴金額の算定のための各要件についてコストをかけて緻密なルールを判例法として形成してきている。しかし、現行課徴金制度は当該違反行為について違反抑止のために相当な課徴金額の納付を命じるという制裁としての本質に反するものであって、排除型私的独占や優越的地位の濫用に対する課徴金制度を適正に運用していくためにも、裁量性を導入した裁量型課徴金を一刻も早く創設することが法改正上の最優先事項になる。

I 本章の目的と射程範囲

現行課徴金制度では、公取委は、一定の方式に従って算定した課徴金額の納付を違反事業者に義務的に命じなければならない。競争当局である公取委が、納付を命じる課徴金額について、さらには納付を命じるか否かについて一切裁量権を有しないという課徴金制度は、日本独特の（日本にしか存在しない）行政上の制裁である。この現行課徴金制度は、カルテルの摘発に伴う不利益を増大させてその経済的誘引を少なくし、カルテルの予防効果を強化することを目的として、刑事罰や損害賠償制度に加えて設けられたものであり、カルテル禁止の実効性確保のための行政上の措置として機動的に発動できるようにしたものであると解されている。[1]

そのため、日本では、課徴金額の算定のための各要件について、個別事件ごとに（手数をかけて）認定し、判例法として算定方式に係る緻密なルールを形成してきた。

国際的には、EU 競争法上の行政制裁金に代表されるところの、競争法違反行為すべてを対象とする、上限方式の行政制裁金が設けられている。制裁であることから当局が一定の裁量をもつことは当然であるとしている。この行政制裁金のもとで、制裁金額は、違反行為の重大性、継続期間など多様な要素を勘案して決定される。

日本では、平成21年改正が実現するまで課徴金の対象行為は事実上カルテルのみであった。そのため、硬直的、機械的な課徴金制度を運用することができた。しかし、平成21年改正により排除型私的独占、優越的地位の濫用が課徴金の対象行為となった後、現行課徴金制度の算定方法のもとで、具体的な違反行為について違反抑止のために妥当な課徴金額を算出できるのか疑問がある。少なくとも法執行に悪影響を及ぼすことが予想（危惧）されている。

本章では、現行課徴金制度のもとでの課徴金額の算定方法に関する判例

---

[1] 最判平成17年9月13日民集9巻7号1950頁・判例タイムズ1191号196頁〔日本機械保険連盟事件〕。

法について、今日国際標準となっている EU 競争法上の制裁金額の算定方法と比較しながら分析する。そのうえで、現行課徴金制度の問題点、裁量性導入のメリットを明らかにして、一刻も早く法律改正によって、課徴金について裁量性を導入する必要があることを解説し、さらに現時点における具体的な制度設計について検討していきたい。[2]

なお、事業者団体に対する現行課徴金制度（8条の3）についての根本的な問題点およびその立法政策論については、本書第8章「事業者団体の活動への規制」において、解説済みであるため本章では省略する。

II　現行課徴金制度

1　平成21年改正法による課徴金対象違反行為の拡大

平成17年改正以降の課徴金は、販売カルテル、購買カルテルなどのカルテルについて算定率を原則10％とし、加算減算事由や課徴金減免制度を伴った、カルテルによる不当利得を上回る金員の納付を命じるものであって、制裁としての性格をもつ行政上の制裁である。

平成21年改正法は、排除型私的独占、優越的地位の濫用についても課徴金の対象行為とし、排除型私的独占はすべて算定率6％の課徴金の対象とし、優越的地位の濫用については算定率1％の課徴金の対象としている（平成22年1月施行）。

いずれも、いわゆる確定金額算定方式の義務的課徴金である。

課徴金の対象となる違反行為について、事業者ごとに始期（違反行為の実行としての事業活動を行った日）と終期（当該行為の実行としての事業活動のなくなる日）を認定して、違反行為の継続期間（実行期間または違反行為期間）を認定する。ただし、始期から終期までの期間が3年間を超えるときは、終期からさかのぼって3年間を継続期間とする。

2）　本章では、日本での歴史的経緯も踏まえて日本における制裁金を意識するときに裁量型課徴金を使い、EU 型制裁金を意識するときに行政制裁金を使用する。内閣府の独占禁止法基本問題懇談会において、塩野宏座長の提案によって違反金という用語を使って議論することが提案されて、同報告書（平成19年）では違反金という用語が使用されている。しかし、違反金という用語も定着したとはいえない。

そのうえで、違反行為の対象となった商品または役務の実行期間中の売上額に、規定された算定率を乗じて、課徴金額を算出する。さらに、加算事由、減算事由に該当する場合にはそれに応じて加減算して最終的な課徴金額を算定する。

なお、支配型私的独占について算定率10％の課徴金の対象行為とし、再販売価格の拘束、共同の供給拒絶、不当廉売、差別対価について、繰り返して違反を行った者に対して算定率3％の課徴金の対象行為としている。これらの課徴金については現実に課せられることもほぼないと予想されるため、解説を省略する。

ここではまず、施行実績のあるカルテルに対する課徴金制度（事実上免除事由、減額事由として機能する課徴金減免制度を含む）について解説する（公取委が、課徴金納付命令の公表資料に添付する資料を簡略化したものである）。

次いで、適用事例の出てくる優越的地位の濫用および排除型私的独占についての課徴金制度を解説する。これらの課徴金額算定方法については、大まかな算定基準が示されているだけであって[3]、具体的な算定実務については施行後の運用をみていかざるをえない。

2 カルテルに対する課徴金制度の概要

（1）課徴金納付命令　公取委は、事業者がカルテル（談合を含む）をした場合、当該事業者に対して、課徴金を国庫に納付することを命ずる（7条の2第1項）。

（2）課徴金額の計算　（ア）基本的算定方式　カルテルの実行期間中（最長3年間）の対象商品または役務の売上額をもとに、事業者の規模や業種ごとに定められた課徴金算定率を乗じて課徴金額を計算する（図表5参照）。

3）藤井宣明＝稲熊克紀編著『逐条解説・平成21年改正独占禁止法』（商事法務・2009）参照。

$$\boxed{課徴金額} = \boxed{\begin{array}{c}カルテル・談合の実行期間中の\\対象商品または役務の売上額\end{array}} \times \boxed{課徴金算定率}$$

図表5　課徴金算定率

違反対象事業			大企業			中小企業	
	小売業・卸売業以外	10%	早期離脱	8 %	4 %	早期離脱	3.2%
			再度の違反	15%		再度の違反	6 %
			主導的役割	15%		主導的役割	6 %
			再度＋主導	20%		再度＋主導	8 %
	小売業	3 %	早期離脱	2.4%	1.2%	早期離脱	1 %
			再度の違反	4.5%		再度の違反	1.8%
			主導的役割	4.5%		主導的役割	1.8%
			再度＋主導	6 %		再度＋主導	2.4%
	卸売業	2 %	早期離脱	1.6%	1 %	早期離脱	0.8%
			再度の違反	3 %		再度の違反	1.5%
			主導的役割	3 %		主導的役割	1.5%
			再度＋主導	4 %		再度＋主導	2 %

　課徴金額が100万円未満であるときは、課徴金の納付は命ずることができない（7条の2第1項）。また、課徴金額に1万円未満の端数があるときは、切り捨てとなる（7条の2第23項）。

　（イ）　課徴金算定率　「早期離脱」の課徴金算定率は、調査開始日の1月前の日までに違反行為をやめ、かつ、違反行為に係る実行期間が2年未満である事業者に対して適用される[4]。ただし、当該事業者が「再度の違反」または「主導的役割」の適用を受ける事業者である場合には適用されない（7条の2第6項）。

　「再度の違反」の課徴金算定率は、調査開始日からさかのぼり10年以内に課徴金納付命令（当該命令が確定している場合に限る）等を受けた事業者に対して適用される（7条の2第7項）。

---

4)　排除措置命令では「早期解消」としているが、ここでは「早期離脱」で統一する。

「主導的役割」の課徴金算定率は、単独でまたは共同して、①違反行為をすることを企て、かつ、他の事業者に対し違反行為をすることまたはやめないことを要求し、依頼し、または唆（そそのか）すことにより、当該違反行為をさせ、またはやめさせなかった事業者、②他の事業者の求めに応じて、継続的に他の事業者に対し違反行為に係る商品・役務に係る対価、供給量、購入量、市場占有率または取引の相手方について指定した事業者等に対して適用される（7条の2第8項）。

「再度＋主導」の課徴金算定率は、「再度の違反」および「主導的役割」のいずれにも該当する事業者に対して適用される（7条の2第9項）。

違反事業者が、同一事件について、罰金の刑に処する確定裁判を受けたときは、課徴金額（課徴金減免制度の適用を受ける場合は、減額後の課徴金額）から、罰金額の2分の1に相当する金額が控除される（7条の2第19項）。ただし、課徴金額が罰金額の2分の1に相当する金額を超えないとき、または課徴金額から罰金額の2分の1に相当する金額を控除した後の金額が100万円未満であるときは、課徴金の納付は命ずることができない（7条の2第20項）。

（3）課徴金減免制度　事業者が自ら関与したカルテル・談合について、その内容を公取委に自主的に報告した場合、課徴金額が減免される（7条の2第10項ないし第13項）。

課徴金減免制度は、調査開始日前と調査開始日以後とで併せて最大5社（ただし、調査開始日以後は最大3社まで）に適用される（図表6参照）。

調査開始日前第3位までの減免申請は「既に公正取引委員会によって把握されている事実になるもの」であっても減免を認めるが、調査開始日前第4位・第5位の減免申請および調査開始日後の減免申請は「既に公正取引委員会によって把握されている事実に係るもの」に何らかの追加事実を加えたものであることを要する（7条の2第11項・第12項）。

課徴金納付命令等がなされるまでの間に、公正取引委員会に求められた追加の違反行為に係る事実の報告等に応じないとき等においては、課徴金の減免を受けることはできない（7条の2第16項・第17項）。

図表 6　減免の申請順位と減免率

課徴金減免申請順位	減免率
調査開始日前の 1 番目の申請者	課徴金納付を免除
調査開始日前の 2 番目の申請者	課徴金額を50％減額
調査開始日前の 3 番目の申請者	課徴金額を30％減額
調査開始日前の 4・5 番目の申請者	課徴金額を30％減額
調査開始日以後の申請者	課徴金額を30％減額

3　優越的地位の濫用と排除型私的独占

（1）　優越的地位の濫用　　対象違反行為は、優越的地位の濫用のうち、①押し付け販売、②協賛金の強要、手伝い店員の派遣、③受領拒否、不当返品、支払遅延、不当減額などにあたる行為を継続して行うことである（20条の 6）。「継続してするものに限る」という要件によって、押し付け販売、協賛金の強要、手伝い店員の派遣、受領拒絶、不当返品、支払遅延、不当減額について 1 回限りでは要件を満たさず、それらが繰り返し行われることが必要である。その違反行為期間は、最初の違反行為の日から最後の違反行為の日まで全体の期間である。

　課徴金額は、違反行為に係る取引先との取引額（当該行為の相手方との間における売上額または相手方の購入額）に 1 ％を乗じて得た額である。

　優越的地位の濫用に対する課徴金について、担当官解説は、「第 2 条第 9 項第 5 号の要件を満たす行為のうち、『継続してするもの』が課徴金の対象とされている。どのような場合が『継続してするもの』に該当するのかは、事案の態様に応じて個別に判断することとなるが、例えば、一定期間従業員等を派遣させたり、定期的・断続的に協賛金を収受したりすることや恒常的に返品を繰り返す場合には、それぞれ継続的な行為に該当し得るものと考えられる。」としている[5]。2 条 9 項 5 号（優越的地位の濫用）は、同号イの行為として、継続取引において、押し付け販売を行うこと、同号ロの行為として、継続取引において、従業員の不当使用、協賛金の収受、その他経済上の利益を提供させること、同号ハの行為として、受領拒否、

---

5)　藤井＝稲熊編著・前掲注 3）89頁。

不当返品、支払遅延、不当値引き、その他取引の相手方に不利益となるように取引の条件を設定し、もしくは変更し、または取引を実施することを禁止している。そのため、課徴金が同号イ、ロ、ハの行為別に算定されるのか否かが最大の論点であったが、施行直前の担当官解説でも明らかにされていなかった。

（2）排除型私的独占　対象違反行為は、排除型私的独占に該当する行為すべてである。

課徴金額は、当該行為をした日から当該行為がなくなる日までの違反行為期間における対象商品または役務の売上額に算定率を乗じて得た額である。算定率は、一般が6％、卸売業1％、小売業2％である。

排除型私的独占は、単独行為であるため「再度の違反」の1.5倍加重は適用されるが、「主導的役割」、「早期離脱」、課徴金減免制度は適用されない。

排除型私的独占に対する課徴金は、対象となる売上額について「当該行為に係る一定の取引分野において当該事業者が供給した商品又は役務（当該一定の取引分野において商品又は役務を供給する他の事業者に供給したものを除く。）及び当該一定の取引分野において当該商品又は役務を供給する他の事業者に当該事業者が供給した当該商品又は役務（当該一定の取引分野において当該商品又は役務を供給する当該他の事業者が当該商品又は役務を供給するために必要な商品又は役務を含む。）の政令で定める方法により算定した売上額」と規定している（7条の2第4項）が、これも正確には施行後の法運用をみざるをえない。

III　課徴金額の算定実務

1　カルテルに関する課徴金算定方式に係る判例法

平成17年改正法が施行されるまで、価格カルテル、供給量制限カルテル等を対象として課徴金が課せられて、カルテルのための課徴金算定のための要件に係る判例法が形成されてきた。[6] 平成17年改正法は、カルテルすべてを課徴金の対象行為とするとともに、課徴金の法的性格について、カル

テルによる不当な利得の剥奪から、行政上の制裁に変更した。それに伴い、課徴金算定のための要件に係る判例法にも多少変化がみられる。

2 実行期間──違反行為の始期と終期

今日における基本先例は、ポリプロピレン価格協定課徴金事件審判審決である[7]。

実行期間の始期について当該行為の実行としての事業活動を行った日と規定した趣旨は、「不当な取引制限の合意の拘束力の及ぶ事業活動が行われた日以降について、具体的に実現された値上げの程度等を捨象して、当該合意に基づく不当な利得の発生を擬制し、これを課徴金としてはく奪しようとするものである。」。このような趣旨にかんがみると、「値上げカルテルの合意により値上げ予定日が定められ、その日からの値上げへ向けて交渉が行われた場合には、当該予定日以降の取引には、上記合意の拘束力が及んでいると解され、現実にその日に値上げが実現したか否かに関わらず」、その日が実行としての事業活動を行った日であるとしている。

そのうえで、被審人が、合意に基づき4月21日納品分から製品価格を値上げする旨記載した3月21日付文書を作成し、需要者等に通知することにより値上交渉を開始した事実関係のもとでは、実行期間の始期は、値上げした価格で当該製品を需要者に最初に引き渡した5月1日でなく、4月21日となるとした。

実行期間の終期については、合意による「相互拘束力が解消されて、もはやかような競争制限的な事業活動がされなくなった時点を指すものと解される」。

この終期は、「典型的には、違反行為者全員が不当な取引制限行為の破棄を明示的な合意により決定した時点や、一部の違反行為者が不当な取引

---

6) 鋳鉄管カルテル課徴金事件審判審決は、「実質的に商品若しくは役務の供給量を制限することによりその対価に影響があるものに」、原則として、市場全体の供給量を制限することとなる市場占有率割当カルテルも含まれるとした。公取委審判審決平成21年6月30日審決集56巻第1分冊110頁。

7) 公取委審判審決平成19年6月19日審決集54巻78頁〔ポリプロピレン価格協定（チッソ、日本ポリプロ）課徴金事件〕。

制限の合意から明示的に離脱した時点を指すというべきであり、単に違反行為者の内部で違反行為を中止する旨決定しただけでは足りず、原則として、違反行為者相互間での拘束状態を解消させるための外部的徴表が必要となる」とした。

しかし、終期の趣旨から、「外部的徴表を伴う明示的合意がない場合であっても、違反行為者全員が、不当な取引制限の合意を前提とすることなく、これと離れて事業活動を行う状態が形成されて固定化され、上記合意の実効性が確定的に失われたと認められる状態になった場合には」、実行としての事業活動がなくなり、終期が到来したものということができると[8]し、そのうえで、立入検査後も値上交渉を行っていたことを認めるに足りる証拠はないとして、実行期間の終期は立入検査日の前日になるとした。[9]

平成17年改正課徴金減免制度が導入されて、立入検査後に少なくとも数社が課徴金減額の申請を行い、調査に全面的に協力するようになった後は、従前のように立入検査後もカルテルが維持されることは想定されず、カルテルについては立入検査により終了するものと評価される。

ちなみに、排除措置のための違反行為自体のなくなる日は、「本件のように受注調整を行う合意から離脱したことが認められるためには、離脱者が離脱の意思を参加者に対し明示的に伝達することまでは要しないが、離脱者が自らの内心において離脱を決意したにとどまるだけでは足りず、少なくとも離脱者の行動等から他の参加者が離脱者の離脱の事実を窺い知るに十分な事情の存在が必要であるというべきである」とするのが基本先例[10]であるが、課徴金納付命令の実行行為の終期と基本的に同じになると考えられる。[11]

8） 前掲注7）公取委審判審決平成19年6月19日。
9） ただし、受注調整案件において、違反行為がなくなる日より前に基本合意に基づいて受注予定者が決定され、当該受注予定者が落札した物件の契約がその日より後に行われた場合には、当該物件について受注予定者が契約を締結する行為は、違反行為の実行としての事業活動に該当する。公取委審判審決平成16年6月22日審決集51巻68頁〔アベ建設工業課徴金事件〕。
10） 東京高判平成15年3月7日審決集49巻624頁〔岡崎管工事件〕。
11） 排除措置命令のための違反の終期は全体として判断する必要があるが、課徴金納付命令の実行期間の終期は個々の事業者ごとに判断されるため理論上多少ずれる可能性がある。

3 当該商品または役務

　当該商品または役務（基礎金額）についての基本先例は、バイタルネット事件審判審決[12]である。

　当該商品とは、課徴金の対象となる違反行為の対象商品の範疇に属する商品であって、当該違反行為による拘束を受けたものをいう。

　「対象商品の範ちゅうに属する商品については、当該違反行為による拘束を受け、定性的に違反行為の影響が及ぶものであるから、原則として当該範囲に属する商品全体が課徴金の算定対象となるものというべきであって、対象商品の範ちゅうに属する商品は、違反行為を行った事業者が明示的又は黙示的に当該行為の対象からあえて除外したこと、あるいは、これと同視し得る合理的な理由によって定型的に違反行為による拘束から除外されていることを示す特段の事情が認められない限り」、当該商品に該当し課徴金の算定対象に含まれるとし、東京無線タクシー協同組合事件審判審決[13]の内容をそのまま繰り返している。

　したがって、個別取引において、「取引の相手方との価格交渉上の力関係その他の事情から、合意の内容に沿った結果が得られないことがあり得るが、このように結果が得られなかったからといって」、当該取引に係る商品が当該商品から除外されることにはならないとしている[14]。

　ところが、入札談合の場合における「当該商品又は役務」について基本先例である土屋企業事件東京高裁判決は、「受注調整にあっては、当該事業者が基本合意に基づいて受注予定者として決定され、受注するなど、受注調整手続に上程されることによって具体的に競争制限効果が発生するに至ったものを指すと解すべきである。そして、課徴金には当該事業者の不当な取引制限を防止するための制裁的要素があることを考慮すると、当該

---

12) 公取委審判審決平成19年12月4日審決集54巻314頁〔バイタルネット課徴金事件〕。
13) 公取委審判審決平成11年11月10日審決集46巻119頁〔東京無線タクシー協同組合課徴金事件〕。この審決は、被告審判人の需要者向けのオートガスの販売のうち、組合員向けについては、協同組合による共同購買事業として、都スタンド協会の役員によって自家消費と認識され、また仕入価格および費用を基にした原価供給により行われており、都スタンド協会が当該行為の対象からあえて除外したことと同視しうる合理的な理由によって定型的に当該行為による拘束から除外されていることを示す特段の事情があると認められるとした。
14) 前掲注12) 公取委審判審決平成19年12月4日〔バイタルネット課徴金事件〕。

事業者が直接又は間接に関与した受注調整手続の結果、競争制限効果が発生したことを要するというべきである」としている。[15]

そのうえで、東京高裁は、都市計画道路工事において、基本合意に基づいて原告以外の他の指名業者との間で一応受注予定者と調整されていた建設業者との間で、一応その業者の要請により最終的な受注予定者を決めるために話し合いを行ったものの、原告自身が受注することにこだわり、その建設業者を最終的な受注予定者と合意することを拒絶して、一番低価格で応札して受注した都市計画道路工事について、原告が関与した受注調整手続によって具体的な競争制限効果が生じたとはいえないから、当該工事は課徴金の対象となるとはいえないとした。

さらに、同判決では、2社が受注を希望して調整がつかず、2社を受注予定者と選定することとし、他の入札参加者は2社のいずれかと入札価格について連絡したうえで入札に参加したという事実関係のもとで、当該工事についても（調整手続に上程されて具体的な競争制限効果を発生させたとして）課徴金の対象となるとした協和エクシオ課徴金事件東京高裁判決との関係については、本件では、2社間の話し合いが決裂し、原告は他の指名業者に対し協力依頼や入札価格の連絡をしていないのであるから、事案が異なるとしている。[16]

公取委の最近の審判審決でも、依然として「『当該商品又は役務』とは、当該違反行為の対象となった商品又は役務全体を指すが、本件のような受注調整の場合には、基本合意に基づいて受注予定者が決定されることによって、具体的に競争制限効果が発生するに至ったもの指すと解するべきである」としている。[17]

しかし、入札談合事件における個別調整行為の売上額の取扱いルールは、

---

15) 東京高判平成16年2月20日審決集50巻708頁〔土屋企業課徴金事件〕。ちなみに、同事件東京高裁判決は「制裁的要素があること」をその理由としている。課徴金には制裁的要素があることから課徴金額は抑制的に算定されるべきであることを意味すると考えられるが、制裁的であることは不当利得との関連性を問題とせずに課徴金額を算定できることをも意味するのであって、必ずしもいわゆる叩き合いにあった工事に係る金額を除くべきであるという結論に結びつかない。

16) 公取委審判審決平成6年3月30日審決集40巻49頁〔協和エクシオ課徴金事件〕。

17) 前掲注9）公取委審判審決平成16年6月22日〔アベ建設工業課徴金事件〕。

価格協定等における売上額計算のルールとの整合性がとれていない。また、制裁金額を算定するための売上額については実行期間中の当該商品等のすべての売上額とする取扱いが通常であって、課徴金が平成17年改正で不当利得の剥奪を理念とするものから行政上の制裁に移行した後は、入札談合についてのみ特別扱いをする論拠はない。

したがって、入札談合についても、実行期間中の個別調整行為による売上額についてはすべて課徴金の対象金額に含めるように判例変更することが相当である。すなわち、入札談合・受注調整の場合の商品または役務について、調整手続に上程されて、具体的に競争制限効果が発生するに至ったものを指すという判例を廃止するか、その適用範囲を大幅に狭めることが相当である。

現実にも、入札談合に係る合意をなした者が、たまたま1件の工事について叩き合いで低価格で落札したからといって（その叩き合いによって談合の基本合意から離脱したとまでもいえないときに）、その工事分の金額を売上額から控除する必要はないと考えられる。とくに、明確な合意に従って対象期間中数件の工事について受注していた者が、たまたま1件の工事について叩き合いで低価格で落札したからといって、その工事分の金額を売上額から控除することに合理性はない。[18]

4 売上額の認定

商品または役務の売上高の認定についての基本先例は、機械保険カルテル課徴金事件最高裁判決である。この件で最高裁は、「課徴金の額の算定方式は、実行期間のカルテル対象商品又は役務の売上額に一定率を乗ずる方式を採っているが、これは、課徴金制度が行政上の措置であるため、算定基準も明確なものであることが望ましく、また、制度の積極的かつ効率的な運営により抑止効果を確保するためには算定が容易であることが必要

---

[18] 仮に例外的にそのようなルールを認めるとしても、おおまかな慣行としての受注予定者等の決定に係る意思の連絡が推認される場合で、しかも当該事業者が唯一の受注工事を叩き合いで獲得したような場合などさすがに制裁である課徴金を課すことが相当でない、と評価されるときに限定するべきであると考えられる。

であるからであって、個々の事案ごとに経済的利益を算定することは適切ではないとして、そのような算定方式が採用され、維持されているものと解される。そうすると、課徴金の額はカルテルによって実際に得られた不当な利得の額と一致しなければならないものではない」とし、算定率については「売上高を分母とし、経常利益ないし営業利益を分子とする比率を参考にして定められているところ、企業会計上の概念である売上高は、個別の取引による実現収益として、事業者が取引の相手方から契約に基づいて受け取る対価である代金ないし報酬の合計から費用項目を差し引く前の数値であり、課徴金の額を定めるに当たって用いられる売上額は、この売上高と同義のものというべきである」とした[19][20]。

そのうえで、損害保険業においては、保険契約者に対して提供される役務すなわち損害保険の引受けの対価である営業保険量の合計額が、7条の2の売上額であるとしている。

この最高裁判決は、損害保険会社の損害保険引受けという役務の対価の額は、保険料から損害保険会社が被保険者に支払った保険金の額を控除した残額であるとした同事件東京高裁判決を覆したものである[21]。平成17年改正前には、東京高裁判決のように、課徴金額が不均衡に巨額になる場合に、課徴金制度はもともと不当利得の剥奪を基本理念とするものであるため、課徴金額について不当利得概念によって歯止めをかけようとする考え方も成立した。しかし、平成17年改正で課徴金が行政上の制裁と位置づけられた後は、この最高裁判決の考え方が正しいことになる。ただし、それだけ確定金額算定方式の義務的課徴金の弊害も明白になったことになる[22]。

---

19) この売上額は日本国内における売上額を意味すると考えられるが、現在ブラウン管国際カルテル事件審判において、その点が争われている。公取委排除措置命令平成21年10月7日審決集56巻第2分冊71頁。
20) 前掲注1)最判平成17年9月13日〔日本機械保険連盟事件〕。
21) 東京高判平成13年11月30日判例時報1767号3頁。
22) 売上額の算出における、施行令5条(引渡基準)と施行令6条(契約基準)の使い分けについても、これまで公取委の判断が裁判所で覆された事例はない。それどころか、「法施行令6条の適用の可否の判断については、行政委員会である被告に一定の範囲で裁量判断の余地があることは否定し得ないものと解される」と判示されている。また、消費税および石油諸税は売上額から控除されないとされている。東京高判平成18年2月24日審決集52巻744頁〔東燃ゼ

5 算定率および業種の認定

算定率および業種の認定については、防衛庁調達実施本部石油製品入札談合事件に係る東燃ゼネラル石油課徴金事件東京高裁判決[23]、出光興産ほか課徴金事件審判審決[24]、および金門製作所課徴金事件審判審決[25]が基本先例である。

公取委は、出光興産ほか（東燃ゼネラル石油を含む）課徴金事件審判審決で、同一違反行為に係る商品について自ら製造した商品を供給するのと同時に他から仕入れての販売も行っている場合に、業種の認定について「7条の2第1項は、課徴金算定における効率性及び簡明性という実務上の要請から、同一の違反行為に係る取引については単一の業種に認定されることを前提としており、同一の違反行為に係る個々の取引について個別に業種の認定を行うことは予定していないと解すべきである。よって、違反行為に係る取引について、卸売業又は小売業の事業活動とそれ以外の事業活動の双方が行われていると認められる場合には、実行期間における違反行為に係る取引において、過半を占めていたと認められる事業活動に基づいて業種を決定すべきである」としている[26]。

また、他方で、同審決は課徴金の算定率について、金門製作所事件審判審決を引用して「卸売業・小売業に対して例外的に低く設定した趣旨は、卸売業及び小売業の取引が、商品を右から左へ流通させることによってマージンを受け取るという側面が強く、その事業活動の性質上売上高利益率も小さくなっていることを考慮したためである」とし、「違反事業者の行った事業活動が、いかなる構造で対価を受け取るものであったかをその事業活動の具体的内容に照らして認定し、判断すべきである」としている。そのうえで、「事業活動の内容が商品を第三者から購入して販売するものである場合には、一般的には卸売業又は小売業の事業活動に該当すると判

ネラル石油課徴金事件〕。
23) 前掲注22）東京高判平成18年2月24日〔東燃ゼネラル石油課徴金事件〕。
24) 公取委審判審決平成17年2月22日審決集51巻292頁〔出光興産ほか課徴金事件〕。
25) 公取委審判審決平成11年7月8日審決集46巻3頁〔金門製作所課徴金事件〕。
26) 審判審決の前者の考え方を採用するというのであれば、他から仕入れて販売も行っている商品の比率が1割以下の場合などのルールを決める必要があると考えられる。

断されるが、このような場合であっても、事業活動の実態に照らし、卸売業又は小売業の機能に属しない他業種の事業活動を行っていると認められる特段の事情があるときには、当該他業種と同視できる事業を行っているものとして業種の認定を行い、課徴金の算定率も卸売業又は小売業以外のものを用いることが相当である」としている。

東燃ゼネラル石油課徴金事件東京高裁判決は、後者の考え方を採用して、業種分類は形式的基準によるべきではなく、「一般的には事業活動の内容が商品を第三者から購入して販売するものであっても、実質的にみて卸売業又は小売業の機能に属しない他業種の事業活動を行っていると認められる特段の事情があるときには、当該他業種と同視できる事業を行っているものとして業種の認定を行うことが相当である」としている。

そのうえで、金門製作所課徴金事件では、事業者から独立した他の会社から購入した商品（家庭用マイコンメーター）の販売に従事する事業者が、当該商品製造業者の事業活動に関与して製造業の本来的機能を発揮した場面において、卸売業または小売業以外の業種と認定すべき特段の事情があるとし、東燃ゼネラル石油課徴金事件では本件商品である航空タービン燃料を他社から購入していたが、製造業者であるその他社は東燃ゼネラル石油の事業活動の一部門と同視できる場合にあたるとして、卸売業または小売業以外の業種と認定すべき特段の事情があるとしている。

Ⅳ　EU競争法の行政制裁金との比較

1　EU型行政制裁金制度の概要

欧州委員会は、事業者または事業者団体が故意または過失により、EU競争法（TFEU）101条（旧81条）または同法102条（旧82条）に違反する場合に、決定により、制裁金を課すことができる。

欧州委員会は、過去の違反行為に対して、事業者または事業者団体に対して、排除措置とともに一本の決定で、違反行為の重大性、継続期間を考慮して算定した制裁金額の納付を命じる。

制裁金額は、違反事業者の前年度全世界売上額の10％を上限として、欧

州委員会が裁量で決定することができる。

2 制裁金算定ガイドライン

　制裁金額の算定方法については、制裁金算定ガイドラインにより規律される。

　行政制裁金制度は、違反事業者に対して、金銭的な不利益処分を課すことにより、違反行為の再発を抑止するとともに、禁止規定の実効性を確保することにある。制裁金額は、違反事業者に制裁を与えるだけでなく、他の事業者に対しても違反行為をしないように抑止するに足るものである必要がある。

　まず、基準売上額（value of sales）に基づき基礎金額（basic amount）を決定し、その後に、増額・減額事由を勘案して最終制裁金額を決定する。

　EU域内の関連地理的市場における、違反行為に関係する商品または役務の、違反期間内における最後の年間売上額（付加価値税抜き）が基準売上額となる。基礎金額は、違反の重大度に対応する基準売上額の一部に、違反の継続期間を乗じて計算する。

　重大度を示す基準売上額に乗じる算定率（比率）は、違反行為の性質、違反行為に関与した事業者の合計市場占有率、違反行為の地理的範囲、当該行為が実際に実行されたか否かという要素を勘案して、個別事案ごとに決定される。事案に応じて、基準売上額に最大30％までの算定率が乗じられる。価格カルテル、数量制限カルテル、市場分割カルテルについての算定率は、通常30％となる。

　違反の継続期間については、1年以上継続していた場合には、当該年数を上記売上額に乗じる。6ヶ月未満は0.5年、6ヶ月以上12ヶ月未満は1年として換算する。

　そのほかに、価格カルテル、数量制限カルテル、市場分割カルテルについては、基礎金額に、基準売上額の15％ないし25％の金額をエントリーフィーとして加算する。

　算定ガイドラインは、基礎金額の加算事由として、違反行為の反復、主導的役割、調査への非協力・調査妨害、報復的措置をあげている。とくに、

当該行為または類似の違反行為を繰り返した場合に、違反歴一回ごとに最大で100％まで基礎金額を増額すると明記している[27]。

算定ガイドラインは、減額事由として、合意を実施しなかったこと、従属的役割、違反行為の中止、過失によること、調査協力（課徴金減免制度によるものを除く）、当局・法律による是認または奨励を明記している。

そのほかに、制裁金額が十分な違反抑止効果をもつものであることや支払能力のないことなどを考慮要素として明記している。

3 制裁金額減免制度と制裁金減免申請告示

当該カルテルへの参加を開示する事業者等への制裁金の減免は、欧州委員会の課徴金額を決定する裁量権に基づき認められる。

制裁金減免制度は、制裁金減免申請告示によって規律される。

以下の①または②に該当する者は、制裁金額の納付を免除される。免除を受ける事業者数は1社のみである。

① 最初にカルテルに参加したことを開示する情報および証拠を提出する者で、その情報および証拠が当該カルテルに対する立入検査の実施を可能とする場合。

② 最初にカルテルに参加したことを開示する情報および証拠を提出する者で、その情報および証拠が当該カルテルのEU競争法101条違反認定を可能とする場合。

①については、提出時までに当該カルテルについて立入検査の実施を決定するに足る証拠を得ていなかったこと、②については、提出時までに当該カルテルについてEU競争法101条違反を認定するに足る証拠を得ておらず、かつ①に該当して条件付免除を認められた者がいないことが必要である。

さらに、免除を受けるためには、欧州委員会の手続に継続的かつ全面的に協力すること、立入検査の有効性を害しない範囲で当該カルテルへの関与をやめること、当該カルテルに関する証拠を破棄等せず第三者に提供内容を開示しないこと、他の事業者にカルテルへの参加を強要した者でない

---

27) 判例法上役員クラスの従業員が、違反行為に関与していたことが増額事由とされている。

ことが条件となる。

　カルテルに参加したことを開示する情報および証拠を提出する者は、免除を受けられない場合に、制裁金額の減額を受けることができる。

　情報および証拠が違反を立証するため欧州委員会がすでに保有している証拠に重大な価値を追加するものであり、かつ、減額を受けるためには、欧州委員会の手続に継続的かつ全面的に協力すること、立入検査の有効性を害しない範囲で当該カルテルへの関与をやめること、当該カルテルに関する証拠を破棄等せず第三者に提供内容を開示しないことが条件となる。

　最初に重大な追加価値のある証拠を提供した者については、30％ないし50％の減額を受けることができる。2番目に重大な追加価値のある証拠を提供した者については、20％ないし30％の減額を受けることができる。それ以降に重大な追加価値のある証拠を提供した者については、20％までの減額を受けることができる。したがって、減額が認められる事業者数に制限はない。[28]

4　インテル事件での制裁金

　参考例として、EU競争法86条（82条に変更前の規定で、現102条と同一である）違反であるとともに、比較的違反にあたることが明白な行為であると評価されているインテルの行為に対する制裁金算定実務を紹介する。

　1997年から2008年までの期間における本件製品のEU域内の顧客の注文書に基づく売上額の情報提供を受けたが、2007年12月29日までの1年間のEU域内の顧客から注文を受けた本件製品の売上額を年間の基準売上額として使用する。なお、インテルの本件製品は、アジア等で最終製品に組み込まれてEU域内に輸出されるために、この数値はEU域内への悪影響を反映しない、インテルにとって有利な数値である旨指摘しているが、域外での売上額を加味することはしていない。

　そのうえで、違反行為の性質、インテルの市場占有率、違反の地理的範

---

[28]　欧州委員会は、取消訴訟の多発を防ぐため、和解制度を設けている。和解制度は、事件記録の全面的開示や口頭聴聞の省略等の見返りに10％減額を認める制度であって、取消訴訟を断念させる効果を有する。

囲など本件違反の重大性に関するさまざまな要素を総合判断して、基礎金額を算出するための算定率については5％が相当である。とくに、約80％の市場占有率を有すること、競争相手がAMD社のみであり新規参入も困難な産業であること、市場支配事業者による条件付（忠誠）リベート等の提供はEU競争法86条違反であることは判例法上明白であること、違反が世界的な規模で行われたことを重要な考慮要素としてあげている。

さらに、継続期間は2002年10月から2007年12月まで5年3ヶ月である。そのため、5.5を乗じるとしている。その結果、基礎的な制裁金額は1,060百万ユーロとなる。

そのうえで、ガイドライン上のいずれの増額事由、減額事由にも該当しないとしている。そのなかで、インテルの主張した軽減事由については、丁寧に反論して減額事由に該当しないとしている。

そして、最終的な制裁金額は1,060百万ユーロとなるとしている。

最後に、インテルの全世界ベースの前年度売上額は、2008年12月まで1年間のもので25,555百万ユーロであるため、最終的制裁金額はその売上高の10％を超えていないとしている。[29]

1990年代の市場支配的地位の濫用行為に対する制裁金と比べると、制裁金額が高額になっているとともに、算定過程がはるかに詳しく記載されている。

5　EU型行政制裁金の特質

行政制裁金について、最大の施行実績を有する欧州委員会のガイドライン、実務をみても、カルテルについての行政制裁金額の算定ルールは明確になっていると評価される。ただし、事業者によるEU競争法102条違反行為（単独行為）については、EU域内における関係商品の売上高、さらには基礎金額が算定の最重要要因となることは間違いないが、確固たる賦課水準、制裁金額の算定方法が確立しているわけではない。

また、単独行為規制において、その業界で許容されてきた商慣行につい

---

29) ただし、最終的な制裁金額は、EU域内における前年度年間売上額の10％は超えていることになる。

て初めて競争法違反とするときなどに、違反事業者に制裁金を課さないで処理されている。

　行政制裁金と日本の現行課徴金を比べると、基本概念（要件）や金額算定の手順について差異はほとんどない。基本的な差異は、裁量権の有無にある。また、現行課徴金のほうが、終期や始期の認定、個別調整行為の売上額認定などで手数がかかることが理解できる。

　日本では、カルテルでさえ厳密に算定ルールを規定する現行課徴金でないと法運用ができないかのような誤解があるが、EU型行政制裁金の金額算定ルールを分析すると、日本でもガイドラインまたは規則で金額算定ルールを定めて裁量型課徴金を運用できることは明らかであると考えられる。

V　裁量型課徴金の創設

1　現行課徴金制度の問題点

　現行課徴金には、次のようにさまざまな問題点がある。

　第1に、事業者に対する課徴金、事業者団体に対する課徴金どちらも、当該違反行為に応じて、違反抑止のために適切な制裁金額の納付を命じるという制裁金の本質、すなわち行政上の制裁の性格・趣旨に反する。

　その算定方法のもとで、違反行為の重大度、さらには悪質度、違反の明確性を示す故意・過失と課徴金額が対応するものになるという保障はない。

　カルテルの場合はそれほど弊害がなくとも、排除型私的独占や優越的地位の濫用においては現行算定方式のもとで当該行為の重大度、違法度と課徴金額を常に対応させることは無理である。排除型私的独占では、それまで違法でないとして許容されていた行為について初めて違法にするときなど、明確に制裁金を課すべきでない行為もある。

　第2に、当該行為の重大度、違法度と課徴金額が対応しないことがあることから、公取委の執行、すなわち法適用、法運用を歪めることになる。

　相当でない課徴金額を課すことを避けるために、正式事件として取り上げるのを控え、警告にとどめることなどが生じる。そのため、判例法の形成が阻害されることになる。

対象行為がカルテルだけの時期でも、公取委は違反行為を証拠上認定できるものに絞って事実認定したと説明しているが、一部のカルテルについて警告に処分を1ランク下げたり、カルテルの対象となる製品の範囲や、地理的範囲を縮減して事実上課徴金額を減額しているとみられる事例がある。

ましてや、排除型私的独占では、本来課徴金を課すべきでない行為も想定されるために、そのような配慮をする必要ははるかに強まる。

第3に、事業者団体に対する課徴金であるが、事業者団体による違反行為に対して、違反行為主体でなく構成事業者に課徴金納付を命じるという法律構成は、違反主体に対して責任を問うという原則に反するもので制裁金制度の本質に反するものである。

仮に事業者団体の行為について課徴金納付を命じるとしても、事業者団体に対してその責任を問い、その資産を担保として課徴金納付を命じるようにすべきである。

第4に、本書第8章「事業者団体の活動への規制」で解説したように、8条の解釈など実体法の解釈にも現実に悪影響を及ぼしている。[30]

8条については8条1号ですべて規制できると解釈されるが、どうしても課徴金を課さないようにするために、8条3号・4号を適用せざるをえない。[31]

さらに、違反事業者に対する算定方式と同一の算定方式で構成事業者に対する課徴金額を算定することにしているために、事業者に3条後段に違反するとして課徴金納付を命じるとともに、事業者団体に対してその関与行為が8条1号に違反するとして排除措置を命じることができることが望ましいが、8条1号と3条後段を同時に適用することは（二重に課徴金を課すことになるため）不可能である。事業者に3条後段を適用して排除措

---

30) 元詰種子価格協定事件東京高裁判決で、3条後段違反が8条1号違反に優先適用されるという判例法がほぼ確立したからには、事業者団体に対する課徴金（8条の3）を廃止するだけでも大幅な改善となる。東京高判平成20年4月4日審決集55巻791頁。

31) 東京高判平成13年2月16日審決集47巻545頁〔観音寺市三豊郡医師会事件〕、公取委審判審決平成12年4月19日審決集47巻3頁〔日本冷蔵倉庫協会事件〕。いずれも、現行課徴金制度のもとで、課徴金を課さないためには、8条4号違反とせざるをえない。

置、課徴金納付を命じたうえで、事業者団体に対して8条1号違反で排除措置を命じるようにすべきであると考えられるが、3条後段と8条1号の同時適用は現実にはできない。

さらには、構成事業者に対して課徴金を課さないように配慮したためと推測される、大阪バス協会事件審判審決のように、事業者団体による実勢運賃引上げ協定で、しかも構成事業者も実勢運賃の引上げを意図していたものについても、認可運賃を下回る実勢運賃については独占禁止法に違反しないという奇妙な法律構成がなされる[32]。

同様に、行為類型として重なり合う、排除型私的独占と不公正な取引方法に該当する行為について、課徴金納付を命じないためには、不公正な取引方法に該当するとして処理せざるをえない。その限りで、平成21年改正以降は不公正な取引方法の禁止に存在意義があり、現行課徴金制度のもとで単独行為規制について私的独占の禁止と不公正な取引方法の禁止を並存させる価値が生じている。

また、法律改正事項のうちで裁量型課徴金を創設することが最優先事項である。

しかも、裁量型課徴金の創設は、手続法の問題であって、法改正でしか実現できない。

他方、不公正な取引方法の自由競争減殺型の行為類型の公正競争阻害性について、一定の取引分野における競争の実質的制限を同一のものと解釈することは、法律改正なしでも解釈論で可能である。

そのほかに、たとえ確定金額算定方式の義務的課徴金を前提としても、つぎはぎ作業を繰り返してきたために、①不当な取引制限に該当する行為類型で重大性、違法性が高いとされる共同の取引拒絶が課徴金対象行為とされていないこと[33]、②単独行為である排除型私的独占がすべて基本算定率

---

32) 公取委審判審決平成7年7月10日審決集42巻3頁〔大阪バス協会事件〕。
33) 共同の取引拒絶は、立法経緯等から、7条の2第1項に規定する課徴金の対象となる不当な取引制限や7条の2第4項に規定する排除型私的独占には該当しないものと解釈される。とくに、共同の取引拒絶は、文理上、取引の相手方を実質的に制限することによりその対価に影響することとなるもの（不当な取引制限）に該当する余地があるが、立法経緯からそのような解釈は無理であると考えられる。

６％の課徴金対象行為であるのに対して、支配型私的独占はその一部のみが算定率10％の課徴金対象行為とされていることなど、整合性がとれていないという欠陥がある。

2　裁量性導入のメリット

裁量性の導入のメリットは、何よりも当該違反行為に対して違反行為を抑止するために相当な金額の納付を命じることができようになることにある。

平成21年改正により、排除型私的独占、優越的地位の濫用を初めて現行課徴金の対象違反行為とした。とくに、排除型私的独占には、排他的取引、抱き合わせ、略奪的価格設定、差別的価格設定、単独の取引拒絶など、実にさまざまな行為が含まれ、それらが正当か不当か、見きわめが容易でないことも多い。一律に算定率を乗じて算定された課徴金額が、常に適正といえるかどうか疑問があるため、排除型私的独占についての適正な法執行のためには、裁量性の導入が不可欠になると考えられる。

このほかのメリットとしては、カルテル規制についても、カルテル実施者すべてについて課徴金を課す義務はなくなることから、（追随者に課徴金を命じず）首謀者についてのみ課徴金を課すことによって効率的に事件処理できるようになる。日本では、従前からカルテルについてはカルテル参加者すべてを名宛人として排除措置・課徴金納付を命じるべきであるという発想が強い。しかし、事件処理の効率性を考えると、事案によっては、米国流にカルテルについて首謀者に対してのみ排除措置や課徴金納付を命じることも検討するべきである。たとえば、米国横須賀基地発注工事事件では、研究会の首謀者数社と大手アウトサイダーの鹿島建設に対して3条後段違反で課徴金納付を命じることが考えられる。

　　また、不公正な取引方法である共同の供給拒絶については、共同の供給拒絶行為を10年以内に繰り返し行った者に課徴金が課せられる（20条の２）が、現実にはそのような事態が生じることは想定しがたい。

34)　私的独占にあたるとされた東洋製罐事件（公取委勧告審決昭和47年９月18日審決集19巻87頁）の違反行為は、課徴金の対象行為とならない。

35)　公取委課徴金納付命令昭和63年12月８日審決集35巻57頁〔米国横須賀基地発注工事事件〕。

3 裁量型課徴金導入をめぐる環境

　課徴金について行政上の制裁であると位置づけた平成17年改正以降、裁量型課徴金の創設の障害が取り除かれて、裁量型課徴金の創設に向けての環境整備が急速に進んでいる。

　本質的に不公正な行政手続であって、制裁金を課すための手続としてふさわしくない審判制度が廃止されるまでは、裁量型課徴金は現実的な課題としてとらえられなかったが、裁量性導入への最大の障害となっていた審判制度は廃止される見込みとなっている。

　内閣官房長官の私的懇談会である独占禁止法基本問題懇談会報告書（平成19年）は、「行政上の金銭的不利益処分は、被処分者に対して制裁的効果をもたらすとしても、刑事罰のように道義的な非難を目的とするものではなく、刑事罰と併科しても、憲法の禁止する二重処罰には当たらない」とし、課徴金と刑事罰の併科が憲法の禁止する二重処罰にあたらないと結論づけている。

　同報告書が、裁量型課徴金と刑事罰の併科が憲法の禁止する二重処罰にあたらないとしているのかは厳密には定かでない。しかし、同報告書は平成17年改正後の行政上の制裁としての課徴金について、刑事罰との併科が憲法の禁止する二重処罰にあたらないとしたのであって、裁量型課徴金についても憲法上の二重処罰の問題はクリアしたものと解される。

　また、憲法上の二重処罰の禁止は、現実に同一行為に2つの制裁措置が課せられるときに問題となるのであって、刑事罰金と課徴金という2つの制裁措置を課しうるだけでは憲法上の二重処罰の禁止の問題は生じない。この点から、二重処罰の禁止の問題は将来的には、法人事業者への課徴金額と刑事罰金について全額控除制を採用すると実質的に解決するものと考えられる。

　公取委も、近い将来裁量型課徴金の創設に積極的な方針に確実に転じるものと予想されている。

　しかし、現在でも、法曹界、産業界を中心に、たとえ公取委のような専門行政機関が判断を下し司法審査を受けるものであっても、行政庁が制裁金額についての裁量権をもつことについての抵抗感が強い。また、長期的

には裁量型課徴金の創設が想定されても、公取委はいまだ準司法機関としての体勢が整備されておらず、時期尚早であるという声も強い。さらには、高額な上限金額を設定する場合に、公取委が恣意的に、課徴金額の賦課水準を引き上げていくのではないかという懸念も根強い。

4 具体的な制度設計

裁量型課徴金の選択肢として、次の3案が考えられる。

第1案は、7条の2第1項、同第4項、20条の2、20条の3、20条の4、20条の5、20条の6について、「相当する額の課徴金を国庫に納付することを命じなければならない」から「相当する額までの課徴金を国庫に納付することを命じることができる」に改正することである。

同時に、事業者団体の行為に対する課徴金制度である8条の3は廃止することである。[36]

この案は、現行算定方法のもとでの課徴金額は十分に高額な制裁金額になっていると判断し、日本型課徴金制度の枠組みを残して、公取委に課徴金額を引き下げる方向での裁量権を与えて、課徴金賦課水準等の全面的見直しをしようとするものである。

第2案は、3条違反について違反対象商品または役務の販売価格、購入価格の20％を上限金額とするところの裁量型課徴金を導入することである。この場合、優越的地位の濫用については、それと同一上限額の課徴金とするか現行上限額を維持することとする。

この案は、日本型課徴金の枠組みを残し、上限金額について、平成21年改正後の上限である、違反事業者の関連商品に関する売上高の20％（累犯および主導的役割により加重されたもの）にするものである。また、課徴金の賦課水準は現行水準を維持し、ガイドラインまたは規則で、カルテルについては平成21年改正後の算定方法（原則としての基準は関連商品売上高の10％で上限が同20％）と同一の方法を採用し、排除型私的独占は基準算定率6％とし、優越的地位の濫用行為は算定率1％とすることが想定されて

---

36) 事業者団体に対する課徴金（8条の3）については、事業者団体の違反行為について事業者団体の責任を問い事業者団体に対して課徴金を命じる制度にすることが考えられる。

いる。

　第3案は、上限金額について当該事業者の前年度全世界売上額（または国内売上額）の10％とするEU型行政制裁金を創設することである。

　ただし、たとえ上限金額についてどのように決定したとしても、平成21年改正（平成22年1月施行）によって、カルテルについては上限算定率20％に引き上げられ、排除型私的独占について基準算定率6％、優越的地位の濫用行為について算定率1％の課徴金の対象行為にされたところであるため、直ちにその実質的な制裁水準を引き上げることも難しいものと考えられる。

　平成21年改正直後には、すなわち、行政審判廃止とともに裁量型課徴金を創設しようとする場合には、現行課徴金制度の基本的枠組みを残したまま、上限金額については違反対象商品の売上額の20％とする第2案が一番実現しやすいと考えられていた。[37]

37）村上政博『独占禁止法の新展開』（判例タイムズ社・2011）422頁参照。

第14章

協同組合の活動に対する規制

> 　協同組合の活動に対する適用除外制度については、22条但し書の不公正の取引方法の禁止の存在と、協同組合の行為に事業者団体の行為としての側面が常にあるという誤った前提に基づく適用除外法上の規定という二重の立法ミスによって、きわめて難解な解釈論が展開されてきた。今後協同組合の活動に対する適用除外制度については、これまでの対抗力説を変更して、米国反トラスト法と同様な、単一事業者として共同経済事業を行うことを許容するための制度であると解釈することが相当である。これによって、適用除外法廃止後における現行法制を適切に解釈、運用することができる。

I 現行規定とあるべき解釈

1 現行法

協同組合への適用除外を定める22条は、下記のように規定している。

「この法律の規定は、次の各号に掲げる要件を備え、かつ、法律の規定に基づいて設立された組合（組合の連合会を含む。）の行為には、これを適用しない。ただし、不公正な取引方法を用いる場合又は一定の取引分野における競争を実質的に制限することにより不当に対価を引き上げることとなる場合は、この限りでない。

一　小規模の事業者又は消費者の相互扶助を目的とすること。
二　任意に設立され、かつ、組合員が任意に加入し、又は脱退することができること。
三　各組合員が平等の議決権を有すること。
四　組合員に対して利益分配を行う場合には、その限度が法令又は定款に定められていること。」

公取委は、平成19（2007）年4月18日に、協同組合の活動に関するはじめてのガイドラインである「農業協同組合の活動に関する独占禁止法上の指針」（以下、「農協ガイドライン」という）を公表している。

2　22条柱書の適用除外の意味

協同組合のうち、①目的が中小企業または消費者の相互扶助にある、②自由に加入、脱退ができる、③各組合員が同じ投票権を有する、④利益配分に制限がある、という4条件を満たすもの（いわゆる適格組合）が、この適用除外を受けることができる。

協同組合の活動への適用除外制度の目的は、組合員の事業活動の独立性をある程度まで確保したまま、単一事業体として共同経済事業を行うことを許容するところにある（共同経済事業許容説）。

22条柱書は、協同組合が単一事業体・単一組織体として共同経済事業を

行うことを許容する。さもないと、組合員による共同販売事業および共同購買事業は販売カルテルおよび購買カルテルとして独占禁止法3条後段（不当な取引制限の禁止）違反になる（そのおそれがある）からである。22条柱書によって、はじめて共同販売機関または共同購買機関としての協同組合の行為は、22条所定の「組合の行為」として許容される。逆に、適用除外となる共同経済事業を行うために必要な行為や共同経済事業に付随する行為にあたる行為を超える行為、すなわち「組合の行為」にあたらない協同組合の行為については、一般の事業者の行為と同様に、3条、19条、8条などが直接適用される。

　事業者である協同組合が、競争関係にある商系事業者、生産資材等の製造販売業者、農作物等の販売購入業者などの、独立した第三者に対して組合員等への取引を制限する行為は、共同経済事業とは関係がなく、3条前段、19条が適用される。

　協同組合の名で、組合員間の価格協定、シェア割り協定等カルテル（または純粋の調整行為）を行うことは、共同経済事業とは関係がないため、3条後段が適用される。

　協同組合の適用除外制度は、協同組合が事業者として共同経済事業を行うためのものであって、協同組合の当該問題行為について8条が適用されるか否かはケース・バイ・ケースで決定される。当該協同組合が「事業者としての共通の利益を増進することを主たる目的とする2以上の事業者の結合体」という事業者団体の定義を満たし、かつ、その行為が（共同経済事業に該当せず）事業者団体としての行為と判断される場合に8条が適用される。

　これまで、公取委は、小規模事業者や農業従事者が、集団として（団結して）、大企業である取引業者に対して取引条件について対等な交渉力を

1）　協同組合の行為が、自動的に事業者団体としての行為にあたるのではなく、事業者団体の行為に該当する場合に一般原則に従い8条が適用される。たとえば、日本遊戯銃協同組合が安全性を確保するために品質基準を作成することは、共同経済事業にあたらず、事業者団体としての行為に該当する。東京地判平成9年4月9日判例時報1629号70頁・判例タイムズ959号115頁〔日本遊戯銃協同組合（デジコン電子）事件〕。

もつことや大企業である競争者に対等に競争していくことに協同組合への適用除外の論拠を求めてきた。これが対抗力説である。

農協ガイドラインも、適用除外制度は、「単独では大企業に伍して競争することが困難な農業者が、相互扶助を目的とした協同組合を組織して、市場において有効な競争単位として競争することは、独占禁止法が目的とする公正かつ自由な競争秩序の維持促進に積極的な貢献をするものである。したがって、このような組合が行う行為には、形式的外観的には競争を制限するおそれがあるような場合であっても、特に独占禁止法の目的に反することが少ないと考えられることから、独占禁止法の適用を除外する」とし、対抗力説をとっている。

そのうえで、農協ガイドラインは、「単位農協は、事業者である組合員の結合体であるという点では事業者団体に該当するのと同時に、自ら購買事業、販売事業、利用事業、信用事業等の事業活動を行っていることから事業者にも該当することになる。連合会についても同様である」としている。協同組合の行為について、常に事業者としての行為という側面と事業者団体としての行為という側面をもつとしている。この点は、協同組合は、事業者としての行為が想定され、事業者団体としての行為の側面を常にもつとはいえないことから誤りである。

ただし、農協ガイドラインでは、基本的に協同組合の事業者としての行為を問題とし、農業協同組合と組合員の関係（「単位農協による組合員に対する問題行為」）、連合会と単位組合の関係（「連合会による単位農協に対する問題行為」）について解説している。[2]

共同経済事業許容説と対抗力説とは、適用除外を受ける行為の範囲について差異が生じる。対抗力説では、適用除外を受ける「組合の行為」の範囲が不明確である。[3]これに対して、共同経済事業許容説では、適用除外を受ける「組合の行為」が単一事業体・組織体として共同経済事業を行うこ

---

2) それら問題行為について、不公正な取引方法の禁止に違反するとされた行為について、19条を適用したものか、22条但し書を適用したものかは明らかにしていない。

3) 実際には、対抗力説のもと、協同組合が行う行為としてかなり広範な行為を適用除外の対象行為としてきた。

とに付随する行為、必要な行為という明確かつ狭い範囲の行為に限定される。そのため、共同経済事業許容説では、（対抗力説に比べて）共同経済事業にあたらない行為に独占禁止法が広範に適用される一方で、組合員への利用要請については許容される行為の範囲が拡大する可能性がある。

　農協ガイドラインは、「連合会又は単位農協が、購買事業、販売事業等の対象である生産資材や農畜産物の安全性の確保、品質の維持等のために合理的な理由が認められる必要最小限の制限を、関係するすべての組合員に対して同等に課す場合には、それ自体は独占禁止法上問題となるものではない」としている。他方で、「組合員が、農薬、肥料、飼料、農業機械等の生産資材を購入したり、組合員が生産した農畜産物を出荷したりする際に農業協同組合の事業を利用するか否かは組合員の自由意思に委ねられている。このため、農業協同組合が組合員に対して農業協同組合の事業の利用を強制することは、そもそも農業協同組合制度の趣旨に反するものである」としている。

　農協ガイドラインは、単位農協の行為について「単位農協による組合員に対する問題行為」として、「単位農協は、購買事業において、農薬、肥料、飼料、農業機械等の様々な種類の生産資材を取り扱っているが、すべての生産資材について商系事業者等との間で競争関係にある。このような状況の中で、単位農協が、サービスの向上、例えば、品ぞろえの充実、割安な商品等の提供や、購買事業に関する情報提供、その利用の呼びかけ等を通じて、組合員による購買事業の利用促進を図ることは、独占禁止法上問題となるものではない」が、「単位農協が、農畜産物の生産に必要な生産資材の一部について購買事業を通じて購入しようとしている組合員に対して、他の生産資材も併せて購買事業を通じて購入することを強制する等何らかの方法により、購買事業を利用せずに購入したいと当該組合員が考えている生産資材を含めて購買事業の利用を事実上余儀なくさせる場合には、組合員の自由かつ自主的な取引が阻害されるとともに、競争事業者が組合員と取引をする機会が減少することとなる」としている。

　その利用の呼びかけ等を通じて利用の促進を図ることは許されるが、強制する等何らかの方法により「利用を事実上余儀なくさせる場合」は違法

であると整理されている。「利用の呼びかけ」が合法で、「利用強制」は違法とされているため、本章では中立的な用語として「利用要請」という用語を使用する。

農協ガイドラインは、具体的な行為として、①系統利用率に応じた奨励金（占有率リベート）等を供与すること、②組合員が購買事業を利用する際に、全量または一定の割合・数量以上について購買事業の利用を条件とする行為、③組合員が購買事業を利用する際に、購買事業を利用せずに購入したいとその組合員が考えている品目についても購買事業の利用を条件とする行為も、不公正な取引方法の一般指定10項（抱き合わせ販売等）、11項（排他条件付取引）または12項（拘束条件付取引）に該当し違法となるおそれがあるとしている。

同様に、①共同利用施設の利用にあたって購買事業の利用を強制する行為、②信用事業の利用にあたって購買事業の利用を強制する行為、③販売事業の利用にあたって購買事業の利用を強制する行為についても、不公正な取引方法の一般指定10項（抱き合わせ販売等）、11項（排他条件付取引）または12項（拘束条件付取引）に該当するおそれがあるとしている。

さらに、連合会と単位農協と関係についても、以下のとおり、単位農協と組合員との関係と同様にとらえている。

「単位農協は、購買事業の対象としている生産資材の多くを連合会から購入している。連合会は、これら単位農協の購入分を取りまとめて、製造業者から必要な生産資材を購入し、単位農協から手数料を得ている。単位農協は、価格の引き下げを図るべく競争事業者からも仕入れを行っているが、連合会の活動にとって、単位農協による連合会の購買事業の利用率を維持することが重要であるといわれている。

このような状況において、連合会が、農畜産物の生産に必要な生産資材の一部について購買事業を通じて購入しようとしている単位農協に対して、他の生産資材も併せて購買事業を通じて購入することを強制する等何らかの方法により、連合会の購買事業を利用せずに購入したいと単位農協が考えている生産資材を含めて購買事業の利用を事実上余儀なくさせる場合には、単位農協の自由かつ自主的な取引が阻害されるとともに、競争事業者

が単位農協と取引をする機会が減少することとなる」としている[4]。

3　22条但し書の趣旨

　農業従事者や小規模事業者などは、協同組合形態によって大企業の事業活動に対抗できるのであって、協同組合の活動は一般的に競争促進的である。しかし、適用除外を受ける協同組合について、上限市場占有率を要件としていないため、協同組合がきわめて高い市場占有率をもつ（関連市場での大多数の事業者が加入する）ときに、その協同組合は市場支配力を行使して販売価格を不当に高く引き上げること（原価を大幅に上回る価格を設定すること）ができる。

　22条但し書は、協同組合が、「一定の取引分野における競争を実質的に制限することにより不当に対価を引き上げることとなる場合」および「不公正な取引方法を用いる場合」に、独占禁止法が適用されるとしている。

　22条但し書のうち、「一定の取引分野における競争を実質的に制限することにより不当に対価を引き上げることとなる場合」については、共同経済事業を行う適格協同組合が、一定の取引分野において独占力、市場支配力を有し、それに基づき販売価格を設定すること自体は「組合の行為」に該当することを前提として、いわば例外的な弊害規制として、協同組合が原価や競争価格を大幅に上回る販売価格を設定するような場合に、公取委がこの但し書に該当するとして価格引下げ命令などの行政上の措置をとることを可能にしたものである。協同組合による共同経済事業のなかでも競争法は伝統的に共同販売事業に着目してきており、そのことを反映した規定である。この場合、「不当に対価を引き上げることとなる」の「こととなる」とは、「こととなる」という文言一般の解釈と同様に、協同組合が現実に不当な高価格を徴収することまでは必要でなく、不当な高価格を請求することを決定するまたは取引相手に通知する時点において規制できることを意味するものと解釈される。

---

[4]　農協ガイドラインが「また、例えば、単位農協が事業者としての立場で他の事業者や単位農協と共同して、価格や数量の制限等を行うこと（カルテル）等は、独占禁止法第22条の組合の行為とはいえないことから、適用除外とはならない」としている点は正しい。

他方、22条但し書の「不公正な取引方法を用いる場合」は、もともと不要なものである。昭和22（1947）年の原始独占禁止法制定時において、米国反トラスト法継受上のミスにより19条で不公正な競争方法の禁止を規定したのと同一のミスによって、24条但し書で「不公正な競争方法を用いる場合」を規定した。昭和28（1953）年改正で「不公正な競争方法」が「不公正な取引方法」に変更されるにあわせて、「不公正な取引方法を用いる場合」として受け継いだものである。共同経済事業に該当しない協同組合の行為については、19条の不公正な取引方法の禁止が直接適用される。したがって、22条但し書の「不公正な取引方法を用いる場合」はもともと不要である。

Ⅱ　米国反トラスト法の継受ミス

1　適用除外の意味―米国反トラスト法の展開とその意味するもの

（1）　原始独占禁止法24条　　昭和22（1947）年制定の原始独占禁止法24条は、次のように現行22条とほぼ同一内容を規定していた。

「この法律の規定は、次の各号に掲げる要件を備え、かつ、法律の規定に基づいて設立された組合（組合の連合会を含む。）の行為には、これを適用しない。ただし、不公正な競争方法を用いる場合又は一定の取引分野における競争を実質的に制限することにより不当に対価を引き上げることとなる場合は、この限りでない。
　一　小規模の事業者又は消費者の相互扶助を目的とすること。
　二　任意に設立され、かつ、組合員が任意に加入し、又は脱退することができること。
　三　各組合員が平等の議決権を有すること。
　四　組合員に対して利益分配を行う場合には、その限度が法令又は定款に定められていること」

この24条但し書の「不公正な競争方法の禁止」が昭和28年に「不公正な取引方法の禁止」に変更され、平成11（1999）年に条文替えによって現行22条となった。

2　米国反トラスト法

（1）　クレイトン法6条とカパー・ヴォルステッド法　　独占禁止法自体が米国反トラスト法を継受して制定されたように、協同組合への適用除外を定める原始独占禁止法24条は、クレイトン法6条（1914年制定）およびカパー・ヴォルステッド法（1922年制定）をモデルとして規定された[5]。

クレイトン法6条は、「反トラスト法は、相互扶助の目的で設立され、かつ資本金を有さず若しくは営利を目的としない農業団体、園芸団体の存在及び活動を禁止し、又は、農業団体の構成員がその正当な目的を合法的に遂行することを禁止若しくは制限するものと解してはならない。また、当該団体又はその構成員の活動は、反トラスト法上の取引を制限する違法な結合又は共謀とみなされない」と規定する。

カパー・ヴォルステッド法1条は次のとおり規定する。

「農民、農園主、牧場経営者、酪農家、ナッツ果物生産者として、農産物の生産に従事する者は、（資本金を有するか否かを問わず）団体、会社その他の形態で、それら農産物を集団的に加工処理し、市場で販売するための準備をし、取り扱い、市場で販売することに関して共同して活動することができる。当該団体及び構成員は、その目的を達成するために必要な契約及び協定を締結することができる。

ただし、当該団体は、その構成員である生産者の相互扶助のために運営されなければならず、したがって次の①及び②のいずれか、又は双方の要件を満たし、かつ、③の要件を満たさなければならない。

①　団体の構成員には、その有する株式又は出資の多寡にかかわらず1人8票を超える議決権が付与されない。
②　団体は年8％を超えて株式又は出資に対する配当をしてはならない。
③　団体は、構成員によって出荷される農作物の総額を超えて非組合員の農作物を取り扱ってはならない」

同法2条は、「農務長官は、その農業団体が数州間若しくは外国通商を独占化し又は取引を制限し、そのために当該農作物の価格が不当に高くな

5）　泉水文雄＝西村暢史「原始独占禁止法の制定過程と現行法への示唆」公正取引701号25頁参照。

っていると思料する場合に、その農業団体に対して独占化又は取引制限を止めるよう命じることができる。この命令は、その団体が遵守しない場合、司法長官により執行される」と規定する。

(2) 米国反トラスト法上の判例法の展開　クレイトン法6条は、相互扶助を目的とする農民団体の存在自体がシャーマン法違反であるおそれがあったために、農民が協同組合の形で単一組織として（正当な目的を達成するために）共同して行動することを許したものである。

カパー・ヴォルステッド法は、クレイトン法6条で許されていない、資本金を有する（会社形態の）農業協同組合まで適用除外を拡大し、個々の農民が協同組合として単一組織体で、商人が会社形態で行動する場合と同様に、共同経済事業を行うことを許したものである。

米国最高裁は、1960年に、メリーランド・ヴァージニア生産者協同組合事件[6]で、農業者は、協同組合において、共同して活動することができること、相互扶助のための正当な目的は、協同組合によって反トラスト法に違反することなく遂行されること、しかし、協同組合は、それ以外の点では、あたかも私企業の事業会社と同じように、シャーマン法2条に基づいて同等の責任を伴う事業体として活動する旨判示している。続く北テキサス生産者協同組合事件控訴審判決[7]でも、同一ルールが採用されている[8]。

両判決は、個々の農業従事者が協同組合を結成し、単一組織体として共同経済事業を行う限り、反トラスト法に違反しないことを明らかにしている。当該協同組合の関連市場における市場占有率がいかに高くとも、単一組織体として共同経済事業を行っている限り、その限りで米国反トラスト法からの適用除外を受ける。

農業者は、協同組合を設立し、組合規約を定め、販売する農作物価格を決定するなどの共同経済事業を行うことができる。他方、協同組合は、株式会社と同様に、独立した生産者、加工業者、取扱い業者を排除する行為

---

6) Maryland & Va. Milk Producers Assn. v. United States, 362 U. S. 458 (1960).

7) North Tex. Producers Assn. v. Metzger Dairies, Inc., 348 F. 2d 189 (5th Cir. 1965).

8) 両事件の内容については、村上政博「5　24条但書」『独占禁止法研究Ⅲ』（弘文堂・2000）138頁〜151頁参照。

などのシャーマン法違反行為を行うことは許されない。

　ただし、1960年の最高裁判決によってこのルールが確立したのであり、それまで米国でもクレイトン法6条とカパー・ヴォルステッド法の解釈は必ずしも明白ではなかった。

3　立法ミスとしての但し書と日米における協同組合規制の異同

　（1）　米国反トラスト法継受におけるミス（第1の立法ミス）　クレイトン法6条およびカパー・ヴォルステッド法の比較から、24条但し書に「不公平な競争方法を用いる場合」を規定したことは明確な誤りである。

　共同経済事業に該当する協同組合の行為が適用除外を受けるのであって、カパー・ヴォルステッド法に規定する、競争価格を上回る販売価格の設定という市場での弊害を是正すること以外に例外事由を設ける必要はない。さらに、「組合の行為」を超える協同組合の行為には、私的独占の禁止、不当な取引制限の禁止、不公正な取引方法の禁止などが直接適用される。

　しかも、カパー・ヴォルステッド法の規定内容や運用との比較から、一定の取引分野における競争を実質的に制限することにより不当に対価を引き上げることとなる場合を規定したことについても、その妥当性および実効性について疑問がある。

　この但し書については、例外的な弊害規制として、協同組合が市場支配力を濫用して原価や競争価格を大きく上回る販売価格を設定するような場合に、公取委に、この但し書に該当するとして価格引下げ命令などの行政上の措置をとることができるようにしたと解さざるをえない。

　第1に、この但し書はカパー・ヴォルステッド法2条をモデルとしたが、同法はもともと農務長官に規制権限を付与したものであるうえ、米国でも適用されることもない規定となっていること、第2に、販売価格が競争価格を大幅に上回っていることの立証はきわめて難しいうえ、但し書を発動することは（市場占有率の上限を設けていない）協同組合への適用除外制度の趣旨に反することになりかねないこと、第3に、協同組合の行為に対する独占禁止法の適用と違反行為の摘発は比較的積極的に実施されてきたが、今日まで、この但し書が適用された事例がないことから、その存在意義が

ほぼないことが明らかになっている。

　要するに、22条但し書について、不公平な取引方法を用いる場合はもともと不要な規定であり、一定の取引分野における競争を実質的に制限することにより不当に対価を引き上げることとなる場合は適用されることが想定されず、存在価値のない規定であることが明らかになっている。[9]

　（2）　協同組合の適用除外に関連する日米間の異同　　協同組合の行為についての適用除外についての日米間の異同は次のとおりである。

　米国では適用除外が、農業協同組合など第1次産業における協同組合の行為に限定されるのに対して、日本では中小企業協同組合の行為も対象としている。

　法文上、第1に米国では単位組合の行為を対象としているのに対して、日本では連合会の行為も対象としていること、第2に、適用除外の但し書について日本のほうが例外事由（限界）として不公平な取引方法の禁止を規定していることである。ただし、この第2の点は、今日では実務上の相違をもたらさない。

　米国と異なり、日本では、中小企業協同組合の行為および協同組合の連合会の行為も適用除外を受けることになっている。そのため、どうしても適用除外行為について抑制的に解釈（縮小解釈）しようという傾向が出てくる。

　農業協同組合の活動の実態について、日本では、農業協同組合に関して、全国農業協同組合連合会を頂点として末端の単位農業協同組合まで組織化・秩序化されて、指揮・統制がとれている。他方、米国では、農業協同組合の連合会に適用除外は認められていないうえ、関連市場において単位農業協同組合が並存し、現実に競合していることも多い。[10]

9）　クレイトン法6条は1914年に、カパー・ヴォルステッド法は1922年に制定された。それにもかかわらず、協同組合の行為に対する適用除外が単一事業体として協同経済事業を行うことを許容するというところにあるという解釈は、1960年米国最高裁判決で明らかにされた。原始独占禁止法が制定された1947年当時、米国反トラスト法上の協同組合への適用除外制度の解釈も定かでなかったことが第1の立法ミスにつながったものと考えられる。

10）　そのため、大手の協同組合が競合する他の協同組合を買収しようとすることが、クレイトン法7条に違反するかが問題となる。

法運用では、日本では、協同組合の組合員に対する利用強制や、全国農業協同組合連合会の経済連や単位農協に対する利用強制が、不公正な取引方法に該当するとされている。他方、米国では、農業協同組合による独立した取引業者を排除する行為や競争業者（関連市場で競合する協同組合やその組合員を含む）との競争を排除する行為をもっぱら問題とし、いわゆる組合員に対する共同経済事業への利用強制が問題とされる事例はみられない。

Ⅲ　法制の変遷と事業者団体としての行為

1　協同組合の行為の適用除外に係る法制の変遷

（1）　二重の立法ミス（第2の立法ミス）　独占禁止法制上昭和23（1948）年から平成11（1999）年という長きにわたって、協同組合の行為の適用除外に係る法制において、事業者としての行為の適用除外規定と事業者団体としての行為の適用除外規定が並存するという根本的に誤った法制が採用された。

（2）　原始独占禁止法24条による時期（昭和22年～同23年）　この時期は、原始独占禁止法は事業者に対する規制を定めるもので、事業者団体の活動を規制する法制は存在していなかったのであって、原始独占禁止法24条は協同組合の事業者としての行為を規制するものであった。

（3）　独占禁止法と事業者団体法が並存した時期（昭和23年～同28年）　昭和23年に、独占禁止法とは別に、事業者団体の活動を広範に規制するために事業者団体法が制定された。同法5条は、事業者団体の行為を広範に規制する一方、協同組合の活動を許容するためとして、同法6条で協同組合の行為について事業者団体法の適用を除外している。ただし、同法3条に規定された公取委に対する届出義務を不必要としている。

「事業者団体法（昭和23年法律第191号）
（適用除外団体）
　第6条　この法律の規定は、左に掲げる団体に対しては、これを適用し

ない。
(以下省略)」

　この事業者団体法6条は、協同組合の行為について、常に事業者団体としての行為という側面があるという誤った考え方を前提とするものであった。

　（4）　独占禁止法と適用除外法が並存した時期（昭和28年～平成11年）　事業者団体法は、昭和28年に廃止され、同法5条が定めていた事業者団体による禁止行為は、独占禁止法8条に組み込まれるとともに、事業者団体法6条の適用除外規定は、「私的独占の禁止及び公正取引の確保に関する法律の適用除外等に関する法律」（以下、「適用除外法」という）2条に組み込まれた。

「適用除外法（昭和22年法律第138号）
　第2条　私的独占禁止法第8条の規定は、左に掲げる団体に対しては、
　　　　これを適用しない。
　一　私的独占禁止法第24条各号に掲げる要件を備え、且つ、左に掲げる
　　　法律の規定に基づいて設立された協同組合その他の団体
（以下省略）」

　（5）　独占禁止法22条による適用除外（平成11年～現在）　独占禁止法の適用除外制度について、平成11年に「私的独占の禁止及び公正取引の確保に関する適用除外制度の整理等に関する法律」（以下、「適用除外一括整理法」という）により、適用除外法は、独占禁止法旧22条（事業法令に基づく事業者等の行為の適用除外）、旧24条の3（不況カルテル制度）、旧24条の4（合理化カルテル制度）とともに、廃止された。

　適用除外一括整理法によって、協同組合の行為についての適用除外は独占禁止法22条に一本化されることになった。すなわち、もともと不要な規定が廃止されて、すっきりと立法的解決が図られた。平成11年以降は、適用除外を受ける協同組合の行為としては、共同経済事業を行う事業者としての行為のみを問題とすることで足りる。

2 並存時期のきわめて難解な解釈論

　昭和28年から平成11年まで、協同組合の行為について、事業者としての行為のほかに、事業者団体としての行為という側面があるという誤った考え方が維持されることになった。

　協同組合の行為には、事業者としての行為と事業者団体としての行為との2つの側面があり、事業者としての協同組合の行為に対しては独占禁止法24条に、事業者団体としての行為に対しては適用除外法2条にそれぞれ適用除外規定が存在すると解された。

　しかも、適用除外の範囲が同一でなく、事業者としての協同組合の行為に対しては、不公正な取引方法を用いる場合または競争の実質的制限による不当対価引上げの場合が適用除外の限界として定められているのに対し、事業者団体としての協同組合の行為については適用除外の限界を画する定めがなく、8条の適用を全面的に除外する規定となっている。

　そのため、事業者団体の行為について文理上全面的適用除外説が自然であるにもかかわらず、なんとか事業者団体の行為に対する8条の適用においても24条但し書と同一の例外が適用されるという制限的適用除外説を採用するようにしたいとの発想に基づき、制限的適用除外説を採用するために、実にさまざまな学説が主張された[11]。塚田俊三氏の論文[12]は、これらの学説をもっともわかりやすく整理している。

　この結果、制限的適用除外説を採用するための考え方として、①類推適用説、②届出義務免除説、③正当行為説、④補完法規説が主張された[13]。

　さらに、協同組合の行為が24条但し書に該当するときには、（それら但し書が直接適用されるのではなく）3条、19条、8条等が適用されて、事業者団体としての協同組合の行為が24条但し書に該当するときには8条が適

---

11) 高瀬雅男「協同組合と独占禁止法の新展開」日本経済法学会編『経済法講座Ⅰ 経済法の理論と展開』（三省堂・2002）84頁〜103頁。
12) 塚田俊三「協同組合の活動と独禁法との関係について」公正取引388号24頁。
13) 村上政博「Ⅲ 協同組合」『独占禁止法の日米比較(中)』（弘文堂・1992）87頁〜102頁。協同組合の事業者団体としての行為に係る適用除外規定の存在自体が不要であったことが明らかになっており、不要な規定の存在自体が、（その規定に存在意義を求めようとした）学者の精力・労力を如何に不毛かつ無駄な議論に費やすことになるのかを示す典型例となる。

用されることになるという完全に文理に反する解釈まで主張された。それらのさまざまな学説は、もともと根本的に誤った法制についての解釈論であるため、正解もなく、今日からみて無用の議論ということになる。

　なお、当該協同組合の行為が関係事業法の許容範囲内の行為であるか否かは、事業者としての行為の係るものである。たとえば、農業協同組合法19条は、①組合は、定款の定めるところにより、1年を超えない期間を限り、組合員が当該組合の施設の一部をもっぱら利用すべき旨の契約を組合員と締結することができる、②この契約の締結は、組合員の任意とし、組合は、その締結を拒んだことを理由として、その組合員が施設を利用することを拒んではならないと規定している。このような規定は、協同組合による組合員への利用要請を制限しようとするもので特段問題はない。ただし、協同組合による利用要請をどこまで許容するのかは立法政策の問題である。

　立法政策としては、事業法で組合員の共同経済事業への協同組合による利用要請を広範に容認することもありえる。その場合、その利用要請が、組合員の加入・脱退の自由との関係で、独占禁止法による規制の限界を超えるか否かはまさに独占禁止法と事業法という法律の対立・抵触の問題であって、黙示の適用除外に該当するか否か、いずれの規定が優先して適用されるかで決定されることになる。

3　事業者としての協同組合の行為

　平成11年以降、適用除外法が廃止されて、第2の立法ミスが解消したことにより、協同組合の行為について、事業者団体としての行為という側面の観点から議論する必要はなくなり、さらに8条の適用についての全面的適用除外説、制限的適用除外説という議論も不要なものとなった。

　22条による適用除外は事業者団体が事業者として共同経済事業を行うことを独占禁止法から適用除外することを規定したものであって、後は事業者としての協同組合の行為についての同条但し書をどう解釈するかという問題が残るだけである。

　今日では、共同経済事業を行う、事業者としての協同組合の行為がどこ

まで「組合の行為」として3条、19条等から適用除外を受けるかが主として問題となる。

単位組合である協同組合が、第三者である取引業者や競争者に対する事業活動を制限することについては、通常の事業者と同様に独占禁止法の適用を受ける。すなわち、通常の事業者が行うと独占禁止法違反となる行為については、協同組合が行っても独占禁止法違反となる。したがって、残る問題は、協同組合が共同経済事業を行うために、自己の組合員に対して共同経済事業に参加することを要請する（義務づける）ことがどこまで「組合の行為」として許容されるかである。

Ⅳ 判例法の展開および事例分析

1 生コンクリート協同組合と農業協同組合

昭和55年以降、法的措置がとられた協同組合は、中小企業協同組合である生コンクリート協同組合と農業協同組合に限られている。

生コンクリート（以下、「生コン」という）業界では、協同組合が数多く結成され、生コン協同組合は通常組合員にその製造する生コンを協同組合の全量供給するように義務づけ（利用要請）、生コンの協同販売事業を行っている。

その理由は次のような業界の特質にある。

第1に、総原価のうち、運送費の占める割合が大きいため、地域的な市場が成立している。

第2に、生コンは製品差別化のしにくい商品でありメーカー間で品質差がほとんどないため、メーカー間の競争は価格競争が中心となる。

第3に、生コン製造業に参入することは、技術的にも資金的にも比較的容易である。

さらに、生コンの主要原料であるセメントを供給するセメント業界は、生コン業界がセメントの最大需要先であり、生コン業界の過当競争による生コン販売価格の低落が、セメント業界の経営にも悪影響を及ぼすことから、生コン業界における協同組合による協同販売事業を積極的に支援して

きた。また、生コン業界の需要先である建設業界も、大手ゼネコンを中心に価格交渉力が強い。そこで、セメント・生コン業界が一体となって建設業界と対峙している状況となっている。

生コン協同組合は、結成された場合でも、生コン業者の組織化率、ひいては協同組合の共同販売事業に係る市場占有率は、地域ごとに大きく異なっている。生コン協同組合の共同販売事業に係る生コンの市場占有率が50％を割り、有力なアウトサイダー（員外者）が存在する場合には共同販売事業の競争への悪影響は少ない。そのため、独占禁止法違反が問われるのは、市場占有率が80％～90％以上を占めるような共同販売事業に限られる。

関連市場における販売量に占める共同販売事業に係る生コン販売量の市場占有率がきわめて高い場合に、生コン協同組合が、販売業者、建設業者、セメント製造業者に圧力をかけて、アウトサイダーを排除させ（または、生コン協同組合に応分のシェア割りで加入させ）ようとするとき、独占禁止法違反が問題となる。アウトサイダーである生コン製造業者にとっては、協同組合内での生産数量についてのシェア割りが最大の関心事であって、その調整がつけば協同組合に加入して共同販売事業に参加することになる。

また、農業協同組合については、地区ごとに農業協同組合（単位農協）が設立されて、その単位農協が構成員となっておおむね都道府県ごとに都道府県経済農業組合連合会（経済連）が設立されている。それら総合農協のうち、ほとんどすべての単位農協およびすべての経済連を構成員として全国農業協同組合連合会（全農）が設立されている。全国農業協同組合連合会の指揮監督のもとに全国農業協同組合連合会を頂点とし一体として共同経済事業を行っている。これら農業協同組合は、農業協同組合法9条の規定により、24条各号の要件を満たすものとみなされる。通常農業協同組合は関連市場において市場支配力を有するだけの市場占有率を有している。

2　最近の主要判例の分析

（1）　最近の主要判例一覧　　昭和55年以降の主要な事例は下記の7件である。

①公取委勧告審決昭和55年2月13日審決集26巻110頁〔大阪地区生コンクリート協同組合事件〕

②公取委審判審決昭和55年5月26日審決集27巻25頁〔鶴岡市農業協同組合事件〕

③公取委勧告審決昭和56年7月7日審決集28巻56頁〔大分県酪農業協同組合事件〕

④公取委勧告審決平成2年2月15日審決集36巻44頁〔神奈川県生コンクリート協同組合事件〕

⑤公取委勧告審決平成2年2月20日審決集36巻53頁〔全国農業協同組合連合会事件〕

⑥公取委勧告審決平成9年8月6日審決集44巻248頁〔山口県経済農業協同組合連合会事件〕

⑦公取委排除措置命令平成21年12月10日審決集56巻第2分冊79頁〔大分県大山町農業協同組合事件〕[14]

（2）　最近の主要事例の分類方法　　①の行為は、協同組合が他の協同組合とカルテルを実施した行為である。

　共同行為にあたる①を除き、その他の行為は単独行為に分類される。それらの行為について、公取委は、事業者としての協同組合が不公正な取引方法を用いたとして19条に違反するとしている。

　そのうち、③、④、⑤、⑦は、協同組合がその取引先等の第三者に対して市場支配力・購買力を濫用した事件である。いずれも協同組合による当該行為が不公正な取引方法に該当し、19条に違反するとして排除措置を命じている。

　今日では、それらの事件のうち、③、⑦の行為は、排除型私的独占にも該当すると処理でき、④、⑤の行為は排除型私的独占に該当すると処理するべき事件である。

　そのほかの事件のうち、②は農業協同組合が、農業近代化資金融資を「てこ」として、組合員に対し系統購買を強制し、⑥は経済農業協同組合

14）　岡田哲也ほか「大分県大山町農業協同組合による独占禁止法違反事件について」公正取引713号57頁。

連合会が単位農業協同組合に対し、系統購買を強制した利用強制事件である。そのため、農業協同組合が、自己の組合員に対してどこまで共同経済事業の利用を要請できるかという、利用要請の限界が問われる事件である。

（3）　個別違反事例の概要　　（ア）　カルテルへの参加　　前述（1）①の大阪地区生コンクリート協同組合事件で、大阪地区生コンクリート組合などの5生コン組合（以下、「5組合」という）は、それぞれ大阪地区の一部を地区とし、それぞれの地区内において生コンの製造業を営む者を組合員として、組合員の製造に係る生コンの共同販売事業を行っている、中小企業等協同組合法に基づき設立された協同組合である。

5組合の供給量の合計は、大阪地区における生コンの総供給量の大部分を占めている。

大阪地区においては、セメントおよび生コンの販売業を営む者を組合員としてセメント生コン卸大阪協同組合（以下、「卸協同組合」という）が設立され、組合員の取り扱う生コンの共同購入を行っており、5組合を取引先とする生コンの販売業者の大部分がこれに加入している。

5組合は、生コンを卸協同組合に供給するにあたり、その価格を維持するため、それぞれ卸協同組合の組合員が引合いを受けたときは、卸協同組合はこれをすべて自己に提示しなければならない旨定めて、卸協同組合に対し5組合以外の者から生コンを購入させないようにしている。

5組合は、生コンの原材料の値上がり等に対処するために、5組合の代表者による会合において生コンの引上げ価格と引上げ時期を決定して実施した。

この件で、公取委は、ⓐ5組合が生コンを卸協同組合に供給するにあたり、5組合以外の者から生コンを購入しないことを条件として取引したことは、不公正な取引方法の原始一般指定7号（拘束条件付取引）に該当するため19条に違反し、ⓑ生コンの販売価格を共同して決定し、これを実施したことについては、公共の利益に反して、大阪地区における生コンの販売分野における競争を実質的に制限しているものであるとして3条後段に違反するとした。

この件では、ⓐについても「価格維持を図るため」と認定されており、

それ自体が3条後段に該当するまたは⑥の価格協定の実効性担保手段であるとして法適用することが妥当であった。

（イ）単独行為（排除行為）　前述（1）③の大分県酪農業協同組合（以下、「大分県酪」という）事件で、大分県酪は、組合員が生産する生乳の販売その他の事業を行うものであり、大分県内で生産される生乳の約9割を一手に集荷し、これを牛乳、乳飲料等の飲用乳製品の製造をしている者（以下、「乳業者」という）に販売しており、その販売量は、大分県内の乳業者の生乳総購入量の9割強を占めている。

大分県内の乳業者としては、大分県酪が株式総数の61％を保有する九州乳業株式会社のほか、地方ブランドの7乳業者が存在する。

大分県酪は、生乳の取引にあたり、地方ブランド各社との間の取引契約書において、地方ブランドの取り扱う牛乳はすべて大分県酪を通じて受け入れるものとすると規定している。

大分県酪は、前記取引契約のもとで、大分県内の生乳および飲用乳製品の市場において自己の地位の維持強化を図るために、地方ブランドが、大分県酪から生乳の供給を受けていない大分市所在の乳業者から乳飲料の製造委託等を受けることをやめさせ、また、大分県外の乳業者の製造に係る飲用乳製品の購入を取りやめさせているなど、地方ブランドの事業活動に人為的制約を課している。

大分県酪の本件行為は、不公正な取引方法の原始一般指定7号および8号に該当するとされたが、これも明白に排除型私的独占にも該当する行為である。

前述（1）⑦の大分県大山町農業協同組合（以下、「大山農協」という）事件で、公取委は、大山農協が、自己が運営する農産物直売所である「木の花ガルテン」に出荷する出荷登録者に対して、他の事業者が運営する「元気の駅」と称する農産物直売所へ直売用農産物の出荷を取りやめるよう申し入れることによって、双方出荷登録者に対し、他の事業者が運営する「元気の駅」と称する農産物直売所に直売用農産物を出荷しないようにさせることが不公正な取引方法の旧一般指定13項に該当するとした。

この件で、大山農協は、平成2年以降、「木の花ガルテン」と称する農

産物直売所を開設して、「木の花ガルテン」8店舗の販売金額は平成20年度で約9億円に達していた。他方、株式会社元気家は、「元気の駅」と称する農作物直売所9店舗を運営していた。このため、「木の花ガルテン」と「元気の駅」とは、出荷者を獲得し、顧客を集めるという点で競合関係にあった。

「木の花ガルテン」の出荷登録者は、平成21年3月で約3,400名であり、その大部分は大山農協の組合員以外の者である。ちなみに、大山農協の組合員数は879名である。

大山農協は、かねてから「木の花ガルテン」の出荷登録者に競合する農作物直売所に直売用農作物を出荷しないようにさせる方針を採用し、その方針を実施してきたが、平成21年4月に、自己のもっとも収益を上げていた店舗近くに、株式会社元気家が「元気の駅」を開設、営業開始したことを契機として、双方に出荷した直売用農作物については人目につかない売り場に移すなどの制裁措置を講じるなど、その対策を強化することにした。

「木の花ガルテン」は知名度が高く、ブランド力が強いため集客力のあるなかで、大山農協は、自己の組合員以外の農作物出荷者に対して競争者への出荷を禁止して競争者の事業活動を排除しようとしたのであって、その行為は排除型私的独占にも該当する。

担当官解説では、排他条件付取引はすべての競争者と取引しないことを条件とするものであり、大山農協は競争者が出現するたびに本件と同様な行為を行ってきていたが、本件行為は特定の競争者に直売用農作物を出荷しないことを条件として取引していることを問題としたために、拘束条件付取引に該当するとしたと解説している。

前述（1）④の神奈川県生コンクリート協同組合（以下、「神奈川協組」という）事件で、神奈川協組は、生コン製造業者を組合員として、横浜市ならびに川崎市の一部の区域において組合員の製造する生コンの協同販売事業を行っており、その販売量は協同販売事業区域における生コンの総販売量のほとんどすべてを占めていた。

神奈川協組は、協同販売事業に係る生コンを販売している販売業者に対して、神奈川協組が供給する生コン以外の生コンを取り扱う場合にはあら

かじめ報告させ、組合員による出荷が可能なときは神奈川協組と取引するよう慫慂（しょうよう）することにより、取引先生コン販売業者に全量を神奈川協組から購入するようにさせた。

また、生コンの需要者である建設工事業者が協同販売事業区域内で員外者の生コンのみを使用して工事を行うことは困難な状況にあるところ、神奈川協組は需要者に対し組合員生コンのみを使用するよう要請し、これに応じない者に対しては今後組合員の生コンを供給しない旨申し入れるなどして、員外者と取引しないようにさせた。

さらに、神奈川協組は、「系統別責任体制」と称して、主要な員外者が一定出荷数量を超えて出荷した場合に同一のセメントメーカー系列に属する組合員に調整金を支払わせるとの措置を決定・実施し、セメントメーカーに対し、員外者へのセメント供給数量を削減させることにより、員外者の生コン出荷量を抑制させるようにした。

この事件では、神奈川協組の前記行為のうち、販売会社に対し、不当に販売会社が自己の競争業者である員外者と生コンの取引をしないことを条件として取引を行っていることは、不公正な取引方法である一般指定11項に該当し、員外者と生コンの需要者との生コンの取引を不当に妨害していることおよび員外者とセメント製造業者との取引を不当に妨害していることは不公正な取引方法の旧一般指定15項に該当し、それぞれ19条に違反するとされた。

本件行為は、共同販売事業区域での生コンの販売という一定の取引分野において市場支配力を有する神奈川県生コン協同組合が員外者を市場から排除しようとしたものである。神奈川県生コン協同組合の高い市場占有率、販売業者、需要者、セメント製造業者を相手とする員外者に対する広範な妨害行為から、一連の行為として排除行為に該当するとして3条前段に違反するとすることが相当である。

前述（1）⑤の全国農業協同組合連合会（以下、「全農」という）事件で、全農は、東日本における青果物用段ボール箱販売において約60％の市場占有率を有していた。

この件で、公取委は、全農の以下の違反行為を認定し、それぞれ次のと

おり不公正な取引方法に該当し、19条に違反するとした。

(a) 全農は指定段ボール箱メーカーに対し、需要者（単位組合、出荷組合）に直接販売しないことを段ボール箱購入の継続・開始の条件とし、需要者に直接販売しないようにさせた。この行為は、指定段ボール箱メーカーと段ボール箱を購入取引するに際し、指定段ボール箱メーカーの事業活動を不当に拘束する条件を付けて取引するものであり、旧一般指定13項の拘束条件付取引に該当する。

(b) 全農は、段ボール原紙メーカーに対し、段ボール箱を製造販売しないことを原紙購入の条件とすることによって、指定原紙メーカーに段ボール箱を製造することをやめさせた。この行為は、全農が段ボール原紙メーカーから段ボール原紙を購入するに際し、段ボール原紙メーカーの事業活動を不当に拘束する条件を付けて取引するものであり、旧一般指定13項の拘束条件付取引に該当する。

(c) 全農は、指定外の段ボール箱メーカーである株式会社トキワパッケージによる段ボール箱の製造販売をやめさせるため、指定段ボール原紙メーカー2社に対し、株式会社トキワパッケージに原紙を貼合した段ボールシートを販売しないようにさせたうえ、指定段ボール箱メーカー4社に対し、（トキワパッケージの親会社である）指定外段ボール原紙メーカーである常盤産業株式会社から段ボール原紙を購入しないようにさせた。この行為は、全農が不当に指定段ボール原紙メーカーに特定段ボール箱メーカーに対する段ボールシートの供給を拒絶させ、また指定段ボール箱メーカーに特定段ボール原紙メーカーからの段ボール原紙の購入数量を削減させているものであり、一般指定2項のその他の取引拒絶に該当する。

(d) 全農は、需要者に系統ルートよりも低価格の提示があったときに当該単位農協の申出に応じて系統ルートの価格と提示低価格との差額を補填することとし、その費用をその単位農協に系統ルートを通じて納入した指定段ボール箱メーカーに支払わせた。この行為は、全農が自己の取引上の地位が優越していることを利用して正当な商慣行に照らして不当に、指定段ボール箱メーカーに対し自己のために金銭を提供させているものであり、旧一般指定14項の優越的地位の濫用に該当する。

このうち、(a)、(b)、(c)については、当初から取引の条件になっていたものではなく、全農が相手方メーカーに申し入れて、すでに実施していた（相手方または第三者の）事業活動を中止させたものである。

この行為も、全農が農業用資材についての巨大な購買力を背景に系統外の競争者を排除しようとしたものであって、一連の行為として排除型私的独占に該当する行為である。[15]

（ウ）　単独行為（利用要請）　前述（1）②の鶴岡市農業協同組合事件では、農業協同組合が、農業近代化資金融資を「てこ」として、組合員に対し系統購買を強制しているとされた。

鶴岡市農業協同組合は、組合員に対し、信用事業の一環として農業近代化資金を貸し付け、また購買事業の一環として農業機械を供給している。農業近代化資金は、長期貸付金でありかつ貸付金利が一般のそれより低くなっている。

鶴岡市農業協同組合は、昭和49年度から同50年度において、農業近代化資金の貸付枠が組合員の資金需要の総額に対して不足していたことから、販売業者から農業機械を購入する組合員に対する農業機械資金（農業近代化資金のうち、農業機械を購入する資金）の貸付については、銀行にも同資金の融資枠が設定されていることを理由として、鶴岡市農業協同組合から農業機械を購入する組合員を優先させる方針を策定して、その方針に基づいて貸付業務を行っていた。

そのため、組合員のなかには、コンバインを購入するために農業機械資金の借入れを受けようとした際に、コンバインを鶴岡市農業協同組合から購入するように勧められたが、販売業者の下取価格の方が有利であったため、これに応じず農業機械資金の借入れを断念する者がいた。また、同じ

---

15)　複合行為とは、一連の行為のうち、個々の行為が不公正な取引方法の一般指定各項のいずれかに該当するとされている行為をいう。その代表事例が、前述（1）⑤の全国農業協同組合連合会事件勧告審決および同④の神奈川県生コンクリート協同組合事件勧告審決である。

しかし、そのような法適用は、不公正な取引方法のうち、自由競争減殺型の行為類型については、行為類型ごとに関連市場を画定してそこで競争制限効果をもたらすことを一般指定各項に該当する要件とする、という今日の判例法と合致しない。複合行為については本来一連の行為として排除型私的独占に該当するとすべきであって、今日ではそのような適用事例もなくなってきている。

くコンバインを購入するに際して、鶴岡市農業協同組合から購入するように説得を受けたが、鶴岡市農業協同組合から購入するのではアフターサービスの面で不安があるとして、農業機械資金の借入れを断念する者もいた。

　公取委は、鶴岡市農業協同組合の本件行為が不公正な取引方法の原始一般指定7号に該当し、19条に違反するとした。

　前述（1）⑥の山口県経済農業協同組合連合会（以下、「山口県経済連」という）事件で、公取委は、山口県経済連が、会員農協の農薬および肥料を供給するにあたり、会員農協とこれに農薬または肥料を供給する自己の競争者との取引を不当に拘束する条件を付けて取引していることを不公正な取引方法の旧一般指定13項に該当するとした。

　山口県経済連は、会員農協が仕入れる農薬および肥料の大部分を供給してきており、また会員農協は、農家が購入する農薬または肥料の大部分を供給している。

　農薬および肥料の供給事業については、全農が、農家、農協、連合会という系統組織の各段階を通じて、その需要を集約し、これを基に農薬および肥料の製造業者とその取引条件について交渉を行い、全農から系統組織の各段階を経て農家に対し農薬および肥料を供給するという系統購買事業の一環として行われている。

　山口県経済連は、会員農協の需要をできるだけ多く自己に集約するため、会員農協に対し、農家に対する営農指導のための情報提供、奨励金の支給等各種の施策を講じている。

　山口県経済連は、経済連利用率を高めるまたは維持するため、経済連利用率を90％以上とする利用計画を策定することとしたうえ、山口県経済連からの農薬および肥料の仕入高合計額と達成率を基準として定めた奨励率を、農薬および肥料の仕入高のそれぞれの仕入額に乗じて算出した額を奨励金として支給するという奨励措置を講じていた。

　会員農協の大部分は、その奨励金を重要な収入源と位置づけて、農薬および肥料について高水準の経済連利用率を維持している。

3　これまでの違反行為と今後の法適用

判例法上独占禁止法に違反するとされた協同組合の行為は、次のように整理される。

第1に、共同経済事業を行っている当該協同組合が、22条の要件を具備したいわゆる適格組合に該当しないため、適用除外を受けない場合である。協同組合法に基づいて設立された協同組合またはその連合会でも、小規模の事業者であると認められない事業者が会員であるとき、24条の要件を欠き、独占禁止法の適用を受ける。

公取委は、当該組合に直ちに3条、19条を適用することをせずに、当該大企業を組合から脱退させ（いわゆるつまみ出し）たうえ、それらの不適格事業者が組合員の資格を失ったので、当該協同組合は独占禁止法24条の要件を具備することになったため、排除措置として格別の措置を命じないとして処理している[16]。

第2に、事業者としての協同組合の当該行為が、適用除外を受ける共同経済事業の範囲を明白に超えている場合である。

協同組合が、他の同業者や協同組合との間で、価格や数量の制限等を行うこと（カルテル）は、22条による適用除外を受けず3条後段（不当な取引制限の禁止）が適用される。

協同組合が、第三者である競争者（や取引相手）との間で組合員へ直接販売・購買しないなどの競争制限的協定を締結することや、第三者である取引相手（や競争者）に対して競争者の商品等を取り扱わないよう求めることは、共同経済事業として許容される範囲を明確に超えているために独占禁止法が適用される。その場合、協同組合の行為は、排除行為に該当し3条前段に違反するとともに、不公正な取引方法に該当して19条に違反する。

今日では、過去に不公正な取引方法の禁止に該当するとされた協同組合の行為についても、関連市場において市場占有率40％超の協同組合が市場支配力や購買力を濫用して、競争者の事業活動を不当に困難にさせる行為

---

16)　代表例として、公取委審判審決昭和38年9月4日審決集12巻1頁〔東京都パン協同組合連合会事件〕。

については、排除型私的独占に該当するとして事件処理することが相当である。

　排除型私的独占に該当する行為については平成21年1月から算定率6％の義務的課徴金の対象行為となっている。全国農業協同組合連合会事件や神奈川県生コンクリート協同組合事件の行為は、違反行為の重大性や違反の明白性（故意・過失）から排除型私的独占に該当するとして課徴金納付を命じることが妥当である。ただし、課徴金納付まで命じる必要がないと判断するときには、不公正な取引方法に該当するとして処理することができる。

　第3に、協同組合が組合員に対して自己の共同経済事業に参加するように要請し、その結果、競争者の事業活動を困難にさせることである。組合の行為に該当して適用除外を受けるか、組合の行為に該当しないとして独占禁止法を適用されるかについての限界事例となる。同様に、協同組合の連合会も適用除外の対象事業者に含まれていることから、協同組合連合会が単位組合等に共同経済事業に参加することを要請することも同様な限界事例にあたる。

　山口県経済農業協同組合連合会事件や鶴岡市農業協同組合事件などの利用強制行為は、排除措置を命じることは相当であっても課徴金納付まで命じることは相当でないものも多いと考えられる。そのような行為については、（裁量型課徴金が導入されるまで）不公正な取引方法に該当するとして法適用することが相当である。

第15章

不要な規制・規定の廃止

　国際的契約への特別規定、無体財産権の行使行為や再販売維持制度への適用除外規定、一般集中規制に関する規定、独占的状態に対する措置などの、先進国の競争法には存在せずかつ日本で存続させることに意義があるとは評価されない禁止規定、および事業者団体の活動や企業結合規制における不公正な取引方法の禁止などの不公正な取引方法の禁止に付随した禁止規定は、明確に不要なものである。これら不要な禁止規定については、適用しなければよい、実害はないから残しておいてもかまわないとして放置せずに、タイミングをみて廃止することが相当である。

I 実体法上の課題と独占禁止法上の不要な規制、規定の撤廃

1 最新の立法政策論

今日100ヶ国以上が競争法を有している。国際標準の競争法の基本体系やルールが固まりつつある。本章では、独占禁止法の基本体系やルールを国際標準の競争法の基本体系やルールに合致させるという観点から、不要な規制、規定の撤廃という課題について検討していく。

この問題については定期的に執筆し、そのつど内容を微調整しているが、本章は平成24年時点で取りまとめるものである[1]。

2 昭和52年当時における独占禁止法制の特殊性

昭和52年改正時点での独占禁止法の実体規定を、今日国際的に認められている競争法の基本体系、競争ルールに照らして、分類し直すと次のようになる。

（1）競争法の基本体系に照らし問題のない規定

①私的独占の禁止、不当な取引制限の禁止――3条

②不公正な取引方法の禁止（自由競争減殺型の行為類型）――19条

③事業者団体の活動の規制――8条1号・3号・4号

④企業結合規制（市場集中規制）――10条、15条、16条等

⑤不公正な取引方法の禁止（不公正な競争手段型・自由競争基盤侵害型の行為類型）――19条

（2）不要な規制および規定

①事業者団体の活動の規制――8条2号・5号

②国際的契約の規制――6条

③適用除外規定

　自然独占事業に固有な行為――21条（削除済み、平成12年廃止）

---

[1] 村上政博「第20章実体規定全般の見直し」『独占禁止法における判審決分析の役割』（商事法務・2009）、同「国際標準の競争法へ、独占禁止法のあり方とは」エコノミスト88巻60号54頁参照。

事業法令に基づく正当な行為——22条（削除済み、平成11年廃止）
無体財産権の行使行為——旧23条、現21条（条文替え）
再販売価格維持行為（出版物再販を除く）
　——旧24条の２、現23条（条文替え）
不況カルテル——24条の３（削除済み、平成11年廃止）
合理化カルテル——24条の４（削除済み、平成11年廃止）
④一般集中規制
持株会社の禁止——旧９条、現９条（「事業支配力が過度に集中することとなる会社の禁止」に変更、平成９年改正）
大規模会社の株式保有制限の制限——９条の２（削除済み、平成14年廃止）
金融会社の株式保有の制限——11条
⑤高度寡占規制
独占的状態に対する措置——８条の２
価格の同調的引上げ——18条の２（削除済み、平成17年廃止）

このように、不要な規制、規定の廃止が徐々に実現してきているが、不要な規制、規定がいまだ残っていることも事実である。

Ⅱ　基本規定の見直し

1　19条（不公正な取引方法の禁止）の見直し

　まず、３条と19条について、あるべき解釈論およびあるべき立法論を考察していく。

　あるべき解釈論として、３条の不当な取引制限の禁止と私的独占の禁止を中核規定と位置づけたうえ、①「一定の取引分野における競争を実質的に制限すること」を実質要件とし、②「一定の取引分野における競争を実質的に制限すること」について、市場支配力の程度、具体的な競争制限効果、正当化事由などを総合判断して決定されると解することである[2]。

　また、不公正な取引方法の自由競争減殺型の行為類型の公正競争阻害性

---

[2]　当該事業者の主観的意図も、事件によってはこれらの判断要素に並ぶものとなる。

は、「一定の取引分野における競争を実質的に制限すること」と同一の要件であると解して、行為類型ごとに単一ルールを形成することである。

あるべき立法論としては、日本特有の不公正な取引方法の禁止の解体と廃止が課題であり、不公正な取引方法は自由競争減殺型の行為類型とその他の行為類型に二分化し、前者は廃止または私的独占・不当な取引制限の例示行為として規定することで私的独占・不当な取引制限の一体化し、後者は日本固有の規制類型として規定することが考えられる。

しかし、この法改正は、行政審判の廃止にもこれだけの時間がかかっているように、言うは易く、行うは難しい作業である[3]。このことは、ほかの国でも同様で、いずれの国でも一度制定した基本規定の改正は難しく、解釈論で妥当なルールを形成している。したがって、独占禁止法も解釈論による解決を目指すべきことになる。

しかも、平成19年改正で排除型私的独占が確定金額算定方式の義務的課徴金制度の対象行為となった以降、自由競争減殺型の不公正な取引方法の公正競争阻害性と一定の取引分野における競争の実質的制限は同一実質要件であると解釈するとき、すなわち解釈論による二段階の二重規制構造の解消が実現した後に、不公正な取引方法の自由競争減殺型の行為類型については、課徴金納付を命じることなく同一排除措置を命じることを可能にするというメリットがある。すなわち、公取委は、同一違反行為に対して課徴金納付まで命じようするときに3条を適用し、排除措置命令にとどめようとするときに19条を適用するという裁量権を事実上もてることになる。

したがって、上限方式の裁量型課徴金を創設するまでは、不公正な取引方法の禁止を残しておくほうが妥当な法適用を行える。

2　8条の見直し

8条（事業者団体の活動への規制の基本規定）については、3条後段を補

---

[3]　しかも、現行判例法をみると、不公正な取引方法の自由競争減殺型の行為類型についても、競争法上問題となる行為のほかに、不正競争法上問題となる行為も含んでいるために、現行判例法をそのまま維持しようとすると、両者を正確に切り分けて規定することはさらに困難な作業となる。

完する規定と位置づけて、3条後段との整合性を確保するためにも、8条1号に一本化するように解釈し、また立法論としては8条1号以外の規定はすべて廃止するべきである。

8条1号は、事業者団体の行為について、行為態様を規定せずに、一定の取引分野における競争を実質的に制限することを禁止しており、事業者団体による活動すべてを規制対象とすることができる。

8条2号・5号はもともと不要な規定であり、8条3号・4号は8条1号を適用することでその対象行為を規制できる。とくに、8条4号は、事業者団体が構成事業者の機能または活動を不当に制限することを禁止し、競争の実質的制限までに至らないが、競争に悪影響を与えるような行為を規制するところに存在意義があるとされてきたが、今日では一定の取引分野における競争を実質的に制限することを文理どおり解釈して、8条1号を適用できる。

しかし、8条1号違反については事業者団体の違反行為について構成事業者に必要的に課徴金納付を命じるという現行課徴金制度が存在する。現行課徴金制度のもとでは、8条3号・4号には、課徴金を課すことなく、8条1号違反の場合と同一の排除措置を命じることができるというメリットがある。すなわち、公取委は、事業者団体による同一違反行為に対して構成事業者に課徴金納付まで命じようとするときに8条1号を適用し、事業者団体に対する排除措置命令にとどめようとするときに8条3号・4号を適用するという事実上の裁量権をもてる。[4]

そもそも、事業者団体の違反行為に対して、当該事業者団体でなくその構成事業者に課徴金納付を命じるという現行課徴金制度（8条の3）は、制裁の本質に反する制度である。現行課徴金制度は廃止するか、違反行為主体である事業者団体に課徴金納付を命じる制度に改正するべきである。[5]

---

4) 事業者団体による8条1号違反行為について、仮に事業者団体に対して課徴金納付を命じられるとしても、当該事業者団体に対して制裁として課徴金納付を命じることが相当でない事例も生じる。

5) さらに、現在事業者団体の場を借りたカルテルについては3条後段の優先適用説がとられているが、3条後段に該当するとして事業者に排除措置、課徴金納付が命じられる場合にも、事業者団体の関与行為について8条違反が認められるときには、同時に事業者団体に対しても

3　課徴金制度の見直しが必要

現実的には、事業者団体の活動に対する規制（8条）の全面的改正のほうが、不公正な取引方法の禁止（19条）本体の解体・廃止よりも可能性がある。

しかし、いずれにせよ、事業者団体の活動に対する規制の全面的改正、不公正な取引方法の禁止本体の解体・廃止ともに、実現するためには、先行して法律改正によって現行の課徴金制度を全面的に見直すことが必要である。

Ⅲ　国際標準の競争法体系上の不要な規定

1　本質的に不要な規制、規定

独占禁止法には、他国の競争法にみられない日本独自の規定であって、日本で特別に規定する必要性があるとも考えられない、またはすでにその役割を終えたと評価されるために廃止することが相当である一群の規定が存在する。

そのような規定として、国際的契約等に関する規定（6条）、無体財産権（以下、知的財産権という）の行使行為についての適用除外規定（21条）、指定商品の再販売価格維持契約等の適用除外規定（23条）、一般集中規制に関する規定（9条、11条）、独占的状態についての措置規定（独占企業に対する企業分割規定。8条の4）があげられる。

2　国際的契約等に関する規定の廃止

（1）　6条の立法趣旨および主要規定との関係　　独占禁止法上の主要規定である3条前段（私的独占の禁止）、3条後段（不当な取引制限の禁止）、第4章の企業結合に関連する規定は、国外での行為についても効果主義に

> その関与行為を排除するために必要な排除措置が命じうる（3条と8条の並存・同時適用説）。そのように、さらに重ねて当該カルテルに関与した事業者団体に8条1号違反で（二重に構成事業者に対して課徴金納付を命じることなく）排除措置を命じることができるようにするためにも、現行課徴金制度の改革は不可欠である。さもないと、同一行為を行った事業者に二重に課徴金を課すという結果になってしまう。

基づき適用される。現実にも国外における行為について、3条後段、第4章の企業結合に関連する規定が効果主義に基づき域外適用されている。そもそも、先進国では、国際取引のみを規制する特別な禁止規定を有していない。

ところが、日本ではとくに国際的契約について、「事業者は、不当な取引制限又は不公正な取引方法に該当する事項を内容とする国際的協定又は国際的契約をしてはならない」と規定する6条が存在する。

国際的契約とは、定義規定はないが、①契約当事者のいずれかが外国事業者であり、②契約内容に渉外的要素を含むもの、と解釈されている。①の国内事業者と外国事業者とについて通常、自然人については国籍、法人については設立準拠地によって区別する。②については、商品（物資）、特許等知的財産権（技術）、資本等を国際的に移動させることを目的としているものをいう。

6条と3条後段、19条の関係については、6条が特別規定として優先適用されるのではなく、6条と3条後段、19条は競合して適用されると解されている。

昭和28年に6条1項が、「不当な取引制限又は不公正な取引方法に該当する事項を内容とする」国際的契約、国際的協定を禁止する旨改正された。その後、6条1項前段については予防規定説、後段については間接的域外適用説（正確には域外適用とまではいえない）が通説となった。[6]

（2）6条前段と3条後段　「不当な取引制限に該当する事項を内容とする国際的契約」の締結を禁止する6条前段と3条後段との関係については、予防規定説が採用されてきた。

予防規定説は、6条前段の適用範囲が3条後段よりも広く、6条前段は3条後段の予防規定的な性格を有すると解釈する。この説は、不当な取引制限の成立時期について実施時説をとることを前提として、6条は不当な取引制限を内容とする国際的契約を締結することを禁止していることから、国際的契約の締結時において、規制できるところに意義があるとする。

---

[6]　6条2項は国際的契約の届出制度を規定していたが、平成9年6月の改正で廃止された。したがって、従来6条1項であった6条のみが残っている。

予防規定説については、国際カルテル契約について何故に国内カルテルよりも早期に規制する必要があるのかという基本的疑問があるものの、不当な取引制限の成立時期について実施時説が学説上有力でありかつ実務で採用されていた期間は、もっとも有力な学説であった。

ところが、昭和59年の石油製品価格協定事件最高裁判決[7]以降、合意（契約・協定）によるカルテルの成立時期について合意時説をとることが判例法上確立した後は、予防規定説をとるメリットも実質的に失われた。

今日でも、予防規定説は、不当な取引制限の成立時期について実施時説のあてはまる（水平的取決め、垂直的取決めを含む）共同行為について適用する可能性がないわけではない。しかし、国際的な共同行為についてのみ国内の共同行為よりも早く契約締結時に規制できると解釈することに合理性はない。

（3）　6条後段と19条　「不公正な取引方法に該当する事項を内容とする国際的契約」の締結を禁止する6条後段については、それによって国内事業者を相手方として間接的に19条を域外適用することを可能にするところに、価値を認める間接的域外適用説がとられてきた。

19条は、事業者が不公正な取引方法を用いることを禁止して不公正な取引方法を用いる事業者を違反行為者としていることから、外国事業者が不公正な取引方法を用いる者であり、かつその外国事業者が日本国内に支店、営業所、事業所等の国内拠点を有していないときには、19条の適用は事実上不可能であると解釈されてきた。6条後段は、このような場合に、不公正な取引方法を用いられた国内事業者を相手方として6条後段違反の国際的契約を締結したとして、その破棄や条項の削除・修正を命じ違法状態の解消を図ることを可能とする。このように、間接的域外適用説に存在価値があるのは不公正な取引方法を用い、19条に違反した外国事業者に対して国内に事業拠点を有していない限り域外適用できないことを前提にしているためであって、外国事業者への文書送達規定が整備された後は、外国事業者に対して文書を送達して19条を直接適用することが可能であって、も

7）　最判昭和59年2月24日刑集38巻4号1287頁。

はや6条の存在意義はなくなっている。

　また、間接的域外適用説は、日本では不当な取引制限の禁止は共同行為一般を規制対象とするのでなく、水平的制限のみを規制対象とすることを前提として成立する。今日、不当な取引制限の禁止は共同行為一般を規制対象としていると解釈されることから、国際的契約の両当事者が不当な取引制限の違反行為者となるのであって、間接的域外適用説を採用する必要はない。[8]

3　知的財産権の行使行為への適用除外

（1）　先決事項としての適用除外制度　　適用除外の存在意義は、まず先決事項として、独占禁止法違反か否かを判断する前に、独占禁止法の適用が除外されるか否かを決定するところにある。

　独占禁止法から適用除外されるときには、それで独占禁止法との問題はなくなることを意味する。独占禁止法から適用除外されないときに、独占禁止法に違反するか否かの判断を行うことになる。すなわち、3条違反では、相互拘束・排除行為にあたり、競争の実質的制限にあたるか否かを決定し、19条違反では、不公正な取引方法の一般指定の形式要件を満たし、公正競争阻害性にあたるのか否かを決定することになる。一定の取引分野における競争の実質的制限、公正競争阻害性を問わずに、独占禁止法違反の有無を判断するために、多様な要素について認定したうえでの総合判断が求められるため、適用除外を受けると、そのようなコストを省くことができる。

　ただし、事案の性格から、認可運賃遵守カルテル、協同組合による組合員への利用要請など、適用除外を受けないと直ちに独占禁止法に違反することになる行為もあるが、論理上独占禁止法適用の有無と独占禁止法違反の有無という二段階の判断は区別される。

---

8)　多摩地区入札談合事件最高裁判決（平成24年2月20日判例集等未登載）は、3条後段が実質的に水平的、垂直的取決めを規制対象とするとしている。そのため、6条がなくとも公取委は3条後段を適用して、外国事業者、日本事業者の双方またはいずれか一方に排除措置を命じることができる。

（2）　知的財産権の行使行為への適用除外　　21条の規定は、著作権法、特許法、実用新案法、意匠法または商標法による権利の行使と認められる行為には適用しないと規定している。

　米国反トラスト法では、知的財産権も所有権等と並ぶ財産権の1つであると解釈されて、知的財産権の行使について競争法である反トラスト法のルールが全面的に適用される。EU競争法では、知的財産権の存在と行使を区別し、知的財産権の行使についてEU競争法を全面的に適用する。このように、先進国では、21条のような知的財産権の行使行為に適用除外を認める規定は存在しない。

　当該行使行為について、21条の適用除外にあたるのか否かが先行して判断されて、適用除外を受けると独占禁止法との問題はなくなり、適用除外を受けない場合に独占禁止法に違反するか否かが判断されるというのが適用除外制度の本質である。

　この建前を維持するために、過去には知的財産権の本来的行使については独占禁止法の適用除外を受ける、または、物権的効力、債権的効力という二分法のもとで物権的効力にあたる行使行為については独占禁止法の適用除外を受けるという説が主張された。

　しかし、代表的な本来的行使、物権的効力にあたるとされる行使行為の形態である、差止請求権の行使、使用希望者に対する一方的な使用許諾の拒絶も、例外的事情のもとで、独占禁止法に違反するということを認めた時点で、21条は適用除外規定として機能しないことになった。今日では、判例・学説ともに、権利侵害による差止請求権の行使、実施許諾の一方的拒絶というような行使形態についても例外的事情のもとで「権利の行使と認められる行為」に該当せずに、独占禁止法違反になることもありうるとしている。

　さらに、判例法上、当該知的財産権制度の趣旨や当該規定の内容が競争の実質的制限や公正競争阻害性の判断要素として勘案されたうえ、技術保護制度の趣旨を逸脱するか否か、独占禁止法に違反するか否かを（二段階のプロセスに分けずに）同時に決定されている。このように、最近では、21条については、知的財産権関係の事件で、枕詞的に使用される程度で

実質的に適用除外規定として機能していない。

そのため、21条は、知的財産権関係の独占禁止法違反事件の処理に際して、当該知的財産権制度の趣旨、関係規定の内容を十分に考慮することを求める規定と解される。すなわち、当該知的財産権制度の趣旨や当該規定の内容が、競争の実質的制限、公正競争阻害性に該当するのを判断する際の一判断要素になると解される。

21条がなくとも、(欧米の競争法と同様に)一般原則に従い当該知的財産権制度の趣旨、関係規定の内容が考慮要素にあたると解釈することが可能であるため、この解釈は21条不要説をとるのと同じである。

4 再販売価格維持制度

(1) 指定再販　独占禁止法上、再販売価格維持は、原則として禁止されている。

しかし、公正取引委員会が指定する特定の商品(指定商品)および著作発行物(法定商品)の再販売価格維持について、正当な行為の範囲において、消費者の利益を害しない場合に、独占禁止法からの適用除外が認められている(23条)。

指定商品の再販売価格維持については、平成9年4月に指定商品として残っていた化粧品、一般医薬品についての指定が取り消されて、それ以降新たな指定はなされていない。したがって、今日指定商品についての再販売価格維持制度を存在させる意義はなくなっている。

(2) 著作物再販(法定再販)　著作物については再販売価格維持が許容されている(23条4項)。

公取委は、23条に法定されている著作物に、出版物(書籍、雑誌、新聞)、レコード盤、音楽用テープ、音楽用CDが該当するとしている。

再販売価格維持契約の内容は、再販売価格を決定しこれを維持するためにする正当な行為に限られる。「正当な行為」には、①再販売価格の遵守を相手方に義務づけること、②相手方がその販売先との間で再販売価格維持契約を結ぶよう義務づけること、③相手方がこれらの義務に違反したときの出荷停止、違約金支払いなどの不利益措置を定めてそれを実施するこ

とが含まれる。この再販売価格維持契約について、公取委への届出義務はない。

また、消費者協同組合法、農業協同組合法、国家公務員法など14の法律に基づき設立された福利厚生事業を行う団体との間で再販売価格維持契約を結んではならない。生活協同組合、農業協同組合等それらの団体はもともと組合員に対して、生活用品などを安く提供することを設立目的にしているからである。

ただし、①当該行為が一般消費者の利益を不当に害することとなる場合、②出版社等の生産者の意に反している場合には、その再販売価格維持は適用除外から外れて独占禁止法の適用対象となる。

今日では、出版物（書籍、雑誌、新聞）を別として、レコード盤、音楽用テープ、音楽用CDに再販売価格維持を認める必要はないと考えられる。

5　一般集中規制

企業結合規制と区別されるところの一般集中規制は、すべて廃止すべきである。

一般集中規制は、三菱、三井、住友のような戦前の財閥に起因する大企業集団を規制対象としている。企業集団に属するメンバー企業は、商業銀行および商社を中核企業とし、相互取引と株式持合いで緊密な関係を維持している。しかし、昭和22年の財閥解体後、日本の企業集団はメンバー企業を支配する家族支配の持株会社または親会社をもっていないのであり、今日では一般集中規制は不要な規制である。

一般集中規制は、旧9条（持株会社の禁止）、旧9条の2（大規模事業会社の株式保有の制限）、旧11条（金融会社の株式保有の制限）に基づいて実施された。

持株会社は、平成9年に実質的に解禁された。現9条は、事業支配力が過度に集中することとなる会社の設立または事業支配力が過度に集中することとなる会社への転化を禁止する。以下の三条件を満たす会社が、事業支配力が過度に集中することとなる会社に該当する。

第1に、当該会社が次の3つの状況のいずれかを満たすこと。

①当該会社の総合事業規模がかなりの数の事業分野において著しく大きいこと
②当該会社が金融取引によって他の会社に著しく大きい影響力を有していること
③当該会社がかなりの数の関連事業分野において有力な地位を占めていること

第2に、当該会社が国民経済に大きな影響を及ぼすこと。

第3に、当該会社が公正かつ自由な競争の促進の妨げとなること。

なお、当該会社とは、会社、その子会社および株式保有によって支配している他の関連会社を含むものと定義される。

ちなみに、この現9条は制定以来これまで適用されたことはない。

平成14年改正によって、旧9条の2は完全に廃止された。同時に、平成14年改正で旧11条も緩和され、現11条（銀行または保険会社の株式保有の制限）は、銀行または保険会社が、原則として国内の会社の株式をその発行済み株式総数の5％（保険会社の場合は10％）を超えて保有することを禁止している。

他の先進国の競争法は、市場分析および市場への悪影響を必要としない、このような形式的かつ予防的な規制を有していない。したがって、一般集中規制はすべて廃止することが相当である。

6　独占的状態に対する措置の廃止

（1）　企業分割政策の到達点　　昭和52年改正で、高度寡占対策として、独占的状態に対する措置および価格の同調的引上げに関する報告徴収制度が導入された。このうち、価格の同調的引上げに関する報告徴収制度は平成17年に廃止された。

独占的状態に対する措置は、事業者が原因の如何を問わず、重要な市場において高い市場占有率を有し、その市場への新規参入も困難であり、かつ、当該事業者の販売価格が固定化し、利益が過大であるなど経済的弊害が生じている場合に、公正取引委員会が一定の手続のもとに当該事業者に対して営業譲渡を命じるなどの措置をとることを認めている。

このように、独占的状態に対する措置は、独占禁止法違反行為がなくとも経済的弊害が生じている場合に企業分割を認めたものである。そのような企業分割政策が妥当であるか疑問があるうえ、独占的状態の認定要件および競争回復措置を命じる発動要件がきわめて厳格に規定されており、現実に発動できるとは考えられない。現に、昭和52（1977）年の創設以来現在までこの措置を発動することは真剣に検討されたことすらない。

企業分割政策が盛んに論じられた米国でも、1970年代までに企業分割政策は有効に機能しないことが明らかになっている。シカゴ学派は、ハーバード学派の1950～60年代の企業分割政策、構造規制を批判し、今日ではシカゴ学派の主張が受け入れられている。日本の独占的状態に対する措置も結局そのことを裏づけるものとなっている。他の先進国でも、違反行為を要件とせずに、市場における成果の悪いことを発動要件とする企業分割法制は有していない。

（2）　独占的状態に対する措置（競争回復措置命令）　（ア）　改正法案の概要　　行政審判制度のもとで独占的状態に対する措置を発動できないことはこれまでにも解説していることから、ここでは行政審判を廃止する改正法案のもとでの競争回復措置命令による手続でも独占的状態に対する措置を発動することは事実上不可能であることを解説する。

競争回復措置命令は、文書によって行い、競争回復措置命令書には、独占的状態に係る商品または役務について競争を回復させるために必要な措置ならびに公取委の認定した事実およびこれに対する法令の適用を示し、委員長および合議に出席した委員がこれに記名押印しなければならない（64条1項）。競争回復措置命令は、その名宛人に競争回復措置命令書の謄本を送達することによって、その効力を生ずる（64条2項）。

このほか、競争回復命令についてのみ、とくに次のように規定されている。競争回復措置命令は、確定しなければ執行することはできない（64条3項）。公取委は事前通知しようとするときは、当該事業者の営む事業に係る主務大臣に協議し、かつ、公聴会を開いて一般意見を求めなければならない（64条5項）。競争回復措置命令をするには、委員長、委員3人以上の意見が一致しなければならない（65条3項）。

（イ）廃止に向けて　独占的状態に対する措置は、対象産業・企業選定基準である「独占的状態」について、①当該産業が年間国内販売高1,000億円超の重要産業であること、②その産業で1社が事業分野占拠率50％超または2社が事業分野占拠率合計75％超であること（高集中度）、③新規参入が著しく困難であること（新規参入の困難性）、④価格が需給や費用の変動に対応していないこと（価格の硬直性）、⑤相当の期間継続して利潤が標準利潤率を著しく超過しているか、販売費・一般管理費の支出が著しく過大であること（超過利潤の存在等）の5つを要件とする（2条7項）。

さらに、対象産業・企業に関する、ⅰ経理状況、ⅱ従業員等の状況、ⅲ工場等の立地条件、ⅳ事業設備、ⅴ特許権や技術上の特質、ⅵ生産・販売能力、ⅶ資金・原材料の取得能力、ⅷ流通等の状況、を調査しそれらを配慮したうえ、ⓐ規模の利益・国際競争力等が害されず、かつ、ⓑ他の代替的措置では競争回復が困難である場合に、競争回復措置命令として企業分割（営業譲渡等）を命じるとしている（8条の4）。

この選定基準は、市場構造要因（集中度、参入障壁）、市場成果要因（持続した超過利潤の存在、価格の硬直性）を組み合わせて、現実に市場において超過利潤等の弊害が発生していることの立証を求めるものである。さらに、当該産業について多様な事項についての徹底した分析を求め、競争回復措置命令は、他の代替手段では競争を回復できない場合の最後の手段であり、かつ企業分割はそのメリットが実施コストを上回る場合に行うものであるとしている。

競争法による企業分割政策については、その膨大な社会的資源の費消、誤った分割という危険、および大型分割訴訟に不可避な訴訟遅延を考慮すると、その社会的利益はその費用を上回ることはないという評価が定着している。なかでも、企業分割までに要する時間の長さが構造規制の致命的な欠陥であるとされている。この点は、独占的状態に対する措置にもあてはまる。競争回復措置を命じるためには、前記①〜⑤の5つの選定要件（独占的状態認定のための要件）を満たすこと、競争回復措置命令が諸事項を勘案して妥当なものであって、かつ、㋐費用の著しい上昇をもたらす程

度に事業規模が縮小し、経理が不健全になり、または、国際競争力の維持が困難になると認められる場合、⑦当該商品または役務について競争を回復すると認められる他の措置が講ぜられる場合という２つの消極要件に該当しないことが必要である。

そのため、公取委はそれらの点を絶えず確認しながら手続を進めなければならない。公取委は、意見聴取のための事前通知時点、競争回復措置命令時点で、独占的状態に対する措置のための要件が満たされていることを認定する必要がある。競争回復措置命令取消訴訟においても、公取委は、東京地裁での口頭弁論終結時、東京高裁での口頭弁論終結時において独占的状態に対する措置の要件が満たされていることを立証しなければならない。その場合、東京地裁、東京高裁での裁判所は、命令時点で独占的状態に対する措置の要件が存在したが、すでにその要件を満たさないことになっている場合、消極要件に該当する場合にあたると認定される場合に、当該命令を取り消すことになる。さらには、最高裁判決時点、確定判決執行時点でも独占的状態に対する措置のための要件が満たされていることが必要であると考えられる。

企業分割の対象とされた企業は、係る利害が巨大であるため、審査から判決確定まで全力で公取委と争うことが想定される。そのため、調査開始から執行終了まで10年ないし20年程度は簡単にかかる。その期間中に市場構造を始めとする経済環境は自然と変化していく。しかも、対象企業が、この期間中に自ら価格引下げなどを実施して、独占的状態に対する措置の要件を充足しないようにすることも可能である。

このような事情を勘案すると、独占的状態に対する措置が発動されることは到底期待できない。

Ⅳ 不公正な取引方法の禁止に付随する不要な規定

1 不公正な取引方法の創設に伴い挿入された規定

もともと、19条に規定された不公正な競争方法の禁止は独占禁止法の体系上不要なものであった。昭和28年改正でそれを引き継いだ不公正な取引

方法の禁止も、本質的に不要なものである。

前述（Ⅱ1）のとおり、不公正な取引方法の禁止（19条）の解体・廃止は当面実現可能性がなく、解釈論でこの問題を解決せざるをえない。しかし、他の禁止規定に挿入された不公正な取引方法の禁止については、法制を簡明なものとし、不要な議論を避けるために速やかに廃止することが相当である。

そのような規定として、第4章の企業結合規制に関する規定における、「不公正な取引方法を用いる場合」、6条の「不公正な取引方法に関する事項を内容とする」国際的契約等、8条の「事業者に不公正な取引方法に該当する行為をさせるようにする」事業者団体の行為、協同組合の活動の適用除外である24条但し書および事業法における適用除外の但し書における「不公正な取引方法を用いる場合」があげられる。

このうち、6条についてはすでにその役割を終えて廃止するべきであることは前述してあるので（Ⅲ2）、第4章の企業結合規制に関する規定における「不公正な取引方法を用いる場合」、8条の「事業者に不公正な取引方法に該当する行為をさせるようにする」事業者団体の行為、協同組合の活動の適用除外である24条但し書および事業法における適用除外の但し書における「不公正な取引方法を用いる場合」について解説する。

2　第4章の企業結合規制に関する規定における、「不公正な取引方法を用いる場合」の廃止

企業結合は、一定の取引分野における競争を実質的に制限することとなる場合に禁止される。ところが、第4章の規定は、不公正な取引方法に該当する行為による企業結合も禁止している。これは明白に不要な規定であって、これまで適用事例もない。仮に企業結合について不公正な取引方法の禁止による規制を行うとしても、19条を適用することで十分である。

3　8条5号の廃止

8条5号は、事業者団体が事業者に不公正な取引方法に該当する行為をさせるようにすることを禁止する。「させるようにする」とは、「させるこ

と」までは要せず、不公正な取引方法に該当する行為を行うように事業者に働きかけることを意味する[9]。すなわち、働きかけられた事業者が不公正な取引方法に該当する行為を実施すること（不公正な取引方法を用いること）は必要でない。そのため、8条5号の実質要件は公正競争阻害性であると説明されているが、8条5号と不公正な取引方法の実質要件である公正競争阻害性と結びつくのかについて疑問がある。

8条5号の典型的適用事例は、事業者団体が多数の構成事業者による力を背景として取引の川上、川下にいる事業者に圧力をかけて特定の事業者（競争者）との取引を拒絶させる行為である。事業者団体が、①構成事業者に特定の事業者との取引を拒絶させること、②構成事業者の取引先事業者等をして特定の事業者との取引を拒絶させることが、8条5号に違反するとされている。この場合、事業者団体は、構成事業者や構成外事業者に一般指定各項のいずれかに該当するところの、特定事業者との間の取引を拒絶するまたは拒絶させることになる行為をさせることになる。

しかし、この場合も競争法上の違法性は、特定の事業者との取引を拒絶させる旨の事業者団体の決定にある。本来事業者団体の決定とそれに基づく事業者への働きかけ（実施行為・実施状況）をとらえて、事業者団体の当該行為が8条1号に違反するとして処理することができる。そのため、今日では、8条5号を適用する事例もなくなっている。

4 適用除外の但し書の不公正な取引方法の禁止

（1）組合の行為　協同組合制度の意義は、組合員の事業活動の独立性をある程度まで確保したまま、単一事業体として共同経済事業を行うことを許容するところにある。

そこで、22条柱書は、協同組合が株式会社のように単一事業体（単一経済体）として共同経済事業を行うことを許容するものと解される。適用除外となる共同経済事業を超える、すなわち「組合の行為」にあたらない協同組合の行為については、一般の事業者の行為と同様に、独占禁止法3条、

---

[9] これまた、不公正な取引方法に該当する行為をさせるようにすることという法概念が成り立つのかについても疑問がある。

19条、8条などが直接適用される。

　22条但し書のうち、「不公正な取引方法を用いる場合」は、反トラスト法継受上のミスにより昭和22年の原始独占禁止法制定時に規定した不公正の競争方法の禁止について、昭和28年改正でそのまま「不公正な取引方法を用いる場合」として受け継いだものであって、もともと不要なものである。したがって、22条但し書の「不公正な取引方法を用いる場合」は、速やかに削除するべきものであって、適用しないことが相当である。たとえ、「組合の行為」として許容される範囲を超える協同組合の行為が不公正な取引方法に該当するとしても、この但し書でなく、独占禁止法19条が直接適用される。これまで協同組合の行為が不公正な取引方法に該当するとされた事例はすべて19条が適用されたものと解される。

　また、適用除外を受ける協同組合について、上限市場占有率要件は課せられていないため、協同組合が高い市場占有率をもつ（関連市場での大多数の事業者が加入する）ときに、その協同組合は市場支配力を行使して販売価格を不当に高く引き上げること（原価を大幅に上回る価格を設定すること）ができる。

　22条但し書のうち、「一定の取引分野における競争を実質的に制限することにより、不当に対価を引き上げることとなる場合」については、適格組合が、一定の取引分野において独占力、市場支配力を有し、それに基づき販売価格を設定すること自体は「組合の行為」に該当することを前提として、いわば例外的な弊害規制として、協同組合が原価や競争価格を大きく上回る販売価格を設定するような場合に、公取委が3条後段に違反するとして価格引下げ命令など行政上の措置をとることができるようにしたものである。協同組合による共同経済事業のなかでも競争法は伝統的に共同販売事業に着目してきており、そのことを反映した規定である[10]。ただし、現実の販売価格があるべき競争価格を大幅に上回っていることを立証することは難しく、しかも共同経済事業を許容した趣旨に反するおそれがある

---

10) この場合、「不当に対価を引き上げることとなる」の「こととなる」とは、協同組合が現実に不当な高価格を徴収することまでは必要でなく、不当な高価格を請求することを決定するまたは取引相手に通知する時点においても規制できることを意味するものと解釈される。

ことからも、この但し書が現実に発動されることは想定されない。

現実にも、これまで協同組合の行為への適用除外に対する但し書が適用されたことは一度もない。

（2）　事業法上の適用除外但し書（明示の適用除外への適用）　明示の適用除外に該当しない限り[11]、すなわち、適用除外を受ける範囲を超える行為については独占禁止法が全面的に適用される。したがって、適用除外を受けない行為については、但し書の有無にかかわらず、独占禁止法が全面的に適用される。

不公正な取引方法を用いる場合に独占禁止法を適用できるという事業法上の適用除外の但し書については、組合の行為に対する適用除外への但し書と同様に、不要な規定であると解釈される。不公正な取引方法を用いるときにあたるとされる、適用される当該業界で独占的地位を占める事業者が一部の事業者の事業活動の継続を困難とするような差別的内容の協定を締結する場合について、公取委は所管大臣による当該認可事項が認可要件

11）　個別事業法に基づく黙示の適用除外は、欧米における競争法では、昔から認められている法原則である。

　実質的には、それら規制産業分野で、専門的知識・知見を有して、日常的に監督権限を行使している所管当局が存在することが前提条件となる。そのために、独占禁止法違反を判断する前の先決事項として黙示の適用除外が認められるかが問題となる。

　同一レベルの法律の抵触・調整であるため（同一レベルの法律の抵触を解決する調整原則であるため）、黙示の適用除外が認められるか否かは競争法を所管する競争当局と個別事業法を所管する行政当局のいずれかの当局が決定すべき事項でなく、法体系上裁判所が判断するべき事項となる。

　黙示の適用除外は東日本電信電話株式会社事件で初めて本格的に主張されたが、同事件最高裁判決（本書第3章参照）は問題とされた行為は実質的に、電気通信事業法の接続規制またはその趣旨に合致したものでないため、黙示の適用除外が認められる余地はないとして退けている。

　実際には、公取委が取り上げる事件で黙示の適用除外が認められることは想定しがたい。米国での事例のように、私人による訴訟で黙示の適用除外が認められる可能性があるものと予想される。その場合、米国最高裁判決のように、①当該行為がその規制当局の直接的な規制領域にあること、②その当局が問題とされる行為を監督する権限をもっていること、③その当局が積極的にその権限を行使していること、④独占禁止法からの適用除外が認められないと当該事業者が矛盾した基準や規則に直面することになること、というような要素を考慮して判断することが相当である。Credit Suisse Securities (USA) LLC v. Billing, 127 S.Ct. 2387 (2007).

　また、黙示の適用除外については、その定義上適用除外の例外（但し書）のような議論は生じる余地がない。

に合致していないとして所管大臣に措置請求できるだけでなく、その認可事項は認可要件を満たさず「適用除外される行為の範囲」を超えているため独占禁止法からの適用除外を受けないとして、3条や19条に違反する場合に行政上の措置をとることを命じることができる。

また、航空法や保険法上の共同行為への適用除外については、航空運賃や保険料率を不当に著しく引き上げることになる場合に独占禁止法を適用できる、すなわち航空運賃等を不当に著しく引き上げることとなるときに公取委が一方的に行政上の措置をとることを命じることができるという但し書が規定されている。これら事業法上の適用除外の但し書については、組合の行為に対する適用除外への但し書と同様に、(事業者間で共同して航空運賃等を決定して)所管大臣から認可を受けた航空運賃等がその航空運賃等の原価や競争航空運賃水準を大幅に上回っているときにその弊害を是正するために必要な措置を命じることを認めたものである。しかし、認可航空運賃等は当該事業法を所管する大臣から認可を受けたものであることから公取委が認可航空運賃等の内容について一方的に調査し排除措置を命じることは実際には困難である。ましてや、その航空運賃等の認可に際して公取委から事前に同意を得る、公取委と事前に協議するという事前調整手続などがあるときにはその事前調整プロセスが優先されるので、それを無視して一方的に排除措置を命じることは想定されない。また、競争政策の実現という観点からは、認可に際しての同意、事前協議などの事前調整のほうが有効に機能するものと考えられる[12]。

これまでも事業法上の適用除外に対する但し書が適用(発動)されたことは一度もない。

そもそも、先決事項であるという適用除外制度の趣旨からは、法律関係を簡明なものとするために、適用除外の但し書は一切存在しないことが立法政策的に望ましい。

---

12) 弊害規制である適用除外の但し書については、理念上適用がありうることと、解釈上の混乱をもたらすものでないことから直ちに廃止すべきともいえない。しかし、現実には発動されることはないものと予想される。

V　タイミングが重要

　不要な規定の廃止の大義名分は、「それによって、日本の事業者や産業界に余分な負担をかけているおそれがある規制を取り除き、公取委にとってもその人的資源を有意な分野に投入し、競争ルールの実効性を確保できる」ということにある。しかし、現実には公取委も不要なことを十分に認識してもはや適用していないなど、実質的に無意味なものとして取り扱っている。これら不要な規制、規定を法改正ですべて廃止したとしても、今日の公取委の実務にはほとんど影響しない。

　したがって、緊急の課題や大きな経済的効果をもたらす改革というよりも、経済法学の発展や国際化の進展に合わせて、日本の競争法制を国際ルールに合致させるという色彩が強い法改正になる。

　不必要な規定について、適用しなければよい、実害はないから残しておいても構わないとして、未来永劫存続させるのもおかしいことは自明であって、結局は、タイミングをみて廃止することに尽きる。

終　章

社会的活動
もう1つのあとがき

　最後に、『独占禁止法の新展開』（判例タイムズ社・平成23年）に執筆した学者の研究活動とは異なるものであるが、学者の典型的役割である社会的活動についての私の体験を取りまとめる。
　この種の活動は、やはり40歳以降が主たる活動時期となる。当初はどうしても、専門分野を生かして、競争法、競争政策の観点から意見を述べることが期待されるが、次第に経験を生かしてより広い視野から意見を述べて議論の取りまとめをすることが期待されるようになる。
　その成果は、知識の獲得にも役立つとともに、幅広く世の中や日本社会の動きを知りそれに関与していけるところにある。

I　学者生活の一区切り

　平成25年3月に一橋大学教授を定年退官の日（63歳の歳である）を迎える。書きたい論文はほぼ書き終え、本書の刊行もあって、文字どおりさまざまな活動に一区切りつけるにふさわしい時期である。
　すでに過去の社会的活動に係る記憶はあいまいになっている。また、研究室の明渡しに伴い、関係ファイルや関係書類を大量に廃棄処分せざるをえない。
　そこで、この辺でそろそろ対外活動の中間総括をしておこうと考えたわけである。ただし、自慢話になるので、俗物根性の発揮といわれるかもしれないが。

II　社会的ポスト

1　現在占めている社会的ポスト

　まず、以下が、履歴書にその他兼務している官職（現職）として載せている主要ポストである。
　　財務省、財政制度等審議会　委員
　　公正取引委員会、独占禁止懇話会　会員
　　経済産業省（中小企業庁）、中小企業政策審議会　委員
　　文部科学省、文化審議会　臨時委員（著作権分科会　委員）
　　横浜市、横浜市入札等監視委員会　委員長
　　神奈川県、政府調達苦情検討及び入札・契約監視委員会　委員長
　ある意味で、社会的な信頼が得られるという意味で、実力以上に高い評価を得る原因となり、権威づけに使えるポストということになる。
　若い時期には、誰しも、将来はそのようなポストを歴任するような身分になりたいと考えるものである。現実には、時間を費やしても主要官庁と付き合っておくことには、実務的な専門知識を得られるほかに、時として情報収集、便宜供与など想定外のところでメリットを得ることがある。

2 その他のポスト

学会関係のポストとして、日本国際経済法学会理事（平成6年10月から）、日本経済法学会理事（平成11年10月から）、日米法学会評議員（平成13年9月から）がある。

次いで、財団等の評議員として、財団法人放送セキュリティセンター、財団法人知的財産研究所の評議員を勤めた。

教育実績として、東京大学、ビジネスロー・比較法センター客員教授（平成20年4月から平成23年3月まで）、一橋大学法科大学院の専任教授（平成16年4月から平成23年3月まで）、東京大学法学部非常勤講師（産業法担当、平成6年度、同7年度）があげられる。

その他、自己に特有な資格として、米国ミシガン大学ロースクール比較法修士（LCM）取得（昭和58年）、司法研修所の研修終了（昭和50年）、日本国弁護士（昭和50年弁護士登録、昭和58年公務員任用に伴い登録抹消）、ニューヨーク州弁護士（昭和58年ニューヨーク州弁護士試験合格、昭和59年ニューヨーク州弁護士登録）がある。

3 一般論として

年齢的に若いうちは、やはり社会的活動の機会は与えられない。また、宮仕え、組織勤めをしている間は、組織の意見と異なる個人的な意見は主張しにくい。その場合、より上位の地位の者のために働くのであって、役所で局長級、民間企業で役員級に昇進しないと社会的活動の機会は与えられない。

このように、組織人は、現に就いているポストによって選任され、所属集団の利益を代表・代弁することになる。通常は50歳代にならないとそのようなポストに就けない。

その点、学者は、独立した専門家として、その業績が評価されて、自己の専門的立場から発言するために比較的若いときから、社会的活動の機会が与えられる。

役所にとっても、中立的立場から使いやすいのみならず、学者については比較的若い時期から使ってみて（40歳代から専門委員会、ワーキンググル

ープの委員等につけて)、その能力および適性を判断し、使える者を選別したいという希望がある。そのため、学者は55歳前後から、専門分野に関して座長、委員長等のポストに就く適任者として審議会委員に残されていることになる。

4 本務である教育研究活動との関係

学者は、どうしても自己の専門分野や自己の著書・著作に縛られる。有識者・知識人一般としての意見を代弁するためにふさわしい者としては、もっと社会的知名度のある評論家、マスコミ関係者、消費者代表等の適任者がいる。

社会的活動をするために有利な専門分野と不利な専門分野があるが、その点で、経済法やビジネスローの専門家は比較的恵まれた立場にあるといえる。

Ⅲ 40歳代

1 40歳代中頃から

私個人にとっても、社会的にその立場が与えられるようになった時期は、40歳で横浜国立大学に移り学者となってからで（平成2年4月に横浜国立大学助教授、平成3年10月に同大学教授）、実際には欧州委員会での研修から帰国（平成6年9月）後であり、45歳を過ぎていた。

40歳代後半以降50歳代前半までで、時間を費やしかつ社会的にも大きな意味をもった仕事は、日本貿易振興会「対日アクセス実態調査」諮問委員会、委員（平成7年6月から平成15年6月まで）と内閣府、市場開放問題苦情処理推進会議（OTO）専門委員（平成8年7月から平成20年6月まで）の2つであった。

「対日アクセス実態調査」諮問委員会は、当時の日本貿易振興会の畠山襄理事長のリーダーシップのもとで組織されたものであって、伊藤元重座長のもとで日本人学者が4名、外国人学者が4名で構成された。法律関係者は日本人、外国人が各1名ずつで後はすべて著名な経済学者であった。

医薬品、医療機器産業など日本の法制、取引慣行が国際的に問題として取り上げられる業種について、米国と欧州各国の法制、取引慣行を比較して、日本の法制、取引慣行が不公正かどうかを検討し、そこでの意見を取りまとめた年次報告書を作成、公表した。

毎年事前に準備された資料を読んで、年1回開催された正式会合に参加して、年次報告書を作成のための意見を述べ議論することが仕事である。メンバーは皆事前に調査報告書案を読み込んで真剣に議論する会合であり、自分にとっても大変勉強になった。確かに、日本の法制、取引慣行の是非のみを論じていても何の結論も出ず、比較研究の重要さを改めて認識するとともに、経済学者の得意技である法制と取引慣行に分けて経済分析を行う手法を修得できた。

他方、市場開放問題苦情処理推進会議（OTO）は、日本の基準・認証制度といわれる、日本の個別の法制・政令・通達、実務慣行について、苦情を申し立てて是正を要求する外国政府、外国企業・外国事業者団体と、現行の基準・認証制度を守ろうとする日本の所管官庁とが直接対峙する形で行われた。この会議では、その問題について双方の主張を聞きながら、是正する必要があるか否か、その場合いつまでどのように対処するのかを決定する。輸入手続、医薬品関係、農産物関係などの基準・認証制度をめぐるテーマが多かった。私の仕事は専門委員として個別テーマの検討の場に参加し、意見を述べる立場であった。やはり法学者は私1名だけであった。

市場開放問題苦情処理推進会議（OTO）では、個別案件ごとに、正式委員の1名が指名されて司会者・裁定者の役割を務めた。ここでは、いわばガチンコの議論における裁きのあり方を学んだ。大河原良雄氏（外務省）、行天豊雄氏（大蔵省）、眞木秀郎氏（農林水産省）など、役人として名を成した人々については、財界人や学者と比べて、さすがにその裁き方は見事であった。

これらの仕事で、日本の市場開放には幾分は貢献していたと自負している。その後私が各種審議会、委員会の座長等を務めるにあたっても、この2つの体験がもっとも参考になっている。

2 国際経済法の専門家、国際的な競争法の専門家として

この時期に、横浜市の横浜市調達に係る不服等審査委員会委員(平成6年12月から平成16年3月まで)、通産省の輸出入取引審議会(特別部会)委員(平成11年7月から平成13年1月まで)、経済産業省の産業構造審議会臨時委員(平成13年1月から平成18年4月まで)、内閣府の中小企業政策審議会専門委員(平成11年7月から平成13年1月まで)を務めた。

中央官庁の審議会は、社会的に格の高い諮問委員会で、学者にとって選任されることは名誉なことであるが、通常はそれほど忙しい仕事ではない。専門的かつ客観的な見地から諮問事項について(正論的な)意見を述べることが主たる仕事である。しかも、それら利害調整の場において学者の意見がそのまま直ちに採用されるわけではない。

輸出入取引審議会委員、その後の産業構造審議会臨時委員は、アンチダンピング課税、緊急輸入制限措置などを発動する際に意見を具申する役割であって、国際経済法学者として評価されていたことを意味する。

また、横浜市の委員として地方自治体における複雑な公共調達制度や入札制度の実務を学ぶことができたことは、その後の活動にとって大きく役立った。

IV 50歳代

1 一橋大学教授

平成14年4月に、52歳で、一橋大学大学院国際企業戦略研究科教授に就任した。

このことは、一橋大学の名声、神田神保町に研究室があるという地の利、夜間の社会人向大学院であることから来る昼間の時間的余裕など社会的活動を行うためにはきわめて有利に働いた。

その後務めた主要なポストは、横浜市入札・契約制度改革検討委員会委員長(平成15年)、横浜市入札等監視委員会委員(平成16年4月から)、同委員会委員長(平成18年4月から現在まで)、経済産業省の中小企業政策審議会臨時委員(平成13年1月から同21年4月まで)、同審議会委員(平成21年4

月から現在まで)、財務省の財政制度等審議会(たばこ事業等分科会および国有財産分科会)臨時委員(平成13年1月から同19年1月まで)、同審議会委員(平成19年1月から現在まで)、文部科学省の文化審議会(著作権分科会)臨時委員(平成16年7月から現在まで)である。

このうち、横浜市入札・契約制度改革検討委員会委員長は、当時の契約部長が入札情報の漏えいにより刑事責任を問われるという不祥事を契機として結成された。それまで横浜市調達に係る不服等審査委員会委員を長年務めてきたということもあって立場上引き受けたが、当時の横浜市長の改善への強い意志もあって、予想以上の成果を上げることができた。ジョイント・ベンチャーに手をつけられなかったことを除いては、指名競争入札から一般競争入札への移行、総合評価方式の導入、低価格調査制度の拡充、予定価格と最低制限価格の事前公表を報告書に盛り込みかつ実現できた。

目にみえる成果をと期待されたが、改革実施後に目標どおり平均落札率を80%台中頃まで引き下げることができた。その後は、絶対量として公共工事金額が減少して建設業者の淘汰が進むなかで、制度的には最低制限価格制の拡大、最低制限価格の引上げ、地元優良事業者の優遇制度など競争政策の観点からはやや後退している。しかし、建設業者間の生き残りをかけての受注競争は激しく、平均落札率は85%前後で推移している。

中小企業政策審議会取引部会の仕事は、毎年閣議で決定する、国の発注する物品、役務、工事の調達金額のうち、中小企業に配分する比率の目標値について意見を述べ、その実績を検証することである。平成21年から同部会の部会長を務めている。

財務省の財政制度等審議会委員としては、まず、国有財産分科会の委員として、株式部会・部会長代理を務めた。国有不動産の利用・売却、NTT株など国有の株式処分について意見を述べる役割である。この間、地方自治法による地方公共団体の入札手続と微妙に異なっているところの、国の会計法による不動産入札手続等を学ぶことができた。

また、たばこ事業等分科会たばこ事業部会・塩事業部会の委員として、定価部会の部会長を務めた。印象に残る仕事は、たばこ注意文言に係るワーキンググループの座長として、現行のたばこの箱に記載されている注意

文言を取りまとめたことであった。各分野の医者がメンバーの過半を占めるワーキンググループであったが、事務局等多数の人々の支援を得て何とか合意にたどり着くことができた。先進国で標準となっている注意文言の水準まで到達することが目的であって、その当時はかなりどぎつい文言という印象を受けたが、今日では普通の注意文言として一般にも受け入れられている。

　文部科学省の文化審議会の臨時委員かつ著作権分科会の委員として、法制問題小委員会の委員、使用料部会の委員などを務めた。著作権法は、細かく精緻に規定されている法制であって、毎年のように個別権利制限規定の新設など、法改正事項に取り組むことが続いた。私にとっては、競争法と異なる法制である著作権法の知識を得て著作権法に馴染むこと自体に大きな価値があった。知的財産権の行使と独占禁止法との調整原則は独占禁止法のなかでも大きなテーマであって、その意味で独占禁止法学者として研究に一番役に立った審議会である。その検討課題のなかでは、録音機器等への補償金制度の対象機器の拡大やその制度自体の廃止をめぐる議論と、平成21、22年の権利制限の一般条項である日本型フェアユースの創設をめぐる議論がとくに印象に残っている。

2　独占禁止法の専門家

　独占禁止法の専門家としては、公取委の独占禁止懇話会会員（平成16年10月から現在まで）、内閣府の独占禁止法基本問題懇談会委員（平成17年7月から平成19年6月まで）を務めている。

　私個人としては、50歳前後には世界でもトップクラスの競争法の研究者であったと自負している。その当時、外国の大学、研究所、外国競争当局、国際機関（OECD）をまわって、米国反トラスト法、EU競争法などについて最新の知識・実務を学んだ。この時期には米国司法省での国際的な競争法のあり方をめぐる公聴会にもパネリストとして招待された。当時の欧州委員会競争総局の事務総長、ドイツ連邦カルテル庁の長官とはとくに知遇を得て、というよりも気があってともに外国での会合に出かけた。カナダの競争局長官、オーストラリアの競争・消費者委員会の委員長からは招

待を受けて、それら競争当局に滞在することができた。

　しかし、この時期には、日本国内では、独自の理論や実務が支配的であって、公取委の委員長、各委員とも外国の競争法の動向にはほとんど興味をもっていなかった。

　これは、外国法を専門にする研究者すべてにあてはまるが、外国法を中心に研究していると、どうしても欲求不満に陥る。いくら自分が、米国反トラスト法、EU競争法の知識、見識があるといっても、それら諸外国での立法活動や事件処理・判例形成に直接関与することはできないためである。

　日本の競争法の学者としては、独占禁止法の法改正や、論文・評釈の公表で解釈論や判例の変更に関与することが本筋である。実際にも、日本で独占禁止法の改正作業に参画し、論文・評釈の公表や意見書提出で個別事案の判例形成に関与するほうが学者としてやりがいがある。もっとも、60歳になっても論文執筆ができるのは、過去の蓄積が大きかったためであって、若い時期から日本で仕事に追われていると蓄積はできない。そのバランスのとり方は難しいのであろう。

　一橋大学教授に就任後、執筆活動はほぼ日本の独占禁止法に関するものになっている。公取委の独占禁止懇話会会員や内閣府の独占禁止法基本問題懇談会委員に就任して、独占禁止法についてある程度発言力をもてるようになってきた。

　しかも、独占禁止法も国際標準の競争法に移行して、国際的共通事業活動ルールの一翼を担うべきであるということは、本来は学者にいわれるまでもなく、公取委自体が自ら目指すべき道なのである。すでに、数多くの公取委職員が先進国の競争当局の職員とともに国際会議に参加している。公取委委員長が国際競争ネットワーク（ICN）の副委員長を務め、公取委委員が経済協力開発機構（OECD）の競争委員会の幹部会のメンバーとなっている。

　審判廃止について、公取委が大部分の学者や公取委OBの反対にもかかわらず、独自の審判廃止に踏み切ったのも、また日本独自の企業結合手続の事前相談を廃止して欧米並みの企業結合手続の採用を決定したのも、そのような流れの1つとして受け取るべきであろう。

V　50歳代中頃から60歳代に入って

1　時間的に追われて

　通常審議会委員は事務局が根回しを終えていたり、一方的に自己の意見を陳述するものであって、それほど時間をとるものではない。例外が、文化審議会（著作権分科会）臨時委員として参加した、著作権分科会、法制問題小委員会であった。むずかしい法律改正事項が連続して取り上げられ、しかもそこで充実した議論が行われた。

　60歳を過ぎた平成21年からは、さまざまな部会長・委員長ポストを務め、付随する職務として、各種委員会の座長・主査ポストを引き受けている。これらのポストについては、通常の委員と比べて数倍の時間を要する。座長・主査ポストの特質として、委員の意見の取りまとめに専念するのか、あるいは自己の個人的意見を反映させるのかというバランスのとり方に苦労することになる。しかし、自分の関心と一致すると学ぶことも多い。

　なかでも、比較的おもしろかった仕事として、平成19年の適正手続の保障とカルテル調査手続に関する日本経済団体連合会の海外調査の主査としての仕事、文化庁での「諸外国の著作権の集中管理と競争政策に関する調査研究委員会」（平成22年1月から平成21年度、同22年度、同23年度の3年間にわたる委託調査）の主査としての仕事であった。

2　その他の仕事

　この時期における、その他の仕事で印象に残っているものが、次の2つである。

　東京大学、ビジネスロー・比較法センター客員教授（平成20年4月から同23年3月まで）として公開講座を引き受け、企画と司会を担当した。さまざまなスタイルの講演を見聞きして、講演の仕方について学ぶことが多かった。アドリブやジョークがきくタイプもいれば、講演内容を事前にきちんと決めてそのとおりに話すタイプもいる。スタイルはさまざまだが、正直に本音ベースで話すことが大切ということが私なりの結論であった。

平成17年に設立された商事法務研究会賞の選考委員を務めている。民法、民事訴訟法、商法、知的財産・競争法、租税法、労働法というビジネスローの各分野における40歳未満の学者が前年度1年間に公表した論文、著書のなかから、とくに優れたもの1、2点を選ぶ作業である。分野ごとと全体で選考委員会が開催されて、商事法務研究会賞の対象作品が決定される。商法の受賞作にみられるような、経済学を駆使した切れ味に優れた論文や、民法の受賞作にみられる外国での歴史をまとめた、いわゆる労作的なものもある。優れた論文や著書を数多く読むことや、選考の過程から学ぶことは多かった。

Ⅵ 『独占禁止法の新展開』終章の研究活動に係る補足

研究活動については、『独占禁止法の新展開』（判例タイムズ社・平成23年）の終章にまとめてあるが、その後の研究活動の軌跡を平成25年時点で補足しておきたい。

1 不公正な取引方法への取組み―立法論と解釈論

不公正な取引方法の禁止について立法論（いわゆる不公正な取引方法の解体論である）と解釈論（解釈によって二段階の二重規制構造から一段階の二重規制構造に移行させることである）のいずれの方法で解決を図るかについて、私にとって絶好の機会であると考えた内閣府の基本問題懇談会当時から『独占禁止法の新展開』までは両にらみの戦略論であった。基本問題懇談会では、排除型私的独占とともに、優越的地位の濫用とぎまん的顧客誘引・景表法を課徴金対象行為とすることが私の目標であった。これによって、不公正な取引方法の解体を進めようとした。ちなみに、不正競争行為については不正競争法違反行為と同質なものであるため行政制裁の対象とすべきではない。

『独占禁止法〔第4版〕』（弘文堂・平成23年）の「第4版はしがき」で、「実体ルールの見直しについては解釈論で行うことができる」と書いたように、立法論・解釈論について総合判断した結果として、同書第4版から

は解釈論での解決を優先すべきとの立場をとっている。

多摩地区入札談合事件最高裁判決を得た後の『独占禁止法〔第5版〕』（弘文堂・平成24年）では、実質的に解釈論で解決したという立場で解説している。

2 行為類型概念の位置づけ

事後規制の行為類型概念については、三度にわたりその位置づけを変更している。

最初は、不公正な取引方法の一般指定何項に該当するという判決審決しかなかった時期における対応である。この時期には行為類型については不公正な取引方法の形式要件に該当するものと位置づけて、当該事例に3条を適用しても同一の結論になると説明せざるをえなかった。『独占禁止法』（弘文堂・平成8年）、『独占禁止法〔第2版〕』（弘文堂・平成12年）はこの立場で書かれている。

その後、私的独占の禁止を適用した事例が出現して、その先例がかなり蓄積してきた。そこで、『独占禁止法における判審決分析の役割』（商事法務・平成21年）で初めて行為類型について、不公正な取引方法と3条の私的独占の禁止と不当な取引制限の禁止から等距離のものと位置づけて、いずれの規定を適用しても行為類型ごとに同じルールになるという立場で書かれている。すなわち、当該行為類型については、私的独占等と不公正な取引方法の一般指定何項に該当するものになるという言い回しを使用した。

『独占禁止法〔第5版〕』（弘文堂・平成24年）で、行為類型について初めて、私的独占の禁止および不当な取引制限の禁止という抽象的な規定に基づく判例法を分類するためのものであると位置づけている。19条違反行為についても（その形式要件の脆弱性を勘案すると）、3条のもとでの行為類型に合わせて整理すべきあるという立場で書かれている。もちろん最後の位置づけが、欧米の競争法における抽象的な禁止規定のもとで判例法を整理するための概念として発展してきた行為類型の本来の意味であって、これによって3条中心主義が確立することになる。

3 この10年間の成果

独占禁止法は、この10年間でそれまでは抜本的に異なるものとなったといえるほど大きな発展を遂げた。私からみて順番をつけると次のようになる。

第1に、平成17年改正で課徴金を（カルテルについての）行政上の制裁と位置づけ、さらに平成21年改正で排除型私的独占と優越的地位の濫用を課徴金対象行為とすることによって、課徴金を独占禁止法の主たる制裁として位置づけた。

第2に、平成21年改正で株式取得に事前届出制を導入するとともに、企業結合に対する事前届出制を全面的に整備した。これによって企業結合規制を事前規制として確立した。それまで、もっとも多く利用される企業結合形態であった株式取得に、事前届出制が採用されていないことは致命的な欠陥であった。

第3に、平成21年に排除型私的独占に関する独占禁止法上の指針を公表し、そのなかで排除型私的独占に単独行為規制の対象となる行為類型すべてを含む行為類型概念を導入したことである。この指針の作成は、排除型私的独占を課徴金の対象行為としたことに対応するものであるとともに、その当時国際的にも、単独行為規制に係るガイドライン作成が最大の論点であったことが追い風となった。それまでは、『独占禁止法における判審決分析の役割』（商事法務・平成21年）で繰り返し解説してあるように、単独行為の行為類型概念が採用されていないために排除型私的独占の基本的な性格が明らかになっていなかった。

第4に、平成24年の多摩地区入札談合事件最高裁判決の出現である。その意義は、本書で解説してあるとおりである。これによって、少なくとも不当な取引制限の禁止による共同行為規制について妥当な判例法が確立したことになる。さらに、今後の主要課題は、本書第1章に記載したものに絞られることが明らかになった。

事項索引

あ

- アジアの競争法 …………………………… 39
- 暗黙の合意 ………………………………… 78

い

- EU 機能条約（TFEU）
  - ——101条 ……………………………… 41
  - ——102条 ……………………………… 41
- EU 競争法 …………………………………… 38
  - ——81条 ……………………………… 216
- 異議告知 ………………………………… 226
- 医師会 …………………………………… 177
- 意思の連絡が推認されるカルテル ……… 168
- 一定の企業結合の取扱いに係る簡素化した手続に関する委員会告示（EU） … 225
- 一定の事業分野 ………………………… 177
- 一定の事実行為 …………………………… 78
- 一定の取引分野 …………………………… 71
- 違反金条項 ……………………………… 158
- 違反行為自体のなくなる日（排除措置） ……………………………………… 322
- 医療法上の医療計画制度 ……………… 178
- 医療用医薬品（薬価基準） …………… 183
- インド競争法（2002年制定） …………… 40

え

- HHI（ハーフィンダール・ハーシュマン指数） …………………………………… 245
- SNIPP テスト（仮想的独占者テスト） …… 80
- 役務提供委託 …………………………… 293

お

- 押し付け販売 …………………………… 297
- おとり廉売の目玉商品 ………………… 211
- 音楽著作権集中管理団体 ………………… 99
- 音楽著作権制度 …………………………… 98

か

- 買い叩き ………………………………… 294
- 買い手段階の価格差別 ……………… 36, 47
- 価格引下げ命令 ………………………… 347
- 確認規定説 ……………………………… 210
- 寡占的価格協調理論 …………………… 258
- 仮想的独占者テスト ……………… 80, 262
- 課徴金算定率 …………………………… 317
- 神奈川県、政府調達苦情検討及び入札・契約監視委員会 …………………………… 392
- カバー・ヴォルステッド法（1922年制定） ……………………………………… 349
  - ——1条 ……………………………… 349
  - ——2条 ……………………………… 349
- 間接的域外適用説（6条） ……………… 376
- 管理楽曲 …………………………………… 89
- 管理事業者 ………………………………… 89
- 管理事業法 ………………………………… 99
- 関連市場の画定に関する告示（EU） … 223

き

- 企業結合ガイドライン ………… 79, 242, 244
- 企業結合計画に関する事前相談に対する対応方針 ……………………………… 222
- 企業結合審査に関する委員会規則(2008年) ……………………………………… 223
- 企業結合審査に関する独占禁止法の運用指針（企業結合ガイドライン、平成16年5月制定） ………………………… 79, 244
- 企業結合審査に関する独占禁止法の運用指針（平成18年） ……………………… 245
- 企業結合審査に関する理事会規則(2004年) ……………………………………… 222
- 企業結合審査の手続に関する対応方針 …… 222
- 紀州田辺梅干協同組合および紀州みなべ梅干協同組合に対する警告 ……………… 10
- 基準売上額（value of sales） ………… 329
- 基礎金額（basic amount） …………… 329
- 北テキサス生産者協同組合事件（米国控訴審判決） ……………………………… 350
- 義務（obligation） ……………… 224, 225
- 業種別算定率 …………………………… 317
- 行政独占の禁止 …………………………… 36
- 競争回復措置命令 ……………………… 382

競争者の事業活動の継続または新規参入を
　困難にさせる行為……………………… *169*
競争ルール（sound competition rule）…… *2*
共通の目的の達成（実現）に向けてそれぞ
　れの事業活動を制約すること……… *24, 168*
協定（agreement）…………………………… *44*
共同経済事業…………………………………… *342*
共同経済事業許容説…………………………… *342*
共同利用施設の利用…………………………… *346*
共謀（conspiracy）…………………………… *44*
協力者…………………………………………… *133*
禁止期間…………………………………… *227, 231*
禁止決定…………………………………… *225, 239*
禁止命令………………………………………… *239*

く

組合の行為……………………………… *357, 386*
クレイトン法………………………………… *124*
　──2条（価格差別の禁止）…… *37, 47, 124*
　──3条（排他的取引等の禁止）
　　………………………………… *37, 47, 124*
　──7条（株式・資産取得規制）… *37, 47*
　──8条（役員兼任規制）………… *37, 47*

け

経営状況……………………………………… *255*
経営破綻………………………………… *250, 251*
経済的従属関係の濫用の禁止……………… *287*
経済農業組合連合会（経済連）…………… *358*
継続期間（実行期間または違反行為期間）
　…………………………………………… *315*
契約（contract）…………………………… *44*
結合（combination）………………………… *44*
減額……………………………………… *294, 299*
原始独占禁止法24条………………………… *353*
権利の行使と認められる行為……………… *378*

こ

故意過失による権利侵害…………………… *149*
合意時説（成立時期、既遂時期）
　……………………………………… *44, 168, 376*
合意によるカルテル………………………… *168*
行為類型……………………………………… *402*
広告活動の制限……………………………… *179*
公正な競争を阻害するおそれ……………… *49*

高度（重大）な市場支配力（significant
　market power）…………………………… *73*
購入・利用強制……………………………… *294*
購買力………………………………………… *73*
効率性………………………………… *250, 251, 255*
合理の原則（Rule of Reason）………… *45, 169*
国際的技術導入契約に関する認定基準…… *289*
国際的契約…………………………………… *375*
告示による指定方式……………………… *49, 50*
個別徴収方式………………………………… *89*

さ

財政制度等審議会……………………… *392, 397*
再度＋主導…………………………………… *318*
再度の違反…………………………………… *317*
搾取型単独行為……………………………… *288*
搾取型濫用行為………………………… *25, 288*
3条後段優先適用説（8条との関係）
　……………………………………… *106, 188, 190*

し

シカゴ学派…………………………………… *382*
事業支配力が過度に集中することとなる会
　社…………………………………………… *380*
事業者団体の場を借りたカルテル………… *189*
事業者団体法（昭和23年）………………… *353*
　──6条…………………………………… *353*
事業法上の適用除外………………………… *388*
市場開放問題苦情処理推進会議（OTO）
　…………………………………………… *394*
市場構造要因（集中度、参入障壁）……… *383*
市場支配的地位（dominance）………… *72, 272*
市場支配率（market power）…………… *72, 119*
市場支配力の形成、維持ないし強化… *66, 167*
市場支配力の形成、維持ないし強化という
　結果………………………………………… *27*
市場成果要因（持続した超過利潤の存在、
　価格の硬直性）…………………………… *383*
市場占拠率…………………………………… *72*
市場占有率（market share）……………… *72*
市場占有率40%………………… *119, 122, 142, 165*
市場占有率50%……………………………… *118*
市場の閉鎖性・排他性……………………… *275*
市場閉鎖効果………………………… *265, 271, 274*
市場閉鎖を行う動機・誘因…………… *265, 272*

市場閉鎖を行う能力·····················265, 272
市場力·····································73
市場を支配することができる状態······24, 166
　──を形成、維持、強化すること···27, 167
　──をもたらすこと···········27, 74, 81, 166
事前通知（排除措置前の通知）······230, 233
実行期間の始期（課徴金）·····················321
実行期間の終期（課徴金）·····················321
実施時説（成立時期、既遂時期）
　·······································44, 168, 376
実勢料金·······································181
指定再販······································379
指定差別対価···································54
指定商品·································212, 379
指定不当廉売···································54
私的独占の禁止及び公正取引の確保に関す
　る適用除外制度の整理等に関する法律
　（適用除外一括整理法）·····················354
私的独占の禁止及び公正取引の確保に関す
　る法律の適用除外等に関する法律（適用
　除外法）·······································354
支払期日を定める義務·························293
支払遅延·································294, 299
シャーマン法·····················21, 60, 124
　──1条（取引制限の禁止）······21, 37, 47
　──2条（独占化・独占化の企画の禁止）
　···21, 37, 47
社会的必要性···································93
自由競争基盤侵害型（公正競争阻害性）···51
自由競争減殺型（公正競争阻害性）
　·······································28, 51, 372
集中管理団体···························89, 97
修理委託·······································293
主導的役割····································318
需要者からの競争圧力·························254
受領拒否·································294, 299
状況証拠による合意の立証·····················112
条件（condition）·······················224, 225
条件付承認決定·································239
条件付承認命令···························235, 239
条件付容認·······························235, 239
情報成果物作成委託···························293
諸外国における著作権の集中管理と競争政
　策に関する調査研究会報告書（平成24年
　3月）···103

書類の作成・保存義務·························294
新規参入の蓋然性···················249, 254
審査期間·······································236
新日本製鐵・住友金属工業合併容認事例
　·······································222, 237

す

垂直的制限ガイドライン························46
垂直的制限に関するガイドライン（EU、
　2010年）··································216
水平型企業結合ガイドライン（EU、2004
　年）···························244, 245, 261
水平型企業結合ガイドライン（米国、1992
　年）···251
水平型企業結合ガイドライン（米国、2010
　年）·····························251, 260, 264

せ

1989年理事会規則（EU 企業結合規則）
　··243
1997年理事会規則（EU 企業結合規則）
　··243
制限の適用除外説·····························355
制裁金減免申請告示（EU）··············330
制裁金算定ガイドライン（EU）········329
正常な競争手段の範囲を逸脱するような人
　為性を有する行為···············67, 76, 170
製造委託·······································293
セーフ・ハーバー·······················252, 274
全国農業協同組合連合会·····················358
潜在的競争者（新規参入希望者、新規参入
　をしようとする者）·····························75
全面的適用除外説·····························355

そ

早期離脱·······································317
総合的な事業能力···············255, 259, 277
相対的優越性···································301
損害賠償額の予定·····························158

た

第1次審査·····································236
大規模小売業者による納入業者との取引に
　おける特定の不公正な取引方法
　（大規模小売業告示）·················290, 297

対抗的な購買力……………………… 249
対抗力説……………………………… 344
第三者機関による裁定……………… 101
第2次審査…………………………… 236
「対日アクセス実態調査」諮問委員会… 394
他の事業者の事業活動の継続を困難にさせ
　たり、新規参入者の事業開始を困難にさ
　せたりする行為……………… 25, 170
他の事業者の事業活動の継続を困難にさせ
　る行為（人為的行為）……………… 169
単一かつ明示の意思表示…………… 135
単位農協……………………………… 345

ち

チェックリスト方式………………… 258
遅延利息の支払義務………………… 294
知的財産ガイドライン………………… 46
中国競争法（2007年制定）………… 39
中小企業共同組合…………………… 352
中小企業政策審議会…………… 392, 396
中小企業保護………………………… 284
重複適用の問題（形式要件）………… 55
直接使用許諾…………………………… 95
著作物再販（法定再販）…………… 379

て

適用除外一括整理法………………… 354
適用除外法…………………………… 354
　――2条……………………………… 354
デジタルコンテンツと競争政策に関する研
　究会報告書（平成15年3月）……… 101

と

ドイツ競争制限防止法20条1項…… 287
ドイツ競争制限防止法20条2項…… 287
ドイツ競争制限防止法20条3項…… 287
当該商品または役務（基礎金額）… 323
　――の売上高………………………… 325
当該取引に係る市場が有する競争機能を損
　なうこと……………… 24, 27, 166, 170
同時適用説（3条後段と8条）…… 195
当然違法の原則（Per Se Illegal）… 45, 169
独占禁止懇話会………………… 392, 398
独占禁止法
　――2条1項………………………… 71

　――2条4項………………………… 71
　――10条10項………………… 229, 240
　――における判審決分析の役割…… 402
独占禁止法改正
　昭和52年…………………………… 381
　平成9年………………………… 371, 380
　平成11年……………………… 354, 371
　平成12年…………………………… 370
　平成14年……………………… 371, 381
　平成17年……………………… 315, 371
　平成21年……………………… 299, 315
独占禁止法基本問題懇談会………… 7, 398
独占禁止法基本問題懇談会報告書（平成19
　年）……………………………… 7, 337
独占的状態…………………………… 383
独占力（monopoly power）………… 73
特定荷主が物品の運送又は保管を委託する
　場合の特定の不公正な取引方法
　（物流特殊指定）…………………… 290
特定納入業者………………………… 306
特定の市場効果要件………………… 52
届出前相談……………………… 227, 237
届出料金………………………… 180, 181
取決め（arrangement）……………… 44
取引関係の濫用の禁止……………… 287
取引上の地位が自社に対して劣っている納
　入業者（特定納入業者）…………… 306

な

生コンクリート協同組合…………… 357

に

2004年理事会規則（EU企業結合規則）
　………………………………………… 243
21条不要説………………………… 379
二重処罰の禁止…………………… 7, 337

の

農協ガイドライン……………… 342, 344
農業協同組合…………………… 352, 357
農業協同組合の活動に関する独占禁止法上
　の指針（平成19年、農協ガイドライン）
　………………………………………… 342
納入業者の従業員等の不当使用…… 297

は

ハーバード学派………………………………… 382
排除型私的独占に係る独占禁止法上の指針
（平成21年、排除型私的独占ガイドライン）
………………………………………… 25, 64
排除型濫用行為に係るガイドライン（EU）
………………………………………………… 39
排除措置命令を行わない旨の通知…… 232, 233
発注書面の交付………………………………… 293
汎欧州ライセンス……………………………… 100

ひ

非水平型企業結合ガイドライン（EU、2008
年）………………………………………… 244, 265
必要な報告、情報または資料の提出…… 232
非定型行為……………………………………… 75
非典型行為……………………………………… 75
標準報酬表の作成……………………………… 179

ふ

不可欠施設理論………………………………… 84
不公正な競争手段型（公正競争阻害性）… 51
不正競争行為（不正取引行為）の禁止…… 36
不正競争法……………………………………… 285
物権の効力（21条）…………………………… 378
不当な給付内容の変更およびやり直し…… 294
不当な経済上の利益提供要請………………… 294
不当な経済上の利益の収受…………………… 297
フランス商法典………………………………… 287
　　——L420-2条2項………………………… 287
　　——L442-6条…………………………… 287
フリーライド効果……………………………… 218
文化審議会………………………………… 392, 397
文化庁長官の裁定……………………………… 99

へ

弊害規制………………………………………… 347
米国反トラスト法……………………………… 20
並存説（3条後段と8条）…………………… 195
弁護士会（強制加入団体）…………………… 179
返品………………………………………… 294, 299

ほ

包括許諾、包括徴収方式……………… 89, 93, 94

〔右段〕

萌芽理論………………………………………… 21
法定差別対価…………………………………… 54
法定不当廉売…………………………………… 54
本来的行使（21条）…………………………… 378

み

民事訴訟法248条（損害認定）……………… 155

む

無条件承認……………………………………… 235
無条件承認決定………………………………… 239
無条件容認………………………………… 235, 239

め

明示の適用除外………………………………… 388
名目的な（symbolic）行政制裁金………… 197
メリーランド・ヴァージニア生産者協同組
合事件（米国最高裁判決）………………… 350

も

黙示の合意………………………………… 78, 135
黙示の適用除外………………………………… 388
問題解消措置に関する告示（EU）……… 223

や

約束した事項（commitments）…… 224, 225
薬価基準………………………………………… 183

ゆ

優越的地位の濫用に関する独占禁止法上の
考え方（平成22年11月）………………… 301
優越的地位濫用タスクフォース…………… 291
有償支給原材料等の対価の早期決済……… 294
輸入総代理店契約等における不公正な取引
方法に関する認定基準……………………… 289
輸入の蓋然性…………………………………… 254

よ

予防規定説（6条）…………………………… 375

り

リージン事件米国最高裁判決……………… 213
流通取引慣行ガイドライン………………… 201
流通・取引慣行に関する独占禁止法の指針
（平成3年）………………………………… 185

利用強制……………………………… *346*
利用の呼びかけ…………………………… *346*
利用要請………………………… *346, 365*
隣接市場からの競争圧力……………… *255, 259*

れ

例外規定説……………………………… *210*
連邦取引委員会（FTC）法…………… *21, 124*
　——5条（不公正な競争方法の禁止）
　………………………………… *19, 21, 47*

ろ

ローマ条約101条……………………… *196*
ロビンソン・パットマン法……………… *37*

わ

和解制度（EU）………………………… *14*
割引困難な手形の交付………………… *294*

判審決索引

最高裁判所

昭和50年7月10日判決 民集29巻6号888頁・判例時報781号21頁・判例タイムズ326号82頁〔育児用粉ミルク(和光堂)事件〕……………………………………………… 123, 208

昭和50年7月11日判決 判例時報781号32頁・判例タイムズ326号95頁〔育児用粉ミルク(明治商事)事件〕…………………………………………………………………… 208

昭和59年2月24日判決 刑集38巻4号1287頁・判例タイムズ520号78頁〔石油製品価格協定事件〕…………………………………………………………… 160, 189, 190, 192, 376

平成元年12月14日判決 民集43巻12号2078頁〔東京都芝浦屠場事件〕……………………… 29

平成10年12月18日判決 民集52巻9号1866頁・判例タイムズ992号94頁〔資生堂東京販売(富士喜本店)事件〕………………………………………………………………… 29, 218

平成10年12月18日判決 判例時報1664号14頁・判例タイムズ992号98頁〔花王化粧品販売(江川企画)事件〕………………………………………………………………… 29, 218

平成17年9月13日判決 民集59巻7号1950頁・判例タイムズ1191号196頁〔日本機械保険連盟事件〕…………………………………………………………………… 4, 171, 314, 326

平成22年12月17日判決 判例時報2101号17頁・判例タイムズ1339号55頁〔東日本電信電話株式会社事件〕…………………………………………………… 26, 27, 45, 64, 167, 170

平成24年2月20日判決 判例集等未登載〔多摩地区入札談合事件〕…… 4, 15, 22, 24, 42, 160, 377

高等裁判所

昭和26年9月19日東京高判 行集2巻9号1562頁〔東宝・スバル事件〕…………… 16, 17, 18

昭和28年3月9日東京高判 行集4巻3号609頁〔新聞販路協定事件〕……………………… 17

昭和28年12月7日東京高判 高民集6巻13号868頁・行集4巻12号3215頁・判例時報19号11頁〔東宝・新東宝事件〕……………………………… 17, 18, 19, 79, 111, 160, 161

昭和32年12月25日東京高判 行集8巻12号2300頁〔野田醤油事件〕………………………… 17

昭和46年7月17日東京高判 判例時報639号26頁〔育児用粉ミルク(明治商事)事件〕…… 208

昭和46年7月17日東京高判 判例時報639号43頁〔育児用粉ミルク(和光堂)事件〕……… 208

昭和59年2月17日東京高判 判例時報1106号47頁〔東洋精米機事件〕……………………… 29

昭和61年2月14日東京高判 判例時報1182号34頁〔東京都芝浦屠場事件〕………………… 29

昭和61年6月13日東京高判 判例時報1199号41頁〔旭砿末事件〕…………………………… 111

平成5年7月30日大阪高判 判例時報1479号21頁〔東芝エレベータテクノス事件〕……… 29

平成5年12月14日東京高判 高刑集46巻3号322頁・判例タイムズ840号81頁〔目隠しシール入札談合事件〕……………………………………………………… 22, 23, 111, 136

平成7年9月25日東京高判 判例タイムズ906号136頁〔東芝ケミカル事件〕…………… 109

平成9年4月9日東京高判 判例時報1629号70頁〔日本遊戯銃協同組合(デジコン電子)事件〕………………………………………………………………………………………… 29

平成13年2月16日東京高判 審決集47巻545頁〔観音寺市三豊郡医師会事件〕… 7, 177, 334

平成13年11月30日東京高判 判例時報1767号3頁〔日本機械保険連盟事件〕………… 326

平成15年3月7日東京高判 審決集49巻624頁〔岡崎管工事件〕…………………… 117, 322

平成16年2月20日東京高判 審決集50巻708頁〔土屋企業課徴金事件〕…………… 146, 324

平成17年4月27日東京高判 審決集52巻789頁〔ザ・トーカイ事件〕………………………… 29

平成17年5月31日東京高判 審決集52巻818頁〔ニチガス事件〕…………………………… 29

平成17年7月5日大阪高判　審決集52巻856頁〔関西航空空港島（新聞販売拒絶）事件〕……*31*
平成18年2月24日東京高判　審決集52巻744頁〔東燃ゼネラル石油課徴金事件〕………*326, 327*
平成19年11月28日東京高判　審決集54巻699頁〔日本郵政公社（ヤマト運輸）事件〕…………*29*
平成20年4月4日東京高判　審決集55巻791頁〔元詰種子価格協定事件〕…………*106, 190, 334*
平成20年7月2日東京高判　判例集等未登載〔多摩地区入札談合事件八王子東京高裁判決〕
　………………………………………………………………………………………………*131*
平成20年7月9日東京高判　判例集等未登載〔多摩地区入札談合事件日野市東京高裁判決〕
　………………………………………………………………………………………………*131*
平成21年5月21日東京高判　判例集等未登載〔多摩地区入札談合事件町田市東京高裁判決〕
　………………………………………………………………………………………………*131*
平成21年5月28日東京高判　判例時報2060号65頁〔多摩地区入札談合事件立川市東京高裁判
　決〕…………………………………………………………………………………………*131*
平成21年5月29日東京高判　審決集56巻第2分冊262頁〔東日本電信電話株式会社事件〕
　………………………………………………………………………*27, 45, 64, 68, 72, 166*
平成21年5月29日東京高判　審決集56巻第2分冊299頁〔多摩地区入札談合事件第1東京高裁
　判決〕……………………………………………………………………………………*85, 128*
平成21年10月23日東京高判　審決集56巻第2分冊399頁〔多摩地区入札談合事件第2東京高裁
　判決〕……………………………………………………………………………………*85, 128*
平成21年12月18日東京高判　判例タイムズ1321号219頁〔多摩地区入札談合事件第3東京高裁
　判決〕……………………………………………………………………………………*85, 128*
平成22年1月29日東京高判　審決集56巻第2分冊476頁〔多摩地区入札談合事件第4東京高裁
　判決〕……………………………………………………………………………………*85, 128*
平成22年1月29日東京高判　審決集56巻第2分冊498頁〔着うた事件〕……………………*113*
平成22年3月19日東京高判　審決集56巻第2分冊567頁〔多摩地区入札談合事件第5東京高裁判
　決〕…………………………………………………………………………………*71, 84, 128*
平成23年4月22日東京高判　判例集等未登載〔ハマナカ事件〕……………………………*206*

地方裁判所

平成9年4月9日東京地判　判例時報1629号70頁・判例タイムズ959号115頁〔日本遊戯銃協
　同組合（デジコン電子）事件〕…………………………………………………………*187, 343*
平成16年3月18日東京地判　判例時報1855号145頁・判例タイムズ1155号161頁〔日本テクノ
　（取引妨害）事件〕…………………………………………………………………………*30, 31*
平成16年3月31日東京地判　判例時報1855号78頁〔ザ・トーカイ事件〕………………………*29*
平成16年3月31日東京地判　判例時報1855号88頁〔ニチガス事件〕……………………………*29*
平成16年4月15日東京地判　判例時報1872号69頁・判例タイムズ1163号235頁〔三光丸本店事
　件〕……………………………………………………………………………………*29, 296*
平成16年6月9日大阪地判　審決集51巻935頁〔関西航空空港島（新聞販売拒絶）事件〕
　………………………………………………………………………………………………*30, 31*
平成18年1月16日山口地判　審決集52巻918頁〔下関市福祉バス事件〕………………………*29*
平成18年1月19日東京地判　判例時報1921号9頁〔日本郵政公社（ヤマト運輸）事件〕………*29*
平成18年11月24日東京地判　判例時報1965号23頁・判例タイムズ1277号239頁〔多摩地区入札
　談合事件八王子東京地裁判決〕…………………………………………………………*129*
平成19年7月26日東京地判　判例集等未登載〔多摩地区入札談合事件日野市東京地裁判決〕
　………………………………………………………………………………………*129, 130*
平成19年7月26日東京地判　判例集等未登載〔多摩地区入札談合事件町田市東京地裁判決〕

平成19年10月26日東京地判 判例時報2012号39頁・判例タイムズ1293号129頁〔多摩地区入札談合事件立川市東京地裁判決〕………………………………………………………… *131*

平成23年7月28日東京地判 判例時報2143号128頁〔三菱UFJ銀行（東京スター銀行）事件〕………………………………………………………………………………………… *31*

公正取引委員会

昭和28年3月28日審判審決 審決集4巻119頁〔第1次大正製薬事件〕……………… *17, 97, 171*
昭和38年9月4日審判審決 審決集12巻1頁〔東京都パン協同組合連合会事件〕…………… *367*
昭和47年9月18日勧告審決 審決集19巻87頁〔東洋製罐事件〕………………………… *25, 170, 336*
昭和48年6月29日勧告審決 審決集20巻42頁〔岡山県被服工業組合事件〕……………… *119*
昭和55年2月13日勧告審決 審決集26巻110頁〔大阪地区生コンクリート協同組合事件〕…… *359*
昭和55年5月26日審判審決 審決集27巻25頁〔鶴岡市農業協同組合事件〕…………… *359*
昭和56年7月7日勧告審決 審決集28巻56頁〔大分県酪農業協同組合事件〕…………… *359*
昭和58年6月30日勧告審決 審決集30巻35頁〔日本製薬工業協会事件〕……………… *182*
昭和59年12月6日勧告審決 審決集31巻71頁〔日本人工臓器工業協会事件〕…………… *182*
昭和63年12月8日課徴金納付命令 審決集35巻57頁〔米国横須賀基地発注工事事件〕…… *192, 336*
平成2年2月15日勧告審決 審決集36巻44頁〔神奈川県生コンクリート協同組合事件〕……………………………………………………………………………………………… *28, 359*
平成2年2月20日勧告審決 審決集36巻53頁〔全国農業協同組合事件〕……………… *29, 359*
平成6年3月30日審判審決 審決集40巻49頁〔協和エクシオ課徴金事件〕……………… *324*
平成7年7月10日審判審決 審決集42巻3頁〔大阪バス協会事件〕……………………… *182, 335*
平成7年11月30日同意審決 審決集42巻97頁〔資生堂再販売価格維持事件〕…………… *123, 204*
平成9年4月25日勧告審決 審決集44巻230頁〔ハーゲンダッツジャパン事件〕…………… *123, 205*
平成9年8月6日勧告審決 審決集44巻248頁〔山口県経済農業協同組合連合会事件〕…… *359*
平成10年12月14日勧告審決 審決集45巻153頁〔マイクロソフト（抱き合わせ）事件〕……… *29*
平成11年7月8日審判審決 審決集46巻3頁〔金門製作所課徴金事件〕………………… *327*
平成11年11月10日審判審決 審決集46巻119頁〔東京無線タクシー協同組合課徴金事件〕… *323*
平成12年4月19日審判審決 審決集47巻3頁〔日本冷蔵倉庫協会事件〕……………… *7, 180, 334*
平成16年6月22日審判審決 審決集51巻68頁〔アベ建設工業課徴金事件〕…………… *322, 324*
平成16年7月12日勧告審決 審決集51巻468頁〔三重県社会保険労務士会事件〕………… *179*
平成16年8月4日勧告審決 審決集51巻495頁〔新潟市発注の建設工事に対する入札談合事件〕………………………………………………………………………………………… *192*
平成16年9月7日勧告審決 審決集51巻505頁〔新潟県建設談合事件〕……………… *134, 192*
平成17年2月22日審判審決 審決集51巻292頁〔出光興産ほか課徴金事件〕…………… *327*
平成17年4月26日勧告審決 審決集52巻348頁〔東芝イーエムアイ着うた事件〕…………… *113, 117*
平成18年6月5日審判審決 審決集53巻195頁〔ニプロ事件〕…………………………… *25, 170*
平成18年11月27日審判審決 審決集53巻467頁〔元詰種子価格協定事件〕…………… *107*
平成19年6月19日審判審決 審決集54巻78頁〔ポリプロピレン価格協定（チッソ、日本ポリプロ）課徴金事件〕…………………………………………………………………… *321, 322*
平成19年12月4日審判審決 審決集54巻314頁〔バイタルネット課徴金事件〕…………… *323*
平成20年7月24日審判審決 審決集55巻174頁〔多摩地区入札談合事件〕…………… *128*
平成20年7月24日審判審決 審決集55巻294頁〔着うた事件〕………………………… *113*
平成20年9月16日審判審決 審決集55巻380頁〔マイクロソフト（非係争条項）事件〕…… *13, 29*
平成21年2月16日審判審決 審決集55巻500頁〔第一興商事件〕……………………… *29, 119*

平成21年２月27日排除措置命令　審決集55巻712頁〔日本音楽著作権協会事件〕············· *82, 91*
平成21年６月22日排除措置命令　審決集56巻第２分冊６頁〔セブン-イレブン事件〕······· *13, 33*
平成21年６月30日審判審決　審決集56巻第１分冊110頁〔鋳鉄管カルテル課徴金事件〕······· *321*
平成21年９月16日審判審決　審決集56巻第１分冊240頁〔橋梁談合事件〕················· *59*
平成21年９月28日排除措置命令　審決集56巻第２分冊65頁〔クアルコム事件〕········ *13, 32, 171*
平成21年10月７日排除措置命令　審決集56巻第２分冊71頁〔ブラウン管国際カルテル事件〕
　·· *32, 326*
平成21年10月７日課徴金納付命令　審決集56巻第２分冊71頁〔ブラウン管国際カルテル事件〕
　··· *32*
平成21年12月10日排除措置命令　審決集56巻第２分冊79頁〔大分県大山町農業協同組合事件〕
　·· *359*
平成23年６月９日排除措置命令　審決集等未登載〔ディー・エヌ・エー事件〕··············· *56*
平成23年６月22日排除措置命令　審決集等未登載〔山陽マルナカ事件〕················ *8, 306*
平成23年６月22日課徴金納付命令　審決集等未登載〔山陽マルナカ事件〕·············· *8, 306*
平成23年12月13日排除措置命令　審決集等未登載〔日本トイザらス事件〕·············· *9, 308*
平成23年12月13日課徴金納付命令　審決集等未登載〔日本トイザらス事件〕············ *9, 308*
平成24年２月16日排除措置命令　審決集等未登載〔エディオン事件〕·················· *9, 309*
平成24年２月16日課徴金納付命令　審決集等未登載〔エディオン事件〕················ *9, 309*
平成24年６月12日審判審決　審決集等未登載〔日本音楽著作権協会事件〕··············· *9, 88*

村上　政博（むらかみ　まさひろ）

経　歴　1949年北海道生まれ。
　　　　1972年東京大学法学部卒業。
　　　　1975年司法修習（27期）の修習終了。
　　　　弁護士（1975～1983年）、公正取引委員会事務局室長等（1983～1990年）、
　　　　横浜国立大学教授等（1990～2002年）を経て2002年から現職。
現　在　一橋大学教授（大学院国際企業戦略研究科）
　　　　ニューヨーク州弁護士
主　著　『アメリカ独占禁止法―シカゴ学派の勝利』（有斐閣・1987）
　　　　『特許・ライセンスの日米比較』（弘文堂・1990、[第2版]1998、[第3版]2000、[第4版]2004）
　　　　『独占禁止法の日米比較［上］［中］［下］』（弘文堂・1991、1992）
　　　　『アメリカ経済法』（弘文堂・1993）
　　　　『EC競争法［EC独占禁止法］』（弘文堂・1995、[第2版]2001）
　　　　『独占禁止法』（弘文堂・1996、[第2版]2000、[第3版]2010、[第4版]2011、[第5版]2012）
　　　　『概説独占禁止法』（有斐閣・1996）
　　　　『独占禁止法研究』（弘文堂・1997）
　　　　『アメリカ独占禁止法』（弘文堂・1999、[第2版]2002）
　　　　『独占禁止法研究Ⅱ』（弘文堂・1999）
　　　　『独占禁止法研究Ⅲ』（弘文堂・2000）
　　　　『独占禁止法と差止・損害賠償』（商事法務研究会・2001、[第2版]2005）
　　　　『The Japanese Antimonopoly Act』（商事法務・2003）
　　　　『独占禁止法』（岩波新書・2005）
　　　　『独占禁止法における判審決分析の役割』（商事法務・2009）
　　　　『独占禁止法の新展開』（判例タイムズ社・2011）

国際標準の競争法へ―独占禁止法の最前線

2013（平成25）年2月15日　初版1刷発行

著　者　村上　政博
発行者　鯉渕　友南
発行所　株式会社　弘文堂　　101-0062 東京都千代田区神田駿河台1の7
　　　　　　　　　　　　　　TEL 03(3294)4801　振替 00120-6-53909
　　　　　　　　　　　　　　　　　http://www.koubundou.co.jp

装　丁　後藤トシノブ
印　刷　港北出版印刷
製　本　牧製本印刷

©2013 Masahiro Murakami. Printed in Japan

JCOPY 〈(社)出版者著作権管理機構 委託出版物〉
本書の無断複写は著作権法上での例外を除き禁じられています。複写される場合は、そのつど事前に、(社)出版者著作権管理機構（電話 03-3513-6969、FAX 03-3513-6979、e-mail:info@jcopy.or.jp）の許諾を得てください。
また本書を代行業者等の第三者に依頼してスキャンやデジタル化することは、たとえ個人や家庭内での利用であっても一切認められておりません。

ISBN978-4-335-35563-9

村上政博の本

独占禁止法〔第5版〕

アメリカ合衆国司法省、EC総局、公正取引委員会などでの豊富な実務経験をふまえた著者が、独占禁止法の実体ルール、手続を判審決のみで解説した実務型基本書。多摩地区入札談合事件最高裁判決が、従来のわが国の独占禁止法体系を国際標準の競争法にふさわしく大きく転換させたことを反映した最新版。　A5判 552頁　4700円

第1章　総論
　第1節　競争ルール
　第2節　日本における競争法制の展開
　第3節　独占禁止法の歴史：1980年代まで
　第4節　独占禁止法の歴史：1980年代以降
　第5節　独占禁止法の基礎概念
　第6節　適用除外
　第7節　国際取引への法適用
　第8節　立法政策上の課題
第2章　実体法
　第1節　実体法についての構成
　第2節　排他的取引
　第3節　低価格設定
　第4節　単独の取引拒絶
　第5節　一連の行為と非定型行為
　第6節　支配型私的独占
　第7節　カルテルの禁止
　第8節　共同の取引拒絶
　第9節　事業者団体の活動の規制
　第10節　再販売価格維持
　第11節　垂直的非価格制限
　第12節　企業結合規制
　第13節　優越的地位の濫用の禁止と下請法
　第14節　不正競争行為に対する規制
　第15節　知的財産権の行使との調整
第3章　措置および制裁
　第1節　主要な措置および制裁
　第2節　排除措置
　第3節　課徴金制度
　第4節　差止命令
　第5節　刑事罰
第4章　手続法
　第1節　手続法総論
　第2節　排除措置命令の手続
　第3節　課徴金納付命令の手続
　第4節　企業結合に関する審査手続
　第5節　差止請求訴訟
　第6節　損害賠償請求訴訟
　第7節　私法上の効力、無効
　第8節　犯則調査手続
　第9節　刑事手続

アメリカ独占禁止法〔第2版〕

競争法の母法であるアメリカ反トラスト法の現行ルールを、判例・ガイドラインに重点をおいて概説し、その全体像を示す。　4000円

特許・ライセンスの日米比較〔第4版〕

日米の法制・運用実態を最新の事例を素材に詳細に検討・分析し、その違いから生じる実務上の問題点に解決策を提示する。　5000円

EC競争法〔EC独占禁止法〕〔第2版〕

アメリカ独占禁止法と並ぶ国際的影響力を有するEC競争法の複雑な体系と運用実態を、初めて詳細に明らかにした概説書。　7500円

独占禁止法研究 I・II・III

1990年代の主要な論点・課題に取り組み、国際共通ルール確立期における激しい変化の波を捉えた論集。　5600円・3500円・4800円

弘文堂

＊表示価格は、2013年1月現在の本体価格